中国国际贸易学会"十二五"规划教材

21世纪全国高等院校国际经济与贸易专业精品教材

国际经济合作实务

（2015 年版）

章昌裕　　储祥银　编著

中国商务出版社

图书在版编目（CIP）数据

国际经济合作实务：2015年版 / 章昌裕，储祥银编
著．—4版．—北京：中国商务出版社，2015.7
ISBN 978-7-5103-1330-1

Ⅰ.①国…　Ⅱ.①章…　②储…　Ⅲ.①国际合作-经
济合作　Ⅳ.①F114.4

中国版本图书馆 CIP 数据核字（2015）第 168528 号

中国国际贸易学会"十二五"规划教材
21世纪全国高等院校国际经济与贸易专业精品教材

国际经济合作实务（2015年版）
GUOJI JINGJI HEZUO SHIWU

章昌裕　储祥银　编著

出　版：中国商务出版社
发　行：北京中商图出版物发行有限责任公司
社　址：北京市东城区安定门外大街东后巷 28 号
邮　编：100710
电　话：010—64269744　64218072（编辑一室）
　　　　010—64266119（发行部）
　　　　010—64263201（零售、邮购）
网　址：http://www.cctpress.com
网　店：http：cctpress.taobao.com
邮　箱：cctp@cctpress.com；biys@cctpress.com
照　排：北京科事洁技术开发有限责任公司
印　刷：北京密兴印刷有限公司
开　本：787 毫米×980 毫米　1/16
印　张：24.25　字　数：420 千字
版　次：2015 年 8 月第 4 版　2015 年 8 月第 1 次印刷
书　号：ISBN 978-7-5103-1330-1
定　价：45.00 元

前　言

　　人类社会最基本的活动是经济活动，在各类经济活动中，生产活动构成最基本的经济活动。从全世界范围看，世界经济是一个有机的整体，它是世界上各个民族、各个地区、各个国家在国际分工发展的基础上所形成的经济上互相联系、互相依赖的有机体系。在当今世界上，没有哪一个国家能够离开国际经济社会而独立地生存和发展本国的经济，任何国家都必须参与并利用国际分工，发展长期而稳定的国际经济贸易关系。这是世界生产力水平发展的客观要求与必然结果，且完全符合世界各国之间在经济生活上越来越国际化的必然趋势。

　　自新中国成立开始的对外经济合作，在不同的历史时期，受国际政治经济和国内的不同指导思想影响，所取重点与采用的方式区别较大。中国的对外经济合作事业始于对外提供经济技术援助。十一届三中全会以后，由单纯对外提供援助，发展为"有进有出、有给有取"多种形式的互利合作，国际经济合作事业开始发展起来。邓小平同志南方谈话后，进一步解放了人们的思想，中国改革开放和经济建设步伐大大加快，国际经济合作事业得到迅速发展。加入世界贸易组织，标志着中国对外开放和国际经济合作事业进入了一个新的阶段。党的十八大指出，面对经济全球化挑战，中国要进一步提高对外开放水平，坚持实施"走出去"战略，积极开拓国际市场，从要素驱动、投资驱动转向创新驱动。创新驱动需要建立以合作共赢为核心的新型国际关系，不断增强中国履行大国责任的能力，更要走全要素运动中的全球经济合作道路。十八大后，"一带一路"国家战略推出，这一战略对中国现代化建设和居于世界领导地位具有深远的战略意义，打造了中国对外开放升级版，构建了对外经济合作新平台。

　　章昌裕教授自1983年参与组建对外经济贸易大学国际经济合作系以来，一直从事国际经济合作方面的研究和教学工作，参与和独立编写的《国际经济合作》教材已修订出版数次，期间还参加过中国对外经济合作一些重大改革的实践工作。由中国商务出版社出版的《国际经济合作实务》已修订过3

次。这次应出版社之邀再次修订，主要以 2011 年版为基础，突出了新时期国内国际经济形势变化特征，尤其是中国新常态下的国际经济形势变化；在基本保持原框架结构不变前提下，对新世纪以来中国参与国际经济合作事业走过的道路做了较全面的更新，特别是对十八大提出的对外经济合作新思路做了较全面的介绍。

《国际经济合作实务》不仅可以作为国际经济贸易专业本科学生的教材，也可以作为各类国际经济贸易专业成人学习、远程教学教材，还可以作为在职进修和岗位培训教材。对于从事国际经济贸易理论研究与实际工作的同志来说，也是一本必备的重要案头参考书。

作者能有此研究成果，与长期以来从事、支持和关注国际经济合作事业的业界朋友们的诸多成果是分不开的，借此次《国际经济合作实务》修订之机，特向前辈和朋友们表示真挚的谢意！并向中国商务出版社表示感谢！

作　者

2015 年 6 月 26 日

于对外经济贸易大学惠园

目　　录

第一章　国际经济合作概述 ·············· 1

第一节　国际经济合作概述 ·············· 1

第二节　国际经济合作方式 ·············· 15

第二章　国际经济合作理论 ·············· 24

第一节　生产要素理论 ·············· 24

第二节　国际分工理论 ·············· 30

第三节　经济一体化理论 ·············· 38

第三章　国际经济协调 ·············· 52

第一节　国际经济协调基本概念 ·············· 52

第二节　国际经济协调理论 ·············· 60

第三节　国际经济协调的内容和发展 ·············· 67

第四章　国际投资合作 ·············· 83

第一节　国际投资基本概念 ·············· 83

第二节　国际投资理论 ·············· 90

第三节　国际投资合作 ·············· 101

第四节　国际投资条约 ·············· 109

第五章　国际信贷合作 ·············· 119

第一节　国际信贷基本知识 ·············· 119

第二节　政府贷款 ·············· 128

第三节　世界银行贷款 ·············· 136

第六章　国际发展援助 ·············· 150

第一节　国际发展援助概述 ·············· 150

第二节　国际发展援助方式与机构 ·············· 162

第三节　国际发展援助项目实施 ···················· 170

第七章　国际金融合作 ···························· 179
第一节　国际金融基本概念和发展特征 ·············· 179
第二节　国际金融合作 ···························· 191

第八章　国际服务合作 ···························· 213
第一节　国际服务合作概念 ························ 213
第二节　国际服务贸易 ···························· 218
第三节　国际服务外包 ···························· 226
第四节　国际劳务合作 ···························· 230

第九章　国际工程承包 ···························· 244
第一节　国际工程承包概述 ························ 244
第二节　国际招标与投标 ·························· 251
第三节　国际工程承包实施 ························ 258

第十章　国际技术转让 ···························· 278
第一节　国际技术转让概念 ························ 278
第二节　国际技术转让内容 ························ 283
第三节　国际技术转让方法 ························ 290
第四节　与技术转让有关的国际知识产权公约和协议 ·· 299

第十一章　跨国公司与国际经济合作 ················ 311
第一节　跨国公司基本概念 ························ 311
第二节　跨国公司理论 ···························· 320
第三节　跨国公司与国际经济合作 ·················· 331

第十二章　中国对外经济合作 ······················ 343
第一节　中国对外经济合作创立和发展 ·············· 343
第二节　改革开放后的中国对外经济合作 ············ 352
第三节　当代中国对外经济合作 ···················· 367

第一章　国际经济合作概述

本章导读

国际经济合作是第二次世界大战以后，不同主权国家政府、国际经济组织和超越国家界限的自然人与法人为了共同的利益，在生产领域中以生产要素的移动与重新组合配置为主要内容而进行的较长期的经济协作活动。国家间的经济政策协调也是国际经济合作的重要内容。国际经济合作的实质是生产要素的国际移动和重新组合配置。研究国际经济合作，应当以生产要素在国际上的移动和重新组合配置为对象，并考察以各种形式出现的生产要素移动的规律和在生产领域进行国际经济协调的有效机制。

学习目标

通过本章学习，要求学生了解并掌握当代国际经济合作的定义、产生过程、作用及基本特征，熟知当代国际经济合作的主要方式。

第一节　国际经济合作概述

一、国际经济合作的定义

（一）"协作"与"合作"的基本含义

在人类全部社会活动中，经济活动是最重要的社会活动，支撑经济活动的基础是生产活动。在生产活动中，当许多人处于同一过程中，或在不同的但互相联系的过程中协同劳动则构成了劳动协作。"许多人在同一生产过程中，或在不同的但互相联系的生产过程中一起协同劳动，这种劳动形式叫做协作。"[①] 在企业内部，协作指为实现预期的目标而用来协调员工之间、工作之间以及员工与工作之间关系的一种手段，协作可以集中力量在短时间内完

---

① 《马克思恩格斯全集》，人民出版社 1986 年版，第 16 卷第 306 页。

成个体劳动难以完成的任务；在企业之间，为实现共同目标，通过协作能创造出一种比单个企业收益简单加总更大的收益，即实现协同效应，这种协作的优点是可以更为充分有效地利用资源、共享技术、缩短生产时间或扩大销售范围。马克思认为，协作是人类劳动过程最基本最重要的属性，"单个劳动者的力量的机械总和，与许多人手同时共同完成同一不可分割的操作所发挥的社会力量有本质的差别。在这里，结合劳动的效果要么是个人劳动根本不可能达到的，要么只能在长得多的时间内，或者只能在很小的规模上达到。这里的问题不仅是通过协作提高了个人生产力，而且是创造了一种生产力，这种生产力本身必然是集体力。"在《资本论》中，马克思从九个方面论述了分工协作对提高劳动生产率的作用，认为由于协作可以提高生产力和节约生产成本，简单协作使得企业这种生产组织形式得以萌芽，进而分工协作使得企业得以产生并扩大规模。企业的出现使资本主义的协作成为可能，而协作则提高了劳动生产率，最后由于生产力的巨大推动作用，驱使企业向机器协作过渡。[①] 恩格斯认为"许多人协作，许多力量融合为一个总的力量，用马克思的话来说，就造成'新的力量'，这种力量和它的一个个力量的总和有本质的差别。""协作直接创造了一种生产力，这种生产力实质上是集体力。"[②]

在英文中，"协作"与"合作"为同一词 cooperation，通常被译为"协作、合作、协助、配合"。在汉语中"协作"与"合作"亦无本质区别，《新华汉语词典》和《现代汉语词典》的解释分别为"协作是若干人或若干单位互相配合来完成任务"，"合作是二人或多人共同完成某一任务"。[③]

（二）"协作"与"合作"的区别

在经济学中，协作与合作有着不同的含义。工业社会出现后，分工精细，竞争加强，人们在生产活动中逐步形成了分工与协作关系，并且通过协作可以创造出新的生产能力。从经济学纯理论角度看，经济学研究建立在"理性经济人"等假设之上。"理性经济人"在利益追求中可以通过理性的计算来选择与他人之间关系，这种关系可以通过签订契约和遵守契约来实现，当理性经济人在遵守契约的前提下开展互补性经济活动时可以展开协作，因此协作的特征表现为：第一，相对封闭和排他；第二，目的明确且单一；第三，是

---

① 《资本论》第 1 卷，人民出版社 1964 年版，第 362～363 页。

② 恩格斯：《卡尔·马克思〈资本论〉第一卷提纲》（1868 年），载《马克思恩格斯全集》，人民出版社 1986 年版，第 16 卷第 306 页。

③ 参见《新华汉语词典》，商务印书馆国际有限公司 2004 年版，第 396 页；《现代汉语词典》，商务印书馆 2002 年版，第 509、1392 页。

一个交换过程；第四，是人与人在可以满足各种事先设定需求条件之间的共同行动；第五，通常服务于个体需要；第六，协作关系大多从属于国内法律规定，接受法律调控并不受道德制约；第七，自由和自主性较大，协作者事先可能是"你死我活"的竞争对手，事后也可能还是。

当协作超出企业范围在企业之间展开后就成为合作。合作者需要具备的基本条件通常包括：第一，具有相互赖以生存和发展的物质基础，包括空间上的配合距离，时间上的准时有序；第二，具有共同的目标，能够取得基本一致的认识并在相互信赖基础上相互理解并相互支持；第三，在联合行动中能够建立起共同遵守的规范。随着工业化进程的推进和后工业化时代的到来，传统的分工—协作关系受到冲击，这时将生产过程中的协作关系用于人们丰富多彩的经济活动已显得越来越不适应，而在政府作用加大，并更多地参与到宏观经济管理中后，不仅多元的社会治理力量无法纳入到传统的分工—协作关系中，政府亦更难以适应这种关系，这就需要有一种新型的社会治理模式出现，这种新型的社会治理模式就是合作模式。由于人们在作为"经济人"之外的社会交往中还有诸如政治、文化、宗教等更多的联系，当签约者通过契约建立起更多更长的信任关系后，他们之间的协作关系升华到合作层面；在政府间，还有政治互信、战略合作伙伴、多边协议等更复杂更高层次的关系。"那些具有坚定的积极价值（包括信任他人）和使人们彼此联结在一起的关系的社区将具有更有效的普遍互惠和合作规范，信任作为一种道德资源使我们的目光越出自己的同类人"，[①] 由此产生出比协作范围更广，层次更高的合作。现代合作的概念应包括"互助""协作""合作"三重内涵，互助是感性的，协作是具体的，合作既是感性的又是具体的，是人类群体共存、共在和共同行动的形式，属于社会治理模式。在这个模式中，合作精神是合作的文化前提，合作制度和体制是合作持续展开的客观保障，社会开放性是合作的社会基础，信息技术发展是合作的技术支撑。人类社会的发展实际就是一个不同民族和不同国家通过普遍合作的历史进程，经济全球化进程得益于国际经济合作的普遍开展。现代合作的特征表现为：第一，具有开放性且不排他，合作是一种社会活动，一切有意并遵守共同准则的人、国家与组织都可以开展，合作是对协作的超越；第二，合作导向和过程具有明确的方向连续性特征，经常在不需要在事先协商的情况下就可以开展，只要合作导向正确，

---

① ［美］艾里克·M. 乌斯拉纳：《民主与社会资本》，转载自［美］马克·E. 沃伦编：《民主与信任》，华夏出版社 2004 年版，第 113 页。

即使一次性结果并不具有充分的合目的性，合作也会继续进行下去；第三，合作已不是一种简单的交换过程，合作者往往并不需要根据自己与他人的责任、义务精确计算后选择自己的行为，而是根据自己和其他合作成员在合作行动中的价值与平等地位选择合作行为；第四，合作可以在人与人、国家与国家、组织与组织之间广泛开展，但合作的任何一方应作为独立个体存在，国家必须具有独立主权；第五，合作要求源于社会发展需要，过程是人们于"共在"形态中的社会行动，结果应有益于国家和世界；第六，除国内法外，合作更多受制于国际法，通过合作还可以产生很多国际法律，但民族、宗教、道德、制度、意识形态等因素会制约合作的开展；第七，合作的前提是自主性，一旦合作关系形成，自由性将受到约束。合作关系是"实质性"的，过程体现目的，结果多是圆满的，整个过程是"实质"与"结果"的高度统一，合作者在过程中不断将关系向更高层次推进。

（三）国际经济合作的定义

从世界范围看，经济是一个有机的整体，是世界上各个民族、各个地区、各个国家在国际分工发展基础上形成的经济上互相联系互相依赖的有机体系。在当今世界，没有哪一个国家能够离开国际经济社会而独立地生存和发展本国经济，所有国家都必须参加并利用国际分工，发展长期而稳定的国际经济贸易关系，这既是世界生产力水平发展的客观要求和必然结果，也是符合经济生活国际化的必然趋势。

第二次世界大战改变了世界政治格局。战后，世界政治经历了"冷战"对峙（20 世纪 50～70 年代），民族独立与主权国家涌现导致第三世界崛起（20 世纪 60 年代），苏联解体和东欧剧变（20 世纪 80 年代末 90 年代初），中国改革开放及振兴（20 世纪 80 年代以后）等一系列重大变化，这些变化的结果是世界政治格局出现多极化趋势并加速发展（20 世纪 90 年代以后），从而开启了一个以和平与发展为主题的时代。从世界政治格局变化过程看，其中的规律是：第一，国家力量是决定政治格局的基本因素，不同社会制度间的矛盾和变化在国家力量中起重要作用，国家力量平衡是相对的，发展不平衡是绝对的；第二，不断维护与调整国家利益是政治格局变化的直接动因，在各种国家利益中，国家安全利益处于首位，任何国家国际战略推行的出发点都需要在最大限度上保障本国或国家集团的安全利益；第三，政治格局与经济格局有着密切联系，经济格局是国家间、国际经济组织间在一定历史时期内相互作用而形成的一种结构和态势。决定经济格局的基础是各国社会生产力发展水平，起主导作用的是政治格局。从经济格局变化发展阶段看，其中的规律是：第一，科学技术是第一生产力，经济格局变化深刻体现着技术格局的变化；第二，由技术变化推动各国经济生活国际化程度不断提高，在国家间经济相互依赖日益加深的同时，国家间竞争更加激烈；第三，区域经济与世界经济发展不平衡更具普遍性。

在多极化的政治经济格局中，世界经济发生了一系列重大变化，其中最为突出的变化是经济生活日益国际化。经济生活国际化必然导致国家间的相互依赖、相互适应和相互协调关系不断发展与深化。为维护国家权益，不仅发达国家之间经济联系日益加强，发展中国家之间经济联系日益加强，发达国家与发展中国家经济联系也在日益加强，各国在经济上的联系产生了国际经济合作（international economic cooperation，简称 IEC），因此，国际经济合作是第二次世界大战以后，不同主权国家政府、国际经济组织和超越国家界限的自然人与法人为了共同的利益，在生产领域以生产要素的移动与重新组合配置为主要内容而进行的较长期的经济协作活动，国家间的经济政策协调也是国际经济合作的重要内容。简单地说，国际经济合作的实质内容就是生产要素的国际移动和重新组合配置。研究国际经济合作，应当以生产要素在国际的移动和重新组合配置为对象，并考察以各种形式出现的生产要素移动的规律和在生产领域进行国际经济协调的有效机制。

在以和平与发展为主题的世界经济格局中，发展中国家的经济发展在很多方面依赖于同发达国家间的联系，发达国家的经济增长同样也离不开与发展中国家间的联系。随着国际分工深化发展和经济全球化趋势不断加强，国际经济交往和联系日益密切，从而使得国家间、国家与国际组织间、国际组织间的经济交往在当代国际经济生活中发挥着越来越重要的作用，由此而产生的国际经济合作内容不断丰富，含义更为广泛，方式日趋灵活多样。各国通过参加国际经济合作，不仅有力地推动了本国经济的发展，而且还推动了经济增长，国际经济合作日益受到各国政府和国际组织的普遍重视。

二、国际经济合作的产生和发展

（一）早期的国际经济交往和联系

国际经济合作是一个历史范畴，从产生到发展都有着深刻的社会历史原因。从历史角度看，人类在经济生活中的跨国界交往和协作早在封建社会就已经出现。在公元前 5 世纪的古希腊时代，由于地中海贸易的开展，希腊与地中海沿岸各国的贸易往来频繁。在贸易往来中，逐渐出现了国与国之间为了保证贸易的顺利进行而约定互为对方的船只提供方便、在关税上互为对方提供优惠等属于国际经济协作的行为。进入封建社会以后，在地中海、北海、波罗的海沿岸有了比较发达的国家间贸易。14 世纪中叶，北欧和中欧国家的一些商业城市结成了一个旨在维护商业利益的组织——汉萨同盟，当时北德意志和波罗的海沿岸先后有近 200 个城市参加了同盟。汉萨同盟前后存在长达 300 余年，促进了广大原料产地和手工业中心的联系，使北欧和西欧历史上第一次形成了一个统一的经济区，对欧洲经济发展起到了积极的促进作用。

在奴隶社会和封建社会长达 2000 余年的漫长历史时期中，由于生产尚不发达，交通工具缺乏，各国国内所需的物质资料基本上都是自给自足，国际经济实际交往与联系都比较少，国际经济关系主要表现为国家间在有限范围内的通商关系即国际贸易关系上。尽管到了封建社会晚期，随着各国国内商品经济的成长和国内市场的兴起，各国通过国际贸易交换的商品中生产资料逐渐增多，但整体来看，当时的这种以消费资料交换为主的国际贸易所体现的国际经济关系还没有成为各国社会再生产过程不可或缺的环节。

（二）第二次世界大战前的国际经济交往和协作

这是一个长约百年的时期，包括资本主义生产方式从自由竞争到垄断阶段的两大发展阶段。资本主义生产方式从确立起，经过原始积累，完成了以纺织机和蒸汽机为主要标志的第一次技术革命（即工业革命），生产过程由工场手工业转移到机器大工业，社会生产力得到了空前蓬勃的发展。从 1820 年到 1870 年的 50 年间，资本主义世界工业增长了 9 倍，年平均增长率达到 4.7％。这一时期资本主义生产方式在一些先进国家得以确立，资本主义制度进入了自由竞争阶段。从国际经济交往关系看，在资本主义生产方式最早确立的一些国家，社会再生产过程中首先是流通超越了国界，从而形成了世界市场，这一时期国际经济关系的主要形式是商品输出和输入。当时为了争夺市场，欧洲国家扩大了殖民政策的推行，使殖民地成为本国商品的销售市场和原料来源地。

19 世纪后期到 20 世纪初，以电动机和电力的发明和使用为标志发生了第二次技术革命，社会生产力水平进一步提高，生产集中和垄断迅速发展，资本主义生产方式从自由竞争过渡到垄断阶段。这一时期的生产联系不断超越国界，国际经济联系迅速扩展，具体表现在除商品输出外，资本输出开始产生并不断发展，宗主国的输出资本和东道国的其他生产要素相结合，促使初级加工工业在这些地区形成和发展，开启了生产要素国际转移的大门。但是，这一时期的资本输出以强烈的殖民主义掠夺性质为特征，并无国家间的平等特点，传统的国际分工格局并没有打破。

（三）当代国际经济合作的产生和发展

第二次世界大战后，随着旧殖民体系的瓦解，世界政治格局发生了根本性变化，其主要特征为：第一，尽管少数主要资本主义国家在政治上完全主宰世界的时代结束了，但由于经济发展的不平衡，这些国家仍然在世界政治经济领域中占主要地位；第二，战后在亚洲、非洲、拉丁美洲等地出现了大批新独立的国家，这些国家经过努力，纷纷在政治上摆脱了殖民统治，获得了独立与自由，成为主权国家，但这些国家由于长期遭受殖民统治，经济发展不仅畸形而且落后，它们虽然在政治上取得了独立，但对原先的宗主国及世界经济仍具有不同程度的依附性。以上两个特征的存在导致形成了发达国家（developed countries）和发展中国家（developing countries）。

殖民体系瓦解后，国际经济联系发生了本质变化，不仅原先殖民体系内部的殖民地与宗主国之间的掠夺性贸易活动，变成了两个政治上相互独立国家之间的至少是形式上的平等贸易，更多的国际经济联系和交往也随之发生。发展中国家为争取经济独立、发展民族经济、改善国际贸易条件不断地做出努力，除在进出口贸易方面采取了一系列保护民族经济的措施外，为发展民族工业，对所需资金、技术、管理经验不断扩大从发达国家引进的途径；发达国家失去殖民地后，在市场经济推动下，主要以输出资本、技术等方式继续进入发展中国家市场，从而促成了发达国家与发展中国家间多种经济联系的迅速发展。此外，受经济发展不平衡规律影响，战后世界经济周期仍频繁不断，国际贸易摩擦有不断加剧的趋势，靠一些国际性和区域性贸易协调组织来进行协调，仍然解决不了不断深化和复杂的矛盾，而靠生产要素流动的经济合作形式，在很大程度上能够绕开贸易摩擦，发达国家之间、发展中国家之间、发达国家与发展中国家之间都有开拓新的经济联系方式的愿望与要求。这一切都推动了旧的国际分工格局、国际经济秩序和国际经济联系方式不断被打破，新的国际分工格局、国际经济秩序和国际经济联系方式不断建立，在客观上为广泛开展国际经济合作提供了可能性。所以，当代国际经济合作是在传统的国际经济联系形式基础上产生和发展的，是国际经济关系发展到一定历史条件下产生的一种新的国际经济联系方式，国家主权独立自主、平等互利是当代国际经济合作产生的前提。

除上述国际政治变化原因外，第三次科技革命出现是促进当代国际经济合作发展的直接动因。第一，自 20 世纪 50 年代开始，以电子计算机技术推广和运用为标志的第三次科技革命，无论在规模还是在影响上都大大超过了以往的科技革命，对社会生活的各个领域尤其是经济生活产生了极为深刻的影响。第二，第三次科技革命推动了生产力高速发展，其最大特点是出现了大量"技术密集型"产品，产生了新的生产要素——技术与信息，从而使得在资本、劳动、土地等传统生产要素之外，技术和信息要素的作用越来越重要，形成了新的生产要素市场。科技革命使世界各国经济发展速度普遍加快，出现了世界经济的高速增长时期，技术成为影响一国生产力水平最为重要的因素。第三，科技革命促使生产规模进一步扩大，推动了跨国公司发展，促使其在世界经济生活中的作用和地位进一步加强。当代跨国公司规模巨大，经营范围十分广泛，它们不但资金雄厚，而且还掌握了世界90％以上的先进技术和绝大多数知识产权。跨国公司与其子公司、分公司之间，与各国企业之间的经济技术联系日益深化发展，活动遍及全世界。第四，科技革命引起各国经济结构发生变化，传统产业部门比重下降，落后生产部门被淘汰，大量新技术和新兴产业部门不断兴起并迅速发展，使人类社会生活出现了一系列新的变化。第五，以电子计算机技术推广和运用为标志的第三次科技革命的结果是互联网（internet）的产生。互联网推动通讯技术和信息技术飞速发展并迅猛地扩展到全球每个角落。互联网加快了人们的生活节奏，拉近了时间和空间距离，使人与人、国家与国家的联系更加紧密，传统生产节奏被彻底颠覆，对国际经济合作环境产生了极为深刻的影响。第六，在第三次科技革命浪潮推动下，国际商品贸易结构和传统投资结构发生深刻变化，国际商品贸易中的初级产品比重下降，高技术产品比重不断提高。从世界经济总体看，商品贸易地位相对下降，国际投资与多种方式的国际融资、国际技术转让、国际承包工程和劳务合作、国际信息与管理合作、国际加工与装配业务等国际生产要素转移活动大幅度增加，各国在生产领域的相互配合和协作不断发展，生产要素国际移动不断扩大和增加，形成了相对独立的国际生产要素市场，以生产要素国际移动为基本内容的国际经济合作联系活动成为新的国际分工格局中的重要内容。

在第三次科技革命浪潮影响下，国家间经济相互依赖加强和经济生活国际化成为世界经济发展的主流趋势，这一趋势的特征主要体现在两个方面：一是在经济技术领域，生产、流通、交换、信息传递等方面的相互依赖加深；二是在国际经济协调领域的相互依赖加强。国家间经济相互依赖加强具体表现为经济生活的国际化，它促使国际经济合作日臻成熟。经济生活国际化的特征体现在以下几个方面：

（1）生产国际化。生产领域的国际化是经济生活国际化的基础，随着第三次科技革命的深化发展，现代商品生产进入了大工业生产的新时期，不但生产规模和生产能力不断扩大，而且需要多种复杂的技术和大量的投资。为适应现代化大工业生产的要求，各国之间在生产领域内的合作大大加强，它们共同致力于新技术产品的开发、研制和生产，实行跨国界的分工与协作。现代化大工业生产对于推动生产的国际专业化协作，使生产社会化发展成为生产国际化起了决定性的作用。值得注意的是，跨国公司在战后迅速发展，反映了国际分工和国际经济相互依赖加深的趋势，跨国公司利用不同国家和地区各不相同的有利条件，与不同国家的企业进行合作，通过生产要素在国际范围内的移动与重新组合，联合生产资本、技术密集型和知识密集型产品，在全世界范围内推广和销售。跨国公司的这种生产经营活动促使国际经济交往的重点从流通领域转移到国际投资和生产领域。

（2）市场国际化。市场国际化是战后各国对国际市场依赖加深的结果。从发达国家看，商品经济全球化的趋势不断加速发展，每个国家都把越来越多的产品投入到国际交换中去，从而使国际贸易的增长速度超过了国民生产总值的增长速度。在国际贸易增长的带动下，国际金融、保险、旅游、运输、技术、劳务等服务贸易交换得到更快发展，20 世纪 80 年代后，其增长速度已高于国际商品贸易交换的增长速度。

（3）资本国际化。第二次世界大战后，资本运动以空前的规模和速度向前发展。首先，资本在全世界范围内移动和使用，资本输出和扩张势头不断加强；其次，资本来源地多元化，新的国际化投资场所不断出现；再次，跨国公司迅速发展，起着资本国际运动主要承担者的作用。发达国家需要进一步寻求和扩大资本输出途径，发展中国家在经济建设中又极需资金，由此形成了国家主权前提下新的国际投资体系，进一步推动了资本国际化的迅速发展。资本国际化促成了资本市场国际化发展，国际资本以货币形态进行交易和流通的国际金融中心作用得到提高，金融交易工具与手段更加多样化和复杂化，融资手段与方式越来越多，尤其是一些离岸金融中心的形成，使得不同类型的国家在资本国际化中的联系越来越密切。战后形成的外汇、黄金、货币、期货、证券、资本交易的巨大国际资本市场包括了世界所有的金融中心，而这些金融中心已是世界性的，它们的活动不再受到国家的约束。

（四）国际经济组织在国际经济合作发展过程中发挥了重要作用

随着经济生活国际化趋势不断加强，各国间经济相互依赖程度不断提高，相互间矛盾亦同时加深和激化。为了维护共同的利益，世界各国都愿意做出一些超越国家界限的经济调节，在世界经济生活中共同采取一些联合干预措施，在经济调节国际化不断加强的背景下，国际经济组织在国际经济合作发展过程中发挥了重要作用。

第二次世界大战后，不仅是世界经济最初的统一的资本主义经济体系被打破，旧的殖民体系不断崩溃瓦解，而且出现了一个新的多元化和多极化的世界经济格局。从 20 世纪 50 年代到 80 年代，在世界经济中出现了三种不同类型的国民经济体制并存局面：一种是以美国、加拿大以及经合组织（OECD）24 国为代表的发达国家；一种是以经互会（EEC）为代表的东欧及计划经济国家；一种是以石油输出国组织（OPEC）为代表的发展中国家。冷战结束后，苏联解体，中国经济体制改革深化发展。从 20 世纪 90 年代开始，世界经济进一步趋向多元化。尽管在不同的时代，各个经济主体的实力不同、类型不同，但彼此之间不是相互隔绝的，而是在相互矛盾中相互联系、相互渗透、相互依赖。在多极发展的世界，各个国家、地区和利益集团之间尽管存在着激烈竞争，但彼此间的相互依赖性不仅没有减弱，反而进一步加强。

第二次世界大战后国际经济调节涉及面不断扩展，除传统的货物贸易调节外，金融、技术转让、服务贸易、工程建筑、劳务合作等方面的许多联合调节措施被广泛采用，调节范围国际化趋势不断加强。战后国际经济调节活动包括世界性和区域（集团）性两个方面，主要通过一些国际经济组织进行，从而国际经济组织也包括区域性和全球性经济两种类型。区域性经济组织指在地理区域比较接近的国家间建立的组织或缔结的条约与同盟，如欧洲联盟（EU）、东南亚国家联盟（ASEANO）、拉丁美洲一体化协会（LAIA）、亚太经济合作组织（APEC）等。这些区域性经济组织在协调经济发展目标，采取协调经济政策，进行区域内的经济合作等方面发挥了重要的作用。全球性经济组织包括联合国系统的有关组织以及其他一些经济发展水平相近国家间建立的组织或缔结的条约与同盟。在全球性经济组织中，联合国对国际经济合作与协调所起的作用最为重要。联合国的主要职责是负责国际安全，消除或制止世界战争，为国际社会和经济发展制定政策措施，保护人类居住环境，控制世界人口增长，倡导人类文明建设，促进科学和技术水平的发展，以及一切有利于国际社会和全人类进步事业的发展。1995 年 1 月 1 日正式运行的世界贸易组织（World Trade Organization，简称 WTO）负责管理世界经济和贸易秩序，其主要职能是组织实施各项贸易协定，为多边谈判结果提供框架，解决成员间发生的贸易争端，对各成员的贸易政策与法规进行定期审议，协调与国际货币基金组织、世界银行的关系；宗旨是提高生活水平，保证充分就业和大幅度稳步提高实际收入和有效需求，扩大货物和服务的生产与贸易，坚持走可持续发展之路，积极努力确保发展中国家尤其是最不发达国家在国际贸易增长中获得与其经济发展水平相适应的份额和利益。经济发展水平相近国家间的组织包括经济合作与发展组织（OECD）、77 国集团（group of 77）等，这些组织在协调内部合作、促进南南合作和推动南北合作等方面发挥了积极作用。在世界经济竞争矛盾的统一体中，国际经济组织为协调矛盾、促进国际经济合作发展起到了不可低估的作用。

三、国际经济合作的特征

（一）尊重主权、坚持平等互利是国际经济合作的前提和原则

当代国际经济合作是主权国家间的经济协作，相互尊重主权、坚持平等互利是开展国际经济合作的必要前提和基本原则，也是判断是否是真正的国际经济合作的主要标志。将当代的国际经济合作定义在主权国家之间是十分重要的，因为只有作为主权国家，广大发展中国家才有可能与发达国家平等地探讨经济关系，开展经济交往，这也是区分当代国际经济合作与以往一般经济协作的基本分界点。当代国际经济合作是建立在国家主权之上的平等合作，即参加国际经济合作的国家都要相互尊重，谁也不能损害对方主权的独立自主，在平等基础上，合作双方根据自己的需要与可能，独立地决定合作方式与内容，在具体合作项目中，互利是相对的，各合作方以自己占优势的生产要素参与合作。

（二）国际经济合作以生产领域为主并具有综合性特征

由于各国自然条件和经济发展水平不同，所拥有的生产要素必然存在着一定差异，只有将不同国家的优势生产要素重新组合配置，才能使各国的经济增长加快，进而促进世界经济繁荣。通过开展国家间的经济合作，各国可以直接利用其他国家的生产要素弥补本国生产要素的不足，通过生产要素在不同国家间的相互转移，使优势生产要素与劣势生产要素，富余生产要素与稀缺生产要素实现互补，达到生产要素的优化组合并实现规模经济。以国际经济合作方式促进的生产要素优势互补，推动了各国生产力的发展，所以国际经济合作首先是不同国家在生产领域里的相互协作，通过国际经济合作可以实现生产要素的优化组合。随着科学技术和生产力的发展，国家间经济联系不断加强，经济全球化趋势加强，现代化大生产要求在全世界范围内实现生产资源的进一步优化配置，以取得最佳经济效益，因此仅在生产领域内实现的国际经济合作已不能适应科技进步和生产力发展的需要，当代国际经济合作已扩展到服务、金融业等多个领域，经常以多种要素结合在一起进行复

合移动，具有综合性特征。

（三）国际经济合作内容广泛时间较长

在当代国际经济合作中，参与的主体十分广泛，它们不仅是主权国家间及国家间的自然人与法人的经济协作活动，还包括主权国家与国际经济组织、国际经济组织之间、国际企业法人与自然人间乃至主权国家间非法人机构、学术团体之间的合作。当代国际经济合作，除了主权国家间、国家与国际经济组织间、国际经济组织间开展的以项目形式出现的具体活动外，不同国家（或地区）、国家集团和国际经济组织通过协商建立经济一体化组织与行业组织等形式对国家经济关系进行联合调节，也属于国际经济合作的内容。在当代世界经济中，开展国际经济合作离不开国际经济协调，国际经济协调促进了国际经济合作的深入发展。各国间通过开展各种形式的经济协调，可以促进不同国家优势生产要素的优化组合和合理配置；通过国际经济协调，可以解决国际经济合作过程中出现的各种利益矛盾和纠纷。国际经济信息交流与分享的实质是信息要素在国家间的转移，既属于具体的国家间经济合作范围，也是国际经济协调的主要内容之一。所以，国际经济合作不仅具有全球性、经常性和持久性特征，而且合作范围广、领域宽、方式灵活多样，是一项长期的多内容的国际经济交往方式。

（四）当代国际经济合作新特征

"冷战"结束后，国际政治经济格局出现一系列重大变化，其中最为突出的特征是政治多极化、经济全球化、和平与发展成为世界主题。在经济发展不平衡规律作用下，当代国际经济合作出现了一些新特征。

首先，相互依存体现出当代国际经济合作的基本特征。相互依存理论主要代表人物理查德·库珀、罗伯特·基欧汉和约瑟夫·奈等人依据 20 世纪 60 年代工业化国家的发展趋势，将相互依存视为"现代国际体系的根本特征"和国际关系的重要原则。[①] 相互依存包括三层含义：一是相互，二是依赖，三是生存。国际相互依存指组成国际社会的全体成员彼此间在政治、经济、技术、文化等领域中形成相互联系、相互影响、不可分割整体间的共生共存关系，其中经济上的相互依存是国际相互依存的基础。在相互依存的国际社会中，任何国家都难以游离于整体之外，全体成员彼此间在政治、经济、技术、文化等领域中形成相互联系、相互影响、不可分割的相互依赖生存关系。在和平与发展时代，谈判取代冷战，均势取代遏制，国际政治合作趋势逐步超

---

① 参见本书第三章第二节。

过国际冲突趋势。当能源、人口、环境、粮食、增长与发展等问题成为全球性问题时，通过国际经济合作可以推动全人类共同利益形成。在国际贸易作用加大和国际投资加速背景下，新的国际合作方式改变了传统的世界政治经济格局。中国入世后，对外贸易和投资高速发展，按照相互依存理论，GDP、外贸依存度、直接投资之间存在正的高度线性关系，说明中国与世界的相互依存度正在不断提高，在相互依存中积极与世界各国开展经济合作已成为无法替代的选择。

其次，全要素合作成为当代国际经济合作的经济特征。国际经济合作的实质是生产要素国际移动和重新组合配置。第三次科技革命推动价值链分工体系形成，出现生产要素全方位运动趋势，全要素合作成为当代国际经济合作的经济特征。在经济全球化背景下，生产要素国际差异取代比较成本成为决定国际分工的基础与核心，决定要素合作的基础是全球生产价值链体系，以生产要素参与价值链分工体系，使全球产业体系重新构筑，生产方式、市场竞争、资源配置、财富分配等均发生深刻变化，"分工利益"大于"贸易利益"，最终影响了一国的经济增长方式和发展速度。一国要在价值链分工体系中获得一定份额和利益，必须参加全要素运动中的国际经济合作。改革开放以来，中国正是积极参与了生产要素国际运动，特别是进入新世纪后，在"走出去"战略指引下，全面参与了生产要素与资源全球新一轮重新配置的国际经济合作，一举成为经济大国并比肩超级大国。

最后，全方位合作构成当代国际经济合作的方式特征。国际经济合作的"4C规律"①说明，国际经济合作是国际上不同行为主体为实现生产要素国际移动和重新组合配置的一种有效的经济机制，这种机制是世界生产力发展的客观要求与结果，是经济生活国际化的必然趋势。全球化背景使国际经济相互依存、联系紧密，全方位协调合作更为重要。20世纪90年代后，各国为了给经济发展创造平稳的竞争环境，都积极参与了国际经济政策协调，这些协调已改变了传统的宏观、微观国际经济合作，在全世界拉开了一个全方位国际合作的新局面。在2007—2008年的金融危机中，G20频繁活动，其结果证明当代国际经济合作已超出传统生产要素运动范围，并为当代国际经济合作提供了新的模式，同时也证明在全球化和相互依存日益加深的背景下，国际经济合作方式必须朝着全方位的方向发展。中国在四次G20会议中的作用充分彰显了世界发展越来越离不开中国，中国也开拓出更大的国际回旋空间和

---

① 参见本书第三章第一节。

一个全新的国际经济合作局面。

四、国际经济合作的作用

(一) 为各国经济发展提供了良好的外部条件

在国际经济关系中，通过国际经济合作实现的国家间经济协调为世界各国经济发展创造了一些良好的外部条件。国家间经济协调包括经济发展水平相近国家间的协调、区域性经济组织、跨区域性经济组织以及全球性组织所进行的协调等多种形式，如世界贸易组织（WTO）、G20 会议，77 国集团（group of 77）等，目前在国际上都有着重大影响，它们为推动经济全球化进程和南南合作、南北合作做出了重要贡献。

(二) 通过生产要素移动实现互补作用

生产要素在国家间的移动与重新配置实现了各国间在生产要素数量、质量和结构方面的互补，促进了国际生产要素的合理配置，提高了生产要素的利用率。这种互补作用具体表现在以下三个方面。

1. 国际经济合作促进了生产要素在国家间的互通有无

在世界经济发展过程中，没有一个国家拥有世界上一切自然资源和全部占优势的生产要素。通过参加国际经济合作，各国不仅可以获得本国短缺的生产要素，而且也可以将优势生产要素转移到缺乏该种生产要素的国家中去。生产要素在国际上的互通有无符合一般经济规律，通过生产要素在国际上互通有无的移动，既推动了国际上科学技术合作，又密切了各国间的共同投资。在科技发展日益加速的今天，各种新产品开发和工业化大生产都需要大量复杂的技术和投资；尖端技术和技术密集型产品的生产，很少是一个厂商单独进行投资的，甚至也不是一个国家单独投资开发的。生产要素在国际上的互通有无，使一些国家在合作中获得本国所缺少的资金和技术，一些国家获得本国所缺少的劳动力、信息或其他资源，最终提高了全社会的生产能力和促进经济发展。

2. 国际经济合作推动了生产要素在国家间的合理配置

由于世界各个国家所处的地理位置不同，导致各国生产要素禀赋的不同；各历史文化发展过程不同，产生了生产要素素质的不同，这些不同使得生产要素在各国间存在着不同的差异性，各国间生产要素的差异性直接反映到了它的价格体系和收益水平。通过参与国际经济合作，可以从价格较低的国家或地区获得本国需要但价格较高的生产要素，实现生产要素在国际上的移动和重新组合配置，从而弥补一国在自然资源方面的差异性，弥补一些国家在发展本国经济中的资金不足、劳动力不足和技术落后等一系列问题,因此国际经济合作是构成产品生产过程中生产要素组合最佳配置的决定因素之一。

3. 国际经济合作带来了规模经济效益

规模经济效益(scale economies effect)指由于生产规模扩大而导致的长期平均成本下降所产生的最佳经济效益。发展现代化大工业生产,不仅受一国生产要素禀赋的制约,同时还受规模经济制约,当代大工业生产和高科技产品生产不仅需要各种具有优势的生产要素相互结合,而且还需要更为广阔的产品销售市场;不仅需要某一种要素的密集使用来进行制造,而且更需要扩大使用制造该产品的一切生产要素。国际经济合作使整个世界生产成为一个整体,为各国产品生产规模的扩大和每一生产要素收益的提高提供了广阔的前景。通过参与国际经济合作,各国不仅可以把各自具有优势的生产要素结合在一个经济实体中共同从事产品生产,而且还可以在销售市场方面进行合作,共同开发研制和销售新产品,不仅在生产过程中实现生产要素的最佳配置,而且在销售过程中实现最佳市场容量结合,产生最佳经济效益。

第二节　国际经济合作方式

一、国际经济合作与国际商品贸易的联系与区别

(一) 国际经济合作与国际商品贸易的联系

国际经济合作与国际商品贸易是国际经济交往的两种主要方式,它们之间有着密切的联系,这些联系表现在以下几个方面:

(1) 国际经济合作和国际商品贸易都是国际经济交往的重要组成部分,都是需要在国际市场上进行交换的活动。在国际经济交往中,都应按照平等互利、互相尊重主权的原则开展联系。

(2) 国际经济合作和国际商品贸易都与生产要素有关。生产要素的禀赋决定了国际经济合作中各种生产要素的组合形式和投入的种类,同时也影响了国际商品贸易中所交换的商品品种和数量。

(3) 国际经济合作与国际商品贸易都与商品生产有关。在国际经济合作中,各国利用各自相对优势的生产要素共同生产商品;在国际商品贸易中,一国利用本国相对优势的生产要素生产商品,各国之间通过各自生产的商品进行交换。

(4) 国际经济合作与国际商品贸易经常结合在一起进行,相互之间有着

密切的联系。如国际经济合作方式中的补偿贸易、加工装配、合作生产、承包工程都与商品贸易结合进行，技术转让、直接投资等也往往与商品贸易结合在一起，构成国际经济合作和国际商品贸易综合在一起的国际经济交往活动。

（5）国际经济合作与国际商品贸易具有互补性和替代性。首先，国际经济合作与国际商品贸易具有互补性。一国通过商品出口带动了生产该商品的生产要素在国家间流动，该商品的生产要素流动又扩大了国际贸易活动。其次，国际经济合作与国际商品贸易具有替代性。当国外商品与国内商品生产竞争激烈时，如果完全依靠本国生产，由于本国的要素稀缺可能会引起生产成本的增加，而通过获得外国资本、先进技术、劳动力及外国的自然资源，则可以降低本国商品的生产成本，提高本国商品的国际竞争能力。如进口替代就是以生产要素的国际直接流动来代替国外商品的进口。因此，通过开展国际经济合作，各国将各自具有相对优势的生产要素结合在一个经济实体中共同从事生产，在很大程度上体现了生产要素的优化组合和合理利用。

（二）国际经济合作与国际商品贸易的区别

国际经济合作与国际商品贸易的区别主要表现在以下几个方面：

（1）国际经济合作与国际商品贸易的研究对象不同。国际经济合作研究生产要素在国际直接移动和重新组合配置的规律及其协调机制，重点研究生产要素在生产领域里的直接协作。国际商品贸易研究国际商品流通的规律性，即生产要素间接国际移动的规律性，重点研究的是流通领域里商品的进口与出口。

（2）国际经济合作与国际商品贸易发生的领域不同。国际经济合作是生产要素在国际的直接流动，是发生在生产领域里的协作活动。国际商品贸易是各国间的商品交换，是发生在流通领域中的经济往来活动。

（3）国际经济合作与国际商品贸易的交易方式不同。具体表现在以下几个方面：

第一，国际商品贸易多为一次性交易行为。通过国际贸易进行的经济交往通常是就一些具体的商品交易进行磋商，达成协议并签订合同后，卖方负责备货交货，买方则验收付款，货款两讫后，买卖双方的权利与义务即告结束，合同即告终止，此笔交易也告完成，每笔交易持续的时间一般都不会很长。国际经济合作活动多以项目形式出现，要求合作各方在一定时期内进行合作和发生经济往来，直到合同规定的合作期限或项目完成为止。在此期间，合作各方要建立一种长期稳定的协作关系，共同开展经济交往活动。国际经济合作项目周期短则 3 至 5 年，长则数十年，是交易各方的一种较长期的协作行为。国际经济合作的方式也比国际商品贸易更为灵活多样。

第二，国际商品贸易的作价比较容易，在价格和支付条款方面都有国际市场行情和国际惯例可做参考。国际经济合作项目由于受到多方面因素的影响和制约，在价格和计算方法以及支付方式等方面都比国际商品贸易复杂得多。

第三，国际商品贸易交易方式比较简单，从谈判、签约到成交过程较快，风险主要体现在交易双方的信用与海运等方面。国际经济合作交易多以项目方式出现，一个项目从成立、审批、可行性研究、考察、融资、建设、生产管理、营销等方面，要经过相当长的时间，形式既多样又复杂化，具有投资多、周期长、风险大的特点，所以国际经济合作项目成交时间较长，执行难度较大。

第四，国际商品贸易与国际经济合作对国民经济所起的作用不同。各国通过参加商品交换，以进口和出口影响本国的国民经济，增加财政收入和外汇收入，为国民经济建设积累资金，为对外偿债增加外汇储备。在商品贸易中，对进口方来说，可以从对方获得稀缺的资源，或者通过比较利益节约生产要素的耗费；对出口方来说，可以扩大本国商品生产，提高本国就业水平等，但通过国际商品贸易并不能直接影响本国科技水平和生产力水平的提高。国际经济合作通过在生产领域里的直接协作，通过资本、技术、劳动力、土地、管理、技术、信息等生产要素的转移，可以直接促进各国生产力水平的提高，推动国民经济增长。

第五，开展国际经济合作可以获得独特的经济效益，发挥国际商品贸易难以发挥的作用。自 20 世纪 70 年代开始，世界性贸易保护主义抬头并一直延续至今。当传统的贸易保护如关税壁垒、非关税壁垒、限制性商业惯例等在 WTO 框架下受到抑制后，新贸易保护主义措施层出不穷，严重地影响了国际贸易的正常开展。通过开展国际经济合作，如在东道国投资办企业，提供技术服务和知识产权转让等方式，既可以使东道国直接在生产领域里使用别国先进的技术和管理经验，为进入他国市场和获得别国先进的优势生产要素提供了有效途径，同时又能够使投资国绕过各种贸易壁垒，发挥商品贸易难以发挥的作用。

二、国际经济合作方式

(一) 宏观国际经济合作方式

宏观国际经济合作是从世界经济整体角度出发，各国政府之间以及各国政府与国际经济组织之间通过一定的方式开展的经济协作活动，主要包括以下一些方式：

1. 多边国际经济合作与双边国际经济合作

多边国际经济合作（multilateral international economic cooperation）是指两个以上国家的政府之间，或一国政府与国际经济组织之间进行的经济合作；双边国际经济合作（bilateral international economic cooperation）是指两国政府之间进行的经济合作。

2. 垂直型国际经济合作与水平型国际经济合作

垂直型国际经济合作是指经济发展水平或生产力水平差异较大的国家、企业之间的经济协作活动；水平型的国际经济合作是指经济发展水平或生产力水平差异不大的国家、企业之间的经济协作活动。

3. 广义的国际经济合作与狭义的国际经济合作

有关广义与狭义的国际经济合作范围的界定问题存在着一些争议。通常情况下，一般认为广义的国际经济合作是指一切超越国家界限的各种形式的经济往来活动，它不仅包括生产领域里的经济协作活动，而且还包括国际商品贸易、国际服务贸易等多个领域中的经济协作活动。狭义的国际经济合作仅指以生产要素国际移动为本质内容的主权国家间以及国家与国际经济组织间的经济协作活动。

4. 国际经济政策协调合作

国际经济政策协调合作包括两大类型，一类是以联合国系统、区域性经济组织等为主对各国经济进行的协调活动。这种协调活动主要通过政府首脑会议及国家领导人进行互访、签订多边与双边协定的方式进行。另一类是以区域经济一体化方式进行的协调活动，如建立自由贸易区、关税同盟、共同市场、经济同盟等。值得提醒的是，随着世界政治经济格局的不断变化，世界各国间经济贸易相互依存度不断提高，经济全球化、区域集团化的迅速发展对各国经济贸易的影响日益突出，而由此产生的经济纠纷、贸易摩擦也在急剧上升。如何在世界范围内制定一套能够被广泛接受、客观公正，并具有权威性的争端解决机制，成为国际经济社会的重要问题。世界贸易组织（WTO）成立后，建立起一整套解决贸易纠纷与争端的机制，在一段时间内适应了世界经济贸易发展的需要，不仅起到了全球性经济政策的协调作用，也促成了更高层次的合作机制，但在世界经济发展不平衡规律作用下，世界贸易组织（WTO）也遭到新的挑战，新一轮的国际经济政策协调合作正在形成中。

（二）微观国际经济合作方式

微观国际经济合作是指不同国籍的自然人与法人之间通过一定的方式开展的经济协作活动，主要是指不同国家间企业或公司之间以具体的项目形式出现的经济合作活动，或者说是国际经济合作的具体方式。在国际经济合作中，宏观国际经济合作方式通过微观国际经济合作方式予以落实和具体表现出来。微观国际经济合作主要有以下一些方式：

1. 国际投资合作

国际投资合作包括直接投资和间接投资两大类。国际直接投资合作指的是一个国家引进其他国家的投资和在其他国家进行投资，具体方式有合资经营、合作经营、独资经营和非股权投资等。国际间接投资合作包括：①国际信贷合作，如外国政府信贷、国际金融组织信贷、出口信贷、混合贷款、贴息贷款、国际租赁信贷等。②国际证券融资合作，即以在东道国发行或购买证券为融资对象，通过金融证券市场的投资活动进行合作，包括债券、股票、投资基金、商业票据等多种方式的融资行为。

2. 国际技术合作

国际技术合作包括无偿技术转让和有偿技术转让两种方式。无偿技术转让包括在技术援助中，它一般是通过多边技术合作或双边无偿赠送来实现的，具体方式包括：召开科技专题研讨会、专家互换、专家征聘、专业人员培训、交换科技情报与共同研究和设计、建立联合科研机构与培训中心等。有偿技术转让即技术贸易，国际技术贸易采取专利、专有技术或商标使用权交换等多种许可贸易方式进行。在一些带有技术转让性质的设备硬件交易、成套设备进出口中，有偿技术转让的成分也是很多的。

3. 国际服务合作

国际服务合作是指提供服务的企业或其他机构与国外企业或承包人根据服务合同的规定进行合作的一种形式。国际服务合作包括境内服务和境外服务两部分。境内服务合作形式包括：加工贸易（如来料加工、来样加工、来图加工、来件装配），科研生产与文化艺术合作，国际旅游，咨询服务等。境外服务合作形式包括：对外承包工程，派遣技术、劳务人员参加外国企业和承办人承办的项目服务等。

服务外包是国际服务合作的主要内容之一，它是指作为生产经营者的企业主将服务流程以商业形式发包给本企业以外的服务提供者的经济活动，目前主要包括商业流程外包（BPO）、信息技术外包（ITO）和知识流程外包（KPO）。服务外包广泛应用于IT服务、人力资源管理、金融、会计、客户服务、研发、产品设计等众多领域，服务层次不断提高，服务附加值明显增大。根据美国邓百氏公司的调查，全球的企业外包领域中扩张最迅速的是 IT 服务、人力资源管理、媒体公关管理、客户服务、市场营销。

4. 国际劳务合作

国际劳务合作是国际服务合作的主要内容之一，它是指一个国家派出技术人员、工人或其他人员等，前往另一个国家为需要劳动力的企业主提供各种不同的技术服务和工作服务等。国际劳务合作的内容十分广泛，有劳务进出口、国际旅游、国际咨询、国际工程承包等。

5. 国际工程建筑合作

国际工程建筑合作是国际服务合作的主要内容之一，它是指一国的工程建筑公司以投标的方式进入东道国承揽工程建筑项目，待项目完成后或直接移交东道国或参与管理和经营。国际工程建筑合作是一项综合性的商业与经济交往活动，其中包括多种经济合作方式，如一项工程建筑合作，除了大量的劳务合作外，还有相当多的技术合作、金融合作、贸易合作、政策协调等。

6. 国际发展援助

国际发展援助是发达国家或高收入的发展中国家及其所属机构、有关国际组织、社会团体以提供资金、物资、设备、技术或资料等方式，帮助发展中国家发展经济和提高社会福利的具体活动，包括财政援助、技术援助、物资援助、现汇援助等。

7. 国际土地合作

国际土地合作包括对外土地出售、土地出租、土地有偿定期转让、土地入股、土地合作开发和建立经济特区等，经济特区包括自由贸易区、出口加工区、科学园区、经济技术开发区等形式。

8. 国际信息与管理合作

国际信息合作主要指国际经济信息的交流与交换；国际管理合作方式包括：对外签订管理合同、聘请国外管理集团、管理专家，进行管理咨询，合营企业联合管理，交流管理资料和举办国际管理知识讲习班等。

9. 国际网络合作

随着互联网时代的到来，网络空间已被视为继陆地、海洋、天空、太空之后的"第五空间"。互联网将整个世界紧密地联结在一起，不仅成为人们经济生活不可或缺的手段，而且成为人们精神生活的新空间、信息传播的新载体和文化创作的新平台，网络的开放性和跨国性决定了世界各国需要在网络建设和安全方面开展更为广泛的合作。在网络建设方面，网络国际化需要各国政府、行业组织、民间协会等加强合作、沟通和协商，建立国际多双边合作机制，在网络经济中进一步推动贸易和投资发展；在网络安全方面，需要世界各国共同采取有效措施保障网络世界的安全。

本章小结

当代国际经济合作产生于第二次世界大战后，不同主权国家政府、国际经济组织和超越国家界限的自然人与法人为了共同的利益，在生产领域中以生产要素的移动与重新组合配置为主要内容而进行的较长期的经济协作活动，国家间的经济政策协调也是国际经济合作的重要内容。生产要素理论是国际经济合作的主要理论基础，国际经济合作考察以各种形式出现的生产要素移动的规律和在生产领域进行国际经济协调的有效机制，主要方式包括宏观和微观经济合作。

关键名词或概念

1. 国际经济合作（international economic cooperation）
2. 多边国际经济合作（multilateral international economic cooperation）
3. 双边国际经济合作（bilateral international economic cooperation）

拓展阅读

拓展 1：汉萨同盟

汉萨同盟是德意志北部城市为主形成的商业和政治联盟。汉萨（Hanse）一词，德文意为"公所"或者"会馆"。12 世纪中叶逐渐形成，14 世纪达到兴盛，加盟城市最多时达到 160 个。1367 年成立以吕贝克城为首的领导机构，有汉堡、科隆、不来梅等大城市的富商和贵族参加，拥有武装和金库。1370 年战胜丹麦，订立《斯特拉尔松德条约》。同盟垄断波罗的海地区贸易，并在西起伦敦、东至诺夫哥罗德的沿海地区建立商站，实力雄厚。15 世纪转衰，1669 年解体。

汉萨同盟成立之后，其宗旨很快从镇压海盗、打击掠夺行为和取消不合理的通行税等保护商业的行为转至在海外扩展商业势力，垄断商业利益，压制来自同盟外的德意志城市以及来自英国、俄罗斯和佛兰德本土的商业竞争。汉萨同盟的主要贸易货物为盐、青鱼、咸肉、粮食、酒类、呢绒、羊毛、毛皮、牲畜、草木灰、鲸油、木材、大麻、树脂、蜂蜡、香料、桶板、铁、铜、锡和金属制品，沟通了原料产地与制成品产地之间的联系。

14 世纪中叶，汉萨同盟扩展至波罗的海南岸、东岸的所有德国港口城市，并扩展到英国、佛兰德、丹麦、斯堪的纳维亚、俄罗斯、芬兰等地。波罗的海东岸的德意志殖民者按照严格的汉萨法律建造了一大批汉萨城市。

14 世纪晚期和 15 世纪早期是汉萨同盟的鼎盛时期，虽然其商站只局限于波罗的海、北海和俄罗斯，但是其商船却远及法国、西班牙和葡萄牙，从南欧运来橄榄油、水果、各种酒和盐。其注册商船大至 1000 吨到 2000 吨。汉萨商人通过向神圣罗马帝国的封建领主和其他国家的君主提供借款而获得了一项又一项的特许权。在其全盛时期，汉萨同盟左右着丹麦和瑞典的王位继承人人选，而英国国王甚至不止一次将王冠抵押给汉萨商人换取贷款，或向其借用舰队和海员。汉萨同盟积累了大量财富，并凭借商业和武力赢得了各国的尊敬。

拓展 2：发展中国家间的贸易和经济合作

1981 年加拉加斯会议批准的最后报告认为，第三世界国家应在不久的将来在七个方面加强合作。虽然它没有具体讲明这几个方面哪个是重点，但是人们普遍认为，纲领中关于财政、技术转让和贸易等部分的内容比关于粮食、农业、能源、原材料和工业化等方面详细得多，也明确得多。

加拉加斯纲领就发展中国家间可能进行的其他合作项目提出了一系列建议。其中最引人注目的是建议加强发展中国家中原料生产国现存的合作关系，同时建立新的联盟；这个纲领还敦促发展中国家之间在一些特定工业部门中进行合作，建立诸如跨国生产企业之类的机构。此外它认为，发展中国家还应在它们的能源进口国中加强能源的勘探与开发，并创建多国企业以生产与能源开发有关的资本货物，如钻探，管道和贮藏设备等。纲领还敦促发展中国家制订获得和维持粮食储备的计划，包括在这方面做出基本的安排，并采取合作措施，生产和销售农业投入物，如化肥、农药、农机具和良种种畜等。

国际认可的发展中国家间经济合作的主要内容：

区域性阶段：1959 年西非国家关税同盟成立（1974 年被西非经济共同体所取代）；赤道非洲关税同盟成立（1966 年被中非关税和经济同盟所取代）；1960 年拉丁美洲自由贸易协会成立；中美洲共同市场建立；安第斯集团建立；加勒比自由贸易协会成立；1964 年阿拉伯共同市场建立；1967 年东南亚国家联盟建立；东非共同体成立（1977 年解散）；1975 年西非国家经济共同体建立。

国际性阶段：1974 年联合国第六次特别会议通过了建立新的世界经济秩

序行动纲领（NIEO），这个纲领强调发展中国家间的经济合作；1976年77国集团把发展中国家间经济合作纲领写入马尼拉宣言和行动纲领中，在内罗毕召开的联合国贸易和发展会议第四次会议通过决议，支持发展中国家间的经济合作；不结盟国家首脑在科伦坡通过发展中国家间经济合作的行动纲领；77国集团在墨西哥城开会讨论发展中国家间的经济合作；1979年77国集团通过阿鲁沙集体自力更生纲领，该纲领部分地得到在马尼拉召开的联合国贸易和发展会议第五次会议的批准；1981年77国集团在加拉加斯发表发展中国家间经济合作草案。①

拓展3：　20国集团

20国集团（group 20，简称G20）是一个国际经济合作论坛，最初由美国等7个工业化国家的财政部长于1999年6月在德国科隆提出建立，目的是防止类似亚洲金融风暴重演，让有关国家就国际经济、货币政策举行非正式对话，以利于国际金融和货币体系的稳定。集团建立时只是由各国财长或各国中央银行行长参加。2008年爆发的金融危机使金融体系成为全球的焦点，20国集团开始举行首脑会议，扩大各个国家的发言权，从而取代了之前的八国首脑会议或财长会议。目前20国集团由8个发起国家（美国、日本、德国、法国、英国、意大利、加拿大、俄罗斯）和11个重要新兴工业国家（中国、阿根廷、澳大利亚、巴西、印度、印度尼西亚、墨西哥、沙特阿拉伯、南非、韩国和土耳其）以及1个实体（欧盟）组成。按照惯例，国际货币基金组织与世界银行列席该组织会议，集团GDP总量占全球经济的90%，贸易额占全球80%，成为全球经济合作的主要论坛。

注：以上内容根据相关书籍与网络资料整理。

简答题

1. 国际经济合作的定义是什么？
2. 当代国际经济合作的基本特征是什么？
3. 国际经济合作与国际贸易的联系与区别是什么？
4. 国际经济合作包括哪些内容？

---

① 资料来源：摘自国际货币基金组织和世界银行季刊《金融与发展》，[法] 杰克·P. 巴努音（Jack P. Barnouin），国际货币基金组织日内瓦办事处副主任，载 www.cfeph. cn/cfeph/finance. nsf/102009b942

第二章　国际经济合作理论

本章导读

　　国际经济合作理论是开展国际经济合作的基本理论依据，这些理论主要包括生产要素理论、国际分工理论、经济一体化理论、经济全球化理论、全球价值链理论等。

学习目标

　　通过本章学习，应对国际经济合作的一些基本理论有所了解，提高应有的理论水平，并能运用这些理论解释国际经济合作中的现实问题，为开展国际经济合作提供理论依据。

第一节　生产要素理论

一、生产要素理论

（一）生产理论

　　生产理论（the theory of production）是微观经济学的重要组成部分之一。按照经济学的观点，生产就是对各种生产要素进行组合以制造产品的行为。在生产中要投入各种生产要素并生产出产品，所以生产也就是把投入（input）变成产出（output）的过程。生产理论研究生产者（即厂商、企业）行为，即生产者是如何利用有限的资源实现利润的最大化。利润最大化包括两方面内容：一是在产量既定时，成本最小；二是在成本既定时，利润最大。在生产过程中，作为一个生产者，实现利润最大化需要考虑两个问题：一是投入与产出的技术问题；二是成本与收益的经济问题。一个理性的生产者总是以追求最大利润为目标，当生产者使用各种生产要素生产产品，且各种生产要素在一定范围内可以相互替代时，生产者必然以这些生产要素的最优组合来进行产品的生产，生产要素最优组合体现了利润最大化原则。

（二）生产要素理论

生产要素理论产生于经济学中的生产理论。生产要素（factor）是生产的基本元素，即生产过程中使用的各种资源。最早提出生产要素概念的是法国经济学家让·巴蒂斯特·萨伊（J. B. Say，1766—1832 年）。萨伊在研究社会收入分配时认为，劳动、资本、土地都参加了生产过程，三者是一切时代生产的三个要素，每一个要素在创造价值的过程中都提供了一定的服务，所以商品的价值是由这三个要素"协同创造"的，是由它们在创造效用中各自提供的"生产性服务"所决定的。萨伊指出："事实已经证明，所生产出来的价值，都是归因于劳动、资本和自然力这三者的作用和协力，其中以能耕种的土地为最重要因素但不是唯一因素。除这些外，没有其他因素能生产价值或能扩大人类的财富"。[①] 与此同时，萨伊还区分了三种主要收入，即劳动创造工资、资本创造利息、土地创造地租，这就是经济学中最早的"三要素论"。在这之后，英国经济学家阿弗里德·马歇尔（1842—1924 年）从国民收入分配研究的角度补充了生产要素的观点。马歇尔认为，除了以上三个要素外，还有一个要素参加了生产过程，这就是企业家才能（entrepreneurship），企业家才能的原意是指在企业经营中的组织能力、管理能力与创新能力，具有企业家才能的生产要素是综合这些能力的企业家或管理者。生产理论认为，在生产相同数量的产品时，可以多用资本少用劳动，也可以多用劳动少用资本，在具体生产过程中，需要具有企业家才能的企业家将这各种生产要素组织起来，才能更为合理地生产和充分发挥生产效率。马歇尔在研究中将组织作为一个独立的生产要素，认为资本大部分是由知识和组织构成的，知识是最有力的生产动力，组织则有助于知识发挥作用。组织有许多形式，如单一企业的组织、同一行业中各种企业的组织、相互有关的各种行业组织等，所以，最好把组织作为一个独立的生产要素与其他要素区别开来。作为生产要素，组织用来研究分工、生产规模利弊、企业管理等问题，目的是为了提高劳动效率，增加企业收益。企业家在生产中具有两个功能：第一，作为生产的组织者，他必须具有预测和判断生产和消费的趋向、甘冒营业风险、掌握有关行业生产技能的能力；第二，作为领导者，他必须具有知人善用、建立被领导者对他的信任，启发他们的创造能力，全面掌握企业的次序合作和其他一

---

① 萨伊：《政治经济学概论》，商务印书馆，1963 年版，第 76 页。

切的能力①。到马歇尔为止，完成了经济学中经典的生产"四要素论"。按照经济学的观点，对生产要素的需求与对商品的需求是不一样的，其特点在于：首先，对生产要素的需求是一种派生的需求，它取决于对该要素所参与生产的商品的需求；其次，对生产要素的需求是一种联合的需求，各种生产要素之间存在着相互依存的关系，它们之间既是可以互相替代的，又是相互补充的。通常情况下，劳动、土地和资本是互相替代关系，由此产生了劳动密集型生产和资本密集型生产的不同方式，而企业家才能与它们则是互相补充的关系，由于具备企业家才能的生产要素是稀缺的，所以利润是企业家经营管理企业、组织生产以及承担风险的报酬。

随着科学技术发展和信息化时代的到来，一些现代经济学家认为技术和信息在生产中的地位越来越重要，也可以被认为是生产要素，由此在现代经济学中，出现了生产"六要素论"。但无论是"四要素"论，还是"六要素"论，从经济学生产理论的基本生产函数公式 $Q=f（L，K）$ 中可以看出，生产过程中最基本的生产要素是劳动 L（labour）和资本 K（capital）。

（三）各种生产要素的作用

1. 劳动要素

劳动要素是指可用于生产过程的一切人力资源即劳动力。劳动力在生产过程中的作用是它的劳动能力，即人们在生产过程中付出体力和智力的活动，包括体力劳动者和脑力劳动者。生产过程对劳动力的使用和消费，主要是让劳动力付出体力或智力创造产品。

2. 资本要素

从理论上看资本是一种能够创造价值的价值，在商品经济中，资本作为生产要素具体表现为一定数量的货币。资本要素按其在生产过程中的作用，分为不变资本和可变资本；按其在产品价值转移过程中的方式，可以分为固定资本和流动资本；按产业资本存在的形式，可以分为货币资本、生产资本、流通资本、商品资本等；按资本的所有权和使用权，可以分为职能资本与借贷资本。从资本在生产过程中所发挥的作用看，资本要素是指通过直接和间接的形式，最终投入产品生产过程的资本货物（如机器设备、厂房建筑物和原材料等）和金融资产（如股票、债券和借款等）。作为生产要素的资本具有两个基本特征：一是一定数量的资本决定着一个企业的生产性质，如资本密集型或劳动密集型等；二是作为生产要素，资本必须表现为一定的具体方式，

---

① 马歇尔：《经济学原理》（上卷），北京，商务印书馆 1981 年版，第 206 页。

如实物资本或货币资本等。资本要素的流动形态是货币资本，只有当它的流动转化为生产资本时，才能在生产过程中发挥作用。

3. 土地要素

土地要素是一个具有三方面内涵的立体概念，它不仅包括人们在生产活动中直接使用的土地，还包括地下的矿藏和一定地域、海域的自然资源。作为土地的生产要素，有其区别于其他生产要素的几个特殊性。首先，土地要素具有不可再生性，所以在现代经济社会中，地价与资源价格总是呈上升趋势；其次，土地要素具有地域和丰裕程度上的差异性，因此有绝对地租和级差地租的概念；再次，土地要素具有不可转移性，土地与资源的不可转移性具有双重意义，从绝对意义上看土地与资源是不能转移的，但在市场经济中它又可以通过货币形式进行转移，由此产生了以土地或资源作为投资而进行的合资经营、合作开发、合作开采等经济联系。土地要素中资源的特殊性还体现为多样性和不可替代性，不同的资源在不同工业中的用途是不可替代的，资源的这种特殊性决定了资源开发的重要性和资源流动的可能性。

4. 技术要素

技术要素是指制造某项产品、应用某项工艺或提供某项服务的系统知识。技术要素的实际表现形态可以是文字、图纸、软件、数据、配方等有形形态，也可以是个人的实际生产经验、专门技能等无形形态，法律表现形态可以是专利（patent）和专有技术（proprietary technology）。技术要素与一定产品的生产或管理有关，不同产品生产需要不同的技术，技术与生产力水平有直接关系。生产过程中的技术高低具有两种意义，一是同种产品的不同生产技术直接影响到产品的质量和数量；二是一国技术水平的高低决定了该国的生产力水平，从而决定其在世界经济中地位。从全人类生产发展看，技术进步的步伐永远没有停止过。技术要素的本身的价值经常很难测量，其经济意义可以通过一些具体的计算方法来评估和评价测定。

5. 管理要素

管理要素是生产组织要素或企业家才能要素，它是指人们为了生产和生活需要而采取的对经济活动过程一定自觉的控制，即通过计划、组织、指挥、监督和控制手段，使生产过程中的各种要素在时间、空间和数量上组成更为合理的结构，实现收益（结果）最大化。管理要素最为具体的表现是决策和协调才能，这正是马歇尔所表述的作为企业家的两种功能。

6. 信息要素

经济信息要素一般是指与生产、销售和消费直接相关的消息、情报、数据和知识等，经济信息是经济运行过程中各种发展变化和特征的真实反映，具有可传递性、可再生性、可处理性、可贮存性和可共享性等特征。

（四）生产要素移动与配置

人们对生产要素种类的认识是随着社会生产的发展不断发展和日益增多的，生产越是现代化，所需要的生产要素种类也就越多，不同的生产要素由于相互之间的关系不同，在生产中发挥的作用也不相同。第一，资本与劳动。在一定的生产过程中，资本与劳动是可以相互替代的，具有不同质量的劳动力是一定量的资本投入的结果，劳动力的质的差异被归结为资本的量的差异。第二，劳动与技术。技术不论表现为何种形式，最后都附属于劳动力而具体表现出来，在一定的生产过程中，劳动和技术也是可以互相替代的。第三，资本与技术。技术的各种形式都是资本的产物，但它又具体体现在劳动力的身上，所以资本是潜在的技术，劳动力是现实的技术。第四，资本、劳动、土地及资源。在生产过程中，土地与资源的差异转化为资本产出率的差异和劳动生产率的差异，所以当资本和劳动力要素结合后，对土地与资源要素就产生了很大选择性。第五，管理与信息。管理既然作为对生产要素的组织，可以被看做是一种与其他要素均有关系的要素，在一定的要素组合条件下，不同的管理总是带来不同的产出水平。信息能够能改变其他要素的配置方式和地点，进而对产出带来更为重要的影响。

当所有这些生产要素组合起来后，从质上看，它们表现为可以生产不同的产品；从量上看，它们意味着不同的劳动生产率，即等量要素投入的不等量产出，或不等量投入的等量产出。因此，各种不同生产要素本身的特殊性和它们不同的组合所形成的特殊性，产生了商品生产的国际差异性和生产要素国际移动的必要性。生产要素的国际移动是改变原有生产要素的配置而实现一种新的配置，在现代经济社会中，随着科学技术的发展，这种新的配置是一种优化的配置。

二、生产要素禀赋理论

（一）生产要素禀赋理论的提出

1919 年，瑞典经济学家埃利·赫克歇尔（Eil F. Heckscher）提出了要素禀赋论的基本观点，指出产生比较优势差异必备的条件。1930 年，赫克歇尔的观点被其学生伯尔蒂尔·俄林（Beltil G. Ohlin）进一步充实论证，他在代表作《地区间贸易和国际贸易》中发展和完善了生产要素禀赋理论（factor endowment theory），这一理论被称为赫克歇尔—俄林原理（the Heckscher-

Ohlin Theorem)，简称赫俄原理或 H-O 原理。

（二）生产要素禀赋理论的要点

生产要素禀赋理论的核心内容是：在两国技术水平相等的前提下，产生比较成本差异的有两个原因：一是两国间的要素充裕度不同；二是商品生产的要素密集度不同，所以各国应集中生产并出口那些充分利用本国充裕要素的产品，以换取那些密集使用其稀缺要素的产品，这种贸易模式可以使参与国的福利都得到改善。该理论的论证要点是：首先，每个区域或国家用相对丰富的生产诸要素（土地、劳动、资本等）从事商品生产，就处于比较有利的地位；而用相对稀少的生产要素从事商品生产，就处于比较不利的地位。因此每个国家在国际分工、国际贸易体系中应生产和输出生产要素丰富的商品，输入生产要素稀少的商品。其次，国际贸易的直接原因是区域贸易或国际贸易的价格差别，是成本的国际绝对差；比较成本差异是国际贸易的重要条件，两国国内各种商品的成本比例不同；不同国家不同的成本比例，源于各国国内生产要素不同的价格比例，而不同的生产要素价格是由供求关系决定的，生产要素价格的不同之比，是因为两国生产要素的供求关系存在着不同之比。各国生产要素供给的不同，是因为各国所赋有的各种要素的数量、种类和质量不同，国际贸易就是建立在各国各种生产要素不同且价格不同的基础之上的。即使生产要素的供给比例是相同的，由于各国对生产要素的需求不同，也会出现生产要素不同的价格比例，从而为国际贸易提供了条件。再次，商品贸易一般趋向于消除工资、地租、利润等生产要素收入的国际差别，国际分工及国际贸易的利益是各国能更有效地利用各种生产要素。在国际分工条件下，各种生产要素的最有效利用将会比在闭关自守的情况下得到更多的社会总产品。

生产要素禀赋理论认识到，国际生产要素不能充分流动会使生产达不到理想结果，但商品流动在一定程度上可以弥补国际要素缺少流动性的不足，通过国际贸易可以部分解决国际要素分配不均的缺陷，各国在土地、劳动、资本、技术等要素的结合并由此构成的价格起着重要的作用。在国际贸易中更应注意生产要素禀赋的比例问题。在国际分工和国际贸易体系中，各国应当出口该国相对丰裕和便宜的要素密集型商品，进口该国相对稀缺和昂贵的要素密集型的商品，如劳动相对丰裕的国家应当出口劳动密集型商品，进口资本密集型商品，各国的相对要素丰裕度即要素禀赋是各国具有比较优势的基本原因和决定因素。根据该理论，如果一国出口劳动密集型商品，说明劳动力是该国比较丰裕和便宜的要素，一国出口资本密集型商品，说明资本是该国比较丰裕和便宜的要素。在所有可能造成国家之间相对商品价格差异和比较优势的原因中，该理论认为各国的相对要素丰裕度即要素禀赋是各国具有比较优势的基本原因和决定因素。①

第二节   国际分工理论

一、国际分工的定义

（一）国际分工的定义

国际分工（international division of labor）是世界各国商品生产与服务的劳动分工，是社会分工发展和国内社会分工超越国界的结果。一国生产力的发展，首先产生了国内社会分工，商品和服务的交换；当一国的生产发展到一定水平后，有部分商品和服务可以在国际市场上交换，就形成了国际分工。所以，国际分工是社会生产和社会分工发展到一定阶段的结果，国际分工同时也是世界各国之间生产的专业化分工，是一国内部的社会分工超越国界向纵深和广阔方向发展的产物，一切社会分工和国际分工都是社会生产力发展与生产关系变化的结果。

（二）国际分工的发展和作用

1. 国际分工的发展

国际分工是社会分工发展到一定阶段的产物和国内分工的延伸，国际分工首先表现为国际贸易。从 15 世纪末至 18 世纪中叶，国际贸易以白银换取农产品的交易为特征，是国际分工的萌芽阶段。18 世纪 60 年代至 19 世纪 60 年代，社会第三次分工完成，工业革命发生，科学技术在工业生产中发挥了重要作用，欧美国家生产力水平大大提高，经济体制和经济结构发生了巨大变化，国际贸易出现了前所未有的发展，整个世界形成了以欧美国家为主的现代工业经济与其他国家的农业手工业经济的交换格局，国际分工基本完成。从 19 世纪 60 年代到第二次世界大战结束，工业革命完成，资本主义生产方式在全世界普及，国际分工体系逐渐形成，此时国际贸易主要以农产品、原材料与工业制成品进行交易，促进了国际分工发展。20 世纪 50 年代以后，在第三次科技革命浪潮推动下，国际生产力布局发生巨大变化，国际贸易突出表现为工业品与工业品的交易，由此使国际分工出现了两方面特征：第一，工业内分工形式出现；第二，

---

① 参见刘丁有：《国际贸易》第二章第五节"赫克歇尔—俄林的要素禀赋理论"，对外经济贸易大学出版社 2013 年 10 月版。

出现了以跨国公司全球生产网络为主导的产品内分工，跨国公司的生产网络将全球各地的生产不断卷入国际分工，国际分工进入新的深化发展阶段；这一期间，借贷资本输出逐渐取代商品资本输出而占据统治地位，国际金本位制的建立使多边支付体系形成，有力地促进了国际分工的发展。

第二次世界大战改变了世界政治经济格局，战后的国际政治关系变化突出表现在两个方面：第一是20世纪60年代的发展中国家突起，大批殖民地、半殖民地国家纷纷独立成为主权国家，使国际政治格局发生重要变化，政治格局变化引起经济结构变化；第二是随着冷战结束，自20世纪80年代中期以后，世界突出了和平与发展的主题，原处于对抗的两大阵营国家，基于自身的各种需要，在经济联系与合作方面不断加强和深化。在政治格局变化的影响下，第二次世界大战后的第三次科技革命和产业革命推动电子、信息、服务、软件、生物工程等一大批新型产业出现并大量地渗透到经济生活各个方面，世界及人类的交流和联系方式发生了根本性革命，由此对国际分工产生了巨大的影响并改变了传统的国际分工发展趋势。第二次世界大战后国际分工深化发展的特征主要表现在：第一，出现以工业国为主导的分工格局。第二次世界大战后，原来的殖民地、半殖民地国家政治上纷纷独立，努力发展自己的民族经济，改变了分工的格局，传统的以自然资源为基础的分工逐步发展为以现代化技术、工艺为基础的分工，形成了以工业国之间的分工为主导的格局。第二，区域经济一体化促进国际分工发展。经济全球化发展趋势已为各国所共识，经济全球化需要通过区域经济一体化来实现，越来越多的超国家经济组织不断涌现。一个个区域经济组织集团对内逐步下调甚或取消关税、非关税壁垒，促使内部成员国之间的贸易自由化，因而也促进了国际分工的发展。第三，资本国际化起到较大的推动作用。战后跨国公司的迅猛发展和在国际经济中地位的提高，发展中国家对外资政策的变化，大大加速了资本的国际化进程。通过国际资本运动，可以避开贸易摩擦和冲突，资本国际化速度加快推动了国际分工发展，对国际分工的深化起到了重要的作用。第四，自然条件作用下降，生产细化作用提高。自然条件是一切经济活动的基础，但随着生产力发展，自然条件对国际分工的作用正在逐渐减弱。随着科技进步和社会分工的发展，原来的生产部门逐步细分为更多更细的部门，因此一国国内部门间的分工也逐渐地跨国界形成国际工业部门内部的分工。第五，多类型、多层次的混合型分工形成。参与国际分工的国家越来越多，国际贸易中工业制成品、高尖端产品不断增多，中间产品、技术贸易大量出现，各国参与国际分工的形式从垂直型向水平型过渡，出现了多类型、多层次的混合型分工形式。

第六，服务分工得到发展。各国经济联系的加强推动国际服务贸易迅速发展，从而使国际分工从有形商品生产分工向服务业分工扩展。

2. 国际分工的作用

作为一般社会分工，国际分工是其在世界范围内扩大和加深的结果，对生产力的促进作用进一步加大，从而对世界经济贸易发展起着巨大的推动作用。所以国际分工首先是国际贸易的基础，各国参与国际分工的形式和格局决定了该国对外贸易结构，对外地理方向和贸易利益等。各国的对外贸易又是国际分工利益实现的途径和枢纽，各国对外贸易的模式与措施影响着国际分工的发展，国际分工与国际贸易相辅相成，互为因果。其次，通过国际分工，可以产生专业化效应、规模经济效应、竞争效应，对世界生产力的发展和资源的有效配置具有明显的促进作用。

（三）国际分工的类型

按参加国际分工经济体的生产技术水平和工业发展情况差异区分，包括垂直型国际分工、水平型国际分工和混合型国际分工。

1. 垂直型国际分工（vertical international division of labor）

从生产关联性角度看，垂直型国际分工是经济技术发展水平相差较大的经济体之间的分工，或者说是经济发展水平不同的国家之间的纵向分工。垂直型国际分工主要体现在发达国家与发展中国家之间，主要以两种方式开展：一种是不同国家在不同产业间的垂直分工，如发展中国家提供初级原料或初级产品，发达国家加工制造后供给工业制成品，初级产品与制成品两类产业生产过程构成垂直联系，彼此互为市场，但这种分工经常会导致发展中国家资源与发达国家工业品间的不等价交换；另一种是同一产业内技术密集程度较高的产品与技术密集程度较低的产品之间的分工，或同一产品的生产过程中技术密集程度较高的工序与技术密集程度较低的工序之间的分工，这种分工类似于产业内分工。

2. 水平型国际分工（horizontal international of labor）

从生产关联性角度看，水平型国际分工是经济发展水平相同或接近的国家（如发达国家以及一部分新兴工业化国家）之间在工业制成品生产上的分工，这种分工具有专业化与规模经济的特点，通常被称为产业内贸易。当代发达国家的相互贸易主要是建立在水平型分工基础上，使这种分工成为产业内与产业间分工。随着科技水平提高和经济发展，水平型国际分工推动专业化生产程度越来越高。

3. 混合型国际分工（mixed international of labor）

混合型国际分工是垂直型与水平型混合的国际分工。在经济全球化背景下，一个国家在国际分工体系中通常既参与垂直型分工，也参与水平型分工。发达国家之间，发达国家与发展中国家在国际分工体系中经常交织在一起。如德国是典型的混合型国际分工代表，它对发展中国家是垂直型的，而对其他发达国家是水平型的。

按产业差异，即分工是否在产业间或产内区分，包括产业间分工和产业内分工。

1. 产业间分工（multi-industrial division）

指不同产业部门之间生产分工的专业化，如劳动密集型工业、资本密集型重化工业、技术密集型工业等不同产业之间的分工。

2. 产业内分工（within industry division）

指在同一产业内按产品的"差别化"分工和按产品生产工序的分工，即中间产品与组装成品的分工。如生产技术含量较高的关键部件和组装成品通常由发达国家企业控制，一般元器件由发展中国家企业生产。产业内部分工主要有三种表现形式：第一，同类产品不同型号规格的专业化分工；第二，零部件专业化分工；第三，工艺流程专业化分工。

（四）当代国际分工的特征

随着科技进步和经济增长，传统的以自然资源为基础的国际分工格局日渐削弱，新型的以现代技术、工艺为基础的国际分工体系日趋加强，当代国际分工出现了一些新特征：第一，国际分工机制发生变化，区域性经济体成员之间分工关系加强，区域一体化推动新的"协议式"国际分工格局出现；第二，跨国公司作用加强，内部协调水平提高，逐步取代传统的局部和部分分工，开始趋向于统一的全面的分工；第三，以自然资源为基础的传统国际分工发展为以现代最新科技水平为基础的分工，工业国与工业国间的分工处于主导地位，工业国与农业国间的分工逐步被削弱；第四，产业间分工向产业内分工速度加快，以产品为界限的国际分工逐步转变为以生产要素为界限的国际分工，同一产品研发在发达国家进行，生产在发展中国家进行，营销又回到发达国家，如苹果手机，由此推动了价值链分工体系的形成；第五，互联网和信息技术的飞速发展不仅重创了传统的世界经济结构，而且使国际分工越来越专业化和精细化；第六，随着服务贸易快速发展，服务业深度参与到新的国际分工体系中，如服务外包全球化为新的国际分工格局提供了广阔的市场前景；第七，新的国际分工格局要求所有国家都必须融入，任何国家都不可能孤立于这个分工体系之外。

二、国际分工理论的形成和发展

（一）传统的国际分工理论

国际分工理论在经济学说史的发展中是曲折的，经济学家开始关注"分工"概念最初可见于 17 世纪晚期。从 18 世纪开始，亚当·斯密较为系统地论证分工后，到 19 世纪末，分工问题在经济理论著作中开始处于重要的地位。但从 19 世纪末到 20 世纪 50 年代，分工问题并不被经济学家所关注，取而代之的是资源配置问题。在这期间，马歇尔的新古典经济学兴起，他用规模经济概念替代了专业化经济概念，使得经济学研究的重点从生产率与经济组织之间的关系（分工问题）变成了要素、产品数量与价格的相互影响（资源配置问题）。20 世纪 50 年代后期，经济增长问题成为经济学家的主要研究对象后，分工问题重新开始受到重视，此后出现了新的国际分工理论。

最早提出分工概念的是英国经济学家亚当·斯密。在《国富论》中，斯密首先分析了分工的利益，认为分工可以提高劳动生产率，"有了分工，相同数量的劳动者就能完成比过去多得多的工作量，其原因有三：第一，劳动者的技巧因专业而提高；第二，由一种劳动转到另一种工作，通常需损失不少时间，有了分工，就可以免除这种损失；第三，许多简化劳动和缩减劳动的机械的发明，使一个人能够做许多人的工作。①"斯密认为，国家之间也应该进行专业化的分工，"如果外国能制造比我们自己还便宜的商品供应我们，我们最好就用我们有利于自己产业生产出来的物品的一部分向他们购买。国家的总劳动既然总是同维持它的产业的资本成比例，就绝不会因此减少，正如上述工匠的劳动并不减少一样，只不过听其随意寻找最有利的用途罢了。要是把劳动用来生产那些购买比自己制造还要便宜的商品，那一定不是用得最为有利。②"斯密的结论是分工可以带来降低生产成本、节约社会劳动的好处，在国与国之间也存在国际性的分工，各国形成一定的国际分工，通过交换都可以获得提高劳动生产率的好处。为此，他主张应形成国际分工，世界各国都应该分工生产成本费用绝对低廉的产品，以绝对优势的产品的一部分换回自己生产成本绝对高的产品。

斯密在他的著作中以制针业手工工场为例，详尽地分析了制造业的内部分工，他认为："劳动生产力上最大的增进，以及运用劳动时所表现的更大的

---

① 亚当·斯密《国富论》（中译本），商务印书馆 1983 年版，第 8 页。
② 同上。

熟练、技巧和判断力，似乎都是分工的结果。①" 分工可以使劳动者技巧由于专业化而提高，可以节省变换工种的时间，可以使操作简单化从而易于改良和发明机械。斯密将分工产生的原因归结为交换，指出"引出上述许多利益的分工，原不是人类智慧的结果，尽管人类智慧预见到分工会产生普遍富裕并想利用它来实现普遍富裕。它是不以这广大效用为目标的一种人类倾向所缓慢而逐渐造成的结果，这种倾向就是互通有无、物物交换、互相交易。②" 根据斯密的观点，分工的产生是由人类本性决定的，人类生来就有利己心和交换倾向。在交换过程中，人们发现，如果一个人专门从事某一种工作所取得的好处，要比自己包揽一切工作取得的好处多，于是就专门从事某一种工作，从而形成了分工。从理论和历史上说，应该是分工产生交换，而不是像斯密所说的交换是分工的原因，但斯密在研究分工与交换关系时，提出了很有价值的见解，指出了交换对分工的作用，认为"……分工的程度，因此总要受交换能力大小的限制，换言之，要受市场广狭的限制。③" 斯密从分工入手展开了关于劳动价值理论的探讨，按照斯密的观点，分工应按地域、自然条件所形成的绝对的成本差异进行，即一个国家输出的商品一定是生产上具有绝对优势、生产成本绝对低于他国的商品。

另一位英国经济学家大卫·李嘉图发展了斯密的这一观点，他认为每个国家不一定要生产各种商品，而应集中力量生产那些利益较大或不利较小的商品，然后通过国际交换，在资本和劳动力不变的情况下，生产总量将增加，如此形成的国际分工对贸易各国都有利。李嘉图以英国和葡萄牙各自生产酒和毛呢的比较优势形成的分工，证明了国际分工的利益，建立了著名的比较优势理论（theory of comparative advantage）。④

（二）马克思的分工理论

马克思在《资本论》等著述中，首先认为"分工使劳动产品转化为商品，因而使它转化为货币成为必然的事情。……分工是商品生产存在的条件。⑤" 恩格斯认为"分工慢慢地侵入了生产过程……从而产生了个人之间的交换，商品生产逐渐地成了统治的形式。分工创造了一个不再从事生产而只从事产

---

① 斯密：《国民财富的性质和原因的研究》（上卷），商务印书馆 1988 年版，第 5 页。
② 斯密：《国民财富的性质和原因的研究》（上卷），商务印书馆 1988 年版，第 12 页。
③ 斯密：《国民财富的性质和原因的研究》（上卷），商务印书馆 1988 年版，第 16 页。
④ 参见刘丁有：《国际贸易》第一章第一节"国际分工的形成与发展"、第二节"影响当代国际分工的主要因素"、"第三节国际分工对国际贸易的影响"，对外经济贸易大学出版社 2013 年 10 月版。
⑤ 《马克思恩格斯选集》，人民出版社，第 2 版第 2 卷，第 152、120 页。

品交换的阶级——商人。^①"马克思、恩格斯从历史唯物主义角度对以英国为中心的国际分工做了考察与研究，提出从社会生产方式演变中分析国际分工产生和发展的现象，从而揭示了资本主义国际分工的二重性和它的内在实质。马克思认为，资本主义国际分工是资本主义社会分工发展的深化过程。在资本主义商品经济条件下，各种不同的经济单位建立起来，单独的经济部门的数量日益增多，执行同一经济职能的经济单位的数量日益减少，专业化过程在加速，这种专业化过程将产品的各种加工过程彼此分离开来，创立了越来越多的工业部门和农业部门。"由于机器与蒸汽机的应用，分工的规模使大工业脱离了本国基地，完全依赖于世界市场、国际交换和国际分工，^②"因此，资本主义国际分工的动力来自资本主义首先进行产业革命国家的内在要求。马克思指出："机器对分工起了极大的影响，只要一种物品可能用机械制造它的某一部分，生产就立即分成两个彼此独立的部门，^③"这种国内分工的发展，要求扩大市场，形成以英国为中心的国际分工。其结果，使地球的一部分主要从事农业的生产地区，服务于另一部分主要从事工业的生产地区。例如东印度被迫为英国生产棉花、羊毛、大麻、靛蓝等，形成了以英国为中心的垂直型国际分工。

马克思在研究国际分工时，主张将其纳入一定的历史条件下进行研究，以明确它们的性质与影响。马克思认为，资本主义国际分工具有二重性，从其进步性方面看：首先，分工可以提高劳动生产率和劳动熟练程度，促进生产专业化，社会分工成为用同量劳动生产更多商品，从而使商品便宜和加速资本积累的手段，促进了资本主义生产力的巨大发展；其次，资本主义国际分工加强了各国生产的专业化，专业化可以节约社会劳动，提高生产力的水平；再次，资本主义国际分工普及了资本主义先进的生产方式和现代化文明。从其不平等性方面看：没有抽象的国际分工，国际分工永远是和一定的国际生产关系联系在一起的，资本主义国际分工体现着资本主义生产关系，其结果是这种国际分工使一些国家发展较快而另一些国家和地区经济畸形单一，甚至带来灾难。马克思举例说明："1861 年以来，由于棉花需要量大增，东印度某些人口稠密的地区，靠缩小稻米的生产来扩大棉花的生产。结果部分地区发生了饥荒，因为缺乏交通工具以及由此产生的缺乏物资交流，使一个地

---

① 《马克思恩格斯选集》人民出版社，第 2 版第 4 卷，第 175 页，第 166 页。
② 《马克思恩格斯全集》，第 4 卷，人民出版社 1958 年版，第 169 页。
③ 《马克思恩格斯全集》，第 4 卷，人民出版社 1958 年版，第 169 页。

区稻米的不足不能由另一个地区的供应来弥补。①"

(三) 国际分工新理论

第三次科技革命浪潮从根本上改变了世界经济联系方式，世界经济由原来的"贸易全球化"联系方式开始向"生产全球化"过渡，以跨国公司全球生产网络为主导的产品内分工方式出现，传统的国际分工理论已不能全面地解释新的国际分工现象，需要发展新的国际分工理论。与此同时，经济增长理论日益成为经济学的主要研究对象，分工问题开始重新受到重视，此后出现的关于国际分工研究的成果，在经济学说中被称为"新国际分工理论"。

国际分工新理论认为，引起新国际分工发生的根本原因：第一是技术进步使地理和空间位置对生产的重要性减少；第二是技术进步、企业组织改进使复杂的生产过程可以分解为基本的简单步骤；第三是发展中国家存在大量廉价劳动力；② 第四是跨国公司在新国际分工中的作用越来越重要，由此，新国际分工可以概括为基于跨国公司全球生产网络的产品内分工，跨国公司全球生产网络的每一部分都由分工链（或者国际分工或者国内分工）组成，它将世界各地的个人、企业、国家、地区以及世界各种资源整合到国际分工体系中来，形成一个基于分工网络的共同利益。新国际分工的"新"集中体现在：第一，新国际分工是跨国公司生产网络主导的；第二，导致了新的生产现象，出现产品内分工，从传统的产品在一个民族经济中完成制造的过程逐渐转变为不再有民族产品或技术、民族工业，乃至民族经济；③ 第三，跨国公司将一批批劳动密集型生产线从工业国家向发展中国家转移，导致发展中国家由此涌现出越来越多与世界经济体系相关联的生产部门，世界经济体系的联系也由此发生了重大改变；第四，在跨国公司直接投资迅速扩大作用下，20世纪80年代后期出现了跨国公司内部垂直一体化的分工方式，1990－1995年，采用垂直一体化分工模式的国际直接投资每年增长20％，1996－2000年每年增长40％。

---

① 马克思：《资本论》第1卷，人民出版社1975年版，第391页。

② 参见：Frobel，F.，Heinrichs，J. and Kreye，O.（1980）The New International Division of Labour：structural unemployment in industrialised countries and industrialisation in developing countries，Cambridge University Press. Frobel，F.，Heinrichs，J，and Kreye，O.（1978）. The New International Division of Labour，Social Science Information，17（1），P_{123-42}。

③ 参见 Hobsbawm，E. J.，1979，The Development of the World Economy，Cambridge Journal of Economics，3，P. 305~18. Reich，R.，1991，The Work of nations：Preparing Ourselves for 21st Century Capitalism. New York Vintage Books. Research Policy，27（6），P_{465-89}。

第三节　经济一体化理论

一、经济一体化的基本内容

（一）经济一体化的定义

经济一体化（economic integration）概念最早由 1969 年首届诺贝尔经济学奖得主、荷兰经济学家丁伯根（Jan Tinbergen）于 1954 年提出，他认为"经济一体化就是将有关阻碍经济最有效运行的人为因素加以消除，通过相互协调与统一，创造最适宜的国际经济结构"。丁伯根还将经济一体化分为消极一体化和积极一体化，认为消除歧视和管制制度，引入经济交易自由化是消极的一体化；而运用强制力量改造现状，建立新的自由化政策和制度是积极的一体化。较为一致的经济一体化定义指两个或两个以上的国家在现有生产力发展水平和国际分工的基础上，由政府间通过协商缔结条约，建立多国的经济联盟。在这个多国经济联盟的区域内，商品、资本和劳务能够自由流动，不存在任何贸易壁垒，并拥有一个统一的机构监督条约的执行并实施共同的政策措施。

经济一体化通常包括两种含义：第一种是狭义经济一体化，即区域经济一体化（regional economic integration），指两个或两个以上的国家或经济体之间通过谈判和磋商达成协议，实行不同程度的经济联合和共同的经济调节，如相互间采取减少或取消贸易壁垒的贸易政策、实行生产要素的自由流动等，最终实现区域内的贸易自由化。通过区域经济一体化，可以比多边贸易体制更快地实现局部自由贸易，但同时对外具有歧视性或排他性。第二种是广义或宏观层次上的经济一体化。由于世界各国经济彼此开放，相互联系，相互依存，一个开放的世界经济体系形成后就是世界经济一体化（the integration of the world economy）或称全球经济一体化。但这种一体化从目前来看还只是一种趋势，或者说是一种奋斗目标，在国家政体存在的情况下，世界经济一体化的形成是一个长期、复杂、困难的过程。第二次世界大战后，随着经济生活国际化的发展，经济一体化日益成为世界经济发展的一种趋势和潮流，对战后国际政治经济格局变化和经济发展都产生了重要的影响，但严格意义上的世界性经济一体化至今实际上并没有形成，目前所说的经济一体化实际是通过区域经济一体化来表现的。区域经济一体化的形成既是一种目标，又是一个过程。在这个过程中有不同的水平和范围，而不同的水平和范围只是整个一体化过程中的一个阶段。

（二）经济一体化的形式和作用

经济一体化的形成所包含的内容是：第一，有两个或两个以上的国家在经济上联合；第二，需要国家对经济联合进行调节；第三，经济一体化会对成员国产生有利结果并产生新的经济机制；第四，经济一体化是一个综合系统，会对国家间在政治上的联合产生影响；第五，从一体化发展形式看，通常由初级向高级过渡，即由贸易一体化到货币一体化，再到经济政策一体化或经济计划一体化等。这些不同层次的经济一体化组织，根据其对于国家主权让渡程度的不同，一体化形式应由低级向高级依次发展，但在现实中，区域经济一体化并非一定起始于最初级的形式，具体的一体化形式也可能兼有两种类型的某些特征。各成员国的一体化进程是相对固定于某一种形式，还是向更高一级形式过渡，完全视各国的具体情况而定。

区域经济一体化作为一种国际经济发展趋势始于第二次世界大战后，经过七十多年的实践，目前在世界范围内已形成的区域经济一体化包括四种形式：自由贸易区（free trade area）、关税同盟（customs union）、共同市场（common market）、经济同盟（economic union）。区域经济一体化所起的作用主要是：第一，区域经济一体化是调整区域整体产业的有力手段，有利于实现更高层次的规模经济，使生产和销售体制更加合理化，同时提高了区域内生产要素的全员生产率并降低了价格和成本，提高了区域内各国的市场竞争力；第二，通过实现区域经济一体化，可以促使区域内各国的生产要素实现优化组合和配置，充分发挥比较优势，有助于缩小区域内各成员国经济共同增长中的不平衡性；第三，由于区域经济一体化创造了自由贸易区和共同市场，给区域内企业提供了重新组织和提高竞争能力的和机会和客观条件。所以通过实现区域经济一体化，促进了区域内经济贸易的发展，加强了区域内新科技研究开发的能力，加速了区域内企业重组进程，提高了企业的竞争能力。

二、经济一体化理论

（一）关税同盟理论

在区域经济一体化理论中，关税同盟理论占有重要地位，这一理论由美国经济学家瓦伊纳（J. Viner）于 1950 年在《关税同盟问题》一书中提出。瓦伊纳认为，通过建立关税同盟可以产生贸易创造和贸易转移两种重要的效应。贸易创造效应（trade creating effect）指当一国加入关税同盟后，一些原来在本国国内生产的产品现在被同盟内成员国的更低成本的进口产品所替代，从而使同盟内部贸易规模扩大并增进成员国福利的贸易效应。贸易转移效应（trade diversion effect）是指关税同盟建立后，一国的进口由非成员国低成本的产品转向成员国高成本的产品时所发生的资源配置效率降低和福利减少的效应。影响关税同盟福利效应的因素主要有：第一，关税同盟成员国供给与需求曲线的价格弹性越大，且成员国与非成员国之间产品成本的差异越小时，则贸易创造效应的部分越大，贸易转移效应的部分越小。第二，建立关税同盟之前，成员国的关税水平及贸易壁垒越高，则结成关税同盟后贸易创造的福利效应就越大，而贸易转移的效应就越小，这样，贸易创造的效应就会超过贸易转移的效应。第三，关税同盟成员国之间经济结构的竞争性大于互补性时，更有可能发生贸易创造。假如成员国之间产品种类越相近，产品的竞争性越强，这样在成员国之间选择更低成本的生产者的可能性就越大，贸易转移的可能性也就相对较小。

关税同盟的贸易创造和贸易转移属于静态福利效应，建立关税同盟还可以产生某些动态效应，这种动态效应对成员国的经济增长有着重要的影响。第一，关税同盟可以获得由于市场扩大所产生的规模经济效应。关税同盟建立后，所有成员国的国内市场组成一个统一的区域性市场，这就突破了单个国家国内市场的局限，为成员国之间产品相互出口创造了有利的条件。由于市场范围的扩大，使得成员国企业可以进行产业内部分工，组织大规模生产，降低产品成本，从而获取规模经济的利益，增强了成员国企业对非成员国同类企业的竞争能力，尤其是对于那些国内市场狭小的国家来说，更具有重要的现实意义。第二，关税同盟所产生的最大动态效应是促进了成员国企业之间的竞争。关税同盟建立之前，企业在关税等贸易壁垒的保护下已经形成了国内垄断，少数企业占据国内市场，获取高额垄断利润，因而缺乏动力去降低成本、进行技术创新。关税同盟建立之后，由于各成员国之间取消贸易壁垒，市场相互开放，使得国内垄断企业面临着来自其他成员国同类企业的竞争，这种竞争的压力迫使它们必须不断进行技术创新、改善管理以提高生产效率、降低成本，从而增强在同盟内部的竞争力。第三，关税同盟的建立可以产生有利的扩大投资效应，这种效应表现在两个方面：一方面，由于市场范围扩大和竞争的加剧，促使成员国企业不断扩大生产规模，从而增加投资；另一方面，由于对同盟外部仍维持统一的关税壁垒，这就刺激非成员国转而在同盟内部建立所谓"关税工厂"（tariff factories），在当地直接生产和销售，以便绕过统一的关税和非关税贸易壁垒，这种伴随生产转移而产生的资本流入，吸引了大量的外部直接投资。

关税同盟的建立也会带来一些负面影响，由于区域经济一体化能够促进区域内自由贸易，但与此同时它对外又具有歧视性或排他性。如果关税同盟对外排他性很强，那么这种保护所形成的新的垄断又会成为技术创新的阻碍力量。除非不断有新的成员国加入，给予关税同盟以足够持续的刺激，否则也会产生技术创新动力不足的问题。所以，建立关税同盟并不仅仅在成员国之间消除贸易壁垒，也并不必然产生次优的福利状态。关税同盟既可能增加也可能减少成员国和世界其他国家的福利，在现实中要取决于产生关税同盟的环境。如果福利最大化或者帕累托最优所需要的条件不能全部满足，那么尽量满足尽可能多的条件是没有必要的，这样做通常会导致次优情况发生。

（二）大市场理论

大市场理论从动态角度分析了区域经济一体化所取得的经济效应，其代表人物是西托夫斯基（T. Scitovsky）和德纽（J. F. Deniau）。他们认为，以前各国之间推行狭隘的只顾本国利益的贸易保护政策，把市场分割得狭小而又缺乏适度的弹性，这样只能为本国生产厂商提供狭窄的市场，无法实现规模经济和大批量生产的利益，所以应通过国内市场向统一的大市场延伸，扩大市场范围获取规模经济利益，从而实现技术利益；通过市场的扩大，创造激烈的竞争环境，进而达到实现规模经济和技术利益的目的。西托夫斯基在分析西欧国家高利润率的问题时，认为只有共同市场和贸易自由化条件下的激烈竞争才能够打破西欧各国高利润率、高价格、狭窄的市场和低资本周转率的恶性循环。通过组建共同市场，促使竞争加剧，而且技术革新速度加快，企业转向大批量生产，从而获得规模经济的效益。另外，共同市场建立后，内部市场趋于统一，生产要素趋于自由流动，资本、劳动力等生产要素从边际生产力低的地区流向边际生产力高的地区，使生产要素配置更加合理，要素闲置的可能性降低了。除此之外，还促进了区域内新技术、新观念、新管理方式的传递，减少了成员国之间的歧视性政策和措施。

（三）协议性国际分工理论

协议性国际分工理论由日本学者小岛清提出，他认为经济一体化组织内部如果仅仅依靠比较优势原理进行分工，不可能完全获得规模经济的好处，反而可能会导致各国企业的集中和垄断，影响经济一体化组织内部分工的发展和贸易的稳定，因此必须实行协议性国际分工，使竞争性贸易的不稳定性尽可能保持稳定，并促进这种稳定。实行协议性分工的条件是：第一，达成协议分工的国家生产要素禀赋率差异不大，经济实力接近，且双方都有能力生产同类商品；第二，作为协议分工对象的商品，必须具有能够获得规模经济的条件，协议分工后能够带来生产成本的降低和生产效率的提高；第三，协议国际分工后，每个国家所获得的利益应该没有优劣之分，提高的程度彼此接近。这三个条件表明，经济一体化或共同市场必须在同等发展阶段的国家之间建立，而不能在工业国与初级产品生产国即发展阶段不同的国家之间建立；同时也表明，在发达工业国家之间，可以进行协议性分工的商品范畴的范围较广，因而利益也较大。另外，生活水平和文化等方面互相类似、互相接近的地区容易达成协议，并且容易保证相互需求的均等增长。

（四）综合发展战略理论[①]

综合发展战略理论认为发展中国家经济一体化是变革世界经济格局、建立国际经济新秩序的要素，也是发展中国家的一种发展战略，它不限于市场的统一，也不必在一切情况下都寻求尽可能高的其他一体化形式，应当要求有强有力的共同机构和政治意志来保护较不发达国家的优势。影响发展中国家实现经济一体化的主要有经济和政治因素，但由于私营部门在发展中国家一体化进程中经常成为导致其失败的重要原因，故有效的政府干预对于发展中国家经济一体化的成功至关重要。发展中国家在制定经济一体化政策时应注意：第一，各成员国的发展战略和经济政策应有利于经济一体化发展；第二，生产和基础设施是经济一体化的基本领域，集团内贸易自由化只应是这一进程的补充；第三，形势允许时，经济一体化应包括尽可能多的经济和社会活动；第四，应特别重视通过区域工业化来加强相互依存性，并减少发展水平的差异；第五，通过协商来协调成员国利用外资的政策；第六，对较不发达成员国应给予优惠待遇，以减轻一体化对成员国两极分化的影响。

综合发展战略理论的特点是：第一，突破了以往经济一体化理论的研究方法，抛弃了用自由贸易和保护贸易理论来研究发展中国家经济一体化进程的观点，主张用与发展理论紧密联系的跨学科研究方法，在不限于市场统一条件下，将一体化作为发展中国家的发展战略；第二，充分考虑了发展中国家经济一体化过程中国家内外的制约因素，将一体化作为发展中国家集体自力更生的手段和按新秩序变革世界经济的要素；第三，在制定经济一体化政策时，主张综合考虑政治、经济因素，强调建立经济一体化基础时，生产及基础设施领域必须给予有效的政府干预。

---

① 这一理论由美国发展中国家经济合作研究中心高级研究员鲍里斯·塞泽尔基于 1962 年在《南南合作的挑战》一书中系统提出。

（五）经济一体化理论新发展

新世纪后，世界经济一体化程度的进一步加快和各国经济参与世界大市场的进一步深入，经济一体化理论得到扩展，如美国经济学家克鲁格曼等人提出了金融一体化、货币一体化等观点。金融一体化指由于各国（或地区）在金融业务、金融政策等方面相互依赖、相互影响而产生的逐步联合已成为一种整体趋势，各国金融政策倾向一体化推动了全球金融市场一体化。资本流动的国际化和自由化是金融一体化最突出的表现，它包括货币兑换自由、资本在行业间转移自由和资金进出自由。货币一体化理论认为两个或两个以上国家之间越不能靠经常的汇率变动来改变相互之间的贸易条件和本国的国际收支地位，这两国或多国走向货币一体化的可能性就越大，一体化成员国应联合起来，结成固定汇率和执行共同的货币政策，在稳定的汇率下使货币一体化成员国获得收益。货币一体化理论的最新进展是运用理性预期的形成、时间不一致性、信誉问题，以及汇率决定等宏观经济学概念、理论和分析方法，对货币一体化的成本、收益进行分析。

三、经济全球化

（一）经济全球化的概念

经济全球化（economic globalization）概念最早出现于 20 世纪 80 年代中期，90 年代得到认可，但目前尚没有统一概念。国际货币基金组织（IMF）在 1997 年 5 月发表的一份报告中指出，"经济全球化是指跨国商品与服务贸易及资本流动规模和形式的增加，以及技术的广泛迅速传播使世界各国经济的相互依赖性增强。"经济合作与发展组织（OECD）认为，"经济全球化可以被看做一种过程，在这个过程中，经济、市场、技术与通信形式都越来越具有全球特征，民族性和地方性在减少。"英国经济学家约翰·邓宁认为，"除非有天灾人祸，经济活动的全球化不可逆转。"从这几个说法可以看出，经济全球化是指世界经济活动超越国界，通过对外贸易、资本流动、技术转移、提供服务而相互依存、相互联系形成的全球范围的有机经济整体。经济全球化从根源上看是生产力和国际分工高度发展，要求进一步跨越民族和国家疆界的产物；从内容上看是贸易、投资、金融、生产等活动的全球化，即生产要素在全球范围内的最佳配置；从本质上看是以市场经济为基础，以先进科技和生产力为手段，以发达国家为主导，以最大利润和经济效益为目标，通过分工、贸易、投资、组建跨国公司和要素流动等，实现各国市场分工与协作的相互融合的过程。

（二）经济全球化的载体

经济全球化过程早已开始，但自 20 世纪 90 年代以来，经济全球化得到了迅速发展，现已发展成为以科技革命和信息技术发展为先导，涵盖生产、贸易、金融和投资各个领域，囊括世界经济和与世界经济相联系的各个方面及全部过程。其主要表现为：第一，国际分工从过去以垂直分工为主发展到以水平分工为主的一个新阶段；第二，世界贸易增长迅猛，多边贸易体制开始形成；第三，国际资本流动达到空前规模，金融国际化的进程加快；第四，跨国公司对世界经济的影响日增；第五，国际经济协调的作用日益加强。

经济全球化的产生和发展有其客观必然性，这是因为：第一，新科技革命和生产的高度社会化为经济全球化提供了物质条件；第二，国际贸易的高度发展为经济全球化提供了现实基础；第三，国际金融的迅速发展成为经济全球化的重要推动力；第四，国家间相互投资的发展加速了经济全球化的进程。经济全球化是当今世界经济和科技发展的产物，它在一定程度上适应了生产力进一步发展的要求，促进了各国经济的较快发展。

经济全球化的载体主要是：第一，贸易自由化。随着全球货物贸易、服务贸易、技术贸易的加速发展，经济全球化促进了世界多边贸易体制的形成，从而加快了国际贸易的增长速度，促进了全球贸易自由化的发展，也使得加入到 WTO 组织的成员以统一的国际准则来规范自己的行为。第二，生产国际化。生产力作为人类社会发展的根本动力，极大地推动着世界市场的扩大。生产国际化的标志一是生产要素跨国流动日益活跃，不仅对生产超越国界提出了内在要求，也为全球化生产准备了条件，成为推动经济全球化的根本动力；二是国际直接投资发展迅猛；三是全球新一轮产业转移和生产要素重组速度加快，服务业外包成为当前国际直接投资的重要特点，高科技、高附加值的高端制造及研发环节转移占跨国直接投资的比重大大提高，知识密集型服务外包也不断加快，经济全球化遍及世界各地，几乎所有国家都不同程度地参与了全球要素资源的配置和重组。第三，金融全球化。世界性的金融机构网络，大量的金融业务跨国界进行，跨国贷款、跨国证券发行和跨国并购体系已经形成。世界各主要金融市场在时间上相互接续、价格上相互联动，几秒钟内就能实现上千万亿美元的交易，尤其是外汇市场已经成为世界上最具流动性和全天候的市场。第四，科技全球化。科技全球化是指各国科技资源在全球范围内的优化配置，这是经济全球化最新拓展和进展迅速的领域，其表现为先进技术和研发能力的大规模跨国界转移，跨国界联合研发广泛存在，以信息技术产业为典型代表，各国的技术标准越来越趋向一致，跨国公司巨头通过垄断技术标准的使用，控制了行业的发展，获取了大量的超额利润。第五，跨国公司在经济全球化中的作用不断加大。以上经济全球化的四个主要载体都与跨国公司密切相关，跨国公司的发展促进了生产、资本、贸易和技术的全球化，跨国公司已成为经济全球化的主要载体及推动者和担当者。跨国公司作为生产和资本国际化的产物，其迅速发展不仅使其在世界经济中的地位和作用不断加强，反过来也进一步促进了生产和资本的国际化，推动了国际分工的深化和经济全球化在生产、投资、贸易、金融、技术开发等方面的发展，推动了经济全球化的进程和世界经济的发展。

(三) 经济全球化的作用

经济全球化对每个国家来说，既是机遇，也是挑战。从其积极作用方面看，第一，有利于各国生产要素的优化配置和合理利用；第二，促进了国际分工的发展和国际竞争力的提高；第三，促进了经济结构的合理优化和生产力的较大提高；第四，促进了世界经济多极化的发展。从辩证的观点看，经济全球化是在不公平、不合理的国际经济旧秩序尚未根本改变的条件下形成和发展起来的，在经济全球化中占有主导地位和绝对优势的仍是发达资本主义国家，资本主义的内在本质和规律性特征仍将得到体现，资本主义发展不平衡规律的作用仍旧会起作用，所以经济全球化给发展中国家带来的机遇：一是促使发展中国家进一步对外开放，并从中受益；二是促使发展中国家更好地运用世界先进的科学技术和管理经验，不断优化本国产业结构和出口商品结构；三是通过国际资本运动为一些缺乏资金的发展中国家发展经济创造有利条件；四是使发展中国家有效利用世界先进科技手段成为可能。

四、全球价值链理论

(一) 价值链概念和理论的提出

随着技术水平的提高，分工不断细化。20世纪80年代后，很多学者提出了价值链理论。1985年，哈佛商学院教授迈克尔·波特（Michael Porter）在《竞争优势》（competitive advantage）一书指出："每一个企业都是在设计、生产、销售、发送和辅助其产品的过程中进行种种活动的集合体。所有这些活动可以用一个价值链（value chain）来表明。"波特认为，企业的价值创造是通过一系列活动构成的，这些活动可分为基本活动和辅助活动两类，基本活动包括内部后勤、生产作业、外部后勤、市场和销售、服务等；而辅助活动则包括采购、技术开发、人力资源管理和企业基础设施等。这些互不相同但又相互关联的生产经营活动，构成了一个创造价值的动态过程，即价值链。

在《竞争优势》中，波特通过分析一般企业的价值链构成，提出了基本的价值链结构模式，说明价值链在经济活动中是无处不在的，上下游关联的企业与企业之间存在行业价值链，企业内部各业务单元的联系构成了企业的价值链，企业内部各业务单元之间也存在着价值链联结。价值链上的每一项价值活动都会对企业最终能够实现多大的价值造成影响。此后，波特将视角扩展到不同企业之间的经济交往，提出了价值系统（value system）概念，构成了全球价值链概念的基础。

价值链理论说明企业与企业的竞争，不只是某个环节的竞争，而是整个价值链的竞争，而整个价值链的综合竞争力决定了企业的竞争力。在价值链组成中，供应商具有创造和发送用于企业价值链之中外购投入的价值链，即上游价值；许多产品在到达顾客手里之前需要通过销售渠道的价值链，即渠道价值；企业产品最终会成为其买方价值链的一部分，即顾客价值。这样，从上游价值到买方价值就形成一个完整的价值系统，实际上，"消费者心目中的价值由一连串企业内部物质与技术上的具体活动和利润所构成，当你和其他企业竞争时，其实是内部多项活动在进行竞争，而不是某一项活动的竞争。"（波特）

（二）全球价值链理论

全球价值链（global value chain，简称 GVC）是指在全球范围内，将一项产品从提出概念开始，经过研发、制造等不同生产环节，最终交付到消费者手中并从中获取价值的过程。

1994 年，美国经济学家格里芬（Gereffi）等人在对美国零售业价值链分析基础上，将价值链分析法与产业组织研究结合起来，提出了全球商品链（global commodity chain，简称 GCC）分析法，认为在经济全球化背景下，商品生产过程被分解为不同阶段，围绕某种商品的生产形成一种跨国生产体系，把分布在世界各地不同规模的企业、机构组织在一个一体化的生产网络中，从而形成了全球商品链。全球商品链包括的内容是：通过一系列国际网络将围绕某一商品或产品而发生关系的诸多家庭作坊、企业和政府等紧密地联系在世界经济体系中，这些网络关系一般具有社会结构性、特殊适配性和地方集聚性等特性，任一商品链的具体加工流程或部件一般表现为通过网络关系连接在一起的节点或一些节点的集合，商品链中任何一个节点的集合都包括投入组织、劳动力供应、运输、市场营销和最终消费等内容。在全球商品链中，投入—产出（input-output）结构、地域性（territorality）结构、治理结构（governance）和制度框架（institutional framework）四个部分应引起人们注意。进入新世纪后，格里芬和该领域的研究者们在《价值链的价值》(*the Value of Value Chains* 2001) 中提出了全球价值链概念，他们从价值链角度分析了全球化过程，认为应把商品和服务贸易看成治理体系。理解价值链运作对发展中国家企业和政策制定具有非常重要的意义，因为价值链的形成过程是企业不断参与到价值链并获得必要技术能力和服务支持的过程。此后，美国经济学家斯特恩 (Sturgeon，2001) 从组织规模 (organizational scale)、地理分布 (geographic scale) 和生产性主体 (productive actor) 三个维度界定了全球价值链。在组织规模方面，全球价值链包括参与了某种产品或服务的生产性活动的全部主体；在地理分布方面，全球价值链具有全球性；在生产性主体方面，有一体化企业、零售商、领导厂商、交钥匙供应商和零部件供应商。

联合国工业发展组织 (UNIDO) 在 2002—2003 年度工业发展报告《通过创新和学习来参与竞争》中对全球价值链给出了较权威的定义："全球价值链是指在全球范围内为实现商品或服务价值而连接生产、销售、回收处理等过程的全球性跨企业网络组织，涉及从原料采集和运输、半成品和成品的生产和分销，直至最终消费和回收处理的过程；它包括所有参与者和生产销售等活动的组织及其价值利润分配，并且通过自动化的业务流程和供应商、合作伙伴以及客户的链接，以支持机构的能力和效率。"该定义强调了全球价值链不仅由大量互补的企业组成，而且是通过各种经济活动联结在一起的企业网络的组织集，关注的焦点不只是企业，也关注契约关系和不断变化的联结方式。

目前关于全球价值链理论的研究主要集中在三个方面：一是全球价值链治理；二是全球价值链升级；三是价值链中经济租 (economic rent) 的产生和分配。

（三）基于全球价值链的新国际分工

全球价值链的形成是分工进一步深化的产物，且促生了新的国际分工格局。全球价值链形成后，在经济全球化背景下，基于全球价值链的新型国际分工引起了人们的广泛关注。20 世纪 90 年代以来，伴随着经济全球化进程加快，世界制造业生产体系在全球出现了前所未有的垂直分离和再构，出现了大量的中间产品，使传统的国际分工格局受到冲击并发生巨大变化，变化的最主要特征是以价值链分工联系起来的垂直专业化分工，具体表现为劳动密集型工序或劳动密集型零部件生产，与资本、技术、知识密集型工序或零部件的生产之间的分工，甚至是设计与制造的分工，并且有越来越多的国家参与到这种分工活动中。价值链分工促使原有分工进一步细化，导致原来国与国之间的比较优势更多地体现为全球价值链上某一特定环节的优势，而非传统的最终产品优势，一些学者将这些新的分工形式概括为垂直专业化分工、要素分工和产品内分工等。

全球价值链分工的主要特征是：第一，全球价值链分工在纵向上分离出不同层次，推动国际分工发展不平衡趋势扩大，这种不平衡发展趋势通过两个方面表现出来：一方面，由于处在分工较低层次上的劳动横向差别减少，资产专用性弱化为通用性，使分工进入壁垒降低，广大发展中国家有更多的可能参与到国际分工中；另一方面，新的分工格局引起处在较高层次的劳动差别扩大，专业化知识在分工中的重要性日益显著，又使得分工进入壁垒和退出壁垒门槛提高，参与这种新型分工的劳动者不仅要付出劳动，而且还要具备更高的专业化知识和专用性资产才能参与国际分配。第二，生产过程的进一步细化使生产各个阶段和功能分散于世界各国（地），现代通讯和管理技术使分散的生产各阶段和功能保持联系以确保整体生产效率，各国（地）不仅必须充分利用自身的比较优势参加进来，还需要具备发达的现代通讯和管理技术。第三，全球价值链分工的实质是跨国公司在全球范围内的资源整合，跨国公司成为这种新分工体系的主导力量。在跨国公司主导下，以生产经营活动价值链为对象，将生产、销售、研发等价值链的各个环节以及它们各自的分环节配置于世界各地任何可以获得最大利润的地方。第四，全球价值链分工体系使一国的竞争优势不再体现在最终产品或某个特定产业上，而是体现在该国在全球化产业价值链中所占据的环节上。比较优势与规模经济的存在是全球价值链分工的源泉，技术进步所导致的交易成本降低是全球价值链分工得以开展的前提条件。第五，贸易自由化和多边贸易体制建立是全球价值链分工的制度保证。过去几十年来，通过不同途径推进的贸易自由化改革，使发达国家制成品的平均关税水平从 40％左右下降到目前的 3％～4％，大大降低了全球价值链分工跨境交易成本，推进了全球贸易自由化进程。第六，在新的全球价值链分工格局中，产业升级成为各国的重点。

本章小结

生产要素理论产生于经济学的生产理论。生产要素是生产的基本元素，即生产过程中使用的各种资源。人们对生产要素种类的认识随着社会生产的发展不断发展和日益增多。生产要素的国际移动是改变原有生产要素的配置而实现一种新的配置，在现代经济社会中，随着科学技术的发展，这种新的配置是一种优化的配置。生产要素禀赋理论认为在两国技术水平相等的前提下，产生比较成本的差异有两个原因，通过国际贸易可以部分解决国际要素分配不均的缺陷，各国在土地、劳动、资本、技术等要素的结合并由此构成的价格起着重要的作用。国际分工是世界各国商品生产与服务的劳动分工，国际分工是社会分工发展到一定阶段的产物和国内分工的延伸。由于世界各国经济彼此开放、相互联系、相互依存，一个开放的世界经济体系形成后就是世界经济一体化，但这种一体化从目前来看还只是一种趋势，或者说是一种奋斗目标。在国家存在的情况下，世界经济一体化的形成是一个长期、复杂、困难的过程。在现阶段，世界经济一体化主要通过区域经济一体化来促进；经济一体化理论包括关税同盟理论、大市场理论和相互依赖理论。随着技术水平提高，分工不断细化，价值链理论出现。全球价值链是在全球范围内，将一项产品从提出概念开始，经过研发、制造等不同生产环节，最终交付到消费者手中并从中获取价值的过程。全球价值链的形成是分工进一步深化的产物，且促生了新的国际分工格局。全球价值链形成后，在经济全球化背景下，基于全球价值链的新型国际分工引起了人们的广泛关注。

关键名词或概念

1. 生产要素（factor）
2. 国际分工（international division of labor）
3. 比较优势理论（theory of comparative advantage）
4. 经济一体化（economic integration）
5. 全球价值链（global value chain）

拓展阅读

比较优势理论

英国古典经济学家大卫·李嘉图在其代表作《政治经济学及赋税原理》中，依据两国开展贸易的关系，提出了比较优势理论（theory of comparative advantage）。该理论认为，一国在两种商品生产上较之另一国均处于绝对劣势，但只要处于劣势的国家在两种商品生产上劣势的程度不同，处于优势的国家在两种商品生产上优势的程度不同，则处于劣势的国家在劣势较轻的商品生产方面具有比较优势，处于优势的国家则在优势较大的商品生产方面具有比较优势，两个国家分工专业化生产和出口其具有比较优势的商品，进口其处于比较劣势的商品，则两国都能从贸易中得到利益，此即为比较优势。

或者说，两国按比较优势参与国际贸易，应根据"两利相权取其重，两弊相权取其轻"的原则，集中生产并出口其具有"比较优势"的产品，进口其具有"比较劣势"的产品，则两国都可以提升福利水平。

20世纪初，赫克歇尔和俄林从生产要素比重的差别而不是生产技术的差别出发，解释了生产成本和商品价格的不同，并说明比较优势产生的原因，这个解释克服了斯密和李嘉图贸易理论中的一些局限性，认为资本、土地以及其他生产要素和劳动力一起都在生产中起重要作用并影响劳动生产率和生产成本；不同的商品生产需要不同的生产要素配置，而各国生产要素的储备比重和资源禀赋不同，正是这种差别构成了国际贸易的基础。

20世纪80年代后，当代经济学家克鲁格曼和赫尔普曼（Krugman and Helpman，1985）从研究与开发的角度推进了比较优势理论。他们引入规模经济分析比较优势，发展了一个基于自由进入和平均成本定价的垄断竞争模型，将产品多样性的数目视为由规模报酬和市场规模之间的相互作用内生所决定。在自给自足的情况下，一个国家的产品多样性数目很小，而贸易丰富了消费者的选择，同时如果贸易增加了消费者的需求弹性，那么单个厂商的规模效率也能改进，这样，单个厂商通过规模经济作用确立了在国际市场中的优势。沿着克鲁格曼和赫尔普曼的思路，90年代梯伯特（James R. Tybout，1993）进一步总结并集中论述了递增性内部规模收益（increasing internal returns to scale）作为比较优势的源泉，认为具有递增性内部规模收益的模型在三方面优于传统的比较优势学说，该模型建立了一个从专业化中获取收益的新基础，认为具有大的国内市场的厂商在世界市场中有竞争优势。进入21世纪后，随着世界经济的发展，学者们尝试从更新的角度来分析国际比较优势。格罗斯曼和麦吉（Grossman & Maggi，2000）从人力资本配置的角度分析了各国间的比较优势，发展出一个具有相似要素禀赋的国家间贸易竞争模型，分析了人力资本的分配对比较优势和贸易的影响，发现具有相对同质人力资本的国家，出口产品所使用的生产技术以人力资本之间的互补性为特征。在这种情况下，当所有的任务被相当好地完成时，要比一部分任务被极好地完成而另一部分任务完成得很差时的有效产出更大。高效率的生产组织要求具有相似才能的人力资本匹配，这在有同质人力资本的国家更容易实现。另外，对于具有异质人力资本的国家，其出口产品所使用的生产技术以人力资本之间的替代性为特征，对于具有异质人力资本特征的国家，如果杰出人物有更大的比重，将会在对杰出人物敏感的产业中占有比较优势。还有学者从演化的角度探讨了比较优势理论。费希尔和卡卡尔（Fisher and

Kakkar，2002）认为比较优势是开放经济长期演进过程的结果。在李嘉图理论框架基础上，他们系统化了对国际贸易的理论认识，提出了自然选择会淘汰无效企业，并且能促进产生稳定的甚至高效的世界贸易模式，其主要结论是，伴随比较优势的专业化是世界经济演化的唯一稳态。[①]

简答题

1. 生产要素理论包括哪些内容？
2. 国际分工理论是如何建立与发展的？
3. 经济一体化理论包括哪些内容？
4. 全球价值链的概念是什么？全球价值链生产使国际分工发生了什么变化？

---

① 资料来源：章昌裕《国际经济学》，清华大学出版社 2008 年 5 月版，第 12 章"经济一体化与政策协调"。

第三章　国际经济协调

本章导读

　　随着经济全球化作用日益加强，区域经济一体化速度加快，开放经济条件下的宏观经济不稳定性增大，各国在开放经济条件下依靠自身的力量经常很难解决国际经济事务中的矛盾，因此需要进行国际经济协调。在日益深化发展的当代国际经济关系中，国际经济协调与推动合理竞争、缓解矛盾冲突、促进经济合作的联系越来越密切，是加强国际经济合作发展的必然趋势。①

学习目标

　　通过本章学习，了解国际经济协调的概念和理论，以及发展过程和趋势，掌握当代国际经济协调主要机制与协调内容。

第一节　国际经济协调基本概念

一、为什么需要国际经济协调

（一）国际经济传递

　　国际经济传递（transmission）指一个国家发生的国民收入不均衡（如通货膨胀、失业，或两者并发）如何对另一个国家发生影响，以致影响后者的国民收入均衡。例如甲、乙两个国家，甲国发生了通货膨胀而乙国没有，如果甲国的通货膨胀能够影响到乙国，使乙国也发生通货膨胀，这就是国际经济传递的作用。由于国际经济活动主要是国际上的商品流动、资本流动和劳动力流动，所以国际经济传递主要是各国间通过贸易、货币、投资、生产、技术、劳动力和信息等渠道相互传递和扩散失业、通货膨胀、经济衰退、经

---

　　① 本章内容参见章昌裕《国际经济学》，第十二章：经济一体化与政策协调，清华大学出版社2008年5月版。

济周期运动、汇率波动和国际收支失衡等一系列宏观经济现象。在开放经济条件下，由于国际经济传递作用存在，一国的国民经济均衡不仅受国内因素影响，而且还受来自外国的因素影响。

传统的国际经济传递主要通过国际贸易、国际资本和国际劳动力流动渠道进行，这种传递被称为是有形传递（tangible transmission）。随着经济发展和信息的不断扩展，在国际经济传递中更多发生的是无形传递（intangible transmission），也被称为跨国界示范效应。例如甲国物价上升，工会会采取措施使工资上升；乙国物价本来没有上升，但甲国工会的信息传到乙国，对乙国工会产生示范作用，乙国工会也仿效甲国要求提高工资，最后导致乙国物价上升。另外，由于各国政府在制定政策时会互相参考对手的行为，当甲国采取某种政策，如变动关税税率、加强进口限制、外汇管制、移民限制以及其他经济政策时，乙国也会仿效采取相应的措施，甚至针对甲国的政策采取报复性措施，这样也会引起跨越国界的示范效应产生。

（二）国际经济发展不平衡

经济发展不平衡是绝对规律，国际经济发展不平衡同样是世界经济生活中一条带有普遍性的规律。第二次世界大战结束至今已七十年，世界政治经济发生了巨大变化，在多极化的政治格局中，经济增长跌宕起伏，当前国际经济发展不平衡主要体现在发达国家与发达国家。发达国家与发展中国家、发展中国家与发展中国家之间。发达国家之间的不平衡主要源于自然资源和地理环境差异，人口数量和市场供需能力差异，科技水平差距等。发达国家与发展中国家间不平衡主要源于政治经济体制差别，发展中国家国民受教育程度偏低，科学技术水平进步缓慢，市场不完善或被侵占，自然资源经常被掠夺，在国际贸易和投资中遭受不公平待遇等。发展中国家与发展中国家之间的不平衡，首先取决于发展中国家经济发展模式，经济发展模式同样受其自身的政治经济制度约束，其次发展中国家本身也存在自然资源和地理环境差异，人口受教育程度差异，市场供需能力等影响因素。此外，在整个国际经济格局中，还存在着由于地域差异造成的南北实力差距不平衡和贫富分化不平衡。

（三）国际经济合作规律

从第二次世界大战结束至今，在日益深化发展的国际经济关系中，国际经济交往领域与规模不断扩大，活动更加频繁，层次日渐深化。尽管参加国际经济活动的国家或地区、企业、国际组织不尽相同，追求的目标与利益不尽一致，起到的功能与作用亦千差万别，但在这些行为主体的具体活动中，存在着一个带有规律性的普遍现象，即竞争→矛盾→协调→合作。根据这一规律的英文概念，我国国际经济合作理论界前辈，四川大学王世浚教授将国际经济竞争（competition）、国际经济矛盾（contradiction）、国际经济协调（coordination）、国际经济合作（cooperation）概括为国际经济合作的"4C 规律"。①

"4C 规律"的基本特征是：第一，竞争是市场经济的必然产物，国际经济竞争是参与国际经济活动的各个行为主体力图利用自己的长处取得优势的过程，同时也是不同国家政府、国际经济组织、企业或个人，为取得某种经济上的优势自觉地在国际展开一种经济实力较量活动。在当今世界，竞争机制已经进入国际经济生活的各个方面和国际经济关系的全部过程。第二，在经济社会中，任何一种国际经济行为都反映了该行为主体所要追求的价值、利益和目标，在这些价值、利益和目标的实现过程中，各行为主体之间必然会遇到很多不一致的问题，因而会发生摩擦、冲突甚至对立，国际经济关系中的矛盾普遍、大量、经常性的存在是一种长期现象。第三，有矛盾就要解决，在和平与发展时代，解决矛盾需要建立协调机制，国际经济协调是国际经济关系中不同的行为主体，为解决相互存在的矛盾，通过对话、会谈、协商、谈判、外交，以及多双边政府首脑会议等方式，建立起国际经济组织，制定共同遵守的协议或国际法等多种方式进行协商的途径和机制。第四，协调是推动合理竞争、缓解矛盾冲突的良好机制，通过协调缓和矛盾就产生了合作，国际经济合作是国际上不同经济行为主体为实现生产要素在国际上移动和重新组合与配置的一种有效经济机制，这种机制是世界生产力发展的客观要求与结果，是经济生活国际化的必然趋势，也是当代人类社会发展不可抗拒的历史潮流。

第二次世界大战后世界经济发展事实证明，国际经济关系总是处于竞争、矛盾、协调与合作的混合状态之中，呈现相互交织、相互渗透的错综复杂的关系。"4C"规律既具有一般性，又具有特殊性。从一般性角度看，一个国家、集团、经济组织或企业，为了获取经济上的特定价值、利益和目标，必然首先要进入国际经济体系，以竞争者的身份参加国际市场竞争；在复杂的国际经济竞争活动中，由于主客观因素的影响，绝不可能始终一帆风顺地取

---

① 王世浚教授是中国国内最早研究国际经济合作理论的专家，将国际经济合作运动规律概括为"4C"，是王世浚教授的独创。关于这一理论的详细内容，可以参见中国对外经济贸易出版社 1997 年出版的《国际经济合作理论与实务》第四章。

得竞争优势，它们经常会出现这样或那样的矛盾（摩擦、冲突或对立等状态）。为了防止矛盾激化，这些矛盾需要及时进行处理和解决，最佳的办法是运用国际经济协调机制。从特殊性角度看，第一，竞争需要合作，合作并不排斥竞争；第二，矛盾普遍存在于竞争、合作与协调的过程中；第三，国际经济协调与推动合理竞争、缓解矛盾冲突、促进经济合作的联系越来越密切；第四，加强国际经济合作已成为当代世界经济发展的必然趋势。"4C"规律充分反映了国际经济贸易中的普遍关系和必然的内在联系。

二、国际经济协调的基本概念

（一）国际经济协调的含义

由于国际经济传递作用的存在，在国际经济发展不平衡规律作用下，产生了国际经济合作规律，国际经济合作规律中的协调即为国际经济协调（international economic coordination），所以国际经济协调是各个国家或区域/国际经济组织，在承认世界经济相互依存的前提下，就财政、货币、汇率、贸易等宏观经济政策在国家间展开讨论、磋商并达成基本一致，或采取联合干预行动，以减缓各种突发事件和经济危机带来的冲击，维持和促进各国经济的稳定增长的过程。

（二）国际经济协调的本质

国际经济协调的基础是国际经济传递机制和各国经济相互依存，国际经济协调的本质是各国经济利益的协调。国际经济协调强调在利益发生冲突或无法确保相关国家的经济利益同时达到最大化的情况下，在这些国家的经济政策之间进行协调，以寻求参与协调的各个国家整体利益趋于最大化。国际经济协调有狭义和广义之分。从狭义角度看，国际经济协调是各国政府在制定国内政策的过程中，通过国家间磋商、谈判等方式来对某些宏观经济政策进行共同设置，或各国政府充分考虑国际经济联系，有意以互利的方式调整各自的经济政策；从广义角度看，凡是在国际范围内能够对各国宏观经济政策产生一定程度制约的行为均可视为国际经济协调。通过国际经济协调，可以在经济波动中通过各国间一致的共同的微观、宏观经济调节，避免经济不确定因素带来的外部性负影响，促进各国经济稳定增长，实现和维持世界经济均衡。20世纪80年代以后，国际经济协调不仅是各国学者研究的热点，更是各国政府和很多重要国际经济组织实际工作的努力方向。

当今的世界是一个开放的世界，开放经济条件下的各国在制定自己的经济政策时，不仅要考虑国际因素对自身的影响，也要考虑自身政策对国际的影响。在经济全球化、区域经济一体化日益增强的国际环境下，国家间经济联系日益紧密，相互影响和相互依存性不断加深，随着经济跨国化活动的增加，必然对国际经济规则提出更多和更高的要求，因此产生了国家间在经济政策、规则等方面进行协调的必要。在和平与发展的时代，开放经济条件下的各国还希望国家间能够相互合作、相互协调，以便能够联合抗击各种因素对世界经济平稳发展带来的冲击，这就需要不断修改和调整已有国际经济规则并制定新的国际经济规则。

（三）国际经济协调目标

国际经济协调的核心和目标是要调节经济全球化过程中国际共同利益与民族国家利益的矛盾，实现世界经济和各国经济的有序运行，促进世界经济和各国经济的增长。从国家角度看，一国的宏观经济政策目标是实现经济增长、充分就业、物价稳定和国际收支平衡。第二次世界大战后的一个较长时期内，国际经济协调的目标主要是在经济大国之间达成某些货币与财政政策默契，使其相互间的经济政策在短时期内不至于冲突太大，政策的负面效应不至于对世界经济产生较大的危害。20 世纪 80 年代后，在经济全球化推动和影响下，国际经济政策协调目标开始向深层次发展，即通过对财政和货币政策长期、持续调整，来消除各国间经济结构、发展水平、政策制度的不平衡，使各国间的整体协调能够与经济周期同步。随着协调目标深化，协调范围从流通领域扩展到了生产领域，深入到社会再生产和经济生活的全过程。90 年代后，国际经济协调目标水平进一步提高，其目的旨在为各国经济发展创造一个平稳的竞争环境，各国在考虑本国宏观经济目标的同时，通过一定方式寻求各国经济利益的共同点，以相互依存关系和经济传递机制为纽带，实现各国整体利益的最大化和在各国内外经济平衡基础上的世界经济均衡，从而实现共同的福利最大化。由于世界政治经济处于不平衡发展中，不同经济发展阶段和不同经济制度的国家在经济政策目标方面差异性较大，所以国际经济协调既是一个复杂的系统，也是一个充满矛盾和讨价还价的过程。

（四）国际经济协调方式和层次

1. 国际经济协调框架

从历史上看，国际经济协调通常采用三种框架形式。第一种是在多边协议框架下的机构性协调，如以布雷顿森林体系为名的国际货币体系、以关税和贸易总协定为内容的国际贸易体系和以协调能源政策为目的的国际能源机构。第二种是在区域经济一体化过程中的地区协调，如从欧洲共同体起步发展到今天的欧盟。第三种是在领导人会晤机制下的定期协调，如每年一次的

20 国集团（G20）首脑会议。以国际组织为载体，采用多边方式是这三种国际经济政策协调的共同特点。

2. 国际经济协调方式

国际经济协调包括两种基本方式，第一种是相机性协调（discretion-based coordination），即根据经济面临的具体条件，在不存在规定各国应采取何种协调措施规则的情况下，通过各国间的协商确定针对某一特定情况各国应采用的政策组合，这种方式实际上是一国宏观经济调控中相机抉择（the discretionary approaches）的推广，[①] 这种方式的优点在于可以针对不同的条件就更为广泛的问题进行协调，而缺点在于可行性与可信性较差。第二种是规则性协调（rule-based coordination），即通过制定出明确规则来指导各国采取政策措施进行协调的方式，这种方式的优点在于决策过程清晰，政策协调可以在较长时期内稳定进行，可信性高，因此受到各国的更多重视。

3. 国际经济协调层次

从总体看，国际经济政策协调层次有全球性和区域性两种：前者主要由一些全球性组织安排，世界大部分国家参与协调，如世界贸易组织（WTO）等；后者是在一些区域一体化内部国家间进行，如欧洲联盟等。从协调具体程度看，可以由低到高分为六个层次。第一，信息交换协调。信息交换（information exchange）是各国政府相互交流本国为实现经济内外均衡而采取的宏观调控的政策目标范围、政策目标侧重点、政策工具种类、政策搭配原则等信息，但仍在独立、分散基础上进行本国的决策。通过信息交换，各国政府可以避免对别国政策调控活动的估计错误，更好地分析本国经济与外国经济之间的溢出效应，信息交换是一种最低层次的国际政策协调形式。第二，危机管理协调。危机管理（crisis management）是指针对世界经济中出现的突发性、后果特别严重的事件，各国进行共同的政策调整以缓解和渡过危机。危机管理的协调通常以暂时性协议为基础，主要目的在于防止各国的政策危机更加严重或蔓延。第三，避免共享目标变量冲突协调（avoiding conflicts over shared targets），指各国在宏观经济调控中，经常要面对同一共享目标（最为典型的是汇率政策），如果各国对之设立不同的目标值，这便意味着彼此之间存在直接冲突，各国之间的相应政策也就成为具有竞争性的"以邻为壑"政策。第四，合作确定中介目标协调，各国国内的一些变量变动会通过国家间的经济联系而形成一国对另一国的溢出效应，因此各国有必要对这些

---

① 参见章昌裕《西方经济学原理》，清华大学出版社 2007 年版，第 347 页。

中介目标进行合作协调（cooperation intermediate targeting），以避免其对未来产生不良的溢出效应，这些中介目标既有可能是共享目标变量，也有可能是其他变量（如固定汇率制下的一国货币供给量）。第五，部分协调（partial coordination）即不同国家就国内经济的某一部分目标或工具进行调整，如WTO 贸易原则，IMF 体系、欧洲货币体系中汇率机制的成员国协调原则，欧洲经济联盟内财政、货币协调等，最初都要由成员国进行国内政策协调，然后达成协议并制定原则，之后按照原则独立地行动而不需要再经谈判。第六，宏观经济政策全面协调（full coordination），即将不同国家的所有主要政策目标、工具都纳入协调范围，从而最大限度地获取政策协调的收益，实现整体福利最大化。

在国际经济协调中，大量国际经济组织发挥了重要作用，这些组织的最大功能是建立多双边磋商机制，使国际经济协调形式更加灵活。通过国际多双边磋商机制，相关国家定期或不定期就汇率、贸易、货币和财政政策等宏观经济政策展开磋商协调，使各国在相对公平的条件下实施经济政策，保持经济稳定、应对危机、调整国家间经济关系。此外，区域经济合作组织推动了国家间经济协调的深入发展，这些组织通过磋商相互给予优惠形成经济协调性实体，促进贸易自由化、投资便利化、生产要素流动、资源开发、货币金融合作等，成为当前区域经济合作的主要形式。

（五）国际经济协调简史

第二次世界大战前，世界政治格局由宗主国和殖民地主导，这一时期的国际经济协调，一方面主要是针对频繁出现的经济危机，协调措施具有特定性和临时性特征；另一方面，战前世界经济格局的突出特征是宗主国在势力范围（即殖民地和半殖民地之间）的争斗，矛盾甚于合作，尽管采取过一些经济政策对国际经济关系进行协调，但效果极其有限，有时甚至以失败告终。

战后，在吸取战前经济争斗及经济秩序混乱教训的基础上，世界各国均逐渐认识到建立统一的国际经济秩序及进行国际经济协调的重要性。在经济全球化不断加速的影响下，国际经济协调不仅发生了实质性变化而且迅速发展，协调范围和目标从贸易、货币、汇率逐步扩展到通货膨胀、国际收支、财政与货币、经济增长等几乎宏观经济各个领域。战后国际经济协调大致经历了三个时期：

战后初期至 1973 年为第一时期，这一时期协调的重点是建立新的国际货币和贸易关系。通过建立布雷顿森林体系和一系列国际经济组织，如国际货币基金组织（International Monetary Fund，IMF）、世界银行（World Bank，

WB)、关税及贸易总协定（General Agreement on Tariffs and Trade，GATT)、经济合作与发展组织（Organization for Economic Co-operation and Development，OECD)、国际开发协会（International Development Association,IDA) 等，对世界经济、国际贸易、国际金融发展和减缓经济危机的震荡幅度产生了一定的积极作用。首先，世界经济有了较严格的组织管理机构与明确宗旨，因而能保证世界经济在这一协调体系下正常运行；其次，协调范围明确，可以在具体领域对所出现的问题进行调节；最后，制定了一系列国际合作与协调规则，使成员能在世界范围内更充分地利用各种资源，以解决国际收支方面出现的暂时或非根本性不平衡。

20 世纪 60 年代后，国际政治格局发生巨大变化，1973 年固定汇率体系解体，以美元为核心的国际货币体系动摇。1975 年西方七国首脑会议召开，标志着以世界经济多元化为基础的经济协调进入第二时期。这一时期出现了许多新的特征：首先，多元化格局出现，不仅西欧、日本等主要发达国家参与到国际经济协调中来，改变了美国一家独大的协调局面，而且出现了南南合作，越来越多的发展中国家参与到国际政治经济生活中，使国际经济协调走向多边化和多极化；其次，全球协调、区域协调、政府协调并存，多管齐下的国际经济协调机制使协调向更高水平发展，欧洲联盟（EU)、经济合作与发展组织（OECD)、亚太经济合作组织（APEC) 等不仅在区域协调，也为全球协调发挥了重要作用；最后，国际经济协调方式更为灵活多样，国际经济组织和区域经济合作组织成为国际经济协调的主要渠道，国际货币基金组织、世界银行、世界贸易组织成为国际经济体系的三大支柱，也是全球性经济协调的核心舞台，各国根据国际经济运行特征不断及时调整战略目标和具体目标。这一时期国际经济协调的作用是明显的，在此期间，世界经济与贸易水平超过了历史上任何时期，类似 20 世纪 20～30 年代那样的全球性经济危机再也没有出现过。

从 20 世纪 90 年代开始到目前，世界经济发展出现了三个明显特征：一是经济全球化速度加快，在自由化浪潮推动下，国际贸易和投资领域出现了一系列新问题；二是随着发达国家产业结构调整的完成，服务业特别是金融服务业逐渐成为国民经济主导部门，由于金融业快速发展而带来的世界经济波动比以往更为明显；三是新技术进步对经济增长的影响作用不断增大，不断出现的新产业部门需要各国重新考虑彼此间的协调与共同发展。在此背景下，国际经济协调进入第三时期，其特征是：首先，在全球化趋势推动下协调目标逐步清晰，当代国际经济协调在承认世界经济相互依存前提下，就生产、贸易、汇率、财政和货币政策全面展开，经济增长、通货膨胀、贸易差额和经常收支、财政赤字、货币目标和汇率等成为主要协调内容；其次，区域自由贸易成为新的潮流，发展中国家在国际经济贸易中的作用日益增强，国际经济协调进入高层次、多方位格局；最后，国际经济协调开始扩展到环境、社会责任等人类社会发展更为全面和更高层次。

第二节　国际经济协调理论

一、国际经济协调理论发展

（一）国际经济协调理论发展

从凯恩斯创立宏观经济学开始，政府需求管理理论成为大多数市场经济国家制定宏观经济政策的主要依据。20 世纪 50 年代后，国际经济联系加强，经济相互依存加深，各国的宏观经济政策都产生了"溢出效应"，因而有了国际经济政策协调的需要。自此以后，经济学家们开始注意到宏观经济政策在国际协调上的重要性。他们认为，宏观经济政策要兼顾国内国际两个市场同时均衡，需要在这些政策工具间进行相互协调配合。60 年代后，在国际经济学研究中，美国经济学家罗伯特·蒙代尔（Robert A. Mundel）和英国经济学家马库斯·弗莱明（John Marcus Fleming）发表了一系列研究开放经济下货币、财政政策的论文，阐述内外均衡政策搭配问题[①]。1962 年，蒙代尔提出"政策配合说"（policy mix theory），强调政策配合与有效市场分类原则，认为每一个政策目标都应配合对这个目标有最大影响力、在影响政策目标上有相对优势的工具。根据这一原则，蒙代尔区分了财政政策、货币政策在影响内外均衡上的不同效果，提出了以货币政策实现外部均衡目标、财政政策实现内部均衡目标的指派方案。蒙代尔在建立开放经济均衡模型时，分析了两国经济的相互依存性及政策传导效应，而相互依存则意味着一国政策当局要实现自己的目标就必须与其贸易伙伴国采取的政策协调一致。60 年代后期，美国经济学家理查德·库珀（Richard Cooper）开始研究国际经济关联和国际经济政策的协调、合作问题。库珀之后，日本经济学家滨田宏一（Koichi

---

① 罗伯特·蒙代尔，美国哥伦比亚大学经济学教授，被誉为是最优化货币理论之父，系统地描述过标准的国际宏观经济学模型，是货币和财政政策相结合理论的开拓者，1999 年诺贝尔经济学得主；马库斯·弗莱明是国际货币基金组织经济学家，与蒙代尔共同建立了开放经济均衡的蒙代尔—弗莱明模型。

Hamada）从国际经济政策构成策略角度，引入博弈论检验了选择合作或不合作的国家可能得到的收益情况，将问题转化成一种由国家参加的已经程式化的博弈形式，找出其中每个国家为了最大化福利而操纵各自的政策工具数值，认为本国政策在国内的作用及其在国外存在的"溢出效应"（亦称波及效应），取决于外国究竟选择什么样的政策。滨田还利用图形直观地说明各国之间采取相互可以接受的协调政策，能够改善各自福利经济效果的情形。

20 世纪 80 年代后，一些国际经济学家和金融领域的学者对国际宏观经济政策协调问题越来越关注，此后形成比较一致的观点是认为国际经济协调是必要的，特别是在实行浮动汇率制的今天，世界上主要国家之间进行宏观经济政策协调更是十分必要的。赞成国际经济政策协调的一个主要理由是为了稳定汇率，很多学者强调汇率稳定有非常重要的意义，如麦金农方案。除汇率稳定外，一些学者还认为国际经济政策协调经常会受到其他一些宏观经济目标的干扰，其中最困难的是"以邻为壑"（beggar-my-neighbor）政策的出现，虽然各国都有进行国际经济政策协调的愿望，但在实际中，由于各国政府的宏观政策目标往往并不一致，所以国际经济政策协调真正实行起来会遇到很多困难，讨论中争议较大的问题集中于国际经济政策协调的方式、水平及效果等方面。90 年代后，宏观经济学进入了新开放经济的宏观经济学时代，其重要特征是引入微观经济基础重新审视经济学中关于国际货币政策的相互依存问题，强调国际货币政策的相互依存性与合作博弈性。美国经济学家罗戈夫（Kenneth Rogoff）、茅瑞斯·奥伯斯法尔德（Maurice Obstfeld）等研究了国家间如何进行经济政策协调问题，将开放经济的政策协调理论推向新的高度。在国际货币政策协调方面，他们认为：第一，在对称的冲击（或全球冲击，比如石油价格冲击）和完全的非对称冲击条件下，协调财政、货币政策具有潜在利益，这个利益可以用福利的损失函数进行度量，即协调政策的福利函数与非协调政策的福利函数之差；第二，根据经验和定量的估计结果，政策协调的获利不大，每年 GDP 中只有大约 0.5% 的获利；第三，经济运行过程中国家之间联合程度相对较低，获利可能相对较小，当产品和金融市场一体化程度提高时，国家间的溢出可能会增加，导致合作博弈有更大的获利；第四，既然合作博弈能够获得更大收益，则应为国际货币合作制定目标规则。他们还认为，两国一般均衡模型中具有商品市场和金融市场，汇率和物价的有效率路径取决于对经济的扰动。在合作中，扭曲和扰动的交互作用会造成最大化自身福利的政策制定者在非合作配置下表现得无效率。如果缺乏协调，则可通过对每个政策制定者施加简单的目标规则加以弥补，这样就可达到最优的合作产出。当资本市场不完全以及消费者价格对汇率不再那么敏感时，经济的变动情况也可用货币政策和财政政策的相互依存性来解释。

（二）宏观经济政策国际协调相关理论基础

经济全球化背景下，各国宏观经济政策更容易互相影响，在经济存在相互依存的条件下，一国实现内外均衡目标必须进行政策的国际协调，以避免分散决策带来的损失。在国际宏观经济政策协调实践过程中，经济学者设计了很多具有特定规则的国际协调方案，产生过很大影响，对宏观经济政策国际协调及制度安排具有重要意义。

1. 米德冲突

1951 年，英国经济学家詹姆斯·米德（J. Meade）在其代表作《国际收支》中最早提出了固定汇率制下的内外均衡冲突问题，米德认为在汇率固定不变时，政府只能运用影响社会总需求的政策来调节内外均衡，这将会导致一国内部均衡和外部均衡的冲突，后人将此称为"米德冲突"（Meade's conflict）。造成内外均衡冲突的根源在于经济的开放性。在开放经济运行中，一国同时处于内外均衡状态的情况很少，各种变量变动造成的冲击会使经济偏离最佳区间，单纯运用调节社会总需求这一封闭的经济政策工具不足以同时实现内外均衡目标，开放经济的政府宏观调控需要有新的政策工具并对政策工具有新的运用方式，在很多情况下需要多国一起行动。

2. 丁伯根原则

既然开放经济下的政策目标包括了内部均衡和外部均衡两部分，如果仍像封闭经济条件下一样单纯运用控制社会需求总量的政策进行调控就会造成内外均衡之间的冲突，荷兰经济学家简·丁伯根通过研究发现，一国可以运用的独立的政策工具数目至少要与所要实现的经济政策目标数目相等，也就是说，要达到一个经济目标，至少需要一种独立的政策工具，由此推论，要达到 N 个独立的经济目标，至少需要使用 N 种独立的有效政策工具。在政策工具与经济目标的关系中，经济目标可被看做为未知数的解，政策工具可以被看做为已知参数，只要未知数（经济目标）与参数（政策工具）之间有函数的关系存在，就可以建立起众多未知数与众多参数之间函数关系的联立方程式；只要独立的方程式数目等于未知数的数目，则联立方程式有唯一解存在，只要将已知的参数值代入，即可求得未知数的解值；一国需要实现内部均衡和外部均衡，可以运用的政策指派的"有效市场分类原则"实现开放经济的宏观政策调控，同时实现内外均衡目标，这一内容被称为宏观经济政策配合的"丁伯根原则"（Tinbregen's rule）。鉴于丁伯根提出的经济目标和有效政策工具的框架结构对各国经济的宏观调控具有鲜明的政策指导意义，他获得了 1969 年诺贝尔经济学奖。

蒙代尔后来指出，在许多情况下，不同政策工具实际上掌握在不同的决策者手中，如果决策者并不能紧密协调这些政策而是独立地进行决策的话，就不能达到最佳的政策效果，如果每一工具都被合理地指派给一个目标，并且在该目标偏离其最佳水平时按规则进行调控，则分期决策的仍有可能得到最佳调控效果。基于此，蒙代尔提出了有效市场分类原则：应将每一种政策工具指派给其最具相对影响力的目标，即在影响此政策目标上具有相对优势，如果在指派问题上出现错误，则经济会产生不稳定而离均衡点越来越远。丁伯根原则与蒙代尔原则一起确定了开放经济条件下宏观政策协调的基本思想，即针对内外均衡目标，确定不同政策工具的指派对象，并且尽可能地进行协调以同时实现内外均衡。①

二、相互依存理论

（一）相互依存理论的建立与发展

相互依存（interdependence）理论自 20 世纪 50 年代就开始兴起，90 年代后，贸易自由化、投资自由化和经济市场化成为经济全球化的重要推动力，各国在经济发展中（包括经济行动和政策）都具有双向传递和影响，都存在相互依存关系，国家间在经济方面的相互依存内容和程度不断深化发展。②

相互依存理论是现代西方国际关系学的重要理论之一，最初形成于 20 世纪 60 年代后期。70 年代后，一方面冷战格局开始松动，欧洲、日本经济崛起，不仅两大阵营之间的交流与合作开始增加，全球范围内的各国经济联系也不断加强；另一方面新技术革命速度加快，跨国公司、国际组织、国际制度发展迅速，推动了国家间经济相互依存发展，相互依存理论进入了发展的兴盛时期，80 年代后，相互依存理论在国际政治与经济、国际安全与国际制度关系方面有了很多新的研究成果。

早期的国际贸易和经济关系研究主要考察了发达资本主义国家与第三世界国家之间的贸易现象及其对经济发展的影响。不少学者指出，在发达资本

---

① 以上内容参见章昌裕《国际经济学》第三部分：开放经济理论与政策，清华大学出版社 2008 年版。

② 参见钟龙彪："相互依赖理论的变迁及批判"，《天津行政学院学报》，2009 年第 5 期。

主义与第三世界国家之间存在着一种依存关系，前者利用其经济、技术方面的优势，以及制定游戏规则的优势而对后者产生控制作用，进行剩余价值的剥削；后者由于经济的落后而在贸易和经济交往中处于被动地位，发展上形成对前者的依赖或称之为依附，特别是那些殖民地国家，依存关系更为明显，依赖程度更为加深。美国经济学家弗兰克（A. G. Frank）曾指出，殖民地国家与发达资本主义国家之间的联系并没有给它们自动地带来资本主义经济，没有发生因贸易和劳动力的分化而促成了经济的发展，相反，这些国家所存在的各种经济问题却是因与资本主义世界建立联系而产生的，并一直延续了下来。弗兰克据此提出了不发达模式，说明处于外围的国家在其殖民时代的初期就被纳入了世界经济体系之中，从而导致了它们立即陷入困境。在外围国家与资本主义的中心国家之间存在一条无限的宗主—卫星链，外围国家创造的剩余价值通过这条链流到了中心国；可见，如果说卫星国地位是外围国家经济不发达的原因，那么宗主—卫星链的减弱就可以减轻结构性的不发达或更有可能使外围国家发展起来。

　　20 世纪 60 年代和 70 年代，许多学者对第三世界国家与资本主义国家关系的研究形成了一个激进主义经济发展学派，他们的基本观点就是认为第三世界国家对西方资本主义国家存在着各种依赖。他们指出，资本主义国家是宗主国，它们在向第三世界国家扩张和渗透时使后者成为卫星国，造成卫星国经济的贫穷和对宗主国的依赖。依存是不发达的根源，所以，必须打破造成剩余价值转移的宗主——卫星链，第三世界国家才能在政治上获得真正的独立，经济上走向发达。美国经济学家布鲁克菲尔德（H. Brookfield）在其1975 年出版的《相互依存的发展》一书中指出，发达国家的经济发展不仅比不发达国家更依赖于资源和资本密集的技术，而且也依赖不发达国家的资源、劳动力和市场。受依存关系的影响，不发达国家的内部变革也使得它们越来越依赖发达国家的资源和资本，所以很难区分出它们谁依赖谁，实际上是相互依赖。宗主国的经济发展其实也是依赖于外围国家的，就像外围国家依赖它们一样。在世界范围内，没有相互依赖经济和社会的发展就无法进行下去。

　　当代经济学认为，相互依存可以集中在几个方面：首先，世界上的任何国家之间都存在相互依存关系，只不过程度有所差异；其次，相互依存意味着依存是双向的传递和影响，而不是只作用于某一方；再次，相互依存的内容和程度在不断地发生变化。因此，国家之间在经济发展上（包括经济行动和政策）所发生的双向作用、影响过程或现象即为相互依存。衡量相互依存的程度，一般采用的指标是：第一，国际贸易增长与国内生产总值增长的比值；第二，各种出口贸易占国内生产总值的比率变化；第三，国家间资本双向流动（包括直接投资和间接投资）的指标。

相互依存对各国经济发展所产生的效应既有积极的作用，也有消极的影响，相互依存的变化对于不同的国家会产生不同的结果，对某些国家有利的变化，对另一些国家则可能不利。相互依存的积极或消极影响可以同时存在或交织。积极的相互依赖有利于推动国家之间的经济交流、合作和一体化，与此相反，消极的相互依存则会引发国家之间的经济冲突和矛盾。所以，需要有目的地采取措施、政策对相互依存的内容和程度进行干预，促进相关国家的互惠互利，化解矛盾和冲突，推动经济全球化进程。

（二）相互依存理论

最早对国际经济相互依存理论进行系统研究的是美国经济学家理查德·库珀（Richard Cooper）。1968 年，库珀在其著作《相互依存经济学：大西洋共同体的经济政策》中提出，相互依存是 20 世纪 60 年代出现在工业化国家中间的一个强劲趋势，它的出现和发展是第二次世界大战后国际关系的一个突出变化，其特征表现为国家间增长对外经济发展的敏感性，所以研究国家间关系，特别是国家间经济关系的关键是了解一国经济发展与国际经济发展之间的敏感反应关系。库珀理论的主要内容是：一个国家的经济发展取决于其他国家的发展和政策，一个国家的发展和政策又影响到其他国家的经济发展，相互依存分为对称与均衡的依存。库珀提出了相互依存的定量指标，将一国的国民生产总值与进出口贸易所占比重以及两者的发展速度之比作为相互依存的数量值指标。库珀的分析主要针对政策协调的收益以及这些收益怎样随经济依赖的程度而变化，而且随着对外开放程度与资本流动性的提高，依存程度也会加深，其主要结论是：由于波及效应随着经济相互依存程度的加深而增强，分散（非合作）经济的政策效力会减轻，从而经济政策协调显得尤为重要。在其模型中，政策效力的减弱在那些需要较大干预的领域暴露出来，减弱度恰好等于那些目标向其期望值移动的速度。所以，相互依存的加深，意味着要么忍受更长期的经济偏离均衡，要么为干预付出更高的代价。国际经济相互依存理论可以解释国际经济政策协调的必要性，它不仅包含了经济因素，还包含了政治因素。库珀还研究了固定汇率制度下，国际货币政策策略相关性的问题，并认为由于国家间经济联系的加深使一国实现本国宏观经济政策的难度加大，缺乏国家间的经济政策协调将会代价高昂。

库珀分析了蒙代尔的有效市场分类法则的理论缺陷，指出在各国经济依存性日益加深的情况下，针对某项目标的经济政策，通过国与国之间的经济联系会对他国产生溢出效应，这种效应反过来又会影响本国宏观经济的运行和本国所采取的政策工具的有效性。通过建立一个简单模型，他描述了两个具有固定汇率与不变价格的对称依赖的经济。他认为政策协调的收益以及这些收益会随经济依赖程度与政策协调程度的变化而变化。因此库珀的基本结论是，广泛开展国际经济政策协作是十分必要的。

另外两位国际政治学家罗伯特·基欧汉（Robert O. Keohane）和约瑟夫·奈（Joseph. S. Nye. Jr.），在他们合著的《权力与相互依存》中为国际经济相互依存建立了一个清晰的理论框架。他们认为相互依存是指国际社会中不同角色之间互动的影响和制约关系，这种互动的影响和制约关系可以是对称的或不对称的，相互依存是现代国际关系的根本特征和重要原则。现代国际经济相互依存论的主要表现是：第一，国家所面临的许多问题趋于全球化，即类似能源、人口、环境、粮食、裁军、发展等问题已成为全球性问题，单靠个别国家的努力已无法解决；第二，国家利益、国家安全、军事战略等高级政治问题逐步向经济发展、人口与粮食问题、社会福利等低级政治问题过渡；第三，各国再也不能闭关锁国，越来越多的国家实行对外开放政策，缓和与开放占据国际关系的主导地位；第四，随着缓和形势的发展，国际合作的趋势逐步超过国际冲突的趋势；第五，国际关系中的等级制逐渐被平等关系取代，相互依存的趋势将对国家主权和民族利益起调解作用，推动全人类利益的形成，最终将成为通向未来没有国界的世界国家的"中途站"；第六，相互依存可以在国与国之间成立，可以在区域内部成立，也可以在全球范围内成立，相互依存通过在全球范围内的经济势力相互制约，最终谋求形成一种势力更强的国际经济同盟。基欧汉和奈的著作到 2001 年经历过三次修订再版，一直为国际关系理论研究所关注。学者们普遍认为，在一个越来越相互依存的全球化世界中，技术和资本正在深刻地改变着世界经济面貌、国际关系格局和国家行为方式，经济上的彼此相互依存已经渗透到每个人的日常生活中，对国际经济相互依存，无论在实践中还是在理论上，都应不断关注和深入研究。

三、麦金农方案

美国经济学家罗纳德·麦金农（Ronald I. Mckinnon）是世界上首先分析"金融压抑"对经济发展构成严重障碍的经济学家，在其著作《经济发展中的货币和资本》中，他成功地分析了金融压抑的危害，成为金融发展理论的奠基之作。麦金农方案于 1974 年在其著作《经济发展中的货币和资本》中提出，20 世纪 80 年代后又经过了多次修改。麦金农认为，各国应依据购买力平价来确定彼此之间的汇率水平，主张恢复固定汇率制，并且应通过协调货币供给的方法维持固定汇率制。麦金农从两个角度分析了浮动汇率制的不足，首先，从国际角度看，汇率波动除了增加各国外部环境的不确定性外，并不能自动实现调节经常账户的目的；其次，从国内角度看，汇率的频繁波动意味着各国货币价值的不稳定，由此引发的货币替代及各国资产之间的转换活动使一国的货币需求难以确定，各国原有的货币政策因此难以有效地实现控制通货膨胀等目的，一国通过本国的政策搭配实现内外均衡的努力更加困难。引起汇率不稳定的主要原因是货币替代以及各国间金融资产的替代活动，因此在发生这一类的冲击时，各国应采取对称的、非冲销性的外汇市场干预措施来稳定汇率，由此带来的货币供给的调整实际上是全球货币供给根据各国货币需求的变动而自发调节其在各国之间的分配。这样，通过货币供给的国际协调就能使全球的物价稳定与汇率稳定，实现各国的内外均衡。麦金农方案对国际经济政策协调的设计是：第一，各国应依据购买力平价确定彼此之间的汇率水平，实行固定汇率制；第二，各国应通过协调货币供给的方法维持固定汇率制。麦金农方案提出后，被作为经典的以恢复固定汇率制为主要特征的协调方案而受到广泛的重视。

第三节　国际经济协调的内容和发展

一、国际经济协调的内容

在相互依存条件下，一国实现内外均衡目标必须有经济政策的国际协调，以避免分散决策带来的损失。在国际经济政策协调实践过程中，经济学者设计了很多具有特定规则的国际协调措施，对国际经济政策协调及制度安排产生过一定影响，这些措施主要体现在货币、财政、汇率和贸易政策方面。

（一）货币政策协调

货币政策协调主要是有关国家在利息率方面的协调，这种协调主要针对利率调整方向，如果一国希望通过利率调整来干预经济，以达到控制经济过热或经济衰退时，该国不仅要确定一个利率调整的方向，还要同有关国家协商，协调它们之间利率调整的基本方向。在货币政策协调中，货币一体化是国际宏观经济政策协调理论的主要内容之一，由麦金农和蒙代尔于 20 世纪 60 年代提出，主要内容是适度通货区理论，即通货区域内各成员国货币相互间都保持钉住汇率制，对区外各种货币实行联合浮动。迄今为止，最成功的通货区实践是欧洲货币体系。

（二）财政政策协调

由于货币政策协调的基础在很大程度上依赖于财政政策协调，所以在经济关系比较密切的国家之间，不仅要协调货币政策，还要协调财政政策。如果一国财政支出过度，政府就需要通过货币政策加以配合，这种配合意味着货币发行量增加，或者物价上涨率较高，这将导致一国货币供应增长率上升，从而使货币政策协调难度加大。

（三）汇率政策协调

在开放经济条件下，尽管一国可以采取完全浮动的汇率制度，从而政府只需考虑自己的内部平衡，但各国为了维持本国经济的稳定发展，特别是减少对外贸易风险，各国还是趋向于采用有管理的浮动汇率，这就意味着本国不仅要考虑内部平衡，还要考虑外部平衡，一国在维持自身经济稳定和增长时，不仅可以采用货币和财政政策，还可以通过汇率政策加以调整。当一国经济中的有效需求不足时，政府可以采取货币贬值政策，刺激出口限制进口，但如果各国政府都这样做，就会出现各国竞相贬值本国货币的局面，结果是各国货币之间的兑换率可能回到原来的出发点，如果任何一国的货币贬值幅度超过其他国家，各国之间的贸易风险也就随之产生。如果一些国家采取货币贬值，或预期货币贬值措施，而一些国家采取货币升值，或预期升值措施，该国货币在外汇市场上的汇率就会发生变化，引起投机和资金转移，这些单纯由于汇率变动引起的资金转移不利于各有关国家经济的稳定和正常的增长。

（四）贸易政策协调

国际贸易要真正体现互惠互利，促进世界经济的发展，必须达成贸易政策的国与国之间的协调。贸易政策国际协调的最初形式是有关主权国家为确定彼此间的贸易关系，通过签订贸易条约或贸易协定，规定各自的权利和义务，协调各自对外的贸易政策，经过协商或谈判缔结的书面协议。贸易政策国际协调的高级形式是国与国之间的双边协调或多边协调，它表现为三个不同层次：一是双边国家之间的协调；二是集团性、区域性贸易政策诸边协调；三是致力于全球贸易体制的多边协调。

二、当代国际经济协调

（一）世界贸易组织与国际经济协调

1. 世界贸易组织建立背景与宗旨

20 世纪 80 年代后，以政府补贴、双边数量限制、市场瓜分等非关税措施为特征的贸易保护主义重新抬头。为遏制贸易保护主义，避免全面贸易战发生，力争建立一个更加开放持久的多边贸易体制，美国、欧共体、日本等国1986年9月在乌拉圭埃斯特角城发起关税与贸易总协定（GATT）第八轮多边贸易谈判，史称"乌拉圭回合"。谈判历时8年。1994年4月，参加方（117个国家）在摩洛哥马拉喀什通过了《建立世界贸易组织马拉喀什协定》（简称《建立世界贸易组织协定》），协定规定，在关税与贸易总协定基础上成立世界贸易组织（World Trade Organization，简称WTO），并于1995年1月1日正式运行。世界贸易组织的成立标志着国际经济协调和合作新时代的开端，为世界经济全面合作开创了新纪元。世界贸易组织的宗旨是在提高生活水平和保证充分就业的前提下，扩大货物和服务的生产与贸易，按照可持续发展的原则实现全球资源的最佳配置；努力确保发展中国家尤其是最不发达国家在国际贸易增长中的份额与其经济需要相称；保护和维护环境。世界贸易组织的基本原则是非歧视贸易，基本职能包括管理和执行共同构成世界贸易组织的多边及诸边贸易协定，作为多边贸易谈判论坛，寻求解决贸易争端的机制；监督各成员贸易政策，并与其他制定全球经济政策有关的国际机构进行合作。世界贸易组织广泛体现了各方拟通过更加公平开放的多边贸易体制促进本国经济发展之愿望，其目标是建立一个完整的、更具有活力的永久性的多边贸易体制。世贸组织是具有法人地位的国际组织，在调解成员争端方面具有最高的权威性。

2. 世界贸易组织的基本原则与职能

世界贸易组织的基本原则是：第一，非歧视原则（non-discrimination）；第二，互惠原则（reciprocity）；第三，最惠国待遇原则（most-favoured-nation treatment）；第四，国民待遇原则（national treatment principle）；第五，关税减让原则（tariff concession）；第六，市场准入原则（market access）；第七，一般取得数量限制原则（rule of general Elimination of quantitative restrictions）；第八，透明度原则（principle of transparency）。

世界贸易组织的职能主要包括：第一，负责多边贸易协议的实施、管理和运作，促进世界贸易组织目标的实现，同时为诸边贸易协议的实施、管理和运作提供框架。第二，为各成员就多边贸易关系进行谈判和贸易部长会议提供场所，并提供实施谈判结果的框架。第三，通过争端解决机制，解决成员间可能产生的贸易争端。第四，运用贸易政策审议机制，定期审议成员的贸易政策及其对多边贸易体制运行所产生的影响。第五，通过与其他国际经济组织（国际货币基金组织、世界银行及其附属机构等）的合作和政策协调，实现全球经济决策的更大一致性。

3. 世界贸易组织主要协定

乌拉圭回合经历 8 年谈判，最后达成以《建立世界贸易组织协定》为主体的一系列协议，英文原版长达 634 页，是当今协调世界贸易与各类经济关系最宏大的一部法典，其中最主要的协议有四个，即《1994 年关税与贸易总协定》（简称 GATT1994），《服务贸易总协定》（*General Agreement of Trade in Service*，简称 GATs），《与贸易有关的投资措施协议》（*Agreement on Trade-Related Investment Measures*，简称 TRIMs），《与贸易有关的知识产权协定》（*Agreement on Trade-Related Aspects of Intellectual Property Rights*，简称 TRIPs）。GATT1994 在成员方达成互惠互利协议，寻求大幅度削减关税和其他贸易障碍，取消国际贸易歧视待遇，达到提高生活水平，保证充分就业，保证实际收入和有效需求持续增长，实现世界资源充分利用及发展商品生产与交换，推动国际贸易新秩序建立和发展自由平等的国际贸易等方面起到了巨大的作用。GATs 是乌拉圭回合多边贸易谈判达成的一项新的独立多边贸易协定，在世界贸易组织中与《关税与贸易总协定》和《知识产权协定》的地位是平行的。TRIMs 是乌拉圭回合多边贸易谈判的新议题之一，也是国际社会制定和实施的第一个具有全球性的有关国际直接投资措施方面的协议，对日益繁荣的国际投资与贸易活动产生了重大影响，该协议主要适用于与货物贸易有关的投资措施，能够使由于国际贸易而产生扭曲或限制的投资措施得到改善。TRIPs 为国际知识产权保护确立了新的统一国际标准和准则，有力解决了近年来由于贸易而产生的知识产权侵权问题日益严重、大量侵权产品频繁在世界各地被曝光等热点问题，对国际货物贸易、技术贸易、投资以及各国相关国内立法产生了较大影响。

4. 世界贸易组织争端解决机制

世界贸易组织争端解决机制（the solution mechanism for disputes in WTO）是处理成员方之间贸易争端的一系列办法，以乌拉圭回合通过的《关于争端解决的规则和程序的谅解协议》（*Understanding on Rules and Procedures the Governing Settlement of Disputes*，简称 DSU）为标志，为多边贸易体制运行和世界贸易组织规则有效执行提供了根本保证，在国际司法体制中具有独特和积极的意义。DSU 的特点是：第一，统一了争端处理程序；第二，设立了专门的争端强制管辖机构（DSB），使争端解决专业化和法制化；第三，规定了争端解决的时限；第四，确立了新的否决一致原则；第五，增设了上诉评审程序和上诉机构；第六，引入交叉报复权并加大了裁决执行力度；第七，采用政治说理与法律方法相结合处理纠纷。世界贸易组织争端解决机制的最根本特点是以磋商、斡旋、调解和调停等方式，将政治说理方法与法律方法结合起来，使贸易争端当事方的争端获得满意解决，为合理解决国际贸易争端提供了有力的制度保障，形成了独特的和平解决争端制度，为各国特别是发展中国家化解经济贸易摩擦、维护自身正当权益提供了有效途径。为执行 DSU，世界贸易组织专门成立了争端解决机构（DSB），DSB 在世界贸易组织职能中是与总理事会平行的、以司法为核心的机构。从世界贸易组织成立以来的争端解决实践看，在涉及发展中国家贸易争端中，争端解决机构的裁决都是较为公平合理的。

5. 世界贸易组织的作用与遭遇的困难

世界贸易组织作为具有法人地位的国际组织，不仅解决了货物贸易、服务贸易、与贸易有关的知识产权与投资方面的很多争端，还在维护经济可持续发展原则下实现全球资源最佳配置，努力确保发展中国家尤其是最不发达国家在国际贸易增长中的地位，保护和维护环境，协调国际经济秩序方面起到了重要作用，但运行不久后即出现裂痕，宗旨与现实背离，似乎"陷入了极度困境"（WTO 总干事拉米）[1]，原因主要是：第一，在全球化和贸易自由化进程加快的今天，尽管发达国家与发展中国家间在经济利益竞争中有所妥协，但贫富差距不仅没有缩小反而加大。由于发达国家掌握着技术优势，因而决定了它们在标准制订中的话语权和处于主导地位。第二，世界贸易组织很多规则的实质实际上是发达国家国内贸易规则在国际贸易规则上的延伸，其中最重要的"市场经济地位国"标准搅乱了自由贸易秩序。第三，自 1999 年西雅图会议出现分歧后，世界贸易组织在世界经济中的作用开始降低。2006 年 7 月多哈回合遭受重创，世界贸易组织规则再度失衡。2003 年坎昆会议失败后，很多国家认为在不违背世界贸易组织原则的前提下，建立区域贸易协定（regional trade agreement，简称 RTA）和开展区域合作是对多边合作的补充。第四，金融危机使实体经济遭受冲击，为避免危机深化，各国政府在运用财政金融政策的同时，纷纷重启贸易保护政策，保护国内市场和就业，不仅贸易保护主义再掀高潮，而且形式和手段更趋多样化。第五，经济发展不平衡规律和贸易摩擦永远存在共同作用的结果。目前，世界贸易组织在推动经济全球化和贸易自由化方面的谈判和协调功能面临巨大的困境。

---

[1]　成锋："5 年多哈回合谈判无限期中止"，《中华工商时报》2006 年 7 月 26 日。

（二）国际贸易新格局与新协调机制

1. 区域贸易发展

20 世纪 90 年代后，在经济全球化和贸易自由化浪潮推动下，区域经济合作呈现出强劲发展势头，而世界贸易组织在推动多边体制的同时还确立了RTA 的主导地位，并将其置于多边体制之中。由于 RTA 是一种具有法律效力、贸易自由化程度较高的区域经济合作形式，其核心是通过取消成员之间的贸易壁垒，创造更多的贸易机会，促进商品、服务、资本、技术和人员的自由流动，实现区内经济的共同发展。从历史发展角度看，19 世纪德、奥、英等国家就签订过条约，成立了关税联盟（customs unions）。第二次世界大战后，欧洲经济共同体（EEC）1957 年建立，拉美自由贸易区（LAFTA）1960 年建立，中美洲共同市场（CACM）1960 年建立，都属于 RTA 的初级形式。RTA 的快速发展始于 20 世纪 80 年代，欧洲经济共同体加快了建立单一市场的步伐，最终了成立了欧洲联盟（EU），美国在"美加自由贸易协定"的基础上成立了北美自由贸易区（NAFTA），东南亚国家联盟（ASEAN）在向自由贸易协定方向发展中建立了亚太经合组织（APEC）。到 2000 年，发生在欧盟、北美自由贸易区、东盟自由贸易区、南方共同市场、中欧自由贸易区和安第斯共同体六大区域贸易集团内部的贸易量已占到世界贸易总量的36％左右。截至 2013 年 1 月 10 日，向世界贸易组织通报的 RTA 数量达 546个，其中 354 个已经生效。在这些区域贸易安排中，80％以上是在经济全球化快速发展过程中建立的，目前全球几乎所有的国家都参加了某种 RTA，世界贸易中半数以上是在各种区域贸易安排的成员之间进行的。区域贸易协定和世界贸易组织一起，推动世界投资贸易走向更加自由化，对经济全球化产生着深远的影响。

2. 区域贸易安排

区域贸易是两个或多个国家或地区之间，通过签订双边或多边协定，建立各种区域性贸易安排，其核心是通过取消成员之间的贸易壁垒，创造更多的贸易机会，实现区内经济共同发展。区域贸易安排的基本特征是，这种安排是世界贸易组织最惠国待遇原则的例外，签订协定的成员彼此给予的优惠待遇不必按照世界贸易组织最惠国待遇原则给予区外成员，协定成员之间的排他性安排并不违背世界贸易组织规则。区域贸易安排最重要的成果是在区域内取消关税和非关税措施，成员之间首先可以获得贸易创造效果，彼此贸易交往增加，创造出更多新的贸易机会；其次可以获得贸易转移效果，在区域内部开展贸易的成本将低于同区域外国家开展贸易的成本。成员把以往同区域外国家或地区开展的贸易，转成同区域内的其他成员进行，在贸易创造和贸易转移两种效果作用下，形成参与区域贸易安排的经济合作形式使成员受益，否则将被排斥在外而受损的局面。

3. 区域贸易协定

区域贸易协定指政府间为了达到区域贸易自由化或贸易便利化目标所签署的协定，协定执行多采用自由贸易区和关税同盟形式。区域贸易协定从低级到高级大致有六种形式：特惠贸易安排（preferential trade arrangements）、自由贸易区（free trade zone，简称 FTZ）、关税同盟（customs unions）、共同市场（common market）、经济联盟（economic unions）。目前，绝大多数区域贸易协定主要以自由贸易区方式出现，只有欧盟、南方共同市场等少数区域经济一体化组织在向更高层次发展，但新的区域贸易协定已不是停留在的简单的货物贸易中，而是包括货物贸易、服务贸易、投资、人员流动、货币金融、政府采购、知识产权保护、环境保护、标准化等更多领域在内的经济一体化承诺。世界贸易组织框架下的区域贸易协定正在向区域经济一体化方向发展，一个以区域贸易协定为主体的国际贸易新格局和国际经济协调新局面正在形成。

4. TPP 和 TTIP 构建

TPP 的全称是"跨太平洋伙伴关系协议"（*Trans-Pacific Partnership Agreement*），产生背景主要是囿于全球化受阻而世界经济重心东移，亚太区域战略价值提高，新加坡、新西兰、智利和文莱四国于 2005 年签订建立自由贸易区（free trade area，简称 FTA）的协定（2006 年 5 月生效），其内容涵盖广泛，除对货物贸易、服务贸易自由化以及电子商务交易、竞争、关税手续、投资、贸易技术障碍、卫生植物检疫、政府采购和知识产权保护等都制订了具体条款外，还参照 NAFTA 制定了劳务与环境合作的补充协定，因而被称为综合性的高水平贸易自由化协定。TTIP 的全称是"跨大西洋贸易与投资伙伴协议"（*Transatlantic Trade and Investment Partnership*）。2013 年 2 月 G8 峰会期间，美国总统奥巴马、欧洲理事会主席范龙佩、欧盟委员会主席巴罗佐发表联合声明，宣布美国和欧盟将各自启动必要的内部程序开启 TTIP 谈判，[①] 并打算于 2014 年底前完成谈判。TTIP 的内容和特征是：第一，较之

---

① European Commission，Statement from United States President Barack Obama，European Council President Herman Van Rompuy and European Commission President José Manuel Barroso，Reference：MEMO/13/94，13 Feb. 2013，http：//europa. eu/rapid/press-release _ MEMO-13-94 _ en. htm，16 Feb. 2013.

TPP 谈判规格更高；第二，致力解决与贸易相关的海关和贸易便利、竞争和国有企业、原材料和能源、中小企业和透明度等问题；第三，共同承诺谈判领域将涉及能为彼此带来最大潜在利益所在展开，并为与贸易有关的社会和环境可持续发展共同努力。随着 TPP 和 TTIP 的构建，国际贸易新格局将出现一些新特征：首先，打造了一个以高度自由化为堡垒的市场准入屏障。与以往以通过关税削减推动贸易自由化的 FTA 不同，通过 TPP 和 TTIP，主要发达国家通过统一监管标准，在知识产权、劳工和环境标准、技术标准等方面制定出了符合自身市场规范的更新更高规则，为推动双向互惠的更高规格贸易和投资提供保障条件，构建出有利于发达自由经济体的全球贸易和投资规则。其次，目前 TPP 和 TTIP 涵盖的区域中，跨两洋 39 个国家大多数是发达国家，2011 年经济总量（GDP）占世界的 62%。TPP 和 TTIP 实际上控制和主导了美洲大陆两侧和欧亚大陆的政治经济秩序，在很大程度上已超出经济范畴，成为一些经济发达大国在经济、政治和军事上达到控制全球战略意图的一部分。

（三）国际货币协调

1. 国际货币协调发展

国际货币体系演变历程中，经历了金本位制、布雷顿森林体系。20 世纪 70 年代后，国际货币市场金价跌宕起伏，汇率波动异常，金本位与金汇兑本位制瓦解，布雷顿森林体系确定的固定汇率制度遭到挑战。1973 年，浮动汇率普遍实行，布雷顿森林体系解体，国际社会开始探讨能否建立一种新的国际金融协调机制。国际货币基金组织于 1972 年 7 月成立一个专门委员会，由 11 个主要工业国家和 9 个发展中国家共同组成，具体研究国际货币制度的改革问题。委员会于 1974 的 6 月提出一份"国际货币体系改革纲要"，对黄金、汇率、储备资产、国际收地支调节等问题提出了一些原则性的建议，为以后的货币改革奠定了基础。1976 年 1 月，国际货币基金组织理事会"国际货币制度临时委员会"在牙买加首都金斯敦举行会议，讨论国际货币基金协定的条款，经过激烈的争论，达成了"牙买加协议"。同年 4 月，国际货币基金组织理事会通过了《IMF 协定第二修正案》，从而形成了新的国际货币体系，即牙买加体系（Jamaica System）。

2. 牙买加协议的主要内容

第一，实行浮动汇率制度的改革。牙买加协议正式确认了浮动汇率制的合法化，承认固定汇率制与浮动汇率制并存的局面，成员国可自由选择汇率制度。同时 IMF 继续对各国货币汇率政策实行严格监督，并协调成员国的经济政策，促进金融稳定，缩小汇率波动范围。第二，推行黄金非货币化，协议做出了逐步使黄金退出国际货币的决定，并规定废除黄金条款，取消黄金官价，成员国中央银行可按市价自由进行黄金交易，取消成员国之间以及成员国与 IMF 之间须用黄金清算债权债务的规定，IMF 逐步处理其持有的黄金。第三，增强特别提款权的作用。主要是提高特别提款权的国际储备地位，扩大其在 IMF 一般业务中的使用范围，并适时修订特别提款权的有关条款。第四，增加成员国基金份额。成员国的基金份额从原来的 292 亿特别提款权增加至 390 亿特别提款权，增幅达 33.6%。第五，扩大信贷额度，以增加对发展中国家的融资。

牙买加体系运行后，国际储备呈现多元化局面，美元虽然仍是主导国际货币，但地位明显削弱了，欧元、日元等货币进入国际储备货币体系。在牙买加体系下，浮动汇率制与固定汇率制并存，发达国家多数采取单独浮动或联合浮动，但有的也采取钉住自选的货币篮子，对发展中国家多数是钉住某种国际货币或货币篮子，单独浮动较少。在牙买加体系下，出现了多种渠道国际收支调节局面，包括：第一，各国可以运用国内经济政策调节内外均衡；第二，各国政府可将浮动汇率制度作为解决国际收支不平衡的重要手段；第三，国际货币基金组织贷款能力提高，欧洲货币市场作用加大；第四，国际经济协调能力提高，如以 IMF 为桥梁，各国政府通过磋商，可以就国际金融问题达成共识和谅解，共同维护国际金融形势的稳定与繁荣。

三、G20 与国际经济协调

（一）从 G7 到 G20

20 世纪 70 年代初，西方国家经济形势恶化，先后发生了"美元冲击"、"石油冲击"和世界性经济危机。为了共同研究世界经济形势，协调各国政策，重振西方经济，在法国总统德斯坦的倡议下，法国、美国、联邦德国、日本、英国、意大利六国领导人于 1975 年 11 月在法国巴黎郊外的朗布依埃举行了首次高级经济会议。1976 年 6 月六国领导人在波多黎各首府圣胡安举行第二次会议，加拿大应邀参加，由此形成了七国集团（group of seven，简称 G7），也被称为"西方七国首脑会议"，此后七国首脑会议作为一种制度固定下来，每年一次轮流在各成员国召开。从 1977 年起，欧共体委员会主席也应邀参加会议。1994 年俄罗斯作为正式成员参加 G7 会议政治问题讨论，形成"7+1"机制。1997 年，G7 会议在美国丹佛举行，俄罗斯总统与七国集团首脑以八国集团首脑会议名义共同发表"最后公报"，七国集团首脑会议演变成八国集团首脑会议。1998 年 5 月，在英国伯明翰举行的八国集团首脑会议完成了七国集团向八国集团的正式转变，此后改称八国集团峰会（G8 summit）。2003 年 6 月，在法国举行 G8 会议时，中国被邀请参加。2005 年 7 月，G8 英国峰会着重讨论非洲发展和气候变化等问题，中国、印度、巴西、南非、墨西哥五个发展中大国领导人被邀请参加，G8 开始了与发展中国家的南北领导人对话。

二十国集团（group of 20；简称 G20）的产生根源来自两个渠道：一个渠道是 1997 年亚洲金融危机爆发后，G7 逐渐意识到解决全球性经济金融问题，需要新兴经济体共同参与。1999 年 12 月在 G7 成员基础上，中国、俄罗斯、印度、巴西、墨西哥、韩国、土耳其、印度尼西亚、沙特阿拉伯、阿根廷、南非十一个新兴经济体，以及澳大利亚和作为独立经济实体的欧盟二十个经济体的财政部长和央行行长会议在德国柏林举行，标志着 G20 成立。另一个渠道是在 2003 年 8 月举行的世界贸易组织第五次部长级会议（坎昆会议）上，发布了一份由美国、英国、日本、法国、德国、加拿大、意大利、俄罗斯、澳大利亚、中国、巴西、阿根廷、墨西哥、韩国、印度尼西亚、印度、沙特阿拉伯、南非、土耳其和作为独立经济实体的欧盟二十个经济体签署的关于农产品贸易的共同提案文件，此后二十国集团（G20）概念得到世界公认并作为一个整体开始活动。截至目前，G20 拥有全球 65％的人口、GDP 总量约占全球的 85％，贸易量占全球总量的 80％。作为一种非正式对话机制，G20 的宗旨是推动发达国家与新兴市场国家之间就实质性经济进行讨论和研究，以寻求合作并促进国际金融稳定和经济可持续增长。成立之初，G20 以财政部长和央行行长非正式会议运行，无常设秘书处，主席采取轮换制，会议每年举行一次，通常与 G7 财政部长和央行行长会议相衔接，就一些全球性年度重大经济问题进行评审和提出对策建议。为确保 G20 在国际金融中的地位与影响，国际货币基金组织总裁、世界银行行长以及国际货币金融委员会和发展委员会主席作为特邀代表都参与 G20 年度会议。G20 取代 G8 后，20 国集团财政部长、央行行长和领导人每年召开一次的年度会议制度，即 G20 峰会。G20 形成的国际经济协调机制是以各个国家或地区政府或国际经济组织为主体，在承认世界经济相互依存的前提下，就财政政策、货币政策、汇率政策和贸易政策等宏观经济政策在国家之间展开的磋商协调，在协调中各国可以适当修改现行经济政策，或联合采取干预市场的政策行动。G20 已成为协调各国经济金融政策、维持和促进全球经济增长的主要国际经济金融合作平台和国际经济协调合作框架，成为协调各国经济金融政策的主要机制。

(二) G7 主导的国际经济协调

G7 最初以讨论经济问题为主旨，从 1975 年到 1979 年的五次会议都以经济问题为主要议题，讨论了诸如失业、通货膨胀、能源和贸易等问题，协调了成员国的财政政策、货币政策、汇率政策、贸易政策、金融危机救助贷款和成员国之间的经济关系。20 世纪 80 年代中期后，一方面 G7 国家间经济矛盾加剧，经济方面的协调常难以取得有效结果，加之国际形势的变化和发展，政治问题逐渐成为协调议题；另一方面，G7 成员认识到它们之间宏观经济政策的协调与合作不仅关系到世界经济的稳定和发展，更关系到自身经济的稳定和发展，因为其中一国任何一种宏观经济政策调整都会影响到其他国家经济的稳定增长，因此商定每年就共同关心的各国经济及世界经济中的主要问题进行协商，并从整体上协调共同的和各自的政策，缓解内部矛盾，维护成员国在世界经济和国防政治中的地位，从而使 G7 讨论的议题从成员国经济政策扩展到全球性政治与经济问题。80 年代中期后，G7 开始在首脑会议以外对国际宏观经济政策进行协调，即同时召开财政部长和央行行长会议，这个会议成为 G7 宏观经济政策协调的重要机制，很多重要议题都由财长与央行行长会议通过后，再提交首脑会议签字对外发布。G7 在国际经济政策协调方面发挥了越来越重要的作用，多项国际行动计划均在这一框架内达成，如：在政治领域，20 世纪末 G7 就发动科索沃战争以及相关战争费用分摊达成了一致；在经济领域，著名的广场协议以及对东南亚金融危机的救助也是 G7 的合作成果。G8 成立后，不仅开始了与发展中国家的南北领导人对话，讨论议题也从国际政治经济问题扩展到气候变化、环境保护等更广泛领域。

(三) G20 在金融危机中起到的国际经济政策协调作用

发端于 2007 年的美国次贷危机引发了一场全球金融危机，发达国家经济遭受重创，迫切需要借重新兴经济体力量摆脱危机。危机同时表明，在全球化背景下，难以依靠一个或少数几个发达国家的经济金融力量掌控金融形势，建立一个能够预警和克服全球性金融危机的国际经济协调机制迫在眉睫。危机期间，G20 活动频繁。从 2008 年 10 月到 2010 年 6 月，G20 峰会频繁举行（包括华盛顿峰会、伦敦峰会、匹兹堡峰会和多伦多峰会），成员国就世界经济与金融发展共同关心的问题进行了协调并达成一些共识。实践证明，在全球化和世界经济相互依存日益加深的背景下，国家、地区政府或国际经济组织就财政、货币、汇率、贸易等宏观经济政策广泛开展磋商、协调，将有益于参与协调国家的整体利益趋于最大化，国际经济政策协调正日益向着更深层次发展。金融危机不仅促使各国加强国际合作，采取反危机措施应对经济衰退，而且再次挑战了国际经济政策协调机制。G20 的实践与成果，为国际经济协调发展提供了重要的模式与理论研究参考，将促使国际经济协调研究产生新的突破。

四、低碳经济与《京都议定书》

（一）低碳经济概念

从人类社会经济发展与能源利用方式上看，迄今经历了三个阶段：第一阶段是农业社会，在农业社会人类主要从绿色植物获取碳水化合物中的植物蛋白，从食草动物中获取动物蛋白以维持生命所需的物质与能量，从碳水化合物中的纤维素获得生物能源，所以农业社会是一个原始的低水平二氧化碳排放社会，人类对自然生态系统的影响是有限的。第二阶段是工业社会，工业社会是建立在对化石燃料（能源）勘探、开采、加工、利用基础之上的经济社会，也是基于碳氢化合物使用基础上的高碳经济社会。现代工业文明不仅使人类经济发展方式发生了翻天覆地的变化，而且为人类社会创造了巨大的物质财富。在工业社会中，人类不仅有了火电、石化、钢铁、建材、有色金属等高碳工业，而且将传统的低碳农业也演变成高碳农业。工业社会发展的结果是化石能源的使用规模和速度与二氧化碳排放量的增长呈线性相关，并正在影响着地球自然生态系统的内在平衡性。第三阶段，工业社会进步以大量消耗化石能源为代价，在化石能源稀缺性和不可再生性不断向工业文明提出挑战的同时，人类还面临着二氧化碳排放超量、全球气候暖化等一系列生态问题。基于此现状，削减二氧化碳排放量、寻求开发可再生能源基础之上的低碳经济已成为 21 世纪世界各国的共识。未来社会将从高碳经济向低碳经济转型，除了提高化石能源的使用效率外，更重要的是开发可再生能源，如太阳能、风能、生物质能、潮汐能等。

最早提出"低碳经济"（low-carbon economy）概念的是 2003 年英国政府发布的能源白皮书《我们能源的未来：创建低碳经济》。在这份文件中，英国充分意识到能源安全和气候变化的威胁，认为英国正从自给自足的能源供应走向主要依靠进口的时代。按当时的消费模式，预计到 2020 年英国 80% 的能源都必须进口，同时气候变化的影响也迫在眉睫。2006 年，前世界银行首席经济学家尼古拉斯·斯特恩在其负责撰写的《斯特恩报告》中呼吁全球向低碳经济转型。2007 年美国参议院提出了《低碳经济法案》，认为低碳经济发展道路有望成为美国未来的重要战略选择。2008 年，联合国环境规划署将 6 月 5 日的"世界环境日"主题确定为"转变传统观念，推行低碳经济"。

低碳经济的特征是以减少温室气体排放为目标，构筑低能耗、低污染为基础的经济发展体系，包括低碳能源系统、低碳技术和低碳产业体系。低碳能源系统指通过发展清洁能源，包括风能、太阳能、核能、地热能和生物质能等来替代煤、石油等化石能源以减少二氧化碳排放。低碳技术包括清洁煤技术和二氧化碳捕捉及储存技术等。低碳产业体系包括火电减排、新能源汽车、节能建筑、工业节能与减排、循环经济、资源回收、环保设备、节能材料等。低碳经济的起点是统计碳源和碳足迹，其基点是：第一，包括生产、交换、分配、消费在内的社会再生产全过程实现低碳化，将二氧化碳排放量尽可能减少到最低限度乃至零排放，获得最大的生态经济效益；第二，包括生产、交换、分配、消费在内的社会再生产全过程的能源消费生态化，形成低碳能源和无碳能源的国民经济体系，保证生态经济社会有机整体的清洁发展、绿色发展和可持续发展。

（二）《京都议定书》与"巴厘岛路线图"

为了人类免受气候变暖的威胁，以低能耗、低污染为基础的"低碳经济"全球协调从 20 世纪 90 年代就已开始。1997 年 12 月，《联合国气候变化框架公约》（简称《公约》）第三次缔约方大会在日本京都举行，149 个国家和地区的代表通过了旨在限制发达国家温室气体排放量以抑制全球变暖的《京都议定书》（简称《议定书》）。《议定书》作为《公约》的补充，不仅鼓励发达国家减排，而且强制要求发达国家减排，具有法律约束力。《议定书》规定了 6 种需要减排的温室气体（即二氧化碳、甲烷、氧化亚氮、六氟化硫、氢氟碳化物和全氟化碳），对 2008 年到 2012 年第一承诺期发达国家的减排目标做出了具体规定，即整体而言发达国家温室气体排放量要在 1990 年的基础上平均减少 5.2%。但对不同国家的具体要求有所不同（如欧盟作为整体要将温室气体排放量削减 8%，日本和加拿大各削减 6%，美国削减 7%）。《议定书》建立了旨在减排温室气体的三个灵活合作机制，即国际排放贸易机制、联合履行机制和清洁发展机制。《议定书》允许采取四种减排方式：第一，两个发达国家之间可以进行排放额度买卖的"排放权交易"，即难以完成削减任务的国家，可以花钱从超额完成任务的国家买进超出的额度。第二，以"净排放量"计算温室气体排放量，即从本国实际排放量中扣除森林所吸收的二氧化碳的数量。第三，可以采用绿色开发机制，促使发达国家和发展中国家共同减排温室气体。第四，可以采用"集团方式"，即欧盟内部的许多国家可视为一个整体，采取有的国家削减、有的国家增加的方法，在总体上完成减排任务。《议定书》需要占 1990 年全球温室气体排放量 55% 以上的至少 55 个国家和地区批准之后才能成为具有法律约束力的国际公约。中国于 1998 年 5 月签署并于 2002 年 8 月核准，欧盟及其成员国于 2002 年 5 月予以正式批准。《议定书》于 2005 年 2 月生效。截至 2009 年 12 月，已有 184 个《公约》缔约方签署，但美国政府于 2001 年 3 月宣布退出。

2005 年，为制定 2012 年之后发达国家的减排目标，在加拿大蒙特利尔举行的联合国气候谈判决定设立承诺特设工作组。2007 年 12 月，联合国气候变化大会在印尼巴厘岛举行，15 日正式通过一项决议，决定在 2009 年前就应对气候变化问题新的安排举行谈判，制订了应对气候变化的"巴厘岛路线图"。该"路线图"为 2009 年前应对气候变化谈判的关键议题确立了明确议程，要求发达国家在 2020 年前将温室气体减排 25％至 40％。截至目前，美国承诺至 2020 年温室气体排放量在 2005 年的基础上减少 17％，到 2025 年减排 30％，2030 年减排 42％；欧盟承诺在世界主要国家签署减排目标行动方案条件下，2020 年前温室气体排放量从 20％削减到 30％，并将在 2050 年前削减温室气体排放 80％～95％；俄罗斯承诺 2020 年前将温室气体排放量在 1990 年的基础上减少 25％；法国表示将努力在 2050 年前使工业化国家的排放水平比 1990 年减少 50％；加拿大表示到 2020 年将在 1990 年基础上减少约 2％的温室气体排放；印度表示将于 2020 年前实现在 2005 年温室气体排放量的基础上减少 20％～25％的目标，到 2030 年进一步实现在 2005 年基础上减排 37％的目标。"巴厘岛路线图"为全球进一步迈向低碳经济起到了积极的作用，具有里程碑意义。2009 年 9 月，胡锦涛主席在联合国气候变化峰会上承诺，"中国将进一步把应对气候变化纳入经济社会发展规划，并继续采取强有力的措施，争取到 2020 年单位国内生产总值二氧化碳排放比 2005 年有显著下降，争取到 2020 年非化石能源占一次能源消费比重 15％左右"，同时中国政府也已将到 2020 年单位 GDP 碳排放比 2005 年下降 40％～45％作为约束性指标纳入国民经济和社会发展中长期规划。"巴厘岛路线图"为全球进一步迈向低碳经济起到了积极的作用，具有里程碑意义。

2008 年，在日本北海道举行的 G8 峰会上，八国表示将寻求与《联合国气候变化框架公约》的其他签约方一道共同达成到 2050 年把全球温室气体排放减少 50％的长期目标。2009 年哥本哈根气候变化会议召开，标志着一个以低能耗、低污染、低排放为基础的经济模式即发展"低碳经济"已成为世界各国的共识，一个全球性"低碳经济"时代已经开始。"低碳经济"不仅逐步成为全球意识形态和国际主流价值观，由此而开展的国际经济政策协调以其独特的优势和巨大的潜力也将成为世界经济发展的热点。

本章小结

国际经济协调是指各个国家、地区政府或国际经济组织，在承认世界经济相互依存的前提下，就财政、货币、汇率、贸易等宏观经济政策在有关国家之间展开磋商、协调，或适当修改现行的经济政策，或联合采取干预市场的政策行动，以减缓各种突发事件和经济危机带来的冲击，维持和促进各国经济的稳定增长。在经济全球化作用日益加强、区域经济一体化速度加快背景下，不仅很多国家在货币政策、财政政策和汇率政策等方面进行双边和多边协调，国际经济组织的协调作用亦日益增强，其中 G20 发挥了重要作用。

关键名词或概念

1. 国际经济协调（international economic coordination）
2. 4C 规律（国际经济竞争 competition，国际经济矛盾 contradiction，国际经济协调 coordination，国际经济合作 cooperation）
3. 世界贸易组织（World Trade Organization，WTO）
4. 跨太平洋伙伴关系协议（Trans-Pacific Partnership Agreement，TPP）
5. 20 国集团（group of 20，G20）
6. 低碳经济（low-carbon economy）

拓展阅读

世界贸易组织为全球经济决策更趋协调做出贡献的宣言

发布日期：1994 年 4 月 15 日，执行日期：1994 年 4 月 15 日

1. 部长们认识到世界经济的全球化已导致各个国家所执行的经济政策之间，包括结构、宏观经济、贸易、财政和发展方面的经济政策制定之间相互作用的不断增长。协调这些政策的任务首先落在国家一级的政府身上，然而在国际上的协调一致是增强这些国家一级政策有效性的一个重要的有重大价值的环节。乌拉圭回合达成的协议表明，所有参加国政府均认识到自由贸易政策对本国经济以及作为一个整体的世界经济的健康成长和发展所能够做出的贡献。

2. 经济政策在每一个领域中的成功合作促成了其他领域的进步。汇率在更加有秩序的经济和财政条件基础上更加稳定，应有助于贸易的扩大、持续的发展和增长，以及对外不平衡的纠正。还存在使优惠和非优惠的财政资源

与实际投资充分适时地流入发展中国家以及对处理其债务问题、帮助确保经济增长和发展做出进一步努力的需要。贸易自由化已成为许多国家正在进行的调整计划成就中的一个日益重要的部分，而且往往包括过渡期的重要社会成本。就此而论，部长们注意到世界银行和国际货币基金组织在支持适应贸易自由化中的作用，包括扶持由于农产品贸易改革而造成的短期成本上升的粮食净进口发展中国家。

3. 乌拉圭回合的积极成果是对更趋协调和更加相互依赖的国际经济政策的一个重大贡献。乌拉圭回合的结果既确保了进行贸易所需的被强化了的多边纪律框架，也确保了对所有国家有利的市场准入的扩大。它们也保证了对贸易政策的处理将以更加透明的方式并本着公开的贸易环境对国内竞争力有效的清醒认识来进行。乌拉圭回合中出现的被强化了的世界贸易体制有能力为自由化提供一个更加完善的场所，有能力促成更有益的监督并确保多边已达成一致的规则和纪律得到严格遵守。诸多的改进意味着今后在促使全球经济政策制定的协调中，贸易政策能起到更富实质性的作用。

4. 然而，部长们认识到那些源于贸易领域之外的种种困难不能单靠在贸易领域采取的措施来补救。这就强调了为更有效地落实乌拉圭回合所取得的成果而做出改进全球经济政策制定中其他环节努力的重要性。

5. 经济政策不同方面的内在联系要求在每一个领域负有责任的国际机构执行一致的相互支持的政策。因此，世界贸易组织应在尊重授权、保密要求和每个机构在决策程度中必不可少的自治权，以及避免给各国政府强加交叉制约或额外条件的同时，寻求和发展与负责货币和财政事务的国际组织之间的合作。为了使全球经济政策的制定更趋协调，部长们还请世界贸易组织总干事与国际货币基金组织常务董事和世界银行行长一起对世界贸易组织与布雷顿森林各机构的合作可能采取的形式以及世界贸易组织对这种合作所负之责的意义进行评议。①

简答题

1. 什么是国际经济协调？国际经济协调包括哪些基本内容？
2. 国际经济协调理论有哪些？
3. 如何看待世界贸易组织的国际经济协调作用？
4. 如何看待G20在与国际经济政策协调中的地位和作用？

---

① 资料来源：世界贸易组织WTO网站。

第四章 国际投资合作

本章导读

国际资本运动是当今世界经济发展中最活跃、最引人注目的因素，在经济全球化加速发展的背景下，以资本要素引领并综合国际商品贸易、技术转让、工程承包等多种形式的国际经济合作活动日趋频繁、日益扩大，成为世界经济发展的主导力量。20世纪60年代以来，国际经济学理论界研究国际投资形成了各式各样的学说或理论。按照国际资本运动概念区分国际投资合作，包括国际直接投资、国际间接投资和国际发展援助，国际直接投资是国际经济合作的重要内容之一。

学习目标

通过本章学习，主要了解国际投资基本概念、国际投资主要理论、国际投资发展动态，掌握国际投资合作方式。

第一节 国际投资基本概念

一、国际投资基本概念

(一) 国际资本运动

资本（capital）从本质上看是无差异人类一般劳动成果的生成、凝结和节约，从形态上看，表现为一定数量的物质或货币。国际资本由国内资本转化而来，当一国生产或流通中出现剩余资本而跨出国界时，就成为国际资本的一个组成部分，整个世界资本由各个国家的国内资本和由国内资本流出部分形成的国际资本两部分构成。国际资本运动（international capital movement）是指一个国家（或地区）的政府、企业或个人与另一个国家（或地区）的政府、企业或个人之间以及国际金融机构之间资本的流出和流入。国际资本运动的资本流出（capital outflows）是指本国资本流至外国，即本国对外输出资本；资本流入（capital inflows）是指外国资本流入本国，即本国输入资本。从国际资本运动的类型看，分为长期资本运动和短期资本运动；从资本运动的性质看，有政府间和私人间的资本运动；从资本运动方式看，有直接投资、间接投资和国际信贷等。

资本属于生产要素，也是生产诸要素中最活跃的要素，所以国际资本运动是国际经济合作的基本内容之一。国际资本运动既可以是货币资金的国际转移，也可以是物质资本的国际转移（但在统计和会计账目上，物质资本必须以货币价值来计算）。广义的国际资本运动，除上述内容外，还包括资本的国际无偿转移，如国际发展援助中的多边和双边赠与。① 正是由于资本在国际的转移，才构成了国际投资的基础，国际投资属于国际资本运动的范畴。

（二）国际投资

国际投资（international investment）是国家间发生的投资行为，或者说是一国的个人、企业、政府对他国进行的跨国界投资。政府通过国际投资，可以改善政治外交关系。政府参与国际投资，通常与国际发展援助联系在一起，个人或企业通过国际投资，可以获得较国内投资更高的经济效益。国际投资的根本属性来自于资本的趋利性，但在实际运作中比国内投资要复杂得多。在国际投资中，资本输出的一方称为投资者、投资国、输出国等。吸收资本的一方称为东道国、引进方、输入国等。与国内投资相比，国际投资的最基本特征是其"跨国性"，具体体现在以下几个方面：

1. 国际投资目的多元化。

与国内投资一样，国际投资的根本目的是为了获利。在此根本目的之下，国际投资的目的呈现多元化特点，如有些国际投资项目本身并不赢利，或暂时不能赢利，但投资者出于其他考虑，如改善投资国与东道国的双边经济关系、政治关系，开拓东道国市场，为投资者得到其他更大的投资机会做铺垫等，国际投资仍然需要进行，所以一项国际投资通常可以有多个目标。

2. 国际投资体现国家与民族利益

虽然进行国际投资的主体主要是个人或单个的企业，但对东道国来说，这些投资者却是来自"异己"的民族或国家。不论具体的投资项目本身动机如何，获利与否，对于投资者和东道国来说，都代表了各自的民族或国家利

---

① "赠与"英文意为 give property to others gratuitously，法律意义指赠与人将自己的财产无偿给予受赠人、受赠人表示接受的一种行为。在国际发展援助中，为解决一些国家遇到的紧急困难，如地震等重大灾害，授援国可提供一些无偿的物资或现汇援助，即赠与。

益。所以，国际投资既是在双方利益一致前提下发生的跨国性经济活动，又包含着一些双方民族或国家利益的矛盾冲突，这些矛盾冲突有时甚至决定着投资的成败与否。

3. 国际投资所使用的货币既单一化又多元化

所谓投资货币单一化，是指按照惯例，世界上大多数国家在吸引国际投资时，均以美元计算。投资货币多元化是指除美元外，一些国家在吸引国际投资时，还允许使用国际货币市场上可以自由兑换的货币，如英镑、瑞士法郎、马克、日元等。

4. 国际投资环境存在着差异性

在国际投资过程中，投资者面临的东道国投资环境与一般国内投资者的投资环境迥然不同。除自然环境外，影响国际投资环境的其他因素，如政治、经济、法律、文化以及社会习俗等，都与投资者母国有着很大的差异，因而构成了国际投资环境的复杂性。

5. 与国内投资相比，国际投资具有更大的风险性

从上述国际投资的各种特征可以看出，国际投资在获得较大利益的同时，也具有更大的风险。例如，到国外投资，首先面临着外汇风险，由于东道国的国际收支恶化而引起的进出口限制或资金汇出入限制，或汇率变化，都有可能使投资者遭受外汇损失；其次要承受政治风险，由于东道国的民族主义倾向加强或政局变动，政府首脑更迭或政策剧变，都有可能对外国投资企业实行国有化或强行征收。因此，国际投资强调双边国家的批准和法律保护，也强调遵守国际惯例和有关国际条约（如双边互相保护投资协定）的规定。

二、国际投资分类

按照不同的区分标准，国际投资可以有不同的分类。

（一）按投资期限分类

按照投资期限长短的不同，国际投资可以分为长期投资（long-term investment）和短期投资（short-term investment）。长期投资一般是指投资期限在 5 年以上的投资，短期投资大多是投资期限在 5 年以下的投资。

（二）按资本来源及投资用途分类

按照资本来源及用途的不同，国际投资包括政府投资（government investment）和私人投资（private investment）。政府投资通常是指由一国政府或由政府通过国际组织用于国际社会或某一具体东道国社会公共利益而做出的投资，这种投资带有一定的国际经济援助的性质，如投资国政府为东道国

兴建机场、铁路、公路等基础设施，或兴建体育场所等文化设施，世界银行或联合国筹资机构向某国提供贷款用于支持农牧业、教育发展等。[①] 私人投资一般指一国的个人或企业以营利为目的而对东道国经济活动进行的投资，主要表现为国际直接投资。

（三）按投资性质分类

按照投资性质的不同，国际投资可以分为国际直接投资（international direct investment）和国际间接投资（international indirect investment）。国际直接投资指一国的自然人、法人或其他经济组织单独或共同出资，在其他国家的境内创立新企业，或增加资本扩展原有企业，或收购现有企业，并且拥有有效控制权的投资行为。国际直接投资经常被称为对外直接投资，即通常所说的 FDI（foreign direct investment）。国际直接投资不同于其他投资方式的是，在资本移动形式上，国际直接投资已不是单纯货币资本的转移，而是货币、技术、设备、经营管理知识和经验等经营资源的一揽子组合转移。在当今国际直接投资多元化和对流趋势日益强化的情况下，许多国家将国际直接投资看做是发展经济和技术合作的一种重要方式。就产品生产和经营关联性看，国际直接投资有横向投资、纵向投资和混合投资三种基本类型。从投资动机角度看，国际直接投资包括自然资源导向型、市场导向型、劳动力导向型、知识导向型、风险分散型、出口带动型等多种具体形态。

国际间接投资指以资本增值为目的，以取得利息或股息等形式，以被投资国的证券为对象的跨国投资。国际间接投资者并不直接参与国外企业的经营管理活动，其投资活动主要通过国际资本市场（或国际金融证券市场）进行。国际间接投资又称为对外间接投资（foreign indirect investment）。

三、与国际投资相关的基本概念

（一）国际资本运动与国际投资

国际资本运动是资本在国际的转移，国际资本运动包含的内容比较广泛，资本在国际的转移构成了国际投资的基础，从概念上看，两者之间有着严格的区别。国际资本运动是从一国与他国的资金往来角度划分的，它的具体内容中既包括了以营利为目的的国际投资，也包括带有资金融通性质的其他非投资内容，如一国从另一国得到长期贷款，但并不一定从贷款国或其他国家

[①]　政府投资用于国际发展援助内容详见本书第五章《国际发展援助》。

进口生产资料，也可以用借来的资金进口消费品，这就没有成为真正意义上的国际投资，其他类似的情况还有国际发展援助，它属于国际资本运动，但不属于国际投资。国际投资是国际资本运动的主要表现形式，其本质特征在于它的营利性。

（二）资本输出与国际投资

资本输出是一国政府或企业为了获取高额利润（或利息）和对外扩张而在国外进行投资或贷款。资本输出一般指垄断资本主义国家，将其过剩资本输出到落后殖民地国家，带有明显的不平等性质和单向性，国际投资则以国家主权为前提。投资者到东道国投资首先必须尊重东道国国家主权，在东道国法制规范下进行投资活动。参与国际投资活动的各方具有互利性。

（三）国际贸易与国际投资

国际贸易是不同国家或地区之间的商品和劳务交换活动，国际贸易形成的基本条件，一是社会生产力的发展；二是国家的形成，当社会生产力发展产生出用于交换的剩余商品在国与国之间流通就产生了国际贸易。国际投资是在资本主义生产方式完成后才出现的，是国际货币资本和产业资本的跨国流动，其活动强调价值增值。通过国际投资，既可以引起购买力向他国转移，带动本国商品的出口，还可以绕过贸易壁垒，促进本国商品输出。

（四）国际金融与国际投资

国际金融研究国际货币金融关系及其规律，国际金融活动是国家间的货币转移，既包括国际投资活动引起的资本运动，又包括非投资活动引起的货币转移。国际投资研究政府或企业的投资、融资及资金运用方法及其规律。国际投资活动除直接引起货币资产的转移外还引起生产要素的转移（如技术、劳动力等）。国际金融与国际投资都涉及国际资本运动，国际金融活动直接改变利率与汇率，国际投资活动则受利率与汇率变动的影响。

四、国际投资发展简况

（一）国际投资起源和发展

国际投资是商品经济发展到一定阶段的产物，并随着国际资本的发展而发展。工场手工业的发展为对外贸易繁荣准备了条件，商业繁荣导致市场竞争加剧，驱使商人们去寻找新的原料供应地和新的外部世界市场。当商品经济发展到资本主义社会以后，银行资本与生产资本相融合并日益发展，促进了资本积累进一步扩大，并形成了规模庞大的金融资本，出现了大量的资本过剩，以资本输出为早期形态的国际投资也随之产生。但以营利为首要目的的国际投资活动是近代生产国际化的产物，并随着生产国际化程度的提高而呈现出不断快速发展的趋势。

从国际资本运动的历史进程看，国际投资活动首先表现为货币资本的运动，即以国际借贷、国际证券投资为主要形式的国际间接投资，其标志是跨国银行的出现；其次表现为生产资本的运动，即国际直接投资，其标志是跨国公司的出现。1870 年到 1914 年是国际投资的初始阶段，在这一阶段，以电力革命为标志的第二次科技革命推动生产力快速发展，国际分工体系和国际垄断组织开始形成，银行资本和产业资本相互渗透融合的金融资本为资本输出提供了条件，以资本输出为特征的国际投资随之形成，但这一时期国际投资数目较少并以间接投资为主，投资来源主要是私人资本，官方投资比重很低，投资流向主要由英、法、德国流向其殖民地国家，目的突出反映为寻找有利的投资场所和获得超额利润。1914 年到 1945 年是国际投资的低速徘徊阶段，这一阶段世界经历了两次世界大战和 20 世纪 30 年代的大危机，主要国家都受到不同程度的破坏，市场萎缩和资金短缺，国际资本运动处于不活跃之中，但这一阶段官方投资和直接投资比重开始上升，主要资本输出国地位发生变化，美国取代英国成为最大的对外投资国。1946 年到 1979 年是国际投资的恢复增长阶段，以战后美国"马歇尔计划"（1947）实施为标志，大规模的国际资本运动拉开了序幕。在第三次科技革命促进下，国际投资活动迅速恢复并快速增长，这一阶段的特点是：第一，投资规模迅速扩张；第二，对外投资方式由以间接投资为主转变为以直接投资为主；第三，发展中国家开始加入到国际投资行列中，石油美元成为国际投资的重要资金来源。1980 年以后国际投资进入迅猛发展阶段，在新技术革命、金融改革（自由化）和跨国公司全球化经营等多个因素共同作用下，国际投资蓬勃发展，成为世界经济发展中最为活跃的因素。与此同时，发达国家间相互投资成为国际投资的主流趋势，美国、日本、西欧三足鼎立的投资格局形成。

（二）经济全球化趋势下的国际投资新特征

20 世纪 80 年代以后，以计算机信息技术为代表的世界新技术革命，推动了世界经济结构大调整，生产国际化程度不断提高，国际投资出现了以往任何一个时期都不能比拟的发展速度与规模扩大，在投资流向、投资方式以及投资的产业部门与结构等方面出现了一系列新特点：第一，经济全球化扩大了国际资本流动的范围和规模。随着金融创新与生物、信息和计算机技术创新的结合，金融一体化趋势加快，金融创新竞争和巨额资本流动发展成为影响国际经济环境变化的重要因素，国际直接投资规模迅速扩大。第二，国际投资区域流向发生变化，发达国家在国际投资活动中仍占主导地位，但这一时期，绝大多数发展中国家经济发生了很大变化，很多国家加大了对外开放程度，更加注重引进外国资本发展本国经济，外国投资成为许多发展中国家外来资本的主要来源。此间不仅美国重新成为投资大国，发展中国家吸引外资加快，中国成为世界上第二大引资国，亚太地区和拉美、加勒比地区成为发展中国家中吸收外国直接投资的主要地区，发展中国家在吸收国际投资的同时，随着自身经济的增长，也积极地发展对外投资，成为国际投资活动中越来越活跃的角色。第三，国际投资产业流向发生变化，主要集中在制造业、服务业等高新技术产业部门。第四，跨国公司为争夺科技制高点和海外市场成为国际投资主体，跨国并购成为当代国际资本运动的主要形式，跨国公司对世界经济技术的控制不断加强。第五，国际资本流动性、投机性空前提高，1997—1998 年的亚洲金融危机就是最好的证明。第六，国家集团竞争加剧，在经济区域化、集团化成为经济全球化趋势重要组成部分的同时，也加剧了大国在区域集团中的主导地位，促使世界格局多极化发展和竞争的加剧。随着区域化、集团化的多极化发展，深化了国际分工合作，但也导致各国竞争加剧，不同国家为了在国际竞争中处于有利地位，力争国家联合，又进一步加深区域化、集团化发展，进而影响世界经济。

受金融危机和经济衰退影响，2008 年国际投资格局发生了一些变化：一方面流入发展中国家的外国直接投资持续上升，亚洲、非洲、拉丁美洲吸收外国直接投资达到了历史最高水平，中国成为全球第三大外国直接投资目的地；另一方面，发达国家外国直接投资流入量出现大幅度下滑，全球范围内爆发了跨国公司撤资潮，并购大幅度下降。到 2012 年，主要经济体经济复苏仍显脆弱性和不确定性，外国直接投资复苏势头疲软，当年全球外国直接投资下降 18%，只有 1.35 万亿美元。但在全球外国直接投资增长出现反复的过程中，发展中国家吸引外国直接外资走在了前面，当年发展中国家吸收的直接外资有史以来首次超过发达国家，占全球直接外资流量的 52%；在对外投资方面，发展中经济体也占了全球近 1/3，继续了稳步上升的趋势。① 2013年，国际投资开始恢复上升趋势。全球外国直接投资流入增长了 9%，达到 1.45 万亿美元。当年各主要经济体，包括发达经济体、发展中经济体和转型经济体外国直接投资流入均有所增长，其突出特点是：第一，发展中经济体保持领先趋势，外国直接投资流入达到 7780 亿美元，占全球外国直接投资流

---

① "2013 世界投资报告"，2013 年 6 月 27 日，人民网。

入量的 54%，亚洲继续成为外国直接投资流入量最多的区域，显著高于欧盟等传统地区。2013 年，发展中国家和转型经济体占世界前 20 位最大外国直接投资流入国的一半。中国流入达到了历史新高，并继续成为世界第二大输入国。第二，发展中国家跨国公司对外投资创造历史新高，达到 4540 亿美元，如果包括转型经济体，则占全球外国直接投资流出总量的 39%，这一比重在 20 世纪初仅为 12%，六个发展中经济体和转型经济体成为 2013 年全球前 20 位最大投资国。与此同时，发展中国家的跨国公司还在不断收购发达国家跨国公司在发展中国家的分支机构。第三，大型区域组织外国直接投资流入出现增长势头，如 APEC 成员国占全球外国直接投资流入的份额从危机前的 37% 增长到 54%，当年流入到东盟（ASEAN）和南方共同市场（MERCO-SUR）的份额是危机前的两倍。据联合国贸发会议预测，全球外国直接投资流量在 2014 年、2015 年、2016 年都将有不同速度的增长。[①]

第二节　国际投资理论

一、国际投资与生产要素国际移动

（一）资本要素国际移动

传统国际贸易理论是建立在生产要素在国内可以自由流动，而在国际则是完全不流动前提下的。日本经济学家小岛清曾指出，国际分工和贸易是在生产要素不发生国际流动和不完全竞争的条件下，通过商品的国际自由流动来合理利用世界资源的最好方法；而劳动和资本在国际的自由流动是更直接的完全竞争的合理利用世界资源的最好方法，资本要素在国际的移动构成了国际投资的基础。首先，资本是基本的生产要素之一。从狭义角度看，资本与劳动、土地等要素一样，是生产最终消费品的元素；从广义角度来看资本，可以将人类社会生产除人以外的一切元素都称为资本，也就是说，既有实物形态的实物资本，也有非实物形态的无形资本（或称无形资产）。资本要素的国际移动是从生产力的国际化发展的角度提出来的，在国际投资中，资本要素是指那些通过直接或间接形式投入最终产品和劳务生产过程的中间产品和金融性资产。其次，资本要素国际移动是生产力发展、生产社会化的必然要求。传统的国际贸易理论认为生产要素在国内自由流动而在国际完全不流动

---

① "2014 世界投资报告" 2014 年 09 月 10 日，科技日报。

的假定，不仅是"绝对利益说"、"比较利益说"等国际贸易理论逻辑推理的需要，也符合第二次世界大战以前的基本现实。第二次世界大战前的资本主义宗主国对殖民地、半殖民地存在着大量的资本输出，但这时的资本输出与国际投资有着根本的区别：资本输出是资本主义生产关系的输出，是以国家主权丧失为前提的资本主义宗主国与殖民地、半殖民地之间剥削与被剥削关系的体现。国际投资是生产力发展所要求的生产要素流动的客观表现形式，国际投资的资本输出国与东道国以国家主权为前提开展合作。正是因为第二次世界大战改变了世界政治格局，加上战后科学技术水平的飞跃发展，导致社会生产力的极大发展，从而在社会生产体系内部产生了打破国界进行生产要素国际重新配置的要求，使投资活动跨越国界成为国际经济生活的普遍性现象。以主权、平等、互利为基本原则的国际投资取代了以剥削关系为特征的资本输出，使当代国际投资成为以资本生产要素运动为媒介并带动劳动力、土地、技术等其他要素在国际的综合移动，实现生产要素在世界范围内的重新组合与配置。通过国际投资实现的生产要素重新组合与配置，可以提高要素产出率，提高劳动生产率，推动资本输出国与引进国（东道国）的经济发展。国际投资对于国际分工深化和区域经济一体化、集团化，以及促进世界经济发展所发挥的作用是其他国际经济交往方式所无法替代的。在当今世界经济中，国际资本运动总量早已超过国际贸易交易总量，国际资本运动已成为生产要素国际运动最活跃的因素。

（二）资本要素国际移动记账方法

资本要素在当今国际经济交往中的频繁大量运动，具体体现在各国国际收支平衡表的资本项目统计中。资本项目以货币表示国际债权债务的变动，包括一国所有对外资产与对外负债增减的交易。当两个国家间发生资本输出和输入活动时，投资方为对外投资或资本输出，在其国际收支平衡表上记入借方（debit），亦称付方或负号项目（minus items）；借入方为外资引进或资本输入，在其国际收支平衡表上记入贷方（credit），亦称收方或正号项目（plus items）。

在国际收支平衡表的资本项目中，把资本要素的国际移动区分为短期资本（short-term capital）和长期资本（long-term capital）。短期资本和长期资本的区分标准以 1 年期为限，借出与收入的回流期限在 1 年以内的资本运动为短期资本运动。短期资本包括：暂时周转用的相互借贷、国际存款。购买 1 年内到期的汇票及证券等，短期资本国际移动的实际运作过程比较复杂，一般来说，影响短期资本移动的因素主要是利息率差额和汇率变动。通常情况下，短期资本从低利率国向高利率国流动的，但在国内政局不稳的情况下，也可能发生短期资本从利率较高而政局动荡大的国家流向利率较低而政局稳定的国家。长期资本是指借贷期限在 1 年以上的资本运动，或者说是指回收期在 1 年以上的资本，长期资本国际运动采取国际直接投资和国际间接投资两种形态。

二、基于经济学的国际投资理论

（一）马克思、列宁的国际投资理论

马克思、列宁关于剩余资本输出的论述，可以看做是其国际投资理论，这一理论是建立在辩证唯物主义和历史唯物主义基础上的，是政治经济学关于世界经济学的核心部分，也是研究马克思主义资本输出或国际投资问题的重要理论依据。

马克思认为资本过剩同生产过剩、相对人口过剩一样，是资本积累的一般规律作用的必然结果。在资本主义制度下，一方面是生产和资本积累不断扩大；另一方面是大量失业人口找不到工作，人民群众有支付能力的需求相对缩小，结果造成相对人口过剩和生产过剩。而资本过剩是由引起相对过剩人口的同一些情况产生的，因而是相对过剩人口的补充现象。马克思指出，如果资本输往国外，并不是因为它在国内已经绝对不能使用，而是因为它在国外能够按更高的利润率来使用。由此可见，过剩资本是资本输出的物质基础和必要前提，而资本输出则是过剩资本的一条重要出路。[①]

列宁进一步发展了马克思的关于过剩资本的理论。列宁指出，国家垄断和国际垄断的发展，加速了生产集中和资本的积累，也加速了过剩资本的形成。帝国主义阶段的一个重要现象是工业资本和银行资本的相互融合与相互渗透，从而形成一种新的资本形式——金融资本。金融资本作为万能垄断者，一方面加剧资本主义国家的固有矛盾；另一方面形成更大规模的过剩资本，使资本输出在更大范围内展开活动，从而推动了世界范围内的国际生产关系和经济关系进一步发展。

（二）"两缺口模型"

1. "两缺口模型"的提出

"两缺口模型"（two gaps model）是发展经济学家 H. 钱迪里和 A. 斯特劳特在其 1966 年发表的《国外援助和经济发展》一文中提出的。他们从发展援助的角度入手，认为对于发展中国家来说，接受外援如同利用外资一样，

---

① 参见《资本论》第 3 卷，人民出版社，1975 年版。

最终能够直接或间接导致发展中国家国内投资和出口增加，在一定程度上有助于弥补发展中国家的外汇缺口、储蓄缺口和技术缺口，"两缺口模型"曾经是所有发展中国家利用外资的主要和基本的理论依据。

2. "两缺口模型"的经济学内容

"两缺口模型"分析源自于宏观经济学，根据宏观经济分析，在一个开放经济的国民收入均衡模型中，从总供给角度看有：

总供给＝各种生产要素的供给＋政府的供给＋国外生产要素的供给

即：AS＝C＋S＋T＋M（式中 AS 为 aggregate supply，C 为 consumption，S 为 saving，T 为 tax，M 为 import）。

从总需求角度看有：

总需求＝消费需求＋投资需求＋政府需求＋国外需求

即：AD＝C＋I＋G＋X（式中 AD 为 aggregate demand，I 为 investment，G 为 government，X 为 export）。

国民收入均衡条件是：总供给＝总需求，或：AS＝AD

这个条件可以写为：C＋S＋T＋M＝C＋I＋G＋X

两边同时消去 C，则可得出：S＋T＋M＝I＋G＋X，

假定政府收支相等，有：T＝G；等式成为：S＋M＝I＋X，

移项成为：S－I＝X－M，即为两缺口模型。

在该等式左边有 S－I，是投资储蓄差，右边有 X－M，是进出口差，它说明在一个国家的经济发展过程中，如果国内存在着投资储蓄差，且投资＜储蓄，有投资不足，存在投资缺口；对外存在着进出口差，且出口＜进口，有外汇不足，存在外汇缺口。这时，国家可以考虑引进外资以弥补国内投资不足，国内投资缺口得到补充，生产扩大，出口增加，外汇收入提高，外汇缺口得到弥补，最后使投资和外汇两个缺口都得到补充，在引进外资的同时引进了技术，还能弥补了技术的不足。

（三）凯恩斯主义的促进国民收入理论

凯恩斯学派认为，资本输出不仅会占据国内的支付和国民收入，而且还可以成为国民收入的发生器，这也就是说当国内投资机会贫乏而储蓄倾向又较高时，由对外扩张（资本输出）导致的出口贸易，就更有可能成为国内经济活动和国民收入维持一定水平的救生圈。现代凯恩斯主义主要代表人物之一、美国经济学家汉森认为这一提法尚不够明确，他进一步将资本输出的直接好处归纳为三点：第一，可以促进大工业国获得高水平的就业和生产；第二，可以促进借款国生活水平和生产力的提高；第三，可以促进全世界经济

稳定。汉森的这一补充更易于为人们所接受。凯恩斯主义关于资本输出促进国民收入的理论是宏观经济学的重要组成部分，它强调在国家干预经济的统一政策指导下，在国内扩大有效需求的同时，实行对外扩张，扩大资本输出，促进出口贸易，对于提高国内生产、就业和国民收入水平都是极为有利的。

（四）垄断优势理论

垄断优势理论（theory of monopolistic advantage）是最早研究国际直接投资的理论，由美国经济学家斯蒂芬·海默（S. Hymer）于 1960 年在其博士论文《国内企业的国际经营：对外直接投资的研究》中提出，后经金德尔伯格（C. P. Kindleberger）、凯夫斯（R. E. Caves）和约翰逊（H. G. Johnson）等人发展而形成理论体系。该理论摒弃了传统的关于国际资本运动产生于完全竞争假设，根据厂商垄断优势和寡占市场组织结构来解释国际直接投资。海默认为，一个企业之所以要对外直接投资，是因为它有比东道国同类企业有利的垄断优势，从而在国外进行生产可以获得更多的利润。这种垄断优势可以分为两类：一类是包括生产技术、管理与组织技能及销售技能等一切无形资产在内的知识资产优势。由于当地企业很难达到跨国企业所拥有的知识资产优势，或者要拥有这种优势必须花费很大成本，这样投资者就可以凭借自己的垄断优势取得垄断利润。另一类是由于企业规模大而产生的规模经济优势。由于跨国企业将生产扩展到海外，可使企业生产达到最优的规模，以最大限度降低生产成本，从而产生竞争优势。1969 年，金德尔伯格进一步提出了现代市场的非完美性观点，指出直接投资的兴旺必定是因为存在着产品或要素市场的不完全性（包括技术不完全性），或者存在着直接造成市场分割的政府或企业对竞争的某种干预，市场不完全性给企业带来了垄断优势，垄断优势又促成了企业的对外直接投资。所以，市场不完全竞争和以垄断资本集团独占为中心内容的"垄断优势"是战后国际直接投资急剧上升的关键所在。垄断优势理论认为企业对外直接投资必须满足两个基本条件：一是企业自身必须具有竞争优势，以抵消与当地企业竞争中的不利因素；二是不完全市场的存在，使企业始终拥有和保持这种优势。

垄断优势理论打破了传统国际资本流动理论在完全竞争假设条件下进行分析的观念，提出跨国公司和直接投资产生于非完全竞争，强调决定对外直接投资的原因是利润差异，而非利息差异。跨国公司对外直接投资利润的高低，取决于某些垄断优势的程度，这些优势包括某种专门技术优势、管理优势和经济规模优势等。跨国公司利用商品市场或要素市场的某种垄断地位来追求最大限度的利润，是国际直接投资的根本原因。在垄断优势理论研究中，海默吸收了产业组织理论的精华，区分了国外证券投资和对外直接投资，指出传统国际资本流动理论的套利假设无法说明跨国公司的对外直接投资的行为。自此，跨国公司国外直接投资理论首次以独立的理论形态从传统理论中开创出来。

（五）产品生命周期理论

垄断优势论实际上是一种静态的对外直接投资理论，它仅说明了跨国公司拥有的既有垄断优势，而没有涉及国际投资的动态形成过程。1966 年，美国经济学家雷蒙德·弗农（Raymond Vernon）在《生命周期中的国际投资与国际贸易》中分析了产品技术变化对贸易格局的影响，进而对国际直接投资的影响。维农从动态角度，根据产品的生命周期过程，提出了产品生命周期（the theory of product life cycle）直接投资理论。该理论认为，在产品生命周期中，市场结构依次经历了从完全垄断、寡头垄断、垄断竞争到完全竞争的变化，贸易与投资在市场结构中发生了动态的复杂的变化关系。产品生命周期理论对这一关系做"线性特征"的简化处理，即贸易与投资的线性特征是指，制造业厂商在企业国际化过程中依次经过一系列与贸易和投资有关的经济活动，其顺序是：国内生产与销售→通过国外代理向国外销售→公司总部的出口部门通过非股权参与形式进入国外生产→在一国建立海外生产设施→在多国建立生产设施→国外子公司开始向其他国家出口。在此线性特征中，国际直接投资是对国际贸易的替代。新产品开发出来后，应当先在创新国进行生产，只有当产品达到成熟阶段，创新国企业感到与国外的模仿者相比出口不再有利时才会对外投资，在此之前企业只进行国际贸易，这种市场寻求型动机促进了创新者的国际化，所以制造业的国际直接投资与国际贸易之间的确存在着替代关系。该理论强调发达国家跨国公司对外投资的动态形成过程，认为发达国家市场中的企业相对来说更有取得技术优势的长期条件，发达国家生产要素价格比率结构促使企业更多地注重于节约劳动力要素的产品和生产工艺的革新与开发，这种新产品和工艺持续性的开发活动为发达国家对外投资的相对技术优势提供了物质基础。根据该理论，跨国公司建立在长期技术优势基础上的对外直接投资过程包括：第一，新工艺、新产品初始阶段；第二，产品生产成熟阶段；第三，对外投资替代出口的过渡阶段；第四，对外投资的产品返销国内阶段。

（六）国际生产折衷理论

英国里丁大学教授约翰·邓宁（John Dunning）于 1981 年在其所著的《国际生产和跨国公司》一书中，分析了跨国公司国际生产格局形成的基础，提出了国际生产折衷理论（eclectic theory of international production）。邓宁认为，中间产品或最终产品跨国交易的市场不完全性，企业在不同国家配置其价值增值活动的不同阶段和环节的愿望，这两者结合起来构成了国际生产一般理论的核心。国际生产的特点及行为模式取决于资产所有权结构、企业内部化优势及国家区位优势，这些因素反映着企业所从事经济活动的本质、场所以及企业自身的特性，这些特性决定了企业在国际市场上经营的战略选择。

国际生产折衷理论将生产要素论、比较利益论和生产区位论结合起来，对国际直接投资做出了一般解释，主要内容是：首先，一国企业对外投资，必须首先具备资产所有权、内部化和特定区位三种优势。其中，资产所有权优势是企业独有的或在相同成本下别国企业无法取得的优势，是企业由于规模、多样化经营、对产品市场或原料供给的垄断等有形资产以及由于拥有技术、管理技能和商标等无形资产形成的优势。其次，出口贸易只需具备前两种优势，区位优势无关紧要；如果只具备所有权优势，而没有后两种优势，则只适合进行单纯的国际技术转让；企业从事对外直接投资，三种优势必须同时具备，缺一不可。再次，从动态观点看，一国经济发展水平及宏观经济结构的变动将会改变该国企业的企业优势、内部化优势及区位优势，而这些优势的动态组合必将引起该国在国际直接投资格局中的战略地位发生变化。由此，邓宁提出了"投资—发展周期模型"。该模型认为，不同发展程度的国家拥有不同的所有权、内部化优势和区位优势，一国利用外资或对外投资战略地位的变动与该国以人均国民生产总值衡量的经济发展水平之间存在着正相关关系。对外直接投资一部分是国家特定优势或企业特定优势（无论该国处于何种发展阶段）的函数；另一部分是该国经济发展阶段的函数。

国际生产折衷理论克服了过去国际投资理论只重视资本流动研究的局限性，认为直接投资并不取决于资金、技术和经济发展水平的绝对优势，而是取决于相对优势，并以三种优势来解释跨国公司的对外直接投资。

（七）比较优势投资理论

第二次世界大战后的国际直接投资与跨国公司理论以上述垄断优势理论、产品生命周期理论为主流。20 世纪 70 年代中期以前，日本学术界亦普遍接受上述理论，但 70 年代中期以后，日本学术界认为上述理论只研究了美国的跨国公司投资问题，而没有考虑其他国家对外投资的特点。日本经济学家小岛清（K. Kojima）在 1979 年出版的《对外投资论》《跨国公司的对外直接投资》及 1981 年出版的《对外贸易论》等著作中，根据日本对外投资的特点，创立了"小岛清"模式,用以解释和指导日本的对外直接投资活动。小岛清认为,垄断优势论是从微观经济理论出发,强调企业内部垄断优势对海外投资行为的影响,偏重微观经济分析和公司管理的研究,而忽略了宏观经济因素的分析,尤其是国家分工中比较成本原理的作用。这个理论仅适用于解释美国大寡头垄断公司的对外直接投资,但不能解释日本企业的对外直接投资现象。因此,小岛清试图在多产品、多行业及多国比较成本的基础上建立投资与贸易相统一的宏观投资理论。

小岛清模式在理论上是比较优势原理的延伸,被称为比较优势投资理论(theory of comparative advantage to investment)。该理论依据日本经济状况的实证分析,认为在国际贸易方面,一国应大力发展拥有比较优势的产业。在对外直接投资方面:第一,对外直接投资的基本内容是投资国特定产业部门的特定企业将其一揽子经营资源(包括资本、技术、经营管理知识、市场营销技能等)转移到东道国同一产业部门的特定企业,其实质是先进生产函数的跨国转移;第二,一国对外直接投资应当按照比较成本劣势强弱的顺序依次进行,即首先输出该国逐渐丧失比较优势或即将陷于比较劣势的边际产业,投向东道国在提高生产率方面具有潜在比较优势的同类产业;第三,在各类产业中,发达国家的劳动密集型产业同发展中国家相比趋于比较劣势,故劳动密集型产业可作为率先对外投资的边际产业;第四,对外直接投资通过边际产业的国际移植,具有增强东道国的潜在比较优势的作用,为此投资国应选择与东道国技术差距最接近的产业依次移植,并由技术差距最小的中小企业充当这种移植的主体,因为中小企业转移到东道国的技术更适合当地的生产要素结构,且能进行小批量生产,经营灵活,适应性强;第五,从趋于比较劣势的边际产业部门开始对外进行投资,将有助于东道国弥补其资本、技术和管理经验之类的经营资源不足,加速移植较先进的生产函数,不断增强正在形成或尚未充分展现的潜在比较优势;第六,由于东道国和投资国都集中发展其比较优势的产业,两国的产业结构将更趋合理。

小岛清认为,日本式的对外直接投资是从其处于或即将处于边际劣势的产业依次进行的。与发展中国家相比,由于劳动成本的提高,日本的劳动密集型产业已处于比较劣势,所以这类产业在东道国廉价地进行生产,再由日本进口其产品是有利的。随着日本对外直接投资的扩大,一方面可以带动投资国机器设备的出口,另一方面可以促进投资国增加进口。同时,国际投资可以为投资国与东道国双方产生比较优势,创造更高的利润。

（八）国际直接投资效应二维决定模型

1. 外国直接投资效应一维决定模型

亦称效应单一主体决定模型。该模型将国际直接投资效应分析集中在跨国公司一方，即外国直接投资所产生的效应主要都归因于跨国公司及其行为。该模型虽然也承认东道国对于投资效应的影响，但是仅限于对效应的修正。一维决定模型反映了外国直接投资经典理论对于跨国公司与东道国之间关系的解释，其理论基石是上述海默（S. Hymer）的垄断优势理论。

一维决定模型将外国直接投资对东道国产生的效应分为正负两个方面。英国经济学家尼尔·胡德与斯蒂芬·扬在 1990 年出版的《跨国企业经济学》中提出，外国直接投资对东道国可能有资源转移、贸易与国际收支、竞争和反竞争、主权和自主四个方面的效应。跨国公司对东道国有关增长、就业、价格和国际收支等方面的影响可能是积极的，也可能不是；而在收入分配（至少在发展中国家）和经济自主方面的影响，几乎肯定是消极的，要想对跨国公司影响做出最后的估价是不可能的。以此推断，外国直接投资在东道国的效应，主要是由跨国公司决定的，这就夸大了跨国公司的作用，忽视和低估了东道国的能动作用。实际上，外国直接投资是东道国与跨国公司两个能动的主体共同参与的，任何一方的决策都不能仅仅考虑自身的条件，它们都要考虑对方的决策，因为其收益是由双方的决策共同决定的，这也是一个博弈的过程。

2. 外国直接投资效应二维决定模型

亦称为效应双主体共同决定模型，是指外国投资所产生的效应是由跨国公司与东道国双方共同决定的，两者具有同等的地位和作用，效应的决定因素源于二维主体。二维决定模型消除了一维决定模型所存在的缺陷，还原出东道国的能动作用。既然外国投资行为是由跨国公司与东道国两个主体共同决定的，那么外国投资对东道国产生的效应同样是双方共同作用的结果。

在二维决定模型中，谈判是决定外国投资及其效应的关键环节。具体体现在：第一，谈判实质上是决定收益分配的过程。跨国公司进入东道国，要与东道国政府谈判进入的条件。在谈判中，双方主要关注的利益问题包括：税收优惠、投资与折旧的提取、消耗的提取与其他吸引外资的补贴数量、租金在外国资本与东道国要素之间的分配、产品的适宜性与生产技术的适宜性问题、对合资与当地增值以及出口业绩的要求、利润的汇出与专利权使用费限制等。谈判有助于确定外国投资对东道国的净效应。第二，谈判是一个持续动态的过程，每一次谈判都是一个涉及利益协商和冲突问题协商动态变化的过程。就跨国公司而言，进入东道国时需要谈判，进入之后仍需要谈判。第三，谈判决定外国投资行为和东道国对外国投资的控制方式。谈判结果直接决定了外国投资的方式、规模、技术及年限等，而且还将影响跨国公司进入后的经营活动，同样也决定了东道国政府对待外资的行为。第四，谈判决定其他效应决定因素对外国投资效应的影响。

在二维决定模型中，谈判是双方势力逐步达到均衡的过程，跨国公司与东道国谈判的出发点是各自的机会成本以及期望从中可以获得的收益。虽然东道国可以对跨国公司占有的股权进行限制，但却无法避免跨国公司对合资企业的控制，尤其在东道国缺少技术和管理专家的情况下更是如此。一般认为，跨国公司的企业变量差异越小，东道国政府对这类企业采取的直接措施越少；东道国之间吸引外国投资的竞争越激烈，跨国公司选择的余地越大；东道国资源或市场对跨国公司的吸引力越大，跨国公司之间的竞争越激烈，东道国政府凭此可以采取措施，从跨国公司的投资中获取更多的收益。

二维决定模型阐明了外国投资效应决定因素的分析重点，解释了外国投资效应取决于跨国公司与东道国二维主体的行为，外国投资效应的决定因素自然也源于这两个方面。从东道国提高利用外资质量角度看，外国投资效应更加关注东道国的一些决定因素，如：第一，东道国区位变量，包括东道国的市场规模、经济发展阶段、工业结构、对外依存程度以及与主要投资国的地理和心理距离等。第二，东道国对外国直接投资的评价和态度。只有对外国投资予以客观、公正的评价，才能保证东道国对外国投资采取合作态度，这是保证外国投资流入并发挥正效应的前提。第三，东道国政府，包括政府所决定的政策、激励系统和管理系统等所有影响外国投资的各个方面。从可以调控跨国公司的因素看，主要是外国投资的类型，它不仅是外国投资效应的重要决定因素，而且东道国在某种程度上可以对此进行政策调控。外国投资的类型取决于企业变量、区位变量和公司战略目标等因素。各种类型的外国投资的效应与外国投资项目（所处价值增值链的位置）、特定企业以及投资年限等诸多因素有关。东道国政府可以根据其经济发展需要制定相应的政策，对所需要的外国投资类型加以鼓励，而对目标冲突的外国投资类型予以限制。

二维决定模型研究的意义在于：第一，揭示了东道国（政府）在外国投资效应决定中的重要地位。东道国对于外国投资效应并非处于被动的、间接的和无能为力的位置，而是具有强大的能动作用。第二，清晰展示了东道国对于外国直接投资效应的作用贯穿外国直接投资的事前、事中和事后全过程，提高利用外资质量也应该进行全程强化，而不是单纯的事后调控。第三，明确了谈判是决定外国直接投资及其效应的关键环节。东道国提高利用外资质量应该加强这一环节，充分重视和提高谈判实力与水平。第四，强调突出了东道国在外国投资效应形成中的重要性。第五，外国投资效应的决定因素分析强调指出了几个核心的效应决定因素，这些决定因素对于提高利用外资质量非常重要，由此可以演绎出明确的政策含义。例如，当中国西部区位变量没有明显的相对变化时，外国投资流入量将不会显著增加，即便通过优惠政策等举措增加了外国直接投资的流入量，但由于区位变量的制约，所产生的正效应也将极其有限。

（九）投资诱发要素组合理论

投资诱发要素组合理论是当代西方经济学家提出的一个较新的投资理论。这一理论认为，任何类型的对外直接投资的产生，都是由直接诱发要素和间接诱发要素的组合所诱发产生的。直接诱发要素，主要是指各类生产要素，包括劳动力、资本、技术、管理及信息等。由于对外直接投资本身就是这些生产要素的移动，所以直接诱发要素是对外直接投资的主要诱发因素。直接诱发要素既包括投资国，也包括东道国。间接诱发要素是除直接诱发要素之外的其他非生产要素，包括：投资国政府对外投资政策、东道国政府吸收外来投资政策；世界经济变化等。一国的对外直接投资建立在直接诱发要素与间接诱发要素的组合之上，而间接诱发要素在当代对外直接投资中已经起着重要作用。该理论认为发达国家的对外直接投资主要受直接诱发要素的作用，而发展中国家在很大程度上则是间接诱发要素在起作用。

（十）内部化理论

内部化理论也称为市场内部化理论，是当代西方较为流行且有影响的关于对外投资理论，该理论是由英国经济学家巴克利（P. J. Buckley）和卡森（M. Casson）首先提出的，后来经过罗格曼（A. Rugman）、吉迪（I. Giddy）等人进一步发展和丰富。该理论认为，市场内部化是指将市场建立在公司内部，以公司内部市场取代外部市场的过程，若将厂商所拥有的中间产品通过外部市场来组织交易，则不能保证厂商实现利润的最大化，因此外部市场失效是内部化形成的主要原因。企业对外直接投资，在较大范围内建立生产经营实体，形成自己的一体化空间和内部交换体系，就能将公开的外部市场交易转变为不公开的内部市场交易，实现利润的最大化。跨国公司建立自己的内部市场可以更高效地调整产品生产结构，排除了政府的干预，减少了纳税金额，保证了信息的及时性等。内部化理论将对外直接投资研究上升到了企业制度变革与创新的高度，解释了跨国公司对外直接投资的决定因素，并强调了市场不完全性的一般形式。

（十一）奈斯比特的全球经济与全球投资说

美国当代经济学家约翰·奈斯比特在其代表作《大趋势》中，提出了"全球经济、全球投资"的论点。他在分析和预测当前世界新技术革命对世界经济技术发展所产生的巨大影响时指出：在高技术为先导的信息全球化的推动下，生产、流通、分配、运输全球化必将冲破一切阻力而突飞猛进，全球化投资必将与全球经济同步发展，一国经济正转变为相互依赖的全球经济中的一个组成部分，自给自足闭关自守的经济模式最终必将为全球经济中的一个组成部分所取代。所以，为适应生产全球化和劳动力、资源全球化重新分配迅速发展的需要，投资全球化已成为必然，"在这样一个世界经济环境中，将有大量的机会在别国领土上进行工作和投资。"奈斯比特主张美国不要留恋于"没落经济"，而要致力于"新兴经济"，加强对第三世界的战略投资，开拓各种新企业，以增强市场竞争力，夺取在全球经济中的优势地位。

第三节　国际投资合作

一、国际直接投资合作

按照国际资本运动概念区分国际投资合作，包括国际直接投资、国际间接投资和国际发展援助，国际间接投资（第五章）和国际发展援助（第六章）在本书中有专门章节介绍，此处不赘述，本节主要介绍国际直接投资。国际直接投资是以资本生产要素运动为媒介并带动劳动力、土地、技术等其他要素在国际移动，实现生产要素在世界范围内的重新组合与配置。通过国际直接投资实现的生产要素重新组合与配置，可以提高要素产出率，提高劳动生产率，推动资本输出国与引进国（东道国）的经济发展。国际直接投资对于国际分工深化和区域经济一体化，以及促进世界经济发展所发挥的作用是其他国际经济交往方式所无法替代的。在经济全球化加速发展的今天，国际资本运动成为生产要素国际移动最活跃的要素，国际直接投资是国际经济合作的主要内容之一。

传统的国际直接投资主要通过两种方式进行，即创建新企业和收购目标市场现有企业。两种方式的共同之处在于，它们都是跨国经营企业以股权参与方式获得目标企业控制权或参与其经营管理，至于到底拥有多少股权才能成为目标企业的控股者，各国规定的标准不同，一般为 10%～25%。跨国经营企业在进行对外直接投资时，必然要在收购和创建这两种方式中进行比较和选择，选择的基本依据取决于这两种方式本身所具有的内在特点。一般而论，收购多为企业所有者的更改，创建则会直接导致生产能力、产出水平和就业的增长。

20 世纪 80 年代后，国际分工从产业间和产业内贸易分工向产品内贸易分工过渡，以价值链分工为特征的新国际分工体系在全球范围内逐渐形成，传统产业价值链开始了新一轮重新组合，不仅为发达国家，而且为发展中国家参与国际价值链与国际分工提供了更多机会，国际直接投资进一步成为世界各国发展经济的重要途径之一。一种新型的国际直接投资方式即非股权投资（non-equity modes，简称 NEM）应运而生，目前世界各国都不同程度地参与到 NEM 投资活动中，并通过 NEM 参与到全球价值链环节分工体系之中。

二、创建新企业投资

（一）创建新企业的概念

创建新企业投资即创建投资，在国际直接投资中经常被称为"绿地投资"（green field investment），是指跨国公司等投资主体在东道国境内依照东道国法律设置的部分或全部资产所有权归外国投资者所有的企业。创建投资作为国际直接投资中获得实物资产的重要方式源远流长，早期跨国公司的海外拓展业务基本上都是采用这种方式。创建投资主要采用两种形式：一是建立国际独资企业；二是建立国际合资（合作）企业。通过创建投资可以直接导致东道国生产能力、产出和就业的增长。

（二）国际独资企业

国际独资企业（international owned enterprises）是指由某一外国投资者依据东道国的法律并经东道国政府机构批准设立的、全部资本为外国投资者所有的、投资者独享企业利润并独自承担经营企业风险的在东道国境内设立的企业，从东道国角度看，所有非本国资本直接投资参与的企业都被认为是外国独资企业。创办国际独资企业的方式主要包括国外分公司、国外子公司和国外避税地公司。

对于投资者来说，创办国际独资企业的优势是：第一，企业的设立和经营均由投资者依东道国法律自行决策，不存在与其他投资者的冲突，有完全的经营决策权；第二，投资者可以根据全球经营战略需要调整子公司的经营活动，具有整体经营的灵活性；第三，投资者独享企业内部的垄断优势，包括专利、工业产权、商标、技术、先进的管理经验、企业机密等，以获得内部市场的效益；第四，投资者在增加股本或再投资、汇出盈余、股息政策和公司内部融资等方面均不会有与其他投资者的管理摩擦，且具有财务管理的灵活性；第五，投资者可以通过内部成本和利润转移享有税收利益；第六，没有合作管理中的摩擦与矛盾，便于投资者自行实施经营战略。投资者创办国际独资企业，虽然具有东道国的企业法人资格，但也会受到东道国的政策和法律约束，存在一定的经营风险，如东道国对设立国际独资企业的审批条件、出口义务和股权转让规定等。由于国际独资企业的所有权、经营管理权都由外国投资者独自享有，企业往往能通过较为先进的生产和管理技术对东道国产生"示范效应"（demonstration effect）。

（三）国际合营企业

根据联合国工业发展组织 1968 年编写的《发展中国家工业合营企业协议手册》，将合营企业分为两种基本类型：股权式合营企业与契约式合营企业。股权式合营企业（equity joint venture）必须建立具有法人地位的合营实体，并以货币计算各方投资的股权和比例，按股权和比例分担盈亏。契约式合营企业（contractual joint venture）一般不严格地用各自投入资本的多寡来决定合作各方面的权利和义务，双方可以以各自的法人身份进行合作。

1. 国际合资经营企业（international joint ventures）

国际合资经营企业指的是由两个或两个以上国家或地区的投资者，在选定的国家或地区投资，并按照该投资国或地区的有关法律组织起建立来的以营利为目的的企业。国际合资经营企业由投资人共同经营、共同管理，并按照投资股权比例共担风险、共负盈亏。国际合资经营企业是一种股权式合营企业，是国际直接投资中最常用的形式，建立国际合资经营企业的优点主要是：可以充分发挥各投资方在资金、技术、原材料、销售等方面的优势，形成组合优势；容易获得东道国较多的优惠待遇和在经营上受到较少限制；可以减少融资风险。但由于融资方和投资方的出发点不尽相同，短期和长期利益不尽一致，在共同经营管理中容易产生分歧和冲突，影响企业正常运转。国际上通行的合资经营企业一般采用公司形式，并依据东道国《公司法》建立，其组织形式主要包括无限责任公司、有限责任公司和股份有限公司三种。

2. 国际合作经营企业（international cooperative enterprises）

国际合作经营企业是指外国投资者和东道国融资者在签订合同的基础上依照东道国法律共同设立的企业，其最大特点是合作各方的权利、义务均由各方通过磋商在合作合同中订明，是典型的契约式合资经营企业。国际合作经营企业通常依据东道国《合同法》建立，企业经营的一切权益均以合同为基础，合同是合作各方共事的依据和保证。国际合作经营的领域十分广泛，从工农业生产到产品销售，从资源开发到劳务合作，乃至工业产权转让、科学研究等领域，都可以开展合作经营，合作生产、合作开发等都是国际合作经营的重要方式。国际合作经营企业可以有"非法人式"和"法人式"两种实体形式，"非法人式"合作经营企业由两国以上的合营者作为独立的经济实体通过契约组成松散的合作经营实体，不具有法人地位。这种合作经营企业没有独立的财产权，只有财产管理权和使用权，合作经营各方仍以各自的身份在法律上承担责任。合作经营企业的债权债务，由合作经营各方按照合同规定的比例承担责任。合作经营企业单位的经营管理，也可委托合作经营中的一方或聘请无关的第三方负责承担。合作经营企业的债务承担，一般以其全部出资为限，实行有限责任制。"法人式"合作经营企业是由两国或两国以上的合营者在东道国境内，根据该国有关法律通过签订合同建立的契约性合营企业。这种合作经营企业具有独立的财产权，法律上有起诉权和被诉权，通过订立企业章程，建立独立的公司组织，并成立董事会作为该企业的最高权力机构，任命或选派总经理对企业进行经营管理，企业对外承担的债务责任以其全部财产为限，实行有限责任制。

三、收购目标企业

（一）收购的概念

收购（acquisition）意为获取，即一个企业通过购买其他企业的资产或股权，从而实现对该企业的实际控制的行为。从经济学角度看，收购和兼并的经济意义是一致的，即企业产权和经营管理权最终都控制在一个法人手中，市场力量、市场份额和市场竞争结构均发生本质变化。国际上通常将兼并（mergers）和收购连在一起称为并购或购并，从法学角度看，并购是指一个企业购买其他企业的全部或部分资产或股权，从而影响或控制其他企业的经营管理，导致其他企业的法人资格部分保留或被消灭。

国际直接投资中的收购是不同国家间的企业活动，所以被称为"跨国并购"（the transnational merger and acquisition，简称 M&A）或"褐地投资"（cross-boarder merger & acquisition）。跨国并购是跨国兼并和跨国收购的总称，指一国企业为了达到某种目标，依照东道国的法律并通过一定渠道和支付手段，将东道国企业的部分或全部资产或足以行使运营权的股份收买下来，从而对另一国企业的经营管理实施实际的或完全的控制行为。跨国并购涉及两个或两个以上国家的企业，两个或两个以上国家的市场和两个以上政府控制下的法律制度，其中采取主动行为的一方，即并购发出企业（并购企业）或出资方，又称为收购企业；东道国企业是他国被并购的企业，该企业在并购中是被动的一方，称为目标企业或被收购方。这里所说的渠道，包括并购的跨国企业直接向目标企业投资，或通过目标国所在地的子公司进行并购两种形式，这里所指的支付手段，包括支付现金、从金融机构贷款、以股换股和发行债券等形式。

（二）收购的关系、结果与方式

从跨国经营企业对东道国企业的收购主体关系看，主要包括四种类型：第一，横向收购，即被收购企业的产品系列及市场与收购方企业相同或相似；第二，纵向收购，即被收购企业是收购方企业的供货商或产品的销售客户；第三，集中收购，即被收购企业与收购方企业的销售市场相同而生产技术不同，或者技术相同而市场不同；第四，联合收购，亦称混合收购，一般是被收购企业属于与收购方企业不同的行业，这种收购实际上是一种跨行业的收购。

从收购行为的结果看，跨国经营企业的收购可以分为部分收购和全部收购两种类型。部分收购又称为参与股份，即收购企业只能取得被收购企业的部分所有权，这种收购的结果一般不会对被收购企业产生重大的实质性影响。全部收购即收购方企业取得被收购方企业的全部资产所有权，这种收购的结果是被收购企业不复存在，或成为收购方企业资产组成中的一个部分。

从收购双方是否直接参与收购活动看，跨国经营企业的收购可以分为直接收购和间接收购，两者的基本区别在于收购企业与目标企业是否直接接触，在双方共同意愿和互利的基础上完成所有权的重新组合或转移。

直接收购也称为善意收购、协议收购或友好接管，指收购企业直接向目标企业提出拥有其所有权的要求，双方通过一定的程序进行磋商，共同商定条件，根据双方商定的协议完成所有权转移的做法。如果收购企业提出的是部分所有权要求，目标企业就可能允许收购企业取得增加发行的新股票。如果收购企业提出的是全部所有权要求，那么可由双方共同磋商，在共同利益的基础上确定所有权转让的条件和形式，双方签订协议，按照协议条款和规定解决所有权的转移问题。在直接收购中，除了收购企业根据自己的目标采取主动的行动外，被收购企业也可能出于某些具体原因主动提出转让所有权的请求，如企业经营不佳、濒临破产、债务严重等问题。

间接收购在一些时候被称为恶意收购或敌意收购，指收购企业并不向目标企业直接提出收购要求，而是通过在市场上收购目标企业已发行和流通的具有表决权的普通股票，从而取得对目标企业控制权的行为。间接收购有两种基本做法：一种是收购企业利用目标企业普通股票市场价格下跌之机，大量购进该企业的普通股票，从而达到获取对该企业控制权的目的；另一种做法是收购企业在证券市场上以高于目标企业当前股价水平的价格，大量收购该企业的普通股票，以达到获取目标企业控制权的目的。间接收购一般不是建立在共同意愿基础之上的，因而极有可能引起收购企业与被收购公司之间的激烈对抗，从而使收购转变为竞价抢购。在这类收购中，收购企业并非只满足于部分所有权的获得，而是要在取得并超过目标企业董事会股权的前提下强行完成对整个目标企业的收购。间接收购可能是收购企业最初采用的一种收购手段，也可能是收购企业向目标企业提出收购建议但被拒绝后采用的收购手段。

（三）收购的出资方式

按收购方的出资方式，如果收购企业利用自己的资金进行收购，则有现金购买资产式收购、现金购买股票式收购、股票换取资产式收购和股票互换式收购等多种方式。

现金收购亦称资产收购，指不涉及发行新股票的企业收购，即使是购买方以发行某种形式的票据所进行的购买也属于现金购买，在后者情况下，被收购企业的股东在收购发生时获得了收购方某种形式的票据，但这种票据中不含任何股东权益的因素，它实际上是一种推迟了的现金支付，这种票据安排可以被认为是被收购企业的股东向收购方提供了资金融通。现金收购的性质比较单纯，购买方支付了议定的现金后即取得被收购企业的所有权，而被收购企业的股东一旦得到对所拥有股份的现金支付后即失去其所有权。

股票收购亦称股份收购，指投资者不以现金为媒介对目标企业进行收购，而是增加发行被收购方的股票，以新发行的股票替换被收购企业的原有股票，通过这种途径完成的收购实际上是一种企业兼并。股票收购的特点是被收购企业的股东并不会因此而失去其所有权，而是被转移到了收购方企业，并随之成为收购企业的新股东。

如果收购企业不利用自己的资金进行收购，则称为杠杆收购（leverage buy-out，简称 LBO）。杠杆收购是指一家或几家公司在银行贷款或在金融市场借贷的支持下进行的企业收购。这种收购方式的一般做法是由收购企业设立一家直接收购公司，再以该公司的名义向银行借贷，或以该公司的名义发行债券向公开市场借贷，以借贷的资本完成企业收购。

四、收购与创建投资的比较

（一）短期比较

从短期资本合作角度看，尽管收购和创建投资方式都为东道国带来国外金融资源，但收购方式所提供的金融资源并不一定总是增加东道国的生产资本存量，而在创建投资的情况下则会增加。由于收购的直接目的是东道国企业的市场或技术，所以收购方式经常不太可能转移新的或比创建更好的技术或技能，经常还会导致东道国当地生产或职能活动（如研发）的降低，而创建不仅不直接减少东道国的经济技术和资产能力，还会带来新的技术。当以收购方式进入一个国家时，不会创造就业，还可能导致原有企业裁员，而创建方式在进入时必定会创造新的就业。收购方式能够加强东道国企业的集中度并导致反垄断后果，而创建则能够增加东道国现有企业的数量，并且在进入时不可能直接提高市场集中度。

（二）长期比较

从长期资本合作角度看，收购常常跟随着外国收购者的后续投资，如果被收购企业的种种关联得以保留或加强，跨国收购可以创造新的就业。收购和创建方式在就业创造方面的差异更多地取决于投资者的进入动机，而不是取决于进入的方式。收购使东道国现有资产从国内所有者转移至国外所有者手中，而创建则是现实的直接投资资本或效益资本发生了跨国的流动，但在东道国，收购和创建投资都能带来东道国缺少的新的管理、生产和营销等重要的互补性资源。随着经济全球化的不断发展，创建投资在国际直接投资中所占比重有所下降，跨国并购已成为跨国公司参与世界经济一体化进程、保持有利竞争地位而更乐于采用的一种跨国直接投资方式。随着全球投资自由化的进一步发展，这种趋势将更加明显地显现出来。

五、非股权投资

（一）非股权投资的基本概念

20 世纪 80 年代以后，国际分工从产业间和产业内贸易分工向产品内贸易分工转换，以价值链分工为特征的全球新分工体系逐渐形成，跨国公司在新分工体系中扮演着越来越重要的角色，跨国生产与发展的非股权投资（non-equity modes，简称 NEM）得以快速发展。《2011 年世界投资报告》对非股权投资发展模式与区位选择进行了专门介绍，并强调了这种投资方式的重要性与良好发展前景，同时指出国际生产的非股权形式是一种跨国公司控制下的全球价值链管理模式，这种跨国公司的选择并不再局限于对外直接投资和贸易两种形式，而是覆盖两者之间的一种特殊形式。

跨国生产与发展的非股权投资指跨国公司将其全球价值链中的某些环节外部化给别国的合作企业，通过签订合同的方式控制生产经营的相关环节，但对于合作企业并不具有经营控制权。

（二）非股权投资的类型

目前开展的非股权投资大致包括七种类型：第一种是合同制造与服务外包（contract manufacturing services outsourcing），第二种是订单农业（contract farming），第三种是许可经营（licensing），第四种是特许经营（franchising），第五种是管理合同（management contracts），第六种是特许权（concession），第七种是战略联盟合作企业（strategic alliances contractual joint ventures）。七种类型中较多运用的是第一种、第三种和第四种。

合同制造与服务外包指跨国公司将其价值链中的生产制造或服务流程环节外包给外国合作企业。出现这种情况的原因是多方面的，例如全球化趋势、IT 行业的发展、发展中国家人力资本的发展、国内改革的压力等。发展中国家、转型经济体多以这种方式发展加工贸易。

许可经营指跨国公司赋予东道国企业权利使用其知识产权，并收取相应费用作为回报。这种方式主要集中在高科技部门，同时也是发展中国家获得外部知识外溢的有效形式。但这种方式受到的限制因素很多，最突出的是东道国知识产权保护水平，采用这种方式的企业往往更偏向于向知识产权保护较强的国家转移。

特许经营指跨国公司要求东道国企业按照特定的系统模式经营，并收取相关费用。这种方式较多集中在餐饮、酒店等服务业，它能够充分发挥商标、品牌等无形资产的价值，同时以低成本、低风险进入国际市场。东道国企业对这种经营模式不仅吸收较快，而且可以在短期内可以获得利润，但是长期却面临大量的国内竞争对手，使企业面临较强的竞争。[①]

（三）非股权投资的特征与影响

首先，尽管非股权投资目前总体规模仍较小，但发展速度极快。2009 年世界范围内的非股权投资销售额超过 2 万亿美元，合同制造和服务外包为 1.1～1.3 万亿美元，特许经营为 3300～3500 亿美元，许可经营为3400～3600

---

① 参见"国际生产和发展的非股权经营模式——解读 2011 年世界投资报告"，《国际经济合作》2011 年第 8 期。

亿美元，管理合同为 1000 亿美元左右。在相关产业内部，非股权投资方式超过了其他投资方式的发展速度。其次，非股权投资方式分工细化，是提升价值链分工地位的重要组成部分，但使用非股权投资方式的产业发展规模并不均衡，例如汽车零部件生产合同的约 30％的和近 1/4 的就业由此拉动，而在电子行业中却拉动了相当大的贸易和就业份额。最后，跨国公司在其中起到两方面作用，一是参与程度提高并推动其快速发展，二是竞争加剧。

　　从非股权投资的影响效应看，由于跨国公司投资除利润动机外，还存在一定的内在动机，即通过传播知识、技术和技能，投资开发其业务伙伴独立发展的能力。采用非股权投资，关键优势在于这种投资方式可以与东道国本地公司之间形成一种灵活安排，为东道国经济体提供了一定的增长潜力，通过增值、创造出口和技术引进等若干影响发展的重要渠道，进行长期产业能力建设，以此来提升东道国的全球价值链分工地位。具体来看，首先，非股权投资方式可以更好地使全球价值链环节的一部分价值保留在东道国内，如在合同制造和服务外包中，东道国在货物进口加工后再出口，既参与了全球价值链增值中的总价值创造，最终也会促使本地经济增长。其次，非股权投资与国际贸易有着密切的联系，影响着全球许多产业的贸易格局，如玩具、制鞋、服装和电子部门，目前的合同制造已占全球贸易的 50％以上，一些国家通过参与非股权投资活动，逐渐发展了独立的出口能力并推动出口增长，同时开始进入跨国公司参与的全球价值链环节。再次，非股权投资本身就是技术、商业模式和技能的一种转移，有时候还伴随着本地员工和管理层的培训，在合同制造情况下，特别是在电子行业，加入非股权投资的本地合作伙伴会出现生产率水平的提升，甚至实现技术跨越，从而提升价值链环节，并带来本土技术的提升。最后，非股权投资可以促进东道国投资者更多获取本地或国际融资机会，或者由跨国公司直接为本地非股权伙伴提供支持，或者通过与大型跨国公司合作而带来间接保障，对本地产能建设和长期产业发展做出的贡献主要通过影响企业发展来实现。

第四节　国际投资条约

一、国际投资条约

（一）国际投资条约的基本概念

国际条约（international treaties）指国际法主体之间以国际法为准则而

为确立其相互权利和义务而缔结的书面协议，国际条约包括一般性条约和特别条约。特别条约一般由两个或以上国家为特定事项而缔结，如国际投资条约。

国际投资条约是为调整国际私人投资关系，资本输出国与资本输入国签订的有关保护外国私人投资准入、待遇、保护，以及与投资有关的争议解决程序的国际条约。国际投资条约包括多边投资条约和双边投资条约两大类型。

（二）双边投资条约

1. 定义

双边投资条约（bilateral investment treaties，简称 BIT）是国家与国家之间为鼓励、促进和保护本国公民在对方境内投资而签署的双边条约，通常也称为双边投资协定，内容主要涉及投资待遇、投资保护范围、征收与补偿、货币汇兑和争端解决等内容。

2. 类型

双边投资条约分为传统型和现代型两类。传统型多为友好通商航海条约，该条约主要是确立缔约国之间的友好关系，双方对于对方国民前来从事商业活动给予应有的保障并赋予航海上的自由权等，其中虽有关于投资保护的规定，但其重点是保护航海贸易，而不在于保护投资者；友好通商航海条约主要出现在第二次世界大战以前，当时的国际经济活动以国际贸易为主，国际投资并不占主要地位，反映在条约中关于贸易保护的规定较多，涉及投资的保护规定较少。战后，国际资本运动速度加快，各国在缔结的友好通商航海条约中开始增加了关于投资保护的相关规定，其中大都从总体上规定了对外国投资者财产的保障、待遇、征收的条件及补偿标准等。随着国际投资的发展，友好通商航海条约已不能适应实际需要，国际社会便开始寻求新的缔约形式，以求更有利地保护国际投资，由此出现了现代型的双边投资条约。

现代型双边投资条约分为美国式的双边投资保证协定和德国式的促进与保护投资协定。第二次世界大战后，美国针对当时的国际形势，在保持与其他国家签订综合性友好通商航海条约的同时，开始与外国签订专门的双边投资保证协定。美国对外签订双边投资保证协定的核心在于让对方缔约国正式确认美国国内的承保机构具有在政治风险发生时，依约向投保的海外投资者理赔之后享有海外投资者向东道国政府索赔的代位权和其他相关权利及地位。美国目前已与一百多个国家签订了双边投资保证协定。同一时期，德国也感到依靠友好通商航海条约的保护已很难满足其日益增长的对外投资的要求。从 20 世纪 50 年代末开始，德国与其他一些欧洲国家将传统友好通商航海条约中有关保护外国投资的内容独立出来并加以具体化，同时融合美式投资保证协定中有关投资保险、代位赔偿及争端解决的规定，与有投资关系的国家签订了促进与保护投资的专门性双边协定。德国式的促进与保护投资协定较为具体详尽，实体性规定和程序性规定并举，兼具友好通商航海条约与投资保证协定的特长，是一种较好的保护国际投资的条约，问世后便得到各发达国家的相互效仿和大力推行。

3. 作用

双边投资条约是国际投资法的重要组成部分，在保护外国投资方面发挥着重要的作用。第一，为东道国创设了良好的投资环境，双边投资条约签订者必须信守已为各国普遍接受的国际法原则，条约对缔约国具有较强的法律拘束力，较之国内法对外国投资者及其投资所提供的保护，双边投资条约为东道国吸引外国投资创设了良好的投资环境。第二，双边投资条约缔约国只涉及两方，较之谋求多国间利益平衡的多边投资条约，更易于在平等互利的基础上顾及双方国家的利益而达成一致，所以双边投资条约已为较多国家广泛采用，成为保护投资的最为重要的国际法制度。第三，大多数发达国家都建立有本国的海外投资保险或保证制度，它们通常将双边投资条约作为实施其国内海外投资保险或保证制度的法定前提，使双边投资条约成为加强海外投资保险或保证制度的重要国际法手段。第四，双边投资条约中关于促进与保护投资规定，既含有关于缔约方权利和义务的实体性规定，又有关于代位权、解决投资争议的程序性规定，为缔约国双方的私人海外投资者预先规定了建立投资关系所应遵循的法律规范结构和框架，可以避免或减少法律障碍，保证投资关系的稳定性，从而促进了国际私人投资活动的发展。第五，双边投资条约不仅规定了缔约国间因条约的解释、履行而产生争议的解决途径与程序，而且规定了外国投资者与东道国政府间因投资而产生争议的解决途径与程序，特别是大多数条约还规定可以通过解决投资争议国际中心来解决争议，为投资争议的妥善解决提供了有力保障。

4. 主要内容

双边投资条约的具体内容，虽因国家不同而有所差异，但在国际实践中，大多遵循一定的范本谈判签订。实践中影响较大的范本主要有：亚非法律协商委员会的三个范本、德国范本、荷兰范本、瑞士范本和美国范本。主要内容一般包括：第一，受保护的投资者和投资。双边投资条约规定的受保护投资者，一是具有缔约国国籍或在缔约国境内有住所的自然人，二是依缔约国法律设立，或在该缔约国内有住所的法人或非法人经济实体，三是由缔约国公民或法人控制的第三国或对方缔约国的公司。受保护的投资必须是根据缔约各方各自有效的法律所许可的，或者是依据其法律、法规接受的投资。条约既保护投资者投资的各种资产，又保护投资者的与投资相关的活动。第二，外国投资待遇。双边投资条约中规定的待遇一般针对缔约国境内他方缔约国国民的投资和与投资有关的活动，条约为外国投资者的投资和与投资有关的投资活动提供公平公正待遇、最惠国待遇和国民待遇。第三，政治风险保证。此项为双边投资条约的重要内容，但由于战争、内乱等风险并非出于东道国政府有意或直接针对外国投资的行为所致，双边投资条约对此一般并不涉及。这里的政治风险保证通常指征用与国有化风险及其补偿，汇兑与转移风险等。第四，代位权。即投资者母国对其投资者在东道国因政治风险遭受的损失予以赔偿后，母国政府将取得投资者在东道国的有关权益和追偿权。条约通常规定，投资者母国的投资保险机构或母国政府在一定条件下代位取得投资者的一切权利和义务。缔约一方代位取得的权利和承担的义务不能超过原投资者所享有的权益，但投资者母国政府可以依照国际法向东道国提出该限度以外的其他要求，代位权的行使必须受东道国法律制约。

（三）多边投资条约

为促进世界经济可持续发展，国际社会为国际投资的国际法发展做出了不懈的努力。经济合作与发展组织（OECD）在 1995—1998 年进行了一次缔结综合性多边投资条约（multilateral agreement on investment，简称 MAI）的尝试，但由于各成员方最终未能达成一致，仅仅起草了一份 MAI 草案。该草案是一项以开放市场为目的，大力推进投资自由化进程和以开放市场与投资保护两个侧重点相结合的多边投资条约，虽然于 1998 年搁浅，但仍然是国际社会对国际经济秩序的一项有意义的尝试。

20 世纪 80 年代初，许多发展中国家遭遇债务危机，导致国际债务纠纷频起，流向发展中国家的外国直接投资出于对东道国征用等政治风险的担心，使全球国际直接投资急剧下降。在此背景下，世界银行主导制定了《多边投资担保机构公约》（convention establishing the multilateral investment guarantee agency，简称 MIGA），该公约 1985 年 10 月 11 日在世界银行汉城年会上通过，也称为《汉城公约》，1988 年 4 月 12 日正式生效。根据该公约建立了国际多边投资担保机构，属于世界银行集团成员，同时也是独立的国际组织。中国于 1988 年 4 月 28 日参与《MIGA 公约》并得到批准。《多边投资担保机构公约》共 11 章 67 条，该公约与设立机构的目的是鼓励成员国之间尤其是向发展中国家成员国融通生产性投资，并致力于促进东道国和外国投资者间的相互了解和信任，为发达国家在发展中国家的海外私人投资提供担保，以加强国际合作。公约生效以后，通过多边投资担保机构对非商业性风险担保，对于补充国家及区域性和私人担保的不足，以鼓励会员国之间特别是向发展中国家会员国融通生产性资金，起到了一定作用。

1965 年 3 月在华盛顿签订的《关于解决各国和其他国家国民之间投资争端的公约》，1966 年 10 月 14 日生效，也称为《华盛顿公约》。公约的宗旨是依照公约规定为各缔约国和其他缔约国的国民之间的投资争端提供调停和仲裁的便利。中国目前还没有加入该公约。

《与贸易有关的投资措施协议》（agreement on trade-related investment measures，简称 TRIMs）是世界贸易组织管辖的一项多边贸易协议，1994 年 4 月 15 日签订并执行，该协议由序言和 9 条正文及 1 个附件组成，主要包括范围、国民待遇和数量限制、例外、发展中国家成员、通知和过渡安排、透明度、与贸易有关的投资措施委员会、磋商与争端解决、货物贸易理事会的审议等条款。协议签订的宗旨是促进投资自由化，制定为避免对贸易造成不利影响的规则，促进世界贸易扩大和逐步自由化并便利国际投资，以便在确保自由竞争的同时，提高所有贸易伙伴尤其是发展中国家成员的经济增长水平。协议的基本原则是各成员在实施与贸易有关的投资措施时，不得违背《关贸总协定》的国民待遇和取消数量限制原则。

二、负面清单

（一）什么是负面清单

负面清单的全称为"负面清单管理模式"（negative list management mode），通常指一国在对外开放中，政府规定哪些经济领域不开放，即禁区，除了清单上列明的禁区，其他行业、领域和经济活动都被视为外国人可以被许可进入，这种管理模式是准入前国民待遇的一种体现。在国际资本运动中，采用负面清单管理模式指一个国家在引进外资过程中，对凡是与外资国民待遇、最惠国待遇不符的管理措施或业绩要求、高管要求等方面的管理措施均以清单方式公开列明，以便让外资企业对照清单自行检查，对不符合要求的部分事先进行整改，从而提高外资进入的效率。在一些实行对外资最惠国待遇的国家，有关这方面的要求均以清单方式公开列明。与负面清单对应的是正面清单（positive list），即列明企业可以进行什么领域的投资，所以负面清单管理模式有时也被称为投资领域的"黑名单"。

（二）负面清单管理模式的发展

采用负面清单管理方法可以促进对外开放，简化对外资进入的审批管理，对外资来说，在外资准入方面更加透明，对于增强外资信心，鼓励、吸引外商投资都将起到积极作用。自从自由贸易协定（FTA）广泛开展以来，负面清单管理模式已被采用了相当长的一段时间。在 FTA 中，各国会利用负面清单在服务贸易、投资和金融领域做出不同程度的安排。在 WTO《服务贸易总协定》（GATs）中，利用正面清单来确定覆盖的领域，而负面清单则用来圈定在这些开放领域清单上，有关市场准入和国民待遇问题的限制。这种做法曾被不少国家采用，从而有效利用正面和负面清单的手段，在开放市场的同时，保护部分敏感产业。1994 年生效的北美自由贸易区（NAFTA）被认为是最早采用负面清单的 FTA 之一。在美国和新加坡达成 FTA 之后，这种制度也被亚洲多国所仿效，但各国的做法并不一样。如在金融服务业领域，美国—新加坡 FTA 就在跨境金融服务贸易的子领域采取了正面清单的形式；韩国—美国 FTA 则进一步将正面清单拓展至金融服务的投资领域，并以一个混合清单的模式允许双方金融投资领域子项目的开放程度。截至目前，美国已经与 42 个国家和地区签订了以准入前国民待遇和负面清单为基础的双边投资协定。

中国对外资的管理一直采用的是《外商投资产业指导目录》模式。在这份目录中，列出了中国鼓励、限制、禁止外商进入的行业，所有的外商投资和商业投资只能在规定的范围内活动。采用负面清单管理模式后，给不开放的行业和受限制的商业活动列了一个清单，明确告诉对方哪些领域和行业是限制或禁止外商活动的，只要未列入名单的就是法无禁止皆可为。一般认为，知道什么是不允许的比知道哪些是可以做的，更能帮助企业理解在国外如何开展业务。

本章小结

国际资本运动是资本在国际的转移，即资本跨国流动的输出与输入。国际资本运动包含的内容比较广泛，正是由于资本在国际的转移构成了国际投资的基础，所以国际投资属于国际资本运动范畴。法国经济学家萨伊建立的生产要素理论，为国际投资奠定了基础理论。发展经济学家钱迪里和斯特劳特建立的"两缺口模型"为所有发展中国家利用外资建立了基本理论依据。20 世纪 60 年代以来，国际经济学理论界研究国际投资形成了各式各样的学说或理论。按照国际资本运动概念区分国际投资合作，包括国际直接投资、国际间接投资和国际发展援助。国际直接投资是国际经济合作的重要内容之一。

关键名词或概念

1. 国际投资（international investment）
2. 国际直接投资（international direct investment）
3. 国际间接投资（international indirect investment）
4. 垄断优势理论（theory of monopolistic advantage）
5. 产品生命周期理论（the theory of product life cycle）
6. 国际生产折衷理论（eclectic theory of international production）
7. 非股权投资（non-equity modes）
8. 负面清单管理模式（negative list management mode）

拓展阅读

拓展1：21世纪跨国公司国际投资新趋势

20世纪90年代以来，在信息技术和网络革命的推动下，全球化浪潮显现出了不可阻挡的澎湃之势。因此，以全球化的经营战略获取全球化竞争中的胜机将成为21世纪跨国公司国际投资及其经营管理的主旋律。

（1）跨国公司国际投资面临的新环境。21世纪跨国公司国际投资发生的各种新趋势，源于它所面临的一个日新月异的新环境，包括贸易、投资的自由化浪潮、技术进步、国际化生产的扩大和知识经济时代的到来。

（2）跨国公司国际投资的新趋势。新环境为跨国公司创造了更为广阔的市场空间和更广泛的市场机会，与此同时，面对更为激烈的竞争环境，又必然使跨国公司的国际投资及其经营管理出现一些新变化，这些变化集中体现为：第一，知识型投资成为主要的趋势。在知识经济时代，"知识"资本成为最核心的生产要素，跨国公司国际投资将逐渐改变传统的寻求自然资源或廉价劳动力为导向的初级形式和以寻求资本密集、规模扩张为导向的中级形式，而代之以寻求知识创新为导向的高级形式，即知识型投资将成为未来跨国公司国际投资的主导。第二，在区位选择上，跨国公司越来越倾向于选择能提供优秀人才并具备知识创新潜能的区位进行投资。第三，知识型投资的另一个重要取向是建立风险投资机制，促进高新技术产业化。第四，跨国公司将逐步加大研究与开发的投资比重。第五，跨国公司日益重视公司体系内全球范围的人力资源开发与培训，并逐步加大了这方面的投资。

（3）协作型竞争构成跨国公司战略联盟与跨国并购的趋势。信息时代的来临，促成经济结构的升级和技术的大规模高速度更新。面对知识经济大潮的冲击，面对新的经济和金融环境，跨国公司必须尽快调整自己的发展战略，转变旧的市场观念和竞争方式。跨国公司缔结战略联盟作为一种新的国际竞争形式，改变了国际市场的竞争格局。这种联盟是指两个以上的跨国公司出于对整个世界的预期目标和企业自身总体经营目标的意愿，采取一种长期性联合与合作的经营行为方式。跨地区跨国界的大规模并购成为 20 世纪 90 年代末延续至 21 世纪的一道独特的风景线，很多产业的结构由此发生了深刻的变化，资源也在全世界范围内进行重新配置，调整的结果使产业的集中度进一步提高，若干行业"巨人"从中脱颖而出。产业"巨人"们在新的经济环境和法律环境中，不再一味地强调对抗和竞争，它们开始将目光越来越多地转向联合，强强联合成为跨国公司通过购并获得竞争优势的主要手段。

（4）跨国公司企业再造的趋势。为适应新世纪全球市场竞争的新特点，跨国公司不仅重视外部的协作竞争，还注重企业的内部改革，即企业再造。跨国公司再造的重要内容是：对传统的作业流程进行重新安排，着眼于从过程的角度来组建职能部门，从根本上改变现有的组织结构，以提高企业管理效益。其核心是把原来按设计、工艺、供应、生产、统计、财务、销售等职能划分的管理方式，按"以作业流程为中心"的原则对企业进行重新设计，即在同一小组内进行平行作业。其特点主要是：第一，在组织结构上，把原来金字塔的管理层次改变为扁平式的管理，以便节省时间，提高效率，降低成本。第二，在组织形式上，用工作小组替代原有的职能部门。第三，在管理手段上，强调计算机管理信息系统和信息技术在管理上的普及和应用。①

拓展 2：负面清单管理模式

"负面清单"一词出现在《中国（上海）自由贸易试验区总体方案》所列的 9 项主要任务和措施中，"探索建立负面清单管理模式"位列第三，排名仅在"深化行政管理体制改革"和"扩大服务业开放"之后。《总体方案》提出"探索建立负面清单管理模式"。借鉴国际通行规则，对外商投资试行准入前国民待遇，研究制订试验区外商投资与国民待遇等不符的负面清单，改革外商投资管理模式。《中国（上海）自由贸易试验区外商投资准入特别管理措施（负面清单）（2013 年）》，以外商投资法律法规、《中国（上海）自由贸易试验区总体方案》《外商投资产业指导目录（2011 年修订）》等为依据，列明中国

---

① 摘自 "21 世纪跨国公司国际投资新趋势"，载《世界经济研究》，2007 年第 6 期。

（上海）自由贸易试验区（简称"自贸试验区"）内对外商投资项目和设立外商投资企业采取的与国民待遇等不符的准入措施。负面清单按照《国民经济行业分类及代码》（2011年版）分类编制，包括18个行业门类。公共管理、社会保障和社会组织、国际组织2个行业门类不适用负面清单。

除列明的外商投资准入特别管理措施，禁止（限制）外商投资国家以及中国缔结或者参加的国际条约规定禁止（限制）的产业，禁止外商投资危害国家安全和社会安全的项目，禁止从事损害社会公共利益的经营活动。自贸试验区内的外资并购、外国投资者对上市公司的战略投资、境外投资者以其持有的中国境内企业股权出资，应当符合相关规定要求；涉及国家安全审查、反垄断审查的，按照相关规定办理。

香港特别行政区、澳门特别行政区、台湾地区投资者在自贸试验区内投资参照负面清单执行。内地与香港特别行政区、澳门特别行政区《关于建立更紧密经贸关系的安排》及其补充协议、《海峡两岸经济合作框架协议》及其后续《海峡两岸服务贸易协议》、我国签署的自贸协定中适用于自贸试验区并对符合条件的投资者有更优惠的开放措施的，按照相关协议或协定的规定执行。

对负面清单之外的领域，按照内外资一致的原则，将外商投资项目由核准制改为备案制（国务院规定对国内投资项目保留核准的除外），由上海市负责办理；将外商投资企业合同章程审批改为由上海市负责备案管理，备案后按国家有关规定办理相关手续；工商登记与商事登记制度改革相衔接，逐步优化登记流程；完善国家安全审查制度，在试验区内试点开展涉及外资的国家安全审查，构建安全高效的开放型经济体系，在总结试点经验的基础上，逐步形成与国际接轨的外商投资管理制度。

2013年9月30日负面清单公布。自贸区负面清单依据法律法规做了大量梳理，按国民经济行业分类，列出18个门类，89个大类，419个中类，1 069个小类，190条管理措施，约占试验区内1 069个小经济行业分类的17.8%。对于未列入负面清单的外商投资一般项目，企业最快4天可以拿到营业执照、机构代码和税务登记等。对于列入负面清单的外商投资，试验区将按照原有办法进行管理。而对于未列入清单的外商投资一般项目，则将按照内外资一致的原则，把项目的核准制改为备案制，将原来合同章程的审批改为备案管理。清单写明：新闻机构，图书、报纸、期刊的出版业务，音像制品和电子出版物的出版、制作业务，目前均属外商投资的"禁区"。在娱乐场所方面，电影院的建设经营受到限制，须中方控股。广播电视节目和电影的制作业务，也仅限合作的方式。广播电视节目制作经营公司、电影制作公司、发行公司、院线公司，属于外资不能进驻的领域。互联网上网服务营业场所（网吧）在"负面清单"禁止之列，博彩业（含赌博类跑马场）、色情业，外商也不能在自贸区投资。在体育场馆中，高尔夫球场的建设、经营明确禁止投资。大型主题公园的建设、经营虽未禁止，却受到一定限制。

根据自贸区总体方案，外商独资的医疗机构获得了准入机会，中外合作的经营性教育培训机构和职业技能培训机构也将开放。负面清单则显示，医疗机构投资受到三条明确的限制：投资总额不得低于 2 000 万元人民币，经营期限不能超过 20 年，不允许设立分支机构。教育领域进一步明确了总体方案的限定，经营性教育培训机构、职业技能培训机构，只能以中外合资的方式开展，外资试图投资非经营性学前教育、中等职业教育、普通高中教育、高等教育等教育机构，以及非经营性教育培训机构、职业技能培训机构仅限合作，且不允许设立分支机构。义务教育以及军事、警察、政治、宗教和党校等特殊领域教育机构，经营性学前教育、中等职业教育、普通高中教育、高等教育等教育机构，属于明确禁止的范围。

（以上根据相关资料整理）

简答题

1. 国际资本运动的概念与特征包括哪些内容？
2. 国际资本运动与国际投资有哪些联系与区别？
3. 国际投资合作包括哪些内容？
4. 收购与创建投资的特点是什么？
5. 什么是非股权投资？
6. 为什么要采用负面清单管理制度？

第五章 国际信贷合作

本章导读

国际信贷是发生在国际的一种资金借贷关系，其实质是以偿还为条件的资本生产要素在国际的运动。从国际经济合作角度看，主要涉及政府贷款、出口信贷、混合贷款和国际金融组织信贷中的世界银行贷款。

学习目标

通过本章学习，应掌握国际信贷的一些基本概念，对政府贷款、出口信贷、混合贷款和世界银行贷款等与国际经济合作有关的主要贷款方式有较为全面的了解。

第一节 国际信贷基本知识

一、国际信贷基本概念

（一）信用与信贷

信用是商品货币经济中的一种以偿还和付息为条件的借贷行为，体现一定的债权债务关系。信用涉及贷方和借方两个关系人，贷方为授信者，即债权人，借方为受信者，即债务人。授信过程是债权人提供一定的货币（或有价物）给债务人，到了约定时间，债务人将货币（或有价物）归还并加付一定利息。在信用借贷行为中，债权债务关系最初是由于商品的赊销和货币的预付而产生的。随着融资行为和信用制度的广泛建立和发展，债权债务关系渗透到社会经济生活的各个角落，无论是企业的生产经营活动，还是个人的消费行为或政府的社会、经济管理活动都依赖债权债务关系。

信用作为一种借贷行为，要通过一定方式具体表现出来，表现信用方式的具体行为就是信贷。在信贷行为中，贷方将一定数量的货币（或有价物）贷放给借方，借方可以在一定时期内使用这些货币（或有价物），到期必须偿还，并按规定支付一定的利息，偿还和付息是信贷最基本的特征。

随着商品货币关系的发展，信贷形式日趋多样化。按照借贷关系中债权人与债务人的不同，信贷的基本形式包括：商业信贷、银行信贷、国家信贷、消费信贷等。其中银行信贷（banker's credit）是银行及其他金融机构通过存款、贷款等业务活动提供的以货币形式为主的信用。银行信贷是在商业信用发展到一定水平时产生的，它的产生标志着一个国家信用制度的发展和完善。

（二）国际信用与国际信贷

国际信用（international credit）是国际的借贷关系，与国内信用不同，国际信用的债权人与债务人是不同国家的法人，体现的是国与国之间的债权债务关系，直接表现资本在国际的流动。国际信用有国际商业信用和国际银行信用两种形式，前者是发生在国际商品交易过程中，以远期支付方式由卖方提供的信用；后者是银行以货币形态向另一国借款人提供的信用，国际商业信用往往要借助于国际银行信用，这种信用方式称为国际信贷。

国际信贷（international credit）是一国的银行、其他金融机构、政府、公司企业以及国际金融机构，在国际金融市场上向另一国的银行、其他金融机构、政府、公司企业以及国际机构提供的贷款。国际信贷形式主要包括：国际商业信贷、国际银行信贷、出口信贷、项目贷款、政府贷款、国际金融机构贷款、国际债券发行等货币形态的信贷和补偿贸易、国际租赁等商品资本形态的信贷。

（三）国际信贷的本质

从本质上看，国际信贷属于国际资本运动的范畴。在商品经济发展过程中，资本处于不断流动的状态，流动的目的是尽量使资本增值。哪里有条件使资本增值，哪里利润高，资本就会向哪里流动。当国外投资的预期利润比国内高时，投资者就会通过直接、间接以及其他灵活多样的方式使资本流向国外。在国际经济发展过程中，一方面是发达国家出现了大量过剩资本，当这些资本在本国找不到有利的投资环境时，就要突破国界，向资金短缺、生产要素组成费用少而市场又较为广阔的发展中国家或地区输出；另一方面发展中国家为了加速本国经济发展需要大量资本，在自己资金缺乏的情况下，也需要引进外资以弥补不足。在国际投资中，通过国际信贷方式实现的资本运动属于间接投资。

（四）国际信贷的作用

1. 国际信贷优化了国际资源的有效配置

通过国际信贷机构在全球范围内进行资金汇集和疏导，国际货币资本在资金余缺国家之间流动，促进了全球范围内储蓄和投资的有效配置，进而推动了生产要素在全球范围内的重新优化配置。首先，在生产和资本国际化和全球化的过程中，国际信贷市场日益成为全球范围内筹集和再分配货币信贷资金的重要场所，各国政府越来越重视利用国际信贷筹措外汇资金，弥补国内经济建设资金的不足，增加投资来推动本国经济发展。其次，国际信贷市场关于信贷资金的各种信号和变化，有效地指导着全球范围内资金供给者和资金需求者调整自己的资金分配和运用，促进全球范围内资金余缺的调节和平衡，从而带动其他生产要素在国际的重新配置，对生产国际化起着重要作用。

2. 国际信贷有利于发展中国家经济发展

第二次世界大战后，国际信贷机制发生了重大变化，第三次科技革命推动货币资本进一步国际化，发展中国家在国际经济中地位的提高使其作为独立实体进入国际资本市场后，调整了国际投资构成，并对国际信贷产生了重要影响，银行信贷规模扩大，中长期信贷作用提高，国际信贷形式更加多样化。首先，作为石油输出国组织（OPEC）成员的发展中国家，其石油资金除一部分用来增加外汇储备外，相当一部分也通过货币市场和国际金融机构向国外贷款和投资以取得利息和利润，一些非产油的发展中国家一旦出现国际收支逆差，便可利用信贷取得石油美元以缓解财政困难。其次，20 世纪 60 年代后出现的许多发展中国家，为了加速本国的经济发展，需要大量外汇资金用于引进技术和设备，它们除了吸收外国直接投资，更为大量的是利用国际信贷。如韩国出口工业的增长，巴西在 60 年代的经济起飞，印度自独立以来在 50 年中由一个贫穷落后国家发展成一个经济水平较高的大国，国际信贷投资在其过程中均起到了巨大的作用。

3. 国际信贷有利于调节一国国际收支，促进国际贸易发展

首先，随着国际贸易发展和资本流动，各国国际收支失衡时有发生，单靠本国经济结构和政策调整来弥补国际收支失衡在短期内经常是无法完成的，通过各种灵活的信贷方式促进出口不仅加速了国际贸易发展，还可以迅速改善国际收支状况，避免国内经济损失，同时赢得时间来调整经济，从根本上扭转国际收支的失衡状况。其次，由于国际贸易摩擦不断加剧，各国都将提供出口信贷作为刺激出口、增强其竞争能力的重要手段之一，在各国生产力水平不断提高和社会经济不断发展的前提下，世界出口总额中机器设备，特别是大型成套设备所占的比重增加，仅靠现金交易或短期信贷，无论是金额还是期限，均不能适应这类商品交易的需要，因此，中长期信贷的规模和作

用也就越来越大。这种变化既促进了第二次世界大战后国际贸易的发展，又为大规模生产提供了巨额资金。

4. 国际信贷有利于加强国际经济联系

经济生活国际化趋势加快，使不同社会制度国家之间的经济交往障碍减少，不同发展阶段国家之间的商品交换、资金融通、科技交流和劳动力流动出现的新局面对国际信贷发展产生着深远的影响。当今世界国与国之间只有相互了解、相互沟通、互帮互助、互通有无才能取得共同的发展。国际信贷交易的发展加强了国与国之间的经济联系。

5. 国际信贷促进了国际金融市场一体化

国际信贷资金通过国际银行借贷体系和多边金融机构信贷渠道，在国家之间、区域化经济集团内部以及全球范围内充分的流动，直接增强了在岸金融市场和离岸金融市场之间的资金交流联系，并对国际金融一体化进程的推进产生深刻影响。第二次世界大战后，国际信贷机制变化突出表现为在资本市场国际化和银行国际化发展中，首先，国际信贷资金流动促进了国际信贷资产价格一体化趋势，国际信贷资产价格在本国和离岸金融市场的差异正在逐步缩小，各主要发达国家和金融发达地区的利率水平变动态势呈现一致性；其次，国际范围内信贷资金的流动促使国际信贷机构更广泛地参与国际信贷市场、国际证券市场、外汇市场和金融衍生市场的交易，同时各国信贷机构的频繁联系使得国际信贷活动的技术方法和市场惯例日趋融合，各国信贷中介机构金融服务的一体化程度不断加深，金融服务业日趋国际化。

6. 国际信贷有利于跨国公司发展和推动生产国际化

第二次世界大战后迅速发展起来的跨国公司，其生产活动超出了国界，虽然国际直接投资是跨国公司海外经营活动的基础，但跨国公司的资本来源仅靠自有资本转移是不够的，大量的资本来自于银行。与此同时，跨国公司也根据需要将暂时闲置的资金投入贷放活动，跨国银行得到迅速发展。如欧洲货币市场就是跨国公司和跨国银行借款、存款和调拨资金的重要场所。国际信贷既有利于跨国公司的经营活动，也推动着生产国际化的进程。

二、国际信贷合作

（一）国际信贷与经济发展

1. 国际信贷与经济全球化

随着经济全球化趋势的不断增强和金融自由化、一体化的程度不断加深，资本的跨国界流动进一步推进金融服务业领域资金交易的自由化和全球化的趋势，国际信贷市场借贷资金的全球配置作用和资金融通职能不断得到增强。首先，经济全球化加强了国际信贷机构间的竞争，促进了国际信贷资源的合理配置，提高了信贷交易效率，国际信贷机构日益重视信贷资金投资和管理技术的创新与经营发展战略，促进了自身的经营和风险管理水平。其次，由于经济的全球化，信贷机构在提供服务的同时，可以在全球范围内选择信誉好的优质客户和有发展潜力的贷款项目，极大提高了国际信贷资金的使用效率。再次，经济全球化使各国企业与金融机构投资和资金交易的国际联系日益紧密，尤其是跨国公司在全球范围内的经营对国际资金借贷需求日益增长，发达的国际信贷市场为全球化的贸易和投资提供了有效的资金融通，国际信贷资金介入了全球范围内的证券交易、外汇交易和金融衍生市场交易，对国际证券市场、外汇资金交易市场和衍生市场都做出了贡献。国际信贷的发展和创新与经济的一体化过程交织在一起，随着商品贸易、资本流动的发展和几次全球范围内产业结构的调整，国际信贷理论、工具和技术不断发展。

2. 国际信贷与国民经济发展

国际信贷资金尤其是其中流动性相对稳定的国际中长期信贷资金能够供一国在较长时间内使用，从而使国际信贷资金更深入地介入到一国的国民经济发展中。借款国通过参加国际信贷合作，引入国际信贷资金，可以随之引进先进技术、设备和管理经验，增加本国就业，带动国民经济和财富增长。任何一个国家无论其资源贫乏还是丰富，只要能够积极合理地利用外资，通过国际信贷市场积极地参与国际经济合作，有效地发展社会生产力，都可以使一国国民经济获得长足发展。事实上，发展中国家在推动本国经济发展过程中，都离不开利用国际信贷资金解决本国经济发展中的货币资金不足问题。在世界各国逐步开放的条件下，国际信贷资金在各国的流动必然引起各国宏观经济变量的变化以及均衡关系的调整。一国在制定本国宏观经济发展战略时，不仅要从本国的自然资源、劳动力资源、科学文化水平出发，同时也要考虑国际资源分配状况及劳动生产率状况，将本国国民经济发展与世界经济联系起来综合考虑制定经济发展战略，利用国际信贷资金来促进本国经济发展。

3. 国际信贷与利用外资

在国际资本运动中，一国利用外资的主要形式是直接投资和间接投资，国际信贷是一种间接的利用外资形式。国际信贷包括补偿贸易、出口信贷、商业银行贷款、政府贷款、国际金融组织贷款、国际金融租赁和国际债券发行。通过国际信贷利用外资：第一，可以有效地弥补国内建设资金的不足。

第二，就利用外资来说，国际信贷比直接投资更为灵活。利用国际信贷方式融资时，除了约束性贷款（如卖方信贷）外，债务人对所借款项具有完全的支配权，可以根据国家经济发展需要和借款条件，将资金投向对本国经济发展具有重要意义但建设周期长、资金需求大且回收较慢的某些基础建设项目，如公共设施、能源、交通、通信以及科研开发等，以保证国民经济的平稳发展。第三，能够更好地维护本国的经济利益。以国际信贷方式利用外资，只需要支付利息即可，利息的高低与借入资金所从事的生产经营活动的实际业绩无直接联系，剩余的利润都可以留在国内进一步利用。第四，在实际利用外资时，国际信贷与国际直接投资经常结合在一起使用，如跨国公司或合资公司的外币股本或外币追加资本投入的来源可能来自于国际银行信贷渠道的融资，且在国际企业融资多元化条件下，从事国际生产的跨国经营企业经常会不断地利用国际信贷资金来扩充企业的资金实力。

（二）国际信贷合作

综上所述，可以看出随着经济全球化的发展，国际信贷日益成为世界各国关注的焦点和国际经济联系与合作的重要内容①，所以国际信贷合作是国际以偿还为条件的价值运动，是由一国或几个国家的政府或银行或国际金融机构给第三国政府、银行及其他自然人或法人所提供的资金融通活动。

三、国际信贷种类

（一）国际信贷的类型

国际信贷种类较多，但基本类型主要包括贸易信贷（trade credit）和资本信贷（capital credit）两种。

贸易信贷是为便利进出口贸易而提供的贷款，包括短期信贷和中长期信贷。短期信贷的期限一般不超过 1 年，主要用于原料、粮食、半制成品和消费品等类商品的进出口贸易。信贷的提供往往要以外贸合同的签订为条件，只限于为合同规定的商品交易提供资金融通，以促成交易的完成。作为贸易信贷另一组成部分的中长期信贷，是一些国家为支持和扩大本国大型设备出口，加强国际竞争能力，争夺销售市场的一种手段。在这种信贷中，国家用提供利息贴补和信贷担保的办法，鼓励本国银行向本国出口商或外国进口商发放利率优惠的贷款，以解决本国出口商资金周转困难或国外进口商因资金短缺而无力支付进口货款的困难，从而达到促进出口的目的。因此，国际上

---

① 本节可参见本书第六章"国际金融合作"。

将对外贸易中长期信贷统称为出口信贷。

资本信贷通常用于增加固定资本、购买机器装备、建立企业、建设公共设施或支付技术援助等方面，资本信贷大多是中长期贷款。这种贷款期限一般在1年以上10年以内，但也有长达10年以上，甚至30～40年或50年的长期信贷。资本信贷包括政府贷款、银行贷款、发行债券、存款单、工程项目贷款、国际租赁和国际金融机构贷款等多种形式的融资方式。

（二）国际信贷使用

从国际信贷使用角度看，根据不同情况有多种分类方法，这些分类方法在国际信贷的使用中，经常构成信贷提供与接受的贷款条件。

1. 按贷款的来源和性质分类，包括政府贷款、国际金融机构贷款、出口信贷、国际商业银行贷款、混合贷款等。

2. 按贷款用途和支付方法分类，包括平衡国际收支贷款、项目贷款、商品贷款、自由外汇贷款等。

3. 按贷款期限分类，包括短期贷款、中期贷款和长期贷款。从贷款期限看，属于国际发展援助的双边、多边贷款期限都比较长。

4. 按贷款利息率分类，包括：①无息贷款，指的是只还本不付息的贷款。②低息贷款，指的是年利率在5％以下的贷款。③中息贷款，其年利率一般在5％～10％。④高息贷款，其年利率在10％以上，并且随着国际金融市场的利率变动而波动。从贷款利息率看，属于国际发展援助的双边、多边贷款一般都是中期、长期的无息或低息贷款，并且按年利率计算利息，年利率一般在1％～3％。

5. 按筹资方式分类，包括直接借贷、间接借贷（发行债券、吸收外币存款）等。

四、国际信贷基本条件

（一）贷款期

在国际信贷中，贷款的基本条件是贷款期限，即贷款期（maturity period of loan）。贷款期是自贷款协议生效日起到贷款本金与利息全部还清日止的期限，贷款期也被称为偿还期。在实际工作中，贷款期实际就是一笔贷款借入、使用和偿还的全部过程。

贷款期通常包括宽限期和还款期两部分，每一部分的长短由借贷双方视贷款的用途和项目周期，经过谈判协商确定。贷款期限确定之后，要以贷款协议的方式以文字记载下来，借贷双方必须严格遵守。宽限期（grace period）

亦称宽缓期，是指在贷款使用后的一段时期内不必偿还贷款的本金和利息，或者只付利息而不偿还本金的期限。贷款的宽限期一般规定为 5 年、7 年或 10 年。宽限期一过，就要按照贷款协议规定的办法开始还款。一笔贷款的宽限期长短，是衡量其优惠程度高低的指标。在确定贷款期的同时，要将宽限期同时确定并在贷款协议中以文字记载下来。还款期（repayment period）即归还贷款的期限，在政府贷款中，提供优惠性质的贷款一般都规定，过了宽限期以后，就必须从某年开始在 10 年、20 年或 30 年，甚至更长一些时间内，每年分一次或两次偿还贷款的本金和利息。一笔贷款的还款期长短及每年偿还的次数，也是衡量贷款优惠程度高低的指标之一。在确定贷款期的同时，要将还款期确定并在贷款协议中以文字记载下来，借贷双方必须严格遵守。政府贷款的每年偿还次数，按照国际惯例是每半年偿还一次，这样在还款期内，每次偿还贷款的金额可以按下列公式计算：全部本金／（偿还期年数－宽限期年数）×2，如果除后还有余数，余数加在最后一次偿还，但是也有少数例外情况有专门的办法处理。全部本金中包含利息，但如果在宽限期内已开始付息，在计算每次偿还贷款金额时应将这一部分扣除。在贷款期中还有提取期（draw period），亦称使用期，它是指从贷款协议规定开始提款之日起到截止提款之日止的期限，实际上也就是使用贷款的期限。提取期一般规定为 1 年、3 年或 5 年。一笔贷款应注意在提取期内使用完毕，如果没有按提取期规定的时间使用，借款方就应向贷款方支付承诺费。

（二）赠与成分

在国际信贷中，一笔贷款一般都含有一定的赠与成分，赠与成分（grant element，简称 GE）是用于衡量贷款优惠程度的一个综合性指标。影响这一指标的参数包括贷款的年利息率、偿还期、宽限期、每年偿还次数和贷款期内的贴现率。由于每年偿还次数一般均定为每半年偿付一次（即每年偿还 2 次），贴现率则按综合年率 10％计算，所以在计算赠与成分时以前三个参数为主，它们直接影响到赠与成分的大小。赠与成分计算公式如下：

$$GE = 100 \times (1 - \frac{r/a}{d}) \times (1 - \frac{\frac{1}{(1+b)^{aG}} - \frac{1}{(1+b)^{am}}}{d \ (am - aG)})$$

在上式中，GE 为赠与成分，用以表示贷款金额票面价值优惠程度的百分比；r 为年利率；m 为偿还期；G 为宽限期；a 为每年偿还次数（如每半年 1 次，即一年偿还 2 次）；d 为每期贴现率（按照经济合作与发展组织惯例，d 按综合年率 10％计算）。例如：按照以上公式，一笔无息贷款的宽限期为 10

年，偿还期 30 年，每年还款 2 次，则赠与成分为 82.65％；一笔贷款的年利率为 3％，宽限期 5 年，偿还期 20 年，每年还款 2 次，则赠与成分为 46.25％；一笔贷款的年利率为 5％，宽限期 5 年半，偿还期 10 年，每年还款 2 次，则赠与成分为 25.26％。可见，贷款的利息率越低，宽限期和偿还期越长，贷款的赠与成分就越高。实际上，每一笔贷款都含有一定的赠与成分，按照国际惯例，优惠性贷款所含的赠与成分应达到 25％以上。或者说一笔贷款的赠与成分如果达到 25％以上，就是带有优惠性质的经济援助性贷款，如政府贷款；赠与成分在 25％以下的通常视为商业贷款。在实际工作中，考察贷款赠与成分的大小是不用计算的，经济合作与发展组织（OECD）已根据不同的利息率、宽限期和偿还期计算出不同的赠与成分，并编制成了表格，具体使用时查表即可。

（三）贷款费用

贷款费用亦称借贷成本，是指借款人向贷款人支付在借贷中所发生的必要费用，常见的贷款费用有以下几种。

1. 手续费

手续费是指贷款方从开始与借款方接触谈判直到签订协议为止所开支的费用，手续费由借款方按照协议规定的时间一次交付。在贷款工作的执行中，有的手续费是从提取的本金中扣除，有的手续费并入本金计算利息。手续费的费率因贷款手续的繁杂程度不同而有不同的规定，一般为贷款本金的 0.5％～1.25％。

2. 管理费

管理费近似于手续费，是在银团贷款的情况下才使用的一种费用。管理费按照贷款总额的一定比例收取，其费率一般在贷款总额的 0.25％～0.5％。管理费按照贷款协议规定的时间一次支付。

3. 代理费

代理费也是在银团贷款时收取的一种费用，由于在银团贷款中，代理银行与借款人需要事先联系，如发生电报费、电传费、办公费等。代理费的收取标准没有统一的规定，一般每年最高为 5 万至 6 万美元，并且每年支付一次。

4. 承诺费

承诺费亦称承担费，它是指贷款方因借款方没有按期使用贷款，从而造成贷款资金闲置不能生息，而向借款人收取的一种补偿性费用。承诺费一般以年利计算，通常为未提取使用贷款额的 0.125％～0.25％。承诺费也是每半年支付一次，支付日期在贷款协议中规定下来，通常和贷款的利息同时支付。承诺费的计算公式是：

$$承诺费 = \frac{未使用的贷款额 \times 未如期使用的天数 \times 承诺费率}{360}$$

第二节　政府贷款

一、政府贷款的概念

（一）政府贷款的定义

政府贷款（government loan）是以国家政府名义提供与接受而形成的，即由一国政府使用国家财政预算收入资金向另一国政府以特定协议方式提供的优惠贷款，政府贷款提供通常具有双边经济援助性质。政府贷款是各类贷款中优惠程度最高的一种贷款，一般要经过各国中央政府以完备的立法手续加以批准后才能提供。政府贷款的形成，通常是建立在两国政治关系良好的基础上，配合外交活动而采用的一种经济手段。

从历史上看，政府贷款一直由发达国家向发展中国家提供。自 20 世纪 70 年代石油输出国组织（OPEC）成立后，发展中国家开始向发展中国家提供政府贷款，在 OPEC 的 13 个成员国中，有 10 个国家向外提供援助性贷款，其中 7 个是阿拉伯产油国，如科威特、沙特阿拉伯等，由此开创了南南合作先河。无论是对于贷款国还是借款国，政府贷款都有利于促进本国经济发展。从贷款国来看，有利于促进其资本与商品输出，从借款国来看，有利于其弥补本国经济建设资金不足从而促进经济增长。从世界经济角度看，政府贷款有利于促进国际经济利益关系协调以及贷款国与借款国在平等互利的基础上开展经济合作，各国以政府贷款为桥梁，在商品市场、技术市场与资本市场交流协作，共同谋求发展。

（二）政府贷款的特征

政府贷款的基本特征是：第一，由于政府贷款是一国政府利用财政或国库资金向另一国政府提供的，所以从国际资本运动角度看，政府贷款的本质特征属于国家资本输出，贷款为国家行为和国家财政收入信贷，借款人与贷款人均为特定的政府组织，贷款资金主要来自贷款人的国家财政预算收入，较少受商业原则支配。第二，政府贷款多为长期低息优惠性贷款，具有利率低、附加费用少的优惠性质。根据国际惯例，政府贷款的优惠性体现在这种贷款至少应含有不低于 25% 的"赠与成分"。从贷款期限看，政府贷款一般为中长期贷款，贷款期通常为 10 年至 30 年，宽限期通常为 5 年至 7 年，最长的可达 10 年。从贷款利息看，政府贷款包括无息贷款和计息贷款，无息贷款免收利息但要收取一定的手续费，计息贷款利息率较低，年利率一般在 2%～3%，如日本政府项目贷款转贷期限一般为 30～40 年，利率为 0.75%～2.2%，德国政府贷款转贷期限一般为 15～30 年，利率为 0.75%～3.25%。第三，政府贷款主要为项目贷款，贷款用途多限于符合双边协定或双方经贸关系的重要项目，超越这一范围将可能造成贷款申请上的困难。通常情况下，贷款国的有关机构还将按协议对借款国的项目实施过程进行监督管理。经济合作与发展组织（OECD）规定，政府贷款主要用于城市基础设施、环境保护等非营利项目，若用于工业等营利性项目，则贷款总额不得超过 200 万特别提款权。第四，政府贷款受贷款国的国民生产总值、国际收支及财政收支制约，数额一般不会太大，不大可能像国际金融组织那样经常提供较大数额的贷款。

（三）提供政府贷款的一般条件与限制条件

政府贷款的主要提供者是发达国家或有能力提供贷款国家的政府，这些国家政府都要根据本国政治和经济发展的需要，制订不同的对外提供贷款的条件。一般来说，世界各国政府提供贷款时通常包括以下一些内容：

（1）政府贷款具有强烈的政治色彩，或者说，在一定条件下，政府贷款是为政治外交服务的。两国之间是否具有良好的政治外交与经济合作关系，往往是贷款国政府发放贷款的前提条件，因此两国关系的变化会直接影响到贷款工作的顺利进行。此外，双边援助性的政府贷款还要受到贷款国财政预算和国内政策以及借款国政局是否稳定等因素的牵制。少数国家在发放政府贷款时，甚至要求借款国在政治倾向、人权等方面做出承诺，并以此作为贷款的附加条件。

（2）接受政府贷款的项目单位不论是国营还是私营企业，均必须以政府的名义接受，即需要经过双方国家的政府照会，并经过政府规定的批准程序和辅之以一系列的外交函件。

（3）政府贷款一般为商品贷款和项目贷款，很少提供现汇。在通常情况下，政府贷款只限于使用贷款国的货币。作为商品贷款，贷款国通常要求借款国在借入贷款时要连带使用贷款国一定比例的出口信贷并附加限制采购规定，这不仅有利于贷款国的商品输出，而且还能带动贷款国私人资本输出。作为项目贷款，在贷款额度上，贷款国一般不向借款国提供项目建设所需的全部资金。

（4）政府贷款大多带有一定的附加条件，特别是限制性采购条款，如要求借款人以贷款的一部分或全部向贷款国购买设备、物资、技术成果或技术服务，以此增加贷款国的出口贸易；或在提供政府贷款的同时，要求借款人连带使用一定比例的贷款国出口信贷，以带动贷款国民间金融资本的输出。这种限制贷款用途的规定有利于贷款国的商品和劳务输出。有些政府的贷款虽然不限制借款国必须在贷款国采购，但规定应在"合格货源国"采购其所需商品。所谓合格货源国采购，即允许借款国采用招标方式从经济合作与发展组织（OECD）成员国，以及该组织所属"发展援助委员会"所规定的发展中国家和地区的"合格货源国"采购使用贷款的商品。

（5）政府贷款的程序比较复杂。借款国在确定备选项目过程中要进行大量的调查研究工作，以保证可行性研究报告的科学性和可靠性，为此需要相当长的时间。借款国选定项目后要准备项目文件，然后向贷款国提出申请，贷款国对贷款项目的可行性、项目效益和贷款偿还计划进行审查和评估，在贷款国初步同意贷款的基础上通过外交途径将书面承诺递交借款国，双方就贷款基本条件进行"换文"谈判，最后由借款国与贷款国执行机构具体商定贷款协议的详细内容并签署贷款协议，贷款协议往往附带相关物资采购协议和其他附属文件。

二、政府贷款执行程序

（一）政府贷款发放程序

政府贷款的发放，一般由贷款国政府主管部门协调财政部门通过由政府设立的专门机构负责提供。政府贷款对贷款国和借款国来说都是一种涉外业务，从借款国提出申请到与贷款国达成协议、签字生效，支付贷款，直至项目建成的整个过程要经历相当长的时间，而且每个阶段都要办理较为复杂的手续。此外，提供政府贷款与国内业务也是密不可分的，其中的很多工作往往同时或交叉进行。

各国政府负责贷款的主管部门、具体的执行机构和程序均不尽相同。综合各国政府的贷款办理程序，仍有许多共同之处，大都需要经过这样几个步骤：第一，借款国准备贷款项目，并由政府对外提出；第二，编制贷款项目可行性研究报告；第三，贷款国政府组织专门的评估小组，对双方共同感兴趣的贷款项目进行调查和评估；第四，贷款国与借款国举行正式会谈，政府间通过外交程序与政府换文确认对项目贷款的正式承诺；第五，项目的实施和监督；第六，项目建成并进行试运转后，由项目单位编写项目竣工报告，借贷双方国家政府对项目进行验收和总结评价，借款国按时还本付息及支付各项应付的费用。

（二）政府贷款协议签订方式

政府贷款协议的签订，根据项目建设工期的长短。如果贷款金额较小，项目建设在一年左右能够完成就签订一个贷款协议。如果贷款金额较大，项目建设工期需要若干年才能完成，这时的贷款协议签订，基本上有两种做法：第一种做法是签订年度贷款协议，即在项目建设工期内，根据工程进度确定年度贷款金额和贷款对象，每年签订一次贷款协议，直至项目建设完成。在签订年度贷款协议之前，贷款国和借款国政府必须事先换文。第二种做法是签订项目贷款协议，即一笔贷款不论项目建设工期长短，一次确定贷款金额，一个项目只签订一次贷款协议。如果一笔贷款金额较大，用于一批项目的建设，则由借款国与贷款国政府先签署一个总的谅解备忘录，然后根据不同的项目逐项进行谈判，谈成一个项目签署一个贷款协议。虽然一笔贷款分几个年度使用，但不需要分年度签署贷款协议。

混合贷款协议与以上签订方式不同，主要有以下两种做法。

第一种是自上而下的协议签订和批准生效程序，即政府批准贷款协议生效是建立在具有商务买卖成交基础上的。其步骤是：第一，借款国政府主管部门和贷款国外交部门进行商谈，以商定贷款金额和贷款条件，以及拟用贷款建设项目的清单，然后由双方政府代表签订备忘录。第二，借款国政府主管部门和贷款国外交部门委托各自的银行以备忘录为基础，对贷款协议进行谈判，并签署贷款协议。第三，借款国项目单位与贷款国国内供应商接洽，进行技术和商务谈判，签订买卖合同。第四，双方政府批准买卖合同，并宣布贷款协议生效，用款单位开始实施项目。

第二种是自下而上的协议签订和批准生效程序，其特点是：由于混合贷款的形成，是以借贷双方厂商签订的买卖合同为前提的，所以买卖合同是取得政府混合贷款的成立条件。其步骤是：第一，借款国用款单位与贷款国有关厂商进行技术交流，商谈有关买卖问题。同时，借款国国内用款单位向政府主管部门提出利用贷款国混合贷款的申请并办理国内有关手续。第二，借款国政府主管部门同意用款单位的申请后，向对方政府提出申请并进行商谈，经对方政府初步承诺后，由项目单位与对方厂商签订买卖合同。第三，双方将商务买卖合同分别报各自的政府审批。第四，借款国政府主管部门和贷款国政府有关机构签订贷款协议后，买卖合同生效，双方开始履行合同。

（三）政府贷款物资设备采购方式

借款国使用外国政府贷款，一般都用于项目建设中所需物资设备的国外购买，即用贷款支付购买进口物资设备的外汇部分。在政府贷款协议中，一般都要规定所使用贷款采购商品的方式和限制条件。通用的政府贷款采购方式包括：第一，自由采购，即借款国可以自由选择供应商采购其所需要的物资和设备，物资和设备的货款在贷款项下支付。第二，从贷款国采购，这是一种限制性采购方式，即在贷款协议中明确规定，借款国必须将贷款项下所需要的物资和设备的一部分或全部用于购买贷款国厂商生产的产品或劳务。第三，从合格货源国采购，这种采购方式在贷款协议中规定，借款国在贷款项下采购所需要的物资和设备时，必须从规定的合格货物来源国家采购。至于哪些国家属于合格货源国，有时由贷款国规定，有时由贷款国和借款国协商决定。第四，国际招标采购，即借款国在采购贷款项下所需要的物资和设备时，不受任何限制，使用正式公开的国际招标方式购买。第五，从借款国采购，这是借款国在贷款谈判中，经过协商后争取到的一些附加条件，即在贷款协议中规定，如果借款国的厂商参加公开招标能够中标，可以在借款国本国进行采购。

三、政府贷款债务管理

（一）外债规模控制

严格控制适度的外债总规模是加强外债宏观管理的一项重要内容。决定一个国家外债总规模的主要因素有两个：一个是国家有效吸收外资的能力；另一个是国家承受外债还本付息的能力。通常用于衡量一个国家外债规模是否适当的指标有：第一，外债总额与国民生产总值之比，即负债率；第二，借用国外贷款与全民所有制固定资产投资之比；第三，经常账户逆差与国民生产总值之比；第四，当年还本付息与财政支出之比；第五，当年还本付息总额与当年商品劳务出口收汇额之比，即偿债率；第六，外债余额与当年商品和劳务出口收汇额之比；第七，流动外汇持有率；第八，短期债务与全部外债之比。在这些指标中，以负债率、偿债率和外债余额与当年出口收汇额比率三项最为重要，其中偿债率是各种指标的综合体现，被认为是核心指标，国际上通常只用偿债率作为衡量借款国清偿债务的能力和判断贷款风险的尺度，并以 20％和 30％分别作为表示"安全"和"危险"限度的参数。

虽然国际上通常把偿债率作为衡量借款国偿债能力的一个主要参考指标，但它不是唯一的或决定性的指标。事实上，发展中国家间或同一发展中国家的各年间的偿债率有着很大的差异。有的超过了 30％的危险线也没有陷入债务危机；而有的低于 20％的安全线却仍然避免不了债务危机，这说明一个国家应该或者可以保持的偿债率决定于许多因素。例如，国际收支是顺差还是逆差，顺差逆差有多大、在短期或中期内逆差能否改变，出口贸易的现状、前景与进口需求量的变化，非贸易外汇收入及支出的增长率，国际利率与汇率水平及其趋势，有无及时调控外债的健全机制，等等。借用外债的规模还取决于一国的国内配套能力，即借债规模必须与一国的财力、物力和人力相适应。配套能力强，则外债的规模可以扩大；反之则外债规模就要受到限制。配套能力包括本国资金、基础设施、资源和生产力配置、技术人员与管理人员的力量和水平以及行政措施、立法等方面的配套。借用外债只有收到预期的经济效益才能保证按期还本付息。

（二）国家风险评价

对于债务国来说，按时偿还外债本息是必须严格履行的义务，为保证债务国能够按期还本付息，在政府贷款业务发生时，债权国通常要进行国家风险评价。

国家风险（country risk）指在国际经济活动中，由于国家主权行为造成经济损失的可能性。在国家主权风险范围内，国家作为交易的一方，通过其违约行为，如停付外债本金或利息构成直接风险；通过政策和法规的变动，如调整汇率和税率等构成间接风险。在风险可转移情况下，国家不一定是交易的直接参与者，但政策、法规变化也会影响该国内企业或个人的交易行为。

构成国家风险的情况，从国家行为角度看，主要包括：第一，主权风险（sovereign risk），即主权国家政府或政府机构出于其自身利益或考虑，拒绝履行偿付债务或拒绝承担担保责任，从而给贷款银行造成损失的风险。第二，转移风险（transfer risk），即因借款国政府政策或法规禁止或限制资金转移而对贷款方带来的风险，在国际借贷中，由于东道国外汇管制或资本流动管制，出现外国银行在东道国的存款、收入等可能无法汇出或贷款本金无法收回的情况，属于典型的转移风险。第三，由于东道国政治因素引发的社会动荡造成的风险，如战争、政变、骚乱等对贷款人经济利益构成的威胁。从银行业务角度看，还包括拒付债务（repudiation）、延期偿付（moratorium）、重议利息（renegotiation）、债务重组（rescheduling）、再融资（refinance）、取消债务（cancellation）、无力偿债（suspension）等风险。

国家风险可以通过一系列指标予以评价，这些指标综合反映出债务与国民经济的关系、外债还本付息与国际收支的关系以及外债构成和条件。银行评价国家风险主要采用数量指标、比例指标、等级指标三项。数量指标反映一国的经济情况，包括国民生产总值（或净值）、国民收入、财政赤字、通货膨胀率、国际收支（贸易收支、经营收支等）、国际储备、外债总额等，对不同的国家，数量指标的侧重可能不同，通常对一国的关键部门（例如石油或其他矿产）的指标也要进行分析和预测。比例指标主要反映一国的对外清偿能力，是分析国家风险的重要工具，通常包括五个方面比例：其一，外债总额与国民生产总值之比，该比率反映一国长期的外债负担情况，一般限度为 20%～25%，高于这个限度说明外债负担过重；其二，偿债比例，该比例是一国外债本息偿付额与该国当年出口收入之比，用以衡量一国短期的外债偿还能力，指标的限度是 15%～25%，超过这个限度，说明该国的偿还能力有问题；其三，应付未付外债总额与当年出口收入之比，该指标衡量一国长期资金的流动性，一般限度为 100%，高于这个限度说明该国的长期资金流动性差，风险较高；其四，国际储备与应付未付外债总额之比，该指标衡量一国国际储备偿付债务的能力，一般限度为 20%，如果这项指标低于 20%，说明该国国际储备偿还外债的能力不足；其五，国际收支逆差与国际储备之比，该指标反映以一国国际储备弥补其国际收支逆差的能力，一般限度为 150%，超过这一限度说明风险较大。等级指标是对一国政治、社会因素的综合分析，分析之后，对该国的政治与社会稳定程度做出估价，判断该国的风险等级。这三项指标主要对国家风险的关键因素从不同方面做出综合分析和衡量，除此以外，还要对借款国的历史、现状和未来变化趋势进行分析，并通过国别对比，才可能客观地掌握该国的国家风险等级和程度。[①]

（三）债务管理

从许多陷入债务危机国家的经验教训可以看出，除了要控制适度的借债规模以防止债务失控以外，合理安排国家总体债务的结构、加强对外债的集中统一管理是取得最佳经济效益和有能力按期还本付息的重要保证。

1. 合理地安排国家总体债务结构

第一，外债资金来源结构。由于官方来源和商业来源性质不同，且各有利弊，一个国家在某一特定条件下需要多用一些商业来源资金也并非不合理，但从根本利益考虑，应当尽量提高官方资金（发展援助性的政府贷款）在资本流入总量中的比重。第二，债务偿还期结构。国家要维持一个相对平衡的长期债务结构，严格控制短期债务，尽量将外债的还本付息时间比较均衡地拉开，以避免或减少形成"还债高峰"。第三，借款利率与货币结构。通常情况下使用固定利率的贷款比较有利，如果浮动利率过于庞大，一旦市场利率上涨并在相当长的时间内居高不下，则债务的利息负担倍增，导致偿债困难。此外，借款国在借款时应将利率与汇率联系起来考虑，以确定选用硬货币还是软货币更为有利，或者是软硬搭配。

---

① 参见中国出口信用保险公司《国家风险分析报告》。

第四，注意避免外汇风险。外汇风险指由外币表示的用于国际结算支付手段的持有者常常由于外汇实际价值、购买力变动而承受损失的可能性，导致外汇风险产生的因素可能来自于经济方面，也可能来自政治或其他方面。从借款国看，以政府贷款方式利用外资所产生的债务属于国家主权债务，外汇风险首先来自汇率变化，其次是利率变化。通常用于避免汇率风险的措施有：将用于进口货物的计价货币和拟借入的贷款货币统一起来，用什么货币借什么货币，或按本国出口收汇的主要货币来安排债务的货币构成，使用欧洲货币单位或特别提款权作为外债的计价单位，在借款合同中规定保值条款等。

2. 加强债务集中统一管理

加强债务集中统一管理包括：第一，国家应有专门机构根据经济发展战略总体规划和国际收支发展趋势，研究和制定外债管理体制与中长期借债规划和年度计划，并负责对外债的统一管理和协调。第二，对外债的总规模、外债结构以及审批实行统一管理并统一纳入国民经济发展的整体规划。第三，建立和健全有关外债管理的法规。第四，建立有效的监控系统和完善的情报信息网络，对全国的借款、还本付息和利润汇出等进行全面的监督检查，为外债的分析和预测提供可靠的数据与论证，作为决策的依据。

四、出口信贷

（一）出口信贷的概念和特点

出口信贷（export credit）包括买方信贷，卖方信贷和混合信贷，其特点主要表现为，第一，出口信贷所支持的一般是大型设备出口，贷款金额较大，信贷额有最低起点限额没有最高限额；期限较长，通常在 2 年以上；贷款利率一般低于相同条件资金贷放市场利率，利差由国家补贴。第二，由于出口信贷金额较大，期限较长，涉及不同国家当事人，因此发放贷款的银行存在很大风险，出口商也面临拒绝付款的风险，所以出口信贷以保险为基础，是保险与信贷融合在一起的一种融资便利。第三，由于出口信贷成为促进设备出口以带动国内生产就业的重要措施之一，所有工业发达国家和许多发展中国家都设立了官方出口信贷机构，专门办理出口信贷和信贷保险业务，出口信贷成为政府干预经济生活的重要手段之一。

（二）出口信贷的作用

出口信贷就其本身设立目的来说，是国家实施鼓励出口战略的一个重要手段，因此在出口信贷政策制定中，政府起着决定性的作用。第一，政府作为贷款人，官方出口信贷机构可以通过直接贷款、商业银行再融资、对商业银行的出口信提供担保等方式予以提供。第二，政府作为保险人，官方支持的出口信贷保险一般可以由官方出口信贷机构提供。第三，政府作为补贴者，承担出口信贷的利差亏损。第四，政府在混合贷款中作为援助者，可以连同买方信贷、卖方信贷一起发放，以满足进口商支付当地费用的需要，对进口商更具吸引力。

出口信贷有利于集中国际闲散资金，解决进出口商资金短缺，促进国际贸易发展；有利于加速资金周转，节约流通费用，如卖方信贷向买方提供延期付款信用，买方信贷向卖方即期收款，这些都可以加快资金周转，节省交易时间，节约流通费用。利用出口信贷有利于债务结构合理化，出口信贷机构往往可能提供多种货币贷款，同时可以开展出口信贷的国家也很广泛，使出口信贷使用国能够合理调整不同的债务，出口信贷偿还期也较之短期债务更为稳定。所以，从提供出口信贷的国家来看，有利于本国民间资本输出和商品输出；从接受国家来看，出口信贷为其提供了资金融通，获得所需设备，有利于促进该国重点建设项目和技术改造项目，促进经济增长。

（三）出口信贷的种类

传统的出口信贷种类包括：第一，直接向进口商或进口商的政府部门发放贷款，指定贷款应购买发放贷款的国家或企业的商品。第二，外贸银行或商业银行对出口商提供长期贷款，以支持出口商开拓与争夺销售市场。第三，在资本相对过剩的国家，发行进口公司的股票和债券或发行政府债券，以所得的资金办理进口。第四，商业银行对中长期票据进行贴现放款，定期清偿。从银行角度看，在进出口商间普遍推行的出口信贷种类有：卖方信贷、买方信贷、福费廷（forfeiting）、信用安排限额（credit line agreement）、混合信用贷款、签订存款协议（deposit facility agreement）向对方银行存款等。20 世纪 80 年代后，在贸易摩擦不断加剧和部分发达国家发生财政困难的情况下，出现的一种新的贷款方式，即混合贷款（mixed loans）。混合贷款是在一笔贷款中，既有政府的低息优惠贷款，又有商业银行（或银行集团）提供的利率高于政府贷款的信贷，两者作为一个整体使用，其综合利率比商业银行信贷低一些。

第三节　世界银行贷款

一、世界银行集团基本知识

（一）世界银行集团

世界银行是在第二次世界大战结束后的"布雷顿森林"会议上成立的一

个国际金融机构。世界银行集团（the World Bank Group）包括五个成员组织：国际复兴开发银行（the International Bank for Reconstruction and Development，简称 IBRD，1945 年成立）、国际开发协会（the International Development Association，简称 IDA，1960 年成立）、国际金融公司（the International Finance Cooperation，简称 IFC，1956 年成立）、解决投资争端国际中心（the International Center for the Settlement Investment Dispute，简称 IC-SID，1966 年成立）、多边投资担保机构（the Multilateral Investment Guarantee Agency，简称 MIGA，1988 年成立），五个成员共同组成世界银行集团，简称世界银行（the World Bank，WB）。这五个机构分别侧重于不同的发展领域，但都运用其各自的比较优势，协力实现其共同的最终目标，即减轻贫困。目前世界银行的主要帮助对象是发展中国家，在人类发展领域如教育、医疗，农业及农村发展领域如灌溉、农村建设中，帮助这些国家建设教育、农业和工业设施，以及环境保护领域如降低环境污染、制定实施相关法规，基础设施建设领域如修建新路、城市复兴、电网增容，向成员国提供优惠贷款。世界银行提供优惠贷款时会向受贷国提出一定要求，如减少贪污或建立民主等。

世界银行集团总部设在美国首都华盛顿，目前是拥有固定资本最多、向发展中国家提供中长期贷款最多的国际金融机构。世界银行（WB）与世界贸易组织（WTO）和国际货币基金组织（IMF）常被称为世界经济体系的三大支柱。世界银行与国际货币基金组织的配合作用是：国际货币基金组织主要负责国际货币事务方面的问题，主要任务是向成员国提供解决国际收支暂时不平衡的短期外汇资金，以消除外汇管制，促进汇率稳定和国际贸易的扩大；世界银行主要负责经济的复兴和发展，向各成员国提供发展经济的中长期优惠贷款。

（二）世界银行宗旨

建立世界银行的宗旨是：对用于生产的投资提供便利，以协助会员国的复兴与开发，鼓励较不发达国家生产与资源的开发；利用担保或参与私人贷款和投资的方式，促进会员国的对外投资；通过鼓励国际投资，开发成员国的生产资源，促进国际贸易的发展，维持国际收支水平；在提供贷款保证时，应同其他方面的国际贷款配合。按照《国际复兴开发银行协定条款》规定，世界银行的具体宗旨是：第一，通过对生产事业投资，协助成员国经济复兴与建设，鼓励不发达国家对资源的开发；第二，通过担保或参加私人贷款及其他私人投资方式，促进私人对外投资，当成员国不能在合理条件下获得私人资本时，可运用该行自有资本或筹集的资金来补充私人投资的不足；第三，鼓励国际投资，协助成员国提高生产能力，促进成员国国际贸易平衡发展和国际收支状况改善；第四，在提供贷款保证时与其他方面的国际贷款配合。

（三）世界银行的资金来源和机构

世界银行资金主要来自五个方面：成员国实际缴纳的股金、国际金融市场筹资、贷款的业务收益、贷款资金回流及将部分贷款债权转让给私人投资者，其中前三项为主要资金来源，后两项为辅助资金来源。世界银行按股份公司原则建立。成立初期，银行法定资本 100 亿美元，全部资本为 10 万股，每股 10 万美元，凡是会员国均要认购银行的股份，一国认购股份多少根据该国的经济实力，同时参照该国在国际货币基金组织缴纳的份额大小而定。世界银行重要事项都需会员国投票决定，投票权大小与会员国认购的股本成正比。世界银行每一会员国拥有 250 票基本投票权，每认购 10 万美元的股本即增加一票。美国认购股份最多，有投票权 226178 票，占总投票数的 17.37％，对世界银行事务与重要贷款项目的决定起着重要作用。

中国是世界银行创始国之一，但新中国成立后席位长期为台湾当局占据，直到 1980 年 5 月 15 日，中国在世界银行、国际开发协会和国际金融公司的合法席位才得到恢复。1980 年 9 月 3 日，世界银行理事会通过投票，同意将中国的股份从原 7500 股增加到 12000 股。目前中国认购股金 42.2 亿美元，有投票权 35221 票，占总投票数的 2.77％。2010 年 4 月 25 日世界银行发展委员会春季会议通过了发达国家向发展中国家转移投票权的改革方案，中国在世界银行的投票权从 2.77％提高到 4.42％，成为世界银行第三大股东国，仅次于美国和日本。

世界银行负责组织日常业务的机构是执行董事会，行使由理事会授予的职权。按照世界银行章程规定，执行董事会由 21 名执行董事组成，其中 5 人由持有股金最多的国家委派。世界银行行政管理机构由行长、若干副行长、局长、处长、工作人员组成。行长由执行董事会选举产生，是银行行政管理机构的首脑。在执行董事会的方针政策指导下，行长负责银行的日常行政管理工作，任免银行高级职员和工作人员。行长同时兼任执行董事会主席，但没有投票权，只有在执行董事会表决中双方的票数相等时，可以投出关键性的一票。

（四）世界银行的改革和政策变化

1. 改革与政策变化的背景

20 世纪 80 年代后，随着冷战的结束，一方面，以美国为代表的发达国家纷纷削减向发展中国家提供的资金援助，但为了继续保持在发展中国家的影响，它们加强了对国际金融机构，特别是世界银行等机构的控制和利用，在贷款方面提出了更加苛刻的要求，甚至包括非经济方面的条件。另一方面，在此期间发展中国家和转轨国家的经济都面临着较大的困难，特别是1997年下半年以后，随着亚洲金融危机影响的扩大，流入发展中国家的国际资本数量锐减，一些发展中国家急需甚至严重依赖世界银行等国际机构的支持，因而部分成员国对世界银行的一些不合理政策往往不得不做出妥协。20世纪90年代后，世界银行贷款的部门分布发生了很大变化，大型基础设施项目在总体贷款中的比重不断下降，社会发展领域（如教育、卫生、环保、机构能力建设等）的贷款比重逐年上升。与此同时，世界银行及其他援助机构越来越强调项目的发展效应，强调援助的实际效果。

2. 改革和政策变化的内容

2003年10月下旬，世界银行管理当局执行董事会提交了一份关于修改世界银行贷款资金使用政策的建议报告。这份报告被作为世界银行基础设施发展战略的"行动计划"和"路线图"，其核心内容是满足借款国对基础设施项目的需求；加强基础设施领域的调研工作；积极开拓新的贷款工具和业务形式，加强投资杠杆作用；发展区域性跨国基础设施项目等，同时还简化项目准备程序，包括：以"项目概念简要"（project concept note，简称PCN）取代"项目概念文件"（project concept document，简称PCD）；简化"项目评估文件"；简化世界银行管理当局内部审批程序（简化审批程序之后，项目准备时间从过去的21个月缩短为12个月）；简化"重复性项目"准备程序；修改招标采购指南；修改资金使用政策。①

金融危机后，改革布雷顿森林体系的呼声再次高涨，世界银行的改革再次被提上议程。2008年秋，世界银行集团同意开始两阶段的改革，以提高发展中国家和转型经济体在世界银行的参与，包括增加转型经济体国家的投票权、股份、在执行董事会中的人数、对转型经济体国家关于发展的看法做出回应等。经过新一轮投票权改革后，转型经济体国家的投票权得到提高，中国、韩国、墨西哥、土耳其共增加了3.27个百分点，其他发展中成员增加了1.33个百分点。投票权改革后，美国的投票权下降了0.51个百分点到15.85%，但仍然拥有足够多的投票权以否决《世界银行章程》的修改。

---

① 《世界银行贷款项目工作手册》，载世界银行中文官网：http://www.worldbank.org.cn/Chinese/

二、世界银行贷款概要

（一）贷款宗旨

世界银行的贷款宗旨是：通过提供和组织长期贷款与投资，为成员国提供生产性资金，促进成员国经济发展。主要内容包括：运用银行本身资本或筹集的资金及其他资源，为生产事业提供资金，以补充私人投资的不足；利用担保或参加私人贷款及其他私人投资的方式，促进外国私人投资；用鼓励国际投资以发展成员国生产资源的方式，促进国际贸易长期均衡地增长，并保持国际收支平衡，以协助成员国提高生产力、生活水平和改善劳动条件。世界银行的最主要业务活动是向发展中国家提供长期生产性贷款，以促进其经济发展，提高人民生活水平。除贷款外，世界银行还积极进行技术援助、学术与政策研究等业务活动，从多方面为成员国提供发展帮助。关于世界银行技术援助的内容，详见本书第六章"国际发展援助"。

人们通常所说的世界银行贷款，实际上包括国际复兴开发银行贷款和国际开发协会信贷。国际复兴开发银行贷款要收取利息，且利率是浮动的，与世界银行的中长期筹资成本挂钩，其利率水平与国际金融市场利率水平比较接近（不同的贷款品种利率标准不一样）；贷款期一般为 20 年（含 5 年宽限期），对未按期提取使用的贷款部分要收取 0.75％的承诺费，从 1999 财政年度起还要一次性收取贷款总额 1％的先征费，因此习惯上将国际复兴开发银行贷款称之为"世行贷款"或"硬贷款"（hard loan）。

国际开发协会信贷只向最贫穷的低收入发展中国家提供，其资金来源主要是发达国家的捐助。由于协会信贷的贷款条件非常优惠，不收利息，只收取 0.75％的手续费，承诺费率为 0.5％，贷款期限长达 35～50 年（含 10 年宽限期），因此，习惯上称之为"协会信贷"或"软贷款"（soft loan）。协会信贷主要用于经济收益率低、耗时长但社会效益好的部门，如教育、卫生、人口、营养、环保、农业等。按常规，符合协会信贷资格的上限是人均 GNP 940 美元（1987 年标准），但由于国际开发协会的资金有限，长期以来，实际可获得协会信贷资金的只限于人均 GNP 低于 580 美元的国家。

（二）贷款特点

与一般商业银行贷款相比，世界银行贷款的特点是：第一，贷款期限较长，世界银行提供贷款时，按照借款国人均国民收入分为三档来决定其贷款期限的长短（具体贷款期限见表 5.1），在具体执行过程中，可以根据不同国家不同项目的情况，将贷款期限适当缩短或延长。第二，世界银行对会员国的贷款额度不受会员国认缴股金的限制，贷款利率随国际金融市场利率升降进行定期调整，采用浮动利率，但一般低于市场利率，使用世界银行贷款，借款国必须按期偿还，一般不能拖欠或改变还款日期，借款国要承担汇率变动的风险；贷款利息从支用部分贷款之日起计算，未按期使用部分不计利息，只从签约之日起按年收取 0.75% 的承诺费；世界银行在担保其他投资人承做的贷款时，为其所承担的风险收取适当的报酬，担保手续费为已支付而未偿还贷款额的 1%～1.5%。第三，世界银行对项目提供贷款的数额，根据该项目所需的外汇资金或项目总投资额的 50% 来确定，一般情况下，世界银行只提供项目所需的外汇资金，其比重占项目总投资的 30%～50%。第四，贷款手续严密，项目准备时间较长，从提出项目、选定、评定，到取得贷款一般要 1 年半到 2 年时间。第五，贷款在使用中，资金实行报账制或先发生后支付制，而不是一次性将贷款资金全部发放给借款国。第六，项目贷款不仅仅为项目提供建设资金，同时还可以帮助借款国引进先进的技术，并通过提供咨询和培训等，帮助改善项目和机构管理，但应按照世界银行的有关采购指南和聘请咨询指南，使用国际竞争性招标及其他有关规定的程序进行。世界银行贷款宗旨的最基本原则是贷款必须用来促进借款国的经济发展和社会进步，贷款投向应当是一国国民经济中最优先考虑和发展的部门。根据这一宗旨和原则，世界银行的项目贷款主要集中于基础设施（能源、交通）、农业、社会发展（教育、卫生等），以及工业开发等部门。[①]

表 5.1　世界银行贷款期限

按人均国民收入分类	贷款期限（年）	宽限期（年）
低收入国家（人均国民收入 520 美元以下）	20	4～4.5
中等收入国家（人均国民收入 521～1075 美元）	17	4
较高收入国家（人均国民收入 1076 美元以上）	15	3

（三）贷款条件

世界银行贷款条件是：第一，只向成员国政府，或经成员国政府、中央银行担保的公私机构提供贷款，私人生产性企业申请贷款要由政府担保；第二，贷款一般用于世界银行审定、批准的特定项目，重点是交通、公用工程、农业建设和教育建设等基础设施项目，只有在特殊情况下，世界银行才考虑

---

① 关于世界银行贷款的一些新情况可参见财政部亚太财经与发展中心（AFDC）北京代表处 2009 年 5 月发布的报告《世界银行集团改革和中国的政策选择》。

发放非项目贷款（non-project loan）。世界银行一直将贷款划分为项目贷款和非项目贷款，以后发展起来的中间金融机构贷款也归纳在项目贷款之内；第三，成员国确实不能以合理的条件从其他方面取得资金来源时，世界银行才考虑提供贷款；第四，贷款只发放给有偿还能力，且能有效运用资金的成员国；第五，贷款必须专款专用，保证贷款只用于双方已规定的项目和目的。借款国使用贷款时，必须接受世界银行的监督。世界银行不仅在使用款项方面，而且在工程的进度、物资的保管、工程管理等方面都可进行监督。

（四）贷款种类

世界银行贷款种类较多，包括：第一，项目贷款，这是世界银行传统的贷款业务，也是最重要的业务，世界银行贷款中约有 90% 属此类贷款，主要用于成员国的基础设施建设。第二，非项目贷款，这是一种不与具体工程和项目相联系的，而是与成员国进口物资、设备及应付突发事件、调整经济结构等相关的专门贷款。第三，技术援助贷款，包括两类：一是与项目结合的技术援助贷款，如对项目的可行性研究、规划、实施，项目机构的组织管理及人员培训等方面提供的贷款，二是不与特定项目相联系的技术援助贷款，亦称"独立"技术援助贷款，主要用于资助为经济结构调整和人力资源开发而提供的专家服务。第四，联合贷款（co-financing），这是一种由世界银行牵头，联合其他贷款机构一起向借款国提供的项目融资。该贷款设立于 20 世纪 70 年代中期，主要有两种形式：一是世界银行与有关国家政府确定提供贷款项目后，即与其他贷款者签订联合贷款协议，而后它们各自按通常的贷款条件分别与借款国签订协议各自提供融资，二是世界银行与其他借款者按商定的比例出资，由前者按贷款程序和商品、劳务的采购原则与借款国签订协议，提供融资。第五，"第三窗口"贷款（the third window facility），亦称中间性贷款（intermediate financing facility），是世界银行和国际开发协会提供的两项贷款之外的另一种贷款，该贷款条件介于上述两种贷款之间，即比世界银行贷款条件宽，但不如开发协会贷款条件优惠，期限可长达 25 年，主要贷放给低收入的发展中国家。第六，调整贷款（adjustment facility），包括结构调整贷款和部门调整贷款。结构调整贷款的目的在于通过 1～3 年的时间促进借款国宏观或部门经济范围内政策的变化和机构的改革，有效地利用资源，5～10 年内实现持久的国际收支平衡，维持经济的增长。结构调整问题主要来自宏观经济问题和影响若干部门的重要部门问题，包括贸易政策（如关税改革、出口刺激、进口自由化），资金流通（如国家预算、利率、债务管理等），资源有效利用（如公共投资计划、定价、刺激措施等），以及整个经济和特定部门的机构改革等。部门调整贷款的目的在于支持特定部门全面的政策改变与机构改革。1984 年，世界银行对贷款方式做了具体分类：第一，特定投资贷款；第二，部门贷款；第三，结构调整贷款；第四，技术援助贷款；第五，紧急复兴贷款；第六，联合贷款。其中"特定投资贷款"的全部和"部门贷款"的一部分属项目贷款，余者基本上属非项目贷款。

（五）贷款程序

申请世界银行贷款的程序必须经过：第一，借款成员国提出项目融资设想，世界银行与借款国洽商，并进行实际考察；第二，双方选定具体贷款项目；第三，双方对贷款项目进行审查与评估；第四，双方就贷款项目进行谈判、签约；第五，贷款项目的执行与监督；第六，世界银行对贷款项目进行总结评价。

三、世界银行贷款项目周期

世界银行贷款项目从提出开始直至建设完成，需要经历一个完整的周期，即世界银行贷款项目周期（project cycle），项目周期实际上也就是执行世界银行贷款项目的全部过程，这一过程包括六个阶段，每个阶段之间紧密相连，前一阶段工作是后一阶段工作的基础，后一阶段工作是对前一阶段工作的深入、补充和完善，最后对项目实施结果的总结评价，为选定新项目提供借鉴与信息。值得注意的是，随着世界银行贷款业务的广泛开展，其贷款执行程序，已在全世界范围内逐渐成为一套投资项目的基本规范程序。

（一）项目选定（identification of project）

项目的选定是项目周期的第一阶段，亦称项目鉴定。在这一阶段，由借款国选定一些本国经济和社会发展需要并符合世界银行贷款政策，提供给世界银行进行筛选的项目。借款国选定项目以后，应编制"项目选定简报"，然后将"项目选定简报"送交世界银行进行筛选。经世界银行筛选后的项目被列入世界银行的贷款计划，成为拟议中的项目。在选定项目阶段，世界银行要对借款国进行一定的宏观经济分析和部门分析，并通过这种分析，为评价该国的国家及部门的经济战略和经济政策奠定基础，同时对其经济状况乃至"偿债信誉"加以评定。

（二）项目准备（preparation of project）

借款国提出的项目一旦被编入世界银行的贷款规划，即进入项目准备阶段。这一阶段持续时间的长短，取决于项目的性质、借款国工作人员的经验和能力，以及准备阶段的资金来源与可靠性等。项目准备工作主要是借款国对经世界银行筛选过的项目进行可行性研究，一般由借款国独自完成，主要工作包括技术可行性、财务可行性、经济可行性、组织体制的可行性、社会可行性等。

（三）项目评估（appraisal of project）

项目形成后，借款国自己所进行的项目准备工作基本结束，世界银行要对项目进行全面详细的审查，即项目评估。项目评估是指由世界银行对筛选过的项目进行详细审查、分析、论证和决策的整个过程，项目评估主要从技术、财务、经济、组织四个方面对项目可行性研究报告的各种论据进行再分析、再评价、再论证，并以此做出最后的决策。世界银行对项目评估的要求：首先，项目在技术方面要设计合理，工程技术上应处理得当；其次，组织方面要求项目建设能够顺利有效地执行，并建立一个由当地人员组成的管理机构；再次，经济方面需要从整个经济角度分析项目提供的效益，从而做出是否进行投资的决策；最后，财务方面要审查项目在执行过程中是否有足够的资金来源。

（四）项目谈判（negotiation of project）

谈判不是纯技术问题，而是前三个阶段的继续，是进一步明确所应采取措施的阶段，也是世界银行和借款国为保证项目的成功，就双方所采取的共同对策达成协议的阶段。经过谈判所达成的协议，将作为法律文件由双方共同履行。项目谈判在世界银行进行，谈判内容主要包括两个方面，一是常规性贷款条件及一般性法律条文的讨论与确认；二是技术内容。在双方经过上述内容谈判达成协议的基础上，形成贷款协议文件并共同签署，同时还要由借款国的财政部门代表本国政府签署担保协议。

（五）项目执行（implementation of project）

项目执行是项目的具体运行阶段，这个阶段，借款国负责项目的执行和经营，世界银行负责对项目的监督，通常要持续较长时间，工作和责任涉及借款国和世界银行双方。按世界银行要求，贷款项目执行一般由借款国负责，但要接受监督。项目执行包括两方面内容：一是项目实施，即通过项目资金的具体使用以及为项目提供所需的设备、材料、土建施工以及劳务和咨询等，将一个概念性的项目目标按照设计内容付诸实现；二是项目监督，为保证项目的顺利实施以及贷款使用的合理有效，世界银行除对实施提供必要的帮助外，还对项目实施的整个过程实行不间断的监督。在项目执行中，招标采购占有特别重要的位置，也可以说是项目执行的核心，它关系着项目实施的进度和项目目标完成情况的好坏。为此，世界银行规定，使用贷款的全部或部分物资与设备的采购，必须严格按照其原则和程序进行，并将此要求列入世界银行与借款人签订的法律文件中。在监督过程中，世界银行不断派遣各种高级专家到借款国，以监督项目的执行情况，并逐年提出"监督项目的执行情况报告书"，随时向借款国提出有关施工、调整贷款数额和付款方法的意见。世界银行一般根据借款国报送的项目进度报告，了解借款国执行项目的情况，如在报告中发现问题，世界银行可书面通知借款国或派工作组到借款国进行实地考察和解决。

（六）项目总结评价（evaluation of project）

项目全部建成后，贷款资金使用完毕，账户随之关闭，项目执行宣告结束，进入总结评价阶段，这也是世界银行对其提供贷款项目所要达到的目标、效益和存在的问题进行全面总结的阶段。一个项目的完成，一般以贷款的提款截止日（关账日）为基本标志，项目负责人需要在提款截止期后的 6 个月内写出完成报告的初稿，然后提交借款人的代表机构进行审查并提出修改与反馈意见。

本章小结

国际信贷是一国的银行、其他金融机构、政府、公司企业以及国际金融机构，在国际金融市场上，向另一国的银行、其他金融机构、政府、公司企业以及国际机构提供的贷款。随着经济全球化趋势的发展，国际信贷日益成为世界各国关注的焦点和国际经济联系与合作的重要内容。政府贷款是以国家政府的名义提供与接受而形成的使用国家财政预算收入资金，由一国政府向另一国政府提供的，具有双边经济援助性质的长期低息优惠性贷款。世界银行是拥有固定资本最多，向发展中国家提供中、长期贷款最多的国际金融机构。世界银行贷款项目周期是执行世界银行贷款项目的全部过程，其执行程序，已在全世界范围内逐渐成为一套投资项目的基本规范程序。

关键名词或概念

1. 国际信贷（international credit）
2. 贷款期（maturity period of loan）
3. 赠与成分（grant element，GE）
4. 政府贷款（government loan）
5. 出口信贷（export credit）
6. 世界银行贷款项目周期（project cycle）

拓展阅读

拓展 1：中国与世界银行的往来

中国于 1971 年恢复联合国合法席位后，1980 年 5 月恢复在世界银行的代表权。积极发展与世界银行的合作不仅是中国利用外资和发展经济的需要，也是中国改革开放战略的重要组成部分。自 1980 年以来，中国一直与世界银行在项目贷款、经济调研、技术援助三个领域进行着富有成效的合作。1981年，世界银行向中国提供第一笔贷款，用于支持中国的大学发展项目。

世界银行执行董事会 2008 年 6 月 24 日批准四个新的中国贷款项目，使得世行 2008 财年提供给中国的项目贷款总额达 15.13 亿美元（世界银行财政年度为每年 6 月 30 日至次年 6 月 30 日，2008 财年指 2007 年 6 月 30 日至 2008 年 6 月 30 日）。新批准的四个项目分别是：(1) 农村卫生项目贷款 5 000 万美元，旨在通过在卫生融资、服务提供和基本公共卫生服务方面开展一系列创新试点，支持和推进农村卫生改革。(2) 农民工培训与就业项目贷款 5 000 万美元，将帮助中国应对大批农民工进城所带来的技能开发的要求。（据估计中国从农村向城市迁移的人口将近 1.5 亿人，世界银行将与人力资源和社会保障部以及宁夏、山东、安徽三个项目省合作，改进农民工技能培训规划工作。）(3) 西安可持续城市交通项目贷款 1.5 亿美元，将引入公交优先、自行车专用道、交通疏通等概念和方式，改善道路使用和景点交通。(4) 石郑铁路项目贷款 3 亿美元，帮助修建石家庄到郑州之间 355 公里的高速客运专线铁路（石郑铁路 2 100 公里，是京广线高速客运专线的一部分，属新建项目，这是世界银行自 1964 年竣工的日本东海道新干线以来支持的第一条高速客运铁路项目）。世界银行中国局局长杜大伟表示，这四个新项目是为帮助中国应对环境和社会挑战。这些项目都将开展新模式或者新技术的试点，一旦获得成功，就可以加以推广，对提高生活质量和促进可持续发展做出大的贡献。汶川地震后，世界银行向地震灾区提供了 150 万美元赠款，为重建工作提供技术援助，同时还组织了一批富有灾后重建经验的国际专家，通过研讨会与中国负责重建规划的部门分享国际经验。

世行计划在 2006 财年至 2010 财年对中国的贷款为每年 15 亿美元左右，目前中国仍然是世界银行最大借款国之一。2006 年 5 月，世界银行执行董事会讨论了世界银行集团对中国的新的《国别伙伴战略》，适用期为 2006—2010年，该战略的总体目标是帮助中国融入世界经济，减少贫困与不平等现象，应对资源短缺和环境挑战，加强金融部门，改善公共部门和市场制度。世界银行行长保罗·沃尔福维茨认为："新的《国别伙伴战略》清楚地认识到，帮助中国改善治理，强化经济，管理好资源和环境，不仅对于中国人民是重要的，对于全世界人民也是重要的。"新的《国别伙伴战略》旨在支持中国应对上述挑战，具体的援助领域包括：（1）促进中国经济与世界经济的融合：深化中国在多边经济机构的参与，降低国内外贸易投资壁垒，为中国的海外发展援助提供帮助；（2）减少贫困、不平等和社会排斥现象：推动城镇化均衡发展，维持农村生计，扩大基本社会服务和基础设施服务，尤其是在农村地区；（3）应对资源短缺和环境挑战：减少大气污染，节约水资源，优化能源利用（部分通过价格改革），改善土地行政管理，履行国际环境公约；（4）深化金融中介作用：扩大金融服务（尤其是对中小企业），发展资本市场，应对系统性风险，维护金融稳定；加强公共部门和市场制度建设；提升企业竞争力，改革公共部门，理顺政府间财政关系。此外，《国别伙伴战略》提出了一个大规模的分析咨询服务及研究培训计划，旨在推进政策讨论并作为未来贷款的依据。国际复兴开发银行预计年贷款额最高可达 15 亿美元，新贷款项目约 70% 将在较贫困的内陆省份，贷款项目的目的是在有限和试点的基础上促进政策和体制改革与创新，项目的成功经验预期将使用政府资源进行推广。

　　（根据世界银行网站 www.worldbank.org.cn 相关资料整理）

拓展 2：世界银行改革投票权增资 860 亿美元

　　世界银行改革投票权，增资 860 亿美元，历史性举措增强贷款能力，扩大发展中国家影响，确定危机后战略，批准全面改革计划。2010 年 4 月 26 日，世界银行集团 186 个成员批准世行增资 860 多亿美元，并赋予发展中国家更多的影响力，推进历史性变革，为这个反贫困机构面向全球危机后大为改观的世界定位。

　　世界银行行长罗伯特·B. 佐利克表示，增加的资本可以用于通过基础设施投资、发展中小企业和社会保障来创造就业，保护最弱势的群体。投票权改革有助于我们更好地反映新的多极化全球经济的现实，国家现今是这个现实中关键的全球性角色。在一个发达国家与发展中国家之间的多边协议证明难以捉摸的时期，这项协议更显得十分重要。

　　该计划有四项主要内容：

　　1. 金融资源：第一，通过普遍增资和与投票权变化相联系的有选择增资，为国际复兴开发银行（IBRD，面向发展中国家的贷款机构）增资 862 亿美元；其中包括 51 亿美元认缴股金。第二，国际金融公司（IFC，世行集团的私营部门机构）增资 2 亿美元，作为增加发展中国家和转轨国家股份的一部分。国际金融公司也在考虑通过向股东国发行混合债券和通过留存收益的方式筹措额外资金，有待执董会批准。

2. 投票权：第一，将发展中国家和转轨国家在国际复兴开发银行的投票权提高3.13个百分点，达到47.19%。自2008年以来共向发展中国家和转轨国家转让投票权4.59个百分点。这一举措履行了发展委员会2009年10月在伊斯坦布尔做出的将发展中国家和转轨国家投票权大幅提高至少3个百分点的承诺。第二，国际复兴开发银行2010年资本重组将产生于有选择的增资278亿美元，包括认缴股金16亿美元。第三，将发展中国家和转轨国家在国际金融公司的投票权提高至39.48%，总共转让6.07个百分点。第四，国际金融公司2010年资本重组将产生于有选择的增资2亿美元和所有成员国基本投票权提高。第五，达成协议每五年审核国际复兴开发银行和国家开发协会的持股状况，承诺随着时间推移实现发达国家与发展中国家和转轨国家之间的投票权平等。

3. 危机后战略，世行正在可以贡献最大增加值的领域突出战略重点：第一，瞄准贫困和弱势群体，特别是在撒哈拉以南非洲；第二，为增长创造契机，特别关注农业和基础设施；第三，促进全球在气候变化、贸易、农业、食品安全、能源、水、卫生等问题上采取集体行动；第四，加强治理和反腐败努力；第五，做好危机准备。

4. 业务改革，世行的一系列改革代表了世行所开展的最全面的改革议程，包括以下内容：第一，受印度和美国信息自由法的启发，世行新推出的信息获取政策使得世行在信息披露方面成为多边机构中的世界领袖。第二，世行上周启动的开放数据动议使世行处于方便免费提供发展中国家信息的最前沿。第三，投资贷款改革将更加注重成效，加快交付速度，加强风险管理。第四，大力强化治理和反腐败，为预防和协调反腐败制裁提供更多资源，包括本月宣布的与其他多边发展银行共同签署的新的交叉制裁协议。

世界银行投票权排名前十国家

名次	国家	改革后投票权	改革前投票权
1	美国	15.85%	15.85%
2	日本	6.84%	7.62%
3	中国	4.42%	2.77%
4	德国	4.00%	4.35%
5	法国	3.75%	4.17%
6	英国	3.75%	4.17%
7	印度	2.91%	2.77%
8	俄罗斯	2.77%	2.77%
9	沙特	2.77%	2.77%
10	意大利	2.64%	2.71%

资料来源：2010年4月26日"新浪财经"。

简答题

1. 国际信贷合作的本质是什么？国际信贷合作包括哪些内容？
2. 什么是政府贷款？政府贷款如何执行？
3. 什么是赠与成分？计算赠与成分包括哪些内容？
4. 世界银行贷款宗旨包括哪些内容？
5. 什么是世界银行贷款项目周期？

第六章 国际发展援助

本章导读

国际发展援助属于资本运动范畴，是发达国家或高收入的发展中国家及其所属机构、国际有关组织、社会团体以提供资金、物资、设备、技术或资料等方式，帮助发展中国家发展经济和提高社会福利的一系列具体活动。国际发展援助是国际经济合作主要方式之一，与其他国际经济合作方式相比，国际发展援助产生较晚，并有较强的政治色彩。

学习目标

通过本章学习，了解国际发展援助的本质，掌握国际发展援助的基本概念、发展过程和理论依据，了解联合国和世界银行在国际发展援助中的工作内容。

第一节 国际发展援助概述

一、国际发展援助概述

（一）国际发展援助定义

国际发展援助（international development assistance，简称 IDA）是发达国家或高收入的发展中国家及其所属机构、国际有关组织、社会团体以提供资金、物资、设备、技术或资料等方式，帮助发展中国家发展经济和提高社会福利的一系列活动，国际发展援助是国际经济合作主要方式之一。国际发展援助的目的是促进发展中国家的经济发展和社会福利的提高，缩小发达国家与发展中国家之间的贫富差异。

国际发展援助属于国际资本运动范畴，是以资本运动为主导，并伴随着资源、技术和劳动力等生产要素在国际的移动，它所采用的各种方式和方法均为资本运动的派生形式。国际发展援助包括有偿和无偿两种形式，具体表现为赠与、中长期无息或低息贷款以及促进受援国经济和技术发展的具体措施。

国际发展援助概念在世界上曾出现过多种提法，如联合国发展系统多采用"国际发展援助"（international development assistance）的提法，这一概念主要是指在联合国范围内"为促成国际合作，以解决国际属于经济、社会、文化及人类福利性质之国际问题"，面向发展中国家提供的一种援助。国际开发协会（IDA）、经济合作与发展组织（OECD）所属发展援助委员会（DAC）在提供援助时，常用"开发"或"发展"等词，将其称为"国际开发援助"。比较传统的提法还有"国际经济技术援助"（international economic and technology aid），中国过去的提法与此概念类同，称为"对外经济技术援助"。具体来说，"经济援助是资金、物资的支援和帮助，技术援助是智力、技能、资料、工艺的支援和帮助"；改革开放以后，仍然有人将对外经济技术援助定义为"在国际经济技术交流与合作中，一国政府及其所属机构或国际组织向另一国家或地区提供用于经济和社会发展方面的赠与、中长期无息或低息贷款和促进受援国科学技术发展的具体措施"。在西方经济学教科书中，有人认为国际发展援助是一种"资源转移"，是"资本流动"或是"国际转让"。

（二）国际发展援助产生的客观必然性

在国际发展援助中，对外提供援助的国家称为援助国，接受援助的国家称为受援国。在国际经济关系中，不论是对外提供援助还是接受外国援助，也不论援助出于何种目的，国际发展援助都是国际经济关系的一个重要方面，是国家间经济交往不可避免的现象。从历史角度看，国际发展援助的产生有其客观必然性。

（1）国际发展援助的实质是资本国际运动。资本国际运动是经济社会长期存在的现象，在世界经济周期变化过程中，发达国家国内经济发展水平较高，在国家剩余资本存在的前提下，以国家名义输出资本具有多重意义。发展中国家经济起飞较晚，国内资本相对不足，可以输入外国资本促进本国经济发展。在国际资本供求关系调节下，多种形式的资本运动不断产生，利用发展援助方式输出输入资本便得以产生。

（2）第二次世界大战后两大阵营的抗衡直接诱发了国际发展援助的产生。两大阵营抗衡的提法在今天似乎已经不合时宜，但从国际发展援助角度看，第二次世界大战结束后所形成的社会主义与帝国主义两大阵营的抗衡，仍然是不可忽略的历史原因。正是战后产生的两大阵营抗衡，导致了国际发展援助的产生并推动了其发展。在当时，两大阵营的主要国家除了要加强自己势力范围内国家的军事力量，还要在经济上使这些国家富强起来，于是便向这些国家提供经济与军事的援助。在这些援助中，最著名的就是美国援助欧洲恢复和发展的"马歇尔计划"（Marshall Plan）。①

（3）发展中国家经济发展的需求推动国际发展援助速度加快。第二次世界大战后，新独立的大多数发展中国家虽然从殖民地与半殖民地桎梏中解放出来并获得国家主权，但在经济上仍然处于贫困与落后的状态，尤其面临着人口增长过快和经济发展缓慢两大问题。而要控制人口，加快经济增长速度，除了主观努力之外，客观上还需要建设资金、技术和先进的设备，在这种情况下，接受外国的且无损于本国政治经济独立与主权原则的发展援助就成为一种必要，通过政府或通过国际机构接受国际发展援助输入资本成为一种有效渠道。

（4）发达国家不断扩大商品输出的政策是国际发展援助得以发展的一个重要原因。第二次世界大战后，发达国家的出口资助，大部分是以提供援助的方式进行的。在这些国家对外提供的援款中，绝大部分附带有限制性采购条件，即援款必须全部或部分购买援助国的商品，这就使援助成为一种推动扩大出口的工具。例如，在许多发达国家的对外财政援助中，有全部或部分采购限制条件的要占到 80% 以上。自 20 世纪 70 年代后，通过各种方式使援助与贸易挂钩，逐步成为国际发展援助的一种发展趋势，如经济合作与发展组织的成员国向发展中国家赠款提出的条件是受援国必须使用赠款聘请援助国的咨询机构进行项目可行性研究，这样，援助国的咨询机构就可以在咨询报告中向受援国建议由援助国的设备制造厂商和工程公司为所确定的项目提供设备和劳务。

（5）人道主义（humanitarianism）观念推动了国际发展援助发展。人道主义是起源于欧洲文艺复兴时期的一种思想体系，提倡关怀人、爱护人、尊重人，是一种以人为本、以人为中心的世界观。人道主义精神一直是人类共同崇拜信仰的观念，在这个观念作用下，人类一切活动行为及其规范都在这个范畴内进行。在国际发展援助中，人道主义援助是基于人类发生灾难时，不论出于何种政见差异都要向受助者做出物资或资金上的支援，以帮助受助者度过灾难，其目的是拯救生命，纾解不幸状况，以及维护人类尊严。人道主义援助主要由政府机构、非政府组织及其他非政府人道主义机构提供，如国际红十字会、红新月会、国际卫生服务协会、世界志愿者委员会等。

（三）国际发展援助发展简史

自第二次世界大战后至今，随着世界政治经济格局的不断变化，国际发

---

① 参见本章拓展阅读 2 的"马歇尔计划"。

展援助格局也相应发生了很大的变化，总的看来，国际发展援助主要经历了以下五个发展阶段。

(1) 第一阶段。第二次世界大战结束至 20 世纪 50 年代末是国际发展援助的初始阶段。这一阶段，美国为援助西欧各国经济恢复发展开始实施"马歇尔计划"；苏联为加强社会主义阵营，对东欧等社会主义国家提供了大量的援助，由此而形成的社会主义和资本主义两大阵营对垒的格局成为双方制定援外政策的出发点。

(2) 第二阶段。20 世纪 60 年代以后，一大批殖民地、附属国纷纷独立成为发展中国家，受援对象由两类不同性质的国家转向发展中国家，国际发展援助进入一个新的阶段。与此同时，多边国际机构如世界银行、联合国开发计划署和亚洲、非洲、泛美银行等开始对发展中国家提供资金和技术，在援助方面发挥了日益重要的作用。这一时期的发展中国家，经济上基本都处于落后地位，但其人口和面积都占世界的一半以上；发达国家经过 50 年代的恢复和发展，经济情况都已好转，开始走向外扩张的道路。为争夺原料基地和销售市场，发达国家在援助政策上将重点转向发展中国家，帮助这些国家解决贫困和加快经济发展。同一时期活跃在国际发展援助领域的还有多边国际机构，其主要援助政策是帮助发展中国家（特别是其中最贫穷的国家）发展经济，使得通过发展援助帮助发展中国家发展经济的作用明显发挥出来。

(3) 第三阶段。20 世纪 70 年代以后，国际发展援助发生了转折性变化。这一时期，西方主要发达国家受经济滞涨的影响，对外援助停滞。根据联合国第二个国际发展 10 年战略，在 1971 年至 1980 年期间，发达国家对发展中国家提供的官方发展援助（ODA）应占其国民生产总值的 0.7%，但发达国家实际执行结果都低于这个指标。同一时期，随着大量的石油美元流入中东地区及其他石油生产国，石油输出国逐渐成为援助发展中国家的重要力量，从而改变了传统的由北向南提供援助的垂直流向，开拓了发展中国家之间相互提供援助的新态势。

(4) 第四阶段。20 世纪 80 年代后，西方经济增长缓慢，原苏联和东欧国家在经济调整中遇到困难，石油生产国受油价下跌的冲击较大，因而在不同程度上都削减了对外援助，出现了"援助疲乏"阶段，大多数发达国家未达到联合国第三个国际发展 10 年战略（1981 年至 1990 年）对援助的要求。按照这个要求，发达国家最迟应在 1990 年前对发展中国家的官方发展援助达到或超过国民生产总值的 0.7%（美国和瑞士没有接受），但 1987 年 DAC 成员国的平均援助额只达到 0.35%。石油输出国组织对外援助的数额也有所减少，

1985 年仅为 30 亿美元（1979 年提供的官方发展援助为 61 亿美元，1980 年达到 69.5 亿美元），在此情况下，许多国家对援助政策和方式进行了调整。

（5）第五阶段。冷战结束后，特别是进入 21 世纪以来，随着国际经济社会的发展，国际发展援助领域出现了一些新的变化和特点。

第一，国际发展援助理念发生变化。2000 年 9 月 18 日，在联合国总部举行的千年首脑会议上，191 个成员一致通过并由 189 个成员签署了《千年发展目标》（*Millennium Development Goals*，简称 MDGs），其中心议题是确保"全球化对全世界人民成为积极的力量"，指出需要全球化的包容与平等，并呼吁全球政策和措施以解决发展中国家和转型经济体的需求，具体包括八个有时限（最后时限为 2015 年）的目标和指标，即：消灭极端贫穷和饥饿，普及小学教育，促进男女平等并赋予妇女权利，降低儿童死亡率，改善产妇保健，与防范艾滋病毒/艾滋病、疟疾和其他疾病做斗争，确保环境的可持续能力，全球合作促进发展。MDGs 自提出起，便被国际发展援助领域广泛认可，并成为国际发展援助领域集体行动的标准，以此为标志，国际社会不断加大了对发展问题的关注并在 MDGs 框架下对国际发展援助进行规范和调整，对发展中国家援助的力度也不断加强。2002 年 3 月，联合国与世界银行、国际货币基金组织、世贸组织共同合作，在墨西哥蒙特雷召开了"发展筹资国际会议"，形成《蒙特雷共识》，动员主要捐款国主动承担义务，增加官方发展援助，作为弥补 20 世纪 90 年代其捐款减少的第一步。同时，会议力图将今后的援助更多地用于减少贫穷、教育和健康方面。会上，欧盟承诺其官方发展援助将达到国民生产总值的 0.7%，并宣布于 2006 年前将该比例由当时的 0.33%提高到 0.39%，即由每年 270 亿欧元增加到 350 亿欧元。美国也表示将在未来 3 年增加对发展中国家的援助。欧洲其他发达国家也积极表态，愿意逐步提高官方发展援助的规模以达到 2015 年的减贫目标或达到 0.7%的援助水平。2005 年，90 多个国家一致通过《巴黎有效援助宣言》（*Paris Decla-ration on Aid Effectiveness*，简称《巴黎宣言》），成为推动国际发展援助体系改革所取得的重要阶段性成果，这两个标准为国际发展援助体系的未来提供了目标，并影响着国际发展援助的发展趋势。此后，2/3 的捐助机构都把战略重点放在宣言的执行上，发展援助委员会 22 个成员提供的全部官方发展援助上升到 1068 亿美元（2006 年）。为监控《巴黎宣言》的执行，2006 年，联合国在《千年发展目标全球监控报告》中又提出了一个监控治理（包括可行指标）框架，并呼吁发展中国家、捐助国和国际金融机构利用该框架来改善实践活动和发展效益，以期能促进千年发展目标的实现。此后，发展中国家、捐助机构和国际金融机构开始利用该框架的某些组成部分改善它们的行动，增加发展资金的收益。2007 年，《千年发展目标全球监控报告》将应对脆弱国家和性别挑战作为主题，强调实现性别平等和扩大妇女的权利（第三个千年发展目标）是实现其他目标的关键。[①] 2011 年 12 月，160 多个国家政府代表和 70 多个国际组织代表等在韩国釜山召开"第四届援助效率高层论坛"，通过《有关新的全球合作关系的釜山宣言》（*Busan Partnership for Effective Development Cooperation*，简称《釜山宣言》）。《釜山宣言》将国际援助政策范式从"援助效率"转至"开发效率"，明确表示将构筑涵盖发达国家、新兴市场国家、民间等各种贡献主体的新全面全球伙伴关系，提出四大共同原则，即：发展中国家有关开发优先课题的主人翁意识、对成果的追求、包容性开发伙伴关系、透明度和责任感等。四大行动计划，即：深化和扩大有关开发政策和进程的民主的主人翁意识、加强取得具体而可持续成果的努力、加强和扩大对南南合作（发展中国家—发展中国家）和三角合作（发展中国家—发展中国家—发达国家）的援助、加强开发合作活动对援助的催化剂作用等。《釜山宣言》明确表示，在南北合作（发展中国家—发达国家）的基础上引入南南合作这个新的开发合作模式，但应适用有别于南北合作的方式和义务，决定各国加速减少有附加条件的援助，并在 2012 年内评估实现无附加条件援助的计划。

第二，国际发展援助体系发生变化。受金融和债务危机影响，发达国家经济增速放缓，部分发展中国家经济实力逐渐增强，新兴市场国家崛起，国际发展援助体系随之发生转变。一方面，始终作为援助主体的 DAC 国家 ODA 数额下降，2011 年在 23 个 DAC 援助国中，有 16 个减少了其援助，当年 ODA 总量下降了近 3%；另一方面，新兴经济体崛起并日渐成为国际发展援助领域一支重要力量，2000 年以来这些国家的对外援助增长了三倍，新兴

---

① 《千年发展目标》包括 8 个总目标，即消灭极端贫穷和饥饿，普及小学教育，促进两性平等并赋予妇女权利，降低儿童死亡率，改善产妇保健，与艾滋病毒/艾滋病、疟疾和其他疾病做斗争，确保环境的可持续能力和全球合作促进发展，此外还包括 18 项分目标及 48 项具体指标，向人们展示了全球发展和进步的宏伟蓝图。《千年发展目标》的多数目标和具体目标依据 20 世纪 90 年代全球局势制定，限定到 2015 年实现，承诺在 2015 年之前将全球贫困人口比例降低一半。《巴黎宣言》的目标是通过提高发展援助的效率和效果，使大型发展援助符合受援国的具体需要，改进所有权结构，实现同盟和协调，强调结果导向性管理与双方的诚信合作，《巴黎宣言》主要设计所有权、援助机构协调和联合以及多边责任领域。《巴黎宣言》在提高援助效率方面提出了 12 个指标，并对这 12 个指标分别设立了到 2010 年所要达成的目标，后来还补充了数量指标，从总体上对国际发展援助体系提出了新的要求，并指明了国际援助体系短期内的发展方向。

经济体突破了西方主导的旧有援助体系的框架，为受援国提供了更多更有效的选择，如中国已成为了世界粮食援助的第三大捐助国。

第三，援助资金来源发生变化。官方发展援助数额和比重在经历了 20 世纪 90 年代连续五年较大幅度下降后，21 世纪初开始回升。2001—2005 年国际发展援助总净流量从 1095.73 亿美元上升到 3050.19 亿美元，总体规模增加，ODA 资金由 2001 年的 524.35 亿美元增长到 2005 年的 1067.77 亿美元，增幅高达 103.6%。与此同时，更多的非 ODA 成为国际发展援助的重要补充，包括民间援助、私人慈善和创新性发展融资来源等。2005 年，私人资金在全部援助资金中占了 59.7%。2010 年，私人援助流量约在 306 亿美元至 560 亿美元间。私人资金主要通过各种捐赠和针对贫困地区的以扶贫为特定目标的投资活动来参与国际发展援助，很多私人慈善组织活跃在健康与教育领域。

第四，全球贫困分布呈现新格局。国际发展援助在地理分布、国别重点、结构方式等方面发生了显著变化：一是 ODA 在对象和地区上呈现出侧重于贫困国家和地区的趋势；二是在部门分布中，社会公共基础设施逐步成为国际发展援助的重要领域；三是人道援助和债务减免比重有所上升，项目援助比重相对下降。

第五，政治色彩日益浓厚，附加条件日益增多。20 世纪 90 年代后，发达国家越来越关注受援国的人权、民主等问题，越来越重视援助能否带来受援国的政治与社会经济的进步，如 DAC 国家在援助运作中，逐渐形成了一些援助标准与规则，认为技术进步与经济发展改革的思想是内生动力，而良好的国家治理、人权、民主则是长期持续发展的基石，因此要根除贫穷，必须向发展中国家输出改革、发展经济的思想、先进的技术，培养其民主意识。对外援助成为西方国家将本国价值观与社会力量投射到海外的过程。

第六，发达国家无偿援助比重加大，援款财政条件趋于优惠，债务减免成为国际发展援助中的一个重要组成部分。

第七，"特殊目的组织"（special purpose vehicles）出现并快速发展。近年来，一些关于援助的特殊目的组织发展较快，如全球抗艾滋病、肺结核及疟疾基金会和全球环境基金都属于这类组织。

第八，印度洋海啸以后，国际援助舞台上出现了新的趋势，即非 DAC 成员捐助者（特别是亚洲国家）兴起，发展中国家开始摆脱作为穷国和客体只是接受援助的形象，在国际援助中发挥积极的作用，发展中国家的意见也逐步被纳入国际援助结构改革中来。

二、国际发展援助理论

鉴于国际发展援助的一些特殊性，迄今为止，在该领域并没有建立独立完整的理论体系，国际发展援助理论多体现在国际政治学、投资学、金融学等理论中，主要包括以下几个方面的内容。

(一) 政治学观点

从政治学角度出发，对外援助事实上意味着以援助实现合作，或者获得某种支持。因此，对外援助的初衷不是为了表现某种抽象的人道主义关怀，它时常作为国家安全政策的一项基本策略。美国政治学家汉斯·摩根索（Hans. J. Morgenthau，1904—1980 年）在《对外援助的政治理论》一文中指出，无论什么形式的对外援助，本质都是政治性的，其主要目标都是促进和保护国家利益。他举出六种对外援助形式：人道主义援助、生存援助、军事援助、名望援助、打击贿赂、经济发展援助，认为人道主义是政府对受灾国提供食物、医疗援助等，教会等私人组织可以发挥一定作用。尽管人道主义援助看上去是非正式性的，但在一定的政治环境下也能发挥政治上的作用。生存援助与人道主义类似，但它们的最终目的是阻止受援国国内秩序混乱，保持国际力量对比的现状。军事援助的目的是支持军事同盟，实现其特定的政治军事目标。名望援助不包含发展的意义。经济发展援助本身已经变成了和平时期转移资金和服务的意识形态。所以，在对外援助的旗帜下并没有更高的道德原则。

从国际关系角度看，对外援助涉及援助国和受援国之间的关系，援助国和受援国之间的关系，还涉及主权国家和超国家外援行为者之间的关系。通常情况下，发达国家的对外双边援助政策至少服务于三种目的：一是追求援助国的既得利益，既包括短期经济和贸易利益，也包括长期战略和安全利益；二是谋求广义的国家利益，包括塑造民族形象、提高国家声望、宣扬社会价值取向以及传播生活方式等；三是关注人类共同的利益，包括环保、缓解贫困和减灾救灾等，并且通过这些活动营造援助国的国家形象。从援助国与受援国之间关系看，力量对比的不对等是引起援助国国内因素外部化的一个主要原因，发达国家经常将援助实施于极端贫困的国家，并在那里形成数量可观的资源，受援国出于不同的目的，不仅会愿意得到这些资源，甚至愿意为之付出一定的政治代价；由于力量对比的失衡，掌握资源的援助国就获得了一种超越传统主权国家的政治力量或筹码，用以实现对于弱国的干预和渗透。除国家外，在超国家、次政府和非政府层面上，外援领域里一些行为者的工作超越了国家藩篱，根据各自的专业领域建立起全球性的网络，以其专业知识影响着整个世界，包括受援国和受援国的社会及民众。①

（二）人道主义观点

1. 人道主义观点

在国际发展援助中，出于人道主义的援助称为"人道主义援助"（humanitarian aid）或"人道主义救援"，主要是基于人道主义而对受助者提供的支援，目的是拯救生命，舒缓不幸状况，以及维护人类尊严。"人道主义"一词源于拉丁语 humanistas（人道精神），最早出现于古罗马思想家之口，指一种能够促使个人才能得到最大限度发展的、具有人道精神的教育制度。15 世纪文艺复兴出现后，人道主义提倡通过学习和发扬古希腊和古罗马文化，使人的才能得到充分发展，在当时是新兴资产阶级提出的一种包含有深刻内容的追求和理想。在资产阶级革命过程中，人道主义反对封建教会专制，主张充分发展人的个性，为推翻封建制度做出过积极的思想贡献。在国际发展援助领域，几乎没有人质疑过人道主义原则在国际社会的适用性问题，人道主义理论基础体现为国际道义，包括人道义务（duties of humanity）和正义义务（the justice of compulsory）两个方面：人道义务论主张人的平等、尊严以及人的福利权利，其实施主体和分析单位是个体的人，强调如果个人能够无须付出多少成本或牺牲道德上重要的事情，就能减轻他人的苦难和不幸，那么他在道义上就有义务去做这样的事，对外援助的基础是援助国的伦理和人道关切，而不是援助国的政治经济利益；正义义务论认为国际援助的实施主体主要是主权国家及其政府，比人道义务要求更多的道义责任和更大的付出，并且还可能要求大规模的制度改革，如发展中国家要求建立公正合理的国际经济新秩序，正义义务论主张纠正过去所犯过失，从全球自然资源的不平衡分布或经济收入和财富的巨大国家间差距出发，根据需求或其他标准，对全球资源和财富进行公正的再分配，所以富裕国家向贫穷和不发达国家提供援助是一种道德义务。国际道义论理论的实践意义在于，它一方面约束了发达国家援助实践中的自利行为，另一方面为发展中国家提供了要求国际援助的合理性依据。实际上，国际发展援助制度的发展也体现了国际道义的理念和精神②。如 2007 年，国际人道责任伙伴组织（HAP-International）与其合作伙伴、灾难幸存者及其他各方一起制定了 2007 人道责任与质量管理标准（简称

---

① 参见周弘"对外援助与当代国际关系"，《中国社会科学院院报》，2006 年第 10 期。

② 参见丁韶彬"国际道义视角下的发展援助"，《外交评论》，2009 年第 4 期。

HAP 标准）体系，这个体系旨在确保获得认证的机构能够根据 HAP 标准来监督其人道行动的质量；在由多个主要非政府人道主义机构出版的《环球计划》手册中，载有〈全球计划：人道宪章和灾难响应最低标准〉，将"活得有尊严的权利"作为人道行动的基本原则。一直以来，减贫和发展都是全球关注的问题，国际发展援助中的人道主义也是国际关系研究中的重要论题，通过向贫穷的发展中国家提供无偿援助或优惠贷款。发展援助与人道主义之间存在着必然联系，同时也是当代国际政治经济中的突出问题，几乎所有主权国家和重要国际组织，以及大量国际非政府组织都作为援助者或受援者出现在国际舞台上。

2. 道德主义观点

道德主义学派（moral doctrine school）认为，对外援助在本质上表现为一国为了帮助贫穷国改善生活水平的人道主义表现，这一观点坚持富裕国家对援助贫穷国家有道德上的义务，也应对发展中国家的经济社会发展承担责任。20 世纪，伊斯兰教和犹太组织在发展中国家资助许多社会和经济项目，如学校、医院和孤儿院等。维克托·弗金斯（Victor Ferkiss）在《对外援助——道德和政治特征》（1984）中指出，发展援助计划在促进经济发展和国际人权状况、国际规制和秩序改善的同时，还能促进国家间互惠的多边关系。斯多克在《西方中等国家与全球贫困》中提到，人道国际主义把消除全球贫困和促进第三世界经济社会发展作为一种义务，并认为一个平等的世界有利于西方发达国家的长远利益，并论证了加拿大的对外援助更加倾向于人道国际主义。①

（三）经济学理论

针对国际发展援助的经济研究从不同角度展开。一种观点认为发展援助是一种资源和服务跨国转移的经济现象，对外援助是资源的单向和不求回报的跨国流动。对于援助国而言，如同教育支出、国防支出一样，援助支出也是一项涉及财政开支和纳税人利益的国内政治问题，以此为基本假定，对外援助不仅要考虑受援国减贫、发展及相关问题，还要考虑援助绩效。另一种观点认为从国际经济学角度出发，援助国对外提供援助要考虑自身的外贸与投资关系，其中既包括国内政治、援外行为、国内选民、援助供应商等之间的关系，也包括对受援国的政治和经济影响。

---

① 参见《国际政治经济学（全球体系中的冲突与合作）》，杨毅、钟飞腾等译，北京大学出版社2006 年版，第 516 页。

发展经济学家 H. 钱迪里和 A. 斯特劳特在 1966 年发表的《国外援助和经济发展》一文中，从发展援助角度入手，认为对于发展中国家来说，接受外援如同利用外资一样，最终能够直接或间接导致发展中国家国内投资和出口增加，在一定程度上有助于弥补发展中国家的外汇缺口、储蓄缺口和技术缺口。[①]

（四）国家利益理论

国家利益理论是发达国家对外提供援助最为常见的理论依据，通常用来解释双边援助中援助国的利益问题。该理论认为，对外援助是保护或促进国家安全和主权、抵御国际环境中敌对势力的一种工具。无论什么样的对外援助，本质上都是带有政治性的，主要目标都是促进和保护国家利益，除此以外，在对外援助旗帜之下并没有更高的道德原则。阿根廷经济学家普雷维什提出"中心—外围"论后[②]，巴西经济学家特奥托尼奥·多斯桑托斯则在吸收了"中心—外围"思想基础上，提出了更为激进的"依附论"。在其代表作《帝国主义与依附》（1975）中，多斯桑托斯认为"中心—外围"结构对应于帝国主义在全球统治形成的"统治—依附"结构，帝国主义现象包含了互为条件的两个方面，向外扩张的经济中心和作为扩张对象的附属国，发达国家通过对外援助投资于发展中国家的原材料生产，使发展中国家的经济完全根据世界市场的需要，而不是根据自身发展的需要而发展，从而使受援国丧失了解决危机的内部机制，在经济上长期地依赖援助国的援助。此外，对外援助还用于在援助国培养受援国的军官和官员，从而在政治上培养受援国对于援助国的亲和力，维系从殖民时代延续下来的特殊政治关系。美国国际关系理论家肯尼斯·华尔兹在《国际政治理论》（1979）中认为，在无政府状态下，世界主要大国是竞争对手，它们谋求建立霸权和安全体系，对外提供军事援助直接服务于加强两极世界安全体系，而经济援助则是在这个安全体系中争取盟友和朋友，也是为了增强援助国的国力，这与行贿没有差异，对外

---

① 参见本书第四章第二节"国际投资理论"。

② 1949 年 5 月普雷维什向联合国拉丁美洲和加勒比经济委员会（简称拉美经委会）递交了一份题为《拉丁美洲的经济发展及其主要问题》报告，系统完整地阐述了"中心—外围"（Core and Periphery Theory）理论。普雷维什认为，在传统的国际劳动分工下，世界经济被分成了两个部分：一个部分是大的工业中心；另一个部分则是为大的工业中心生产粮食和原材料的外围。在这种"中心—外围"关系中，工业品与初级产品之间的分工并不像古典或新古典主义经济学家所说的那样是互利的，恰恰相反，由于技术进步及其传播机制在中心和外围之间的不同表现和不同影响，这两个体系之间的关系是不对称的。从历史上说，技术进步的传播一直是不平等的，这有助于使世界经济因为收入增长结果的不同而划分成中心和从事初级产品生产的外围。

援助的实质是大国建立"合适的世界秩序"和霸权工具。

也有人认为，很多受援国以发达国家工业化进程为模式，寻找发展的必要条件，如将外援资金投资于发展中国家基础设施建设，用以替代通过原始积累才能获得的必要资本；用外援资金购买必要的技术以替代技术革命的漫长过程；用外援资金投资于人力资源的发展以替代消耗时日的技术和管理人才的培训等，都能推动受援国的经济发展。在全球化时代，人类的交流不限于国家间的经贸关系，不单停留在国家间的政治对话，已发展到了社会和社会、公民和公民之间在思想、观念、文化等多个领域中的深层交往，这些交往有许多载体，发展援助同样是一个重要载体。通过国际发展援助的实施，许多国内决策都可能在远隔千里的他国产生影响，而这些现象既不能为"国家利益"理论所涵盖，也不能为"超国家"理论所解释。在援助国内，政党更迭、政府构成、社会压力集团都可能成为外援政策制定过程中的关键因素，而通过对外援助则将这些国内的信念、程序、方式带到了受援国，这些现象在后来的国家内部因素外部化理论中有所解释。

（五）国家内部因素外部化理论

挪威学者奥拉夫·斯多克总结了欧共体的经验，认为主权国家即使能够精打细算，在国际场合也会受到其他国家利益的制约。在这种情况下，主权国家一方面调动一切可能的力量，使各自的原则立场得到认可；另一方面也不得不准备接受偏离预先设定的国家政策目标的现实，这些协调和整合的直接目标是取得更大的"一致性"，使对外援助资金的使用更有效率，更符合援助者的利益。斯多克认为，在一个沟通渠道日益畅通的国际社会中，国家的历史经验和社会文化会通过不同的方式和渠道表现出来向外部释放，对外援助是这种国内因素外部化的主要渠道，各国植根于不同历史经验中的政治文化和社会模式的差别都反映在对外援助政策之中。自20世纪70年代中期以后，援助国给其发展援助附加了"经济条件"，即要求发展中国家进行经济政策改革（如市场化、私有化等），以此作为提供援助的先决条件。冷战结束后，外援的条件从"经济条件"转化为"政治条件"，即援助国将民主、人权、法制和"良治"等作为提供发展援助的先决条件。数十年的实践表明，外援并没有实现其"造福世界人民"的初衷，而是"通过压力（指以停止外援拨款为压力），使受援国接受本来不会接受的条件"。由于援助国和受援国之间力量的不对等，有条件的援助从定义上就代表着干涉内政，而且在很多情况下，这些"条件"已经不限于仅由援助国的政府提出，而是由多元的援助主体提出。斯多克指出，占国际发展援助主体的官方发展援助主要源于三种国际主义，即人道国际主义、现实国际主义和激进国际主义。人道国际主义从人道关怀出发，感到对于国界以外的人类苦难负有责任，希望福利国家的理想和实践能够跨国界延伸；现实国际主义主张为了本国私利而提供发展援助，不主张干预他国内政；激进国际主义则主张通过外援，输出包括价值观在内的意识形态，从而更有效地为扩展国家利益服务。

（六）超国家理论

超国家主义理论是学术界重要的思潮之一，特别是自20世纪80年代以来，在新科技革命浪潮推动下，经济全球化趋势加速：第一，在欧盟内部，不少学者主张欧盟应往"超国家"方向发展，所有国家都应当承认主权转让由欧洲理事会、欧洲议会和欧洲法院等"超国家机构"共同行使。第二，面对网络时代的到来，很多人认为由于空间的普及，国家必然会消失，进而出现新的政治单位，即所谓"超国家"。第三，随着跨国公司全球经营程度提高，很多跨国公司与母国的经济连带关系和政治依从关系有所减弱，出现了一些"无国籍化"的企业。第四，20世纪80～90年代后，新自由主义扩张蔓延，以经济、贸易自由化，市场定价，消除通货膨胀和私有化为主要内容的《华盛顿共识》成为发达国家的主流意识，此后不仅全球化意识加快发展，更需要有新的理论来解释当代世界经济的最新变化及其发展趋势，超国家理论便在这些背景下应运而生。欧洲共同体的对外援助是超国家理论的重要例证，为了在有不同利益的欧共体成员国之间进行协调和整合，欧共体提出了对外援助的"3C"原则（即：coordination协调性，complementarily互补性，coherence一致性），要求在欧共体和成员国之间超越国家界限，避免内部竞争，发挥各自比较优势相互补充，在对外发展援助政策和其他政策之间进行制度和方式的整合，从而通过步调一致的行动，提高发展援助的效率。欧共体的发展援助政策从国家利益出发，而发展的方向却是超国家的行为方式。

第二节　国际发展援助方式与机构

一、官方发展援助

（一）官方发展援助定义

官方发展援助（official development assistance，简称ODA）是发达国家或高收入的发展中国家的官方机构为促进发展中国家的经济和社会发展，利用政府财政资金向发展中国家和多边机构提供的赠款或赠与成分不低于25％

的优惠贷款。官方发展援助主要来源于政府财政预算资金，援助贷款本息需要偿还，国际资本市场借贷资金也被用于官方发展援助。衡量一个国家的援助资金是否属于官方发展援助，一般有三个标准：第一，援助资金由援助国政府机构实施；第二，援助以促进发展中国家的经济发展和改善其福利为目的而提供；第三，援助的条件是宽松的，即每笔贷款的条件必须是减让性的，其中的赠与成分必须在 25％以上。所有发达国家、OECD 所有成员国以及部分发展中国家都对外提供官方发展援助。由于政府资金来源和对外政策目标的约束，各国财政部、外交部和特定金融机构在官方发展援助中发挥着主导作用。

值得注意的是，对外援助（foreign aid）、发展援助（development assistance）和发展合作（development cooperation）几个概念在国际发展援助中经常交替使用，这是因为不同援助国倾向于使用不同的术语来称呼他们国家的对外转移支付。如美国在多数文件中使用"对外援助"，以区别对外发展援助和对外军事援助；北欧国家倾向于使用"发展合作"，用以显示援助国和受援国之间的关系是平等的伙伴关系，而很多的欧洲国家以及国际多边组织则多使用"发展援助"或"官方发展援助"，用以强调援助贷款的用途是帮助发展中国家从事发展的目的。

（二）官方发展援助政策目标

官方发展援助源自于又超越于援助国的国家利益，其政策目标可分为政治、经济和公共目标三大类。首先，政治目标是官方发展援助中应用面最广泛的政策目标，一国对外提供官方发展援助，必然要扶植与本国经济政治制度相同的国家和地区，建立和巩固本国在某一国家或地区的综合影响和提高本国的国际政治地位；为实现某一直接政治目的和利益，一些国家经常用提供援助的方法挽救、扶植某国政权甚至改变其国家性质。其次，经济目标是官方发展援助最基本的政策目标，任何一项官方发展援助都包含这一目标，帮助落后国家和地区实现经济、社会发展，改善当地人民的生活水平是国际社会公认的官方发展援助目标，也是官方发展援助必须具备甚至可列为首要的政策目标。在经济目标中，为稳定世界和地区经济，援助国有时会帮助一些国家重建恢复或渡过经济危机，加强经济渗透和影响，并借援助之机扩大本国货币在世界和对方国家的影响，为本国企业商品出口扩大销路。最后，公共目标可以细分为很多种，但都体现了对外援助作为对外转移支付的特征，具有非营利性、利他性、非排他性等公共品的特点，如一些国家在受援国的基础设施、教育、健康等领域实施援助项目，提供人道主义援助等。

援助国在向外提供官方发展援助中，都要制定国别政策。国别政策包括向哪些国家提供援助，提供何种融资条件的援助，即提供赠款还是贷款，贷款利率和期限条件如何等。制定国别政策主要考虑的因素包括：国际政治与双边外交关系、受援国经济状况、援助目的、受援国是否很好地使用援助等，援助国的援助对象通常集中于某一地区或一些优先国家。政府是国别政策的制定者，负责确定中长期发展援助计划、援助国家范围及重点支持范围、基本的贷款原则和条件。

经过第二次世界大战后各国对外援助的实践和国际关系演进，西方国家的对外官方发展援助逐渐形成了战略型、发展型和人道主义型三种基本模式。战略型援助从特定的外交战略、意识形态出发，直接将援助与军事、政治目的和条件挂钩。发展型援助从短期目标看，以扩大出口、确保资源供应等对外经济利益为目的，将援助与本国的经济利益直接挂钩，从中长期目标看，以获取更长远的对外经济利益为目的，注重以经济援助来促进发展中国家的经济发展。人道主义型援助是在帮助他国改善经济与社会条件这一较纯粹的援助动机之下，不以特定的对外利益为直接目的，不在援助上附加任何政治或经济条件的做法。

在多数国家，官方发展援助的决策、财务和执行三个环节是分离的，各国执行机构差异较大，但大部分国家都会有一个主导援助机构。作为惯例，资本援助和技术援助通常分开由两个机构负责，资本援助大多由一个专门的金融机构负责。如日本对外援助的主要执行机构是日本国际协力银行和国际合作事业团，前者主要负责操作日元贷款和政府对外经济合作基金，后者主要负责对外技术合作和无偿赠送；法国对外援助执行机构是法国发展银行，该行具有官方经济部门和特殊金融机构的地位，由外交部和经济财政部共同主管；德国发展援助执行机构有德国复兴信贷银行（KFW）和德国技术合作署（GTZ），前者负责对外提供赠款和双边援助贷款（包括赠款和各类融资条件贷款），后者负责对外技术援助；美国国际开发援助署（USAID）是美国对外援助政策的主要执行机构，其援助拨款占美国全部对外援助的2/3，但是在选择受援国和决定援助配额的政治决策中，该署只有咨询权。

（三）官方发展援助资金来源

从世界范围看，官方发展援助中的双边援助大部分由经济合作与发展组织（OECD）的发展援助委员会（DAC）国家提供，其中最主要的是美国、日本、法国、英国、德国等发达国家，多边援助组织ODA资金来源基本上由DAC成员国捐助，多用于优惠贷款和赠款。DAC主要援助国家的地理分布一直相对稳定，美国发展援助的重点在拉美和中东地区，英国将南亚和非洲的英联邦国家视为援助的主要对象，法国主要援助非洲讲法语的国家，日本则将大部分援助给予东南亚各国，而石油输出国组织的成员国将援款的80％以上给予阿拉伯国家。近年来，主要援助国都加强了对撒哈拉以南地区非洲国家的援助，减少了对南亚国家的援助。

二、国际发展援助方式

国际发展援助按援助提供方式分为财政援助和技术援助，按援款资金流动渠道分为双边援助和多边援助，按援款使用方式分为项目援助和方案援助。

（一）财政援助

财政援助（financial assistance）是指援助国或多边机构为满足受援国经济和社会发展的需要以及为解决其财政困难，而向受援国提供的资金或物资援助。财政援助分赠款和贷款两种，赠款是不需要归还的赠送款项，通常只用于紧急援助（如战争或自然灾害），贷款是由政府提供的带有优惠性质的中长期信贷。财政援助在资金方式上包括官方发展援助和其他官方资金（other official flow，简称OOF）。其他官方资金指的是由援助国政府指定的专门银行或基金会向受援国银行、进口商或本国的出口商提供的，以促进援助国的商品和劳务出口为目的的资金援助，该援助主要是通过出口信贷来实施。与官方发展援助相比，其他官方资金也属于政府性质的资金，也是以促进发展中国家的经济发展和改善其福利为目的的，贷款的赠与成分也必须在25％以上，两者的区别在于其他官方资金不是以政府名义实施的援助。

（二）技术援助

技术援助（technical assistance）是指援助国或多边机构在智力、技能、咨询、资料、工艺和培训等方面向受援国提供资助的各项活动。技术援助分有偿和无偿两种：有偿技术援助是技术的提供方以优惠贷款的方式向技术的引进方提供各种技术服务，而无偿技术援助则是指技术的提供方免费向受援国提供各种技术服务。技术援助采用的主要方式有：援助国派遣专家或技术人员到受援国进行技术服务；培训受援国的技术人员，接受留学生和研究生，并为其提供奖学金；承担考察、勘探、可行性研究、设计等投资前活动；提供技术资料和文献；提供物资和设备；帮助受援国建立科研机构、学校、医院、职业培训中心和技术推广站等。

（三）双边援助

双边援助（bilateral assistance）是指两个国家或地区之间通过签订发展

援助协议或经济技术合作协定，由援助国以直接提供无偿或有偿款项、技术、设备和物资等方式，帮助受援国发展经济或渡过暂时的困难而进行的援助活动。双边援助与多边援助并行是国际发展援助的主要渠道，多以双边赠与和双边直接贷款的方式进行，双边赠与指援助国向受援国提供不要求受援国承担还款义务的赠款，赠款可以采取技术援助、粮食援助、债务减免和紧急援助等方式进行；双边直接贷款是指援助国政府向受援国提供的优惠贷款，一般用于开发建设、粮食援助以及债务调整等方面。双边援助的流向与双方的政治和经济利益有密切的关系，发达国家往往以受援国实行"民主、多党制、市场经济"等作为提供援助的政治条件，多数发达国家在提供双边援助的同时，还附带有限制性采购条件。

（四）多边援助

多边援助（multilateral assistance）是指国际组织机构利用成员国的捐款、认缴股本、优惠贷款及在国际金融市场上的筹款或业务收益等，按其制订的援助计划向发展中国家或地区提供的援助。在多边援助中，联合国发展系统主要以赠款的方式向发展中国家提供无偿的技术援助，而国际金融机构及其他多边机构多以优惠贷款的方式提供财政援助。在特殊情况下，多边机构还提供紧急援助和救灾援助等。多边援助是第二次世界大战后出现的一种援助方式，西方发达国家一直是多边机构援助资金的主要提供者。从提供的援款金额看，美国、芬兰、挪威、丹麦、奥地利、意大利、加拿大等国在多边援助机构中的资金比重比较大。由于多边机构的援助资金由多边机构统一管理和分配，一般不受资金提供国的限制和约束，所以多边援助的附加条件较少。

（五）项目援助

项目援助（project assistance）是指援助国政府或多边机构将援助资金直接用于受援国某一具体建设目标的援助，由于每一个援助目标都是一个具体的建设项目，故称项目援助。项目援助既可以通过双边渠道，也可以通过多边渠道进行，其资金主要来源于各发达国家或高收入发展中国家的官方发展援助及世界银行等多边机构在国际金融市场上的借款，主要用于资助受援国基础建设、资源开发、工农业发展，以及文化、教育、卫生设施等。由于项目援助均以某一具体的工程项目为目标，并与技术援助相结合，所以援款不易被挪用，有助于提高受援国的技术水平。20 世纪 80 年代后，许多发达国家将扩大本国商品出口和保证短缺物资进口来源作为提供项目援助的先决条件，因此项目援助对援助国也甚为有利。项目援助的周期一般较长，而且见效慢，一个项目从计划、设计、施工到建成一般需要若干年，要求受援国在申请项目援助时应从长远考虑，并兼顾自己的技术能力和管理水平，以达到预期的援助效果。项目援助是发达国家和多边机构目前普遍采用的援助方式，也是联合国技术援助得以实施的基本方式。

（六）方案援助

方案援助（program assistance）是根据一定的计划而不是按照某个具体的工程项目提供的援助，这种援助通常用于一般进口拨款、预算补贴、国际收支津贴、偿还债务以及区域发展和规划，甚至包括世界性的发展等方面。一个援助方案实施的时间往往需要数年或数十年，含有数个或更多的项目，但援助方案本身一般不与具体的项目相联系。在多数情况下，方案援助的资金往往附带有严格的使用规定，特别是近些年来，援助国或多边机构往往要求对方案的执行情况进行严格的监督与检查。方案援助是发达国家经常采用的一种援助方式，DAC成员国以方案援助形式提供的援助款约占其双边援助协议额的 1/3 以上，美国国际开发署对外提供的援助中，方案援助一般占50%以上。

三、国际发展援助机构

国际发展援助机构是专门从事向发展中国家提供发展援助的各国或地区政府有关机构和各类国际组织机构，按援助资金的来源分，包括双边政府机构和多边国际机构。

（一）双边政府机构

各国政府负责对外援助的机构既有共性也有特性，多数国家的多边援助是由财政部门负责，双边援助机构则差异很大，有的由外交部负责，有的由单独的经济合作部负责，还有的是多个政府部门共同负责。

一些西方国家对外援助的决策机构是分散和分权的，决策主体既多元化又相互制衡。如美国白宫和国务院负责向国会提出对外援助的政策意见，其中白宫的管理与预算办公室就每年划拨双边和多边援助项目的预算给总统提出建议，国务院向国会提出关于双边援助资金地理分布的意见。国会不仅通过立法影响对外援助政策，参众两院还负责确定美国外援的受援国以及援助的金额。在制定政策的过程中，美国政府和国会之间相互制衡，总统拥有很大的决策权，总统有时直接干预对外援助政策决策，有时通过他们的预算班子对国会施加压力。

如果是多个政府部门负责，一般会有一个部际委员会作为常设的决策和协调机构。如日本的官方援助以财务省（原大藏省）、外务省、通产省和经济企划厅"四省厅"为首，分别有农林水产省、运输省、文部省等 18 个省厅参与对外援助事务，官方援助中的无偿援助主要由外务省负责，日元贷款则由财务省、外务省、通产省和经济企划厅协商决定。2003 年 8 月，日本政府出台《官方发展援助大纲》，明确提出日本政府应积极灵活地实施官方发展援助援助，并通过其实现"国家利益"。法国的援外管理体制由四个层次组成：第一个层次是国际合作及发展部际委员会（CICID），由总理亲任主席，成员由与发展援助相关的 12 个部长组成，主要职能是每年制订一份总体规划决定法国援助的方向，并监督法国发展合作的各相关机构在援助地区和领域方面与优先政策是否一致；第二个层次是外交部和财政、经济和工业部，负责具体援外合作内容的确定、管理及监测，其中财政、经济和工业部起决定性作用；第三个层次是法国开发署，该机构作为援外执行部门，负责援外合作计划和经济技术合作项目的实施及管理；第四个层次由法国国际合作高级理事会和法国国际合作公共利益集团组成，前者的主要任务是向政府部门就援助政策提出建议，后者则是为促使法国技术援助机构更好地适应双边合作新要求，增强法国在此领域的国际投标市场竞争力，这种多层次多角度的援外管理架构，进一步从宏观和微观领域强化了对外援助的职能，同时也使得援助更加透明有效。

（二）多边国际机构

多边援助机构是由若干个成员国组成的，并利用成员国认缴的股本、捐款、优惠贷款和其他来源的资金向发展中国家提供各种形式援助的机构，主要包括联合国发展系统的机构、国际金融机构、区域性援助机构。

1. 联合国发展系统（united nations development system）

国际多边援助起源的标志是联合国建立。《联合国宪章》阐明了联合国的历史使命：为实现其宗旨和义务，联合国功能的基本体现就是促进国际发展，并组织和提供国际多边发展援助。在联合国系统中，由开发计划署、人口活动基金、儿童基金会、世界粮食计划署等主要筹资机构与经济及社会理事会的 16 个专门机构（含 5 个区域委员会）共同组成联合国发展系统。

联合国开发计划署（United Nations Development Program，简称 UN-DP）是联合国发展系统中从事多边经济技术合作的主要协调机构和最大的筹资机构，其宗旨和任务是：向发展中国家提供经济和社会方面的发展援助；派遣专家进行考察，担任技术指导或顾问，对受援国有关人员进行培训；帮助发展中国家建立应用现代科学技术方法的机构；协助发展中国家制订国民经济发展计划及提高它们战胜自然灾害的能力。开发计划署的援助资金主要来源于会员国的自愿捐款,发达国家是主要的捐款国。开发计划署根据会员国的捐款总额、受援国的人口总数和受援国人均国民生产总值所确定的指示性规划数(indicative planning figure,简称指规数,即 IPF),在符合援助条件的国家之间进行分配援款。(按照开发计划署的规定,受援国的人均国民生产总值在 500 美元以下为援助的基本条件。)开发计划署提供援助的方式主要是无偿技术援助。

联合国人口活动基金会(United Nations Fund for Population Activities,简称 UNFPA)的宗旨和任务是:提高世界各国人口活动的能力和知识水平;促进国际社会了解人口问题对经济、社会和环境方面的影响;促使各国根据各自的情况寻求解决这些问题的有效途径;对有关人口计划诸如计划生育、人口统计资料的收集和整理,人口动态研究,人口培训及机构的设立,人口政策及规划的制定、评估、实施等方面问题给予协调和援助。人口活动基金会的资金主要来自各国政府和各民间机构的捐赠,以无偿技术援助的方式向发展中国家提供项目援助。

联合国儿童基金会(United Nations Children's Fund,简称 UNICEF)的宗旨和任务是根据 1959 年 11 月联合国《儿童权利宣言》的要求,帮助各国政府实现保护儿童利益和改善儿童境遇的计划,使全世界的儿童不受任何歧视地得到应享的权益。儿童基金会的援助资金主要来自各成员国政府、国际组织和私人的自愿捐赠,资金的 2/3 用于对儿童的营养、卫生和教育提供援助,1/3 用于对受援国或地区从事有关儿童工作的人员进行职业培训。

联合国发展系统还包括许多专门机构,它们是由各国政府通过协议成立的各种国际专业性组织,是一种具有自己的预算和各种机构的独立国际组织,但因其通过联合国经济及社会理事会的协调同联合国发展系统进行合作,并以执行机构的身份参加联合国的发展援助活动,故称为联合国发展系统的专门机构。各专门机构根据自己的专业范围,承担执行联合国发展系统相应部门的发展援助项目。

2. 区域性援助机构

区域性援助机构是指那些以地理或行业为纽带所组成的从事有关发展援助活动的政府间组织或集团,从事发展援助活动较多的区域性援助机构主要有经济合作与发展组织、欧洲联盟、石油输出国组织及由其成员国设立的有关援助组织。

第三节　国际发展援助项目实施

一、联合国发展援助项目实施

（一）制订国别方案和国家间方案

联合国发展系统所采用的主要援助方式是提供无偿技术援助，援助的整个实施程序包括国别方案和国家间方案制订、项目文件编制、项目实施、项目评价及项目的后续活动等，这一程序又称项目援助周期。到目前为止，某些程序在联合国发展系统内的各个组织和机构中尚未得到完全统一，现行的有关程序均以1970年联合国大会通过的第2688号决议为主要依据，并在此基础上根据项目实施的实际需要加以引申和发展而成的。

1. 国别方案（country program）

国别方案是受援国政府在联合国发展系统的有关组织或机构的协助下编制的关于受援国政府与联合国发展系统的有关出资机构在一定时期、一定范围内开展经济技术合作的具体方案。国别方案的内容包括受援国的国民经济发展规划，需要联合国提供援助的具体部门和具体项目，援助所要实现的经济和社会发展目标，以及需要联合国对项目所做的投入。

每一个接受联合国发展系统援助的国家都必须编制国别方案。国别方案编制以后，还必须得到联合国有关出资机构理事会批准，经批准的国别方案成为受援国与联合国发展系统有关机构进行经济技术合作的依据。在联合国发展系统的多边援助中，国别方案所占有的援助资金比重最大。

2. 国家间方案（inter-country program）

国家间方案亦称区域方案（regional program）或全球方案（global program），是联合国在分区域、区域、区域间或全球的基础上对各国家集团提供技术援助的具体方案。国家间方案的内容与国别方案的内容基本相同，但必须同各参加国优先发展的次序相吻合，根据各国的实际需要来制订，国家间方案须由联合国有关出资机构理事会批准方能生效。根据规定，国家间方案至少应由两个以上的国家提出申请，联合国才予以考虑资助。

国别方案和国家间方案的批准一般有三种方式：第一种是先对申请援助的项目进行预备性援助，然后再决定是否给予该项目援助。预备性援助是联合国发展系统的有关机构在正式批准受援国申请援助的项目以前，所进行的一些与项目有关的援助活动。第二种是提前授权，提前授权是联合国发展系统援助项目出资机构的负责人在援助项目的最后文件正式签字之前所签发的一种证明项目可提前执行的授权书，主要是因为一些援助项目内容已定，但项目文件的编写、修订及翻译等工作尚需一定的时间，为不致因此延误项目的执行而采取的一种提前实施项目的措施，提前授权的有效期一般为2个月。第三种方式是正式批准，项目正式批准是指项目的申请包括其中各项活动的具体内容获得受援国政府、联合国发展系统的筹资机构和执行机构批准后，由筹资机构为开始执行项目所做的一种正式授权。援助方案获得正式批准以后，还必须经上述三方代表的正式签字后方可生效。

（二）编制项目文件

项目文件（project document）是受援国和联合国发展系统的有关机构为实施援助项目而编制的文件。联合国技术援助的项目，无论规模大小，都需要编制项目文件，项目文件是受援国政府、联合国发展系统的出资机构和执行机构执行或监督项目的依据。项目文件的主要内容包括：封面、项目文件法律依据，项目内容，项目监督、审评和报告，项目预算五个部分。

项目文件封面主要包括项目的名称、编号、期限、主要作用和次要作用、部门和分部门、实施机构、政府执行机构、预计开始时间、政府的投入及项目的简要说明等。

法律依据即编制项目文件所依据的有关法律条文或条款，该法律条文或条款通常包括受援国与联合国发展系统的有关机构之间签署的各种协议。

项目内容主要说明项目及与此有关的具体情况，是项目文件的核心，主要包括：第一，项目发展目标；第二，项目近期目标；第三，项目其他目标；第四，项目背景与理由；第五，项目活动；第六，项目产出（为实现项目近期目标所从事的各项活动完成之后可能取得的各项预期成果）；第七，项目投入；第八，项目风险；第九，项目活动时间安排；第十，事前义务和先决条件（前者指受援国政府和联合国的有关机构为使项目获得批准而进行的一系列活动，后者指受援国政府、联合国发展系统的出资机构和执行机构对项目投入的落实情况）；第十一，项目后续活动。

项目监督、审评和报告是根据联合国发展系统技术援助政策和程序，在项目实施中必须实行必要的监督、审评、定期检查和报告制度。在一般情况下，建设中的项目均须接受受援国政府、联合国发展系统出资机构和执行机构的监督和审评。项目实施机构每半年提供一份项目进度报告，执行机构还应在项目结束时提交一份项目终期报告，这些内容在项目文件中应明确予以澄清。

项目预算包括受援国政府投入的项目预算和联合国出资机构投入的项目预算两部分，在项目文件中应分别予以列明。

（三）项目实施

项目实施指执行项目文件各项内容的全部过程，主要包括：第一，任命项目主任；第二，征聘专家和顾问；第三，选派出国培训人员；第四，购置实施项目所需要的设备。根据联合国规定，联合国发展系统出资机构提供的援助资金只能用于购买在受援国采购不到的设备或需用国际可兑换货币付款的设备；价格在 2 万美元以上的设备应通过国际竞争性招标采购，价格在 2 万美元以下或某些特殊的设备可以直接采购；购置实施项目所需要设备的种类和规格需经联合国发展系统出资机构的审核批准。联合国把为实施援助项目所购置的设备分为两大类，价值在 100 美元以下的为消耗性设备，价值在 100 美元以上的为非消耗性设备。在项目实施期间，非消耗性设备均应标上联合国财产登记序号，其所有权属于联合国，在项目建设结束之后才可移交受援国政府。

（四）项目评价

项目评价是指对进行中的或已完成的项目实施、结果及其实际或可能的功效等做出实事求是的评价，其目的在于尽可能客观地对项目的实施和功效做出论证。项目评价的工作主要包括对项目准备的审查、对项目申请的评估、对各项业务活动的监督和对项目各项成果的评价，其中后两项最为重要。

对各项业务活动的监督又称进行中评价，主要通过三方审评和年度国别审评两种方式进行。三方审评指由受援国政府、联合国发展系统的出资机构和执行机构三方每隔半年或一年举行一次审评会议，审评项目的执行情况、财务情况、项目的近期目标和活动计划。其目的在于找出项目实施中的问题，研究解决方法，调整和制订下一阶段的工作计划。三方审评会议一般在项目的施工现场举行，年度国别审评则是在三方审评的基础上，由受援国政府同联合国发展系统的出资机构对项目总的执行情况所进行的一年一度的审评。在项目的评价过程中，无论采用哪种审评方式，联合国发展系统的出资机构均要求项目主任每隔半年或一年提交一份项目进度报告。在项目结束时，项目主任或执行机构的负责人还应编写项目的总结报告。

对项目各项成果的评价，亦称事后评价或终期评价，是指对项目所取得的各项成果进行论证，以检验项目的效益是否已达到预期目标。对项目成果的评价一般经受援国政府和联合国发展系统的有关机构协商后在适当的时候进行。

（五）项目后续活动

项目后续活动（follow-up action of project）亦称项目后续援助（follow-up assistance of project），是指联合国发展系统的技术援助项目按照原订的实施计划完成了各项近期目标之后，由联合国发展系统的有关机构、受援国政府、其他国家政府或其他多边机构继续对项目采取的援助活动。项目后续活动实际上是巩固援助项目成果的一种手段，一般分为三种类型。

（1）在联合国发展系统的有关机构提供的技术援助项目实现了近期目标之后，为了达到远期发展目标，由联合国发展系统的有关机构对该项目继续提供技术援助，这种形式的后续活动被联合国称为第二期或第三期援助活动。

（2）在联合国发展系统对某一项目提供的技术援助结束之后，由其他国家政府或其他多边机构对该项目或与该项目有直接关系的项目，以投资、信贷或合资等形式提供援助，这种形式的后续援助大多属于资本援助。

（3）在联合国发展系统对某一项目提供的技术援助结束之后，由受援国政府根据项目的实际需要，继续对该项目或与该项目有直接关系的项目进行投资，以扩充项目的规模，增加项目的效用。

二、世界银行技术援助

（一）世界银行技术援助的定义

世界银行作为一个开发性的国际金融机构，同时也是一个国际援助机构，其宗旨是向发展中国家提供开发性援助。与其他国际援助机构相比，世界银行认为能够反映其开发性援助特点的，不仅有其贷款资金的优惠条件，而且还有其技术援助的质量和水平。

世界银行对技术援助的定义是，以从事政策研究和提供咨询建议，支持项目准备和执行，不断地提高发展中国家的人力、经济、技术、分析、管理和机构能力等为目的，转让、改进、调动和运用劳务、技能、知识、技术和工程设计。从总的方面看，世界银行的技术援助基本上都是从软件方面予以帮助，一般不提供或只提供少量的硬件援助（设备或物资）。所以，通常情况下所说的世界银行的技术援助，是指世界银行的专家根据项目单位的实际需要提供咨询建议，以有偿或无偿资金为媒介帮助其引进新技术，引进管理，改进工艺和节约费用开支，以及为工程或培训等方面的需求提供专业技术服务等。

（二）世界技术援助的资金来源

世界银行技术援助资金来源主要分为无偿资金和有偿资金两大类。无偿资金主要来源于多边机构，如联合国开发计划署的伞状项目资金、世界银行内的机构发展基金资金、全球环境基金赠款以及某些由双边或多边来源提供但由世界银行管理的赠款。世界银行用这些无偿资金建立了两个基金，一个是"机构发展基金"，创立于 1992 年，主要用于支持低收入成员国开展与经济合作调研和双方政策对话有关的活动；另一个是"特别项目准备基金"，创立于 1985 年，主要用于有资格接受国际开发协会无偿贷款的撒哈拉以南非洲成员国在无其他资金来源时，为其项目准备提供资金。有偿资金包括技术合作信贷、特别信贷、项目内支援和项目准备基金。技术合作信贷是为综合性技术援助和世界银行贷款项目前期准备而设立的一种信贷资金，其资金主要来源于国际开发协会，技术合作信贷所支持的各类活动综合性较强，受益面亦比较广。技术合作信贷项目管理的组织机构一般采取伞状形式，即以用款地区或用款部门作为信贷项目中各有关分项目的执行单位。实际上，世界银行大部分技术援助资金都在各贷款项目内，几乎每一个世界银行项目都有 5% 左右的技术援助内容，多者可达 10% 以上。此外，有些项目还有独立的专项技术援助贷款，如环境技术援助贷款、金融部门技术援助贷款等。[①]

（三）世界银行技术援助的方式

（1）从工作投入的角度看，包括聘请咨询专家和选派人员出国考察等，或者说都是以学习的形式，"请进来"或"走出去"。

（2）从技术援助的具体内容看，包括经济政策调研、政策咨询、技术专题研究、项目可行性研究、项目规划设计、采购咨询服务、工程监理服务、工程技术培训、管理业务学习、专业人员进修、研讨会议及技术考察等。

（3）从与项目的相关性看，包括综合性技术援助和项目技术援助，前者指受益项目无法具体确定的援助，如经济调研、政策咨询、宏观经济研讨会等；后者指与某一特定项目直接相关的技术援助，如项目可行性研究、项目规划设计、采购咨询服务和工程监理服务等。

（4）从项目执行过程看，技术援助可在项目准备、项目执行和项目完工各阶段提供。在项目准备阶段，包括进行项目可行性研究、项目评估、编制标书等；在项目执行阶段，有工程监理、评标、技术咨询等；在项目完工阶段，有完工报告的编写、后评价报告的编写等。

（5）从技术援助的提供者看，包括国外咨询专家单独提供、国内咨询专家单独提供和国内外专家合作提供的援助。咨询专家可以是个人也可以是实

---

①　本章参见李小云、武晋：《国际发展援助概论》，社会科学文献出版社 2009 年 11 月版。

体，如咨询公司、大学、研究机构、联合国机构和非政府组织等。

本章小结

国际发展援助是国际经济合作主要方式之一。在当代国际经济关系中，发展援助已被许多国家所接受，已成为国际经济关系的一个重要方面，是国家之间发生经济往来后所不可避免的现象。国际发展援助的产生有其客观必然性。国际发展援助主要资金来源是官方发展援助，分有偿和无偿两种，提供方式有财政援助和技术援助，援款资金流动渠道分为双边援助和多边援助，援款使用方式分为项目援助和方案援助。

关键名词或概念

1. 国际发展援助（international development assistance）
2. 官方发展援助（official development assistance，ODA）
3. 财政援助（financial assistance）
4. 技术援助（technical assistance）
5. 双边援助（bilateral assistance）
6. 多边援助（multilateral assistance）

拓展阅读

拓展1：《洛美协定》

1975年2月28日，非洲、加勒比海和太平洋地区46个发展中国家（简称非加太地区国家）和欧洲经济共同体9国在多哥首都洛美开会，签订贸易和经济协定，全称为《欧洲经济共同体—非洲、加勒比和太平洋地区（国家）洛美协定》（Lome Convention），简称"洛美协定"或"洛美公约"。《洛美协定》迄今共签过五次。第一个于1975年2月28日在洛美签署，1976年4月1日起生效。第二个于1979年10月31日在多哥续签，1980年4月起生效，有效期5年。第三个于1984年12月8日在多哥续签，1986年5月1日起生效，有效期5年。第四个于1989年12月15日在多哥续签，有效期10年。1998年9月30日，欧盟与非加太地区国家在布鲁塞尔就续签第五个《洛美协定》举行正式谈判，主要内容包括：第一，关于建立自由贸易区问题；第二，关于将发展援助与人权状况挂钩问题；第三，关于特惠税问题；第四，关于非加太地区国家某些商品进入欧盟市场问题；第五，关于原产地"充分累积"制度，欧盟初步计划在2005年后，向非加太地区48个最不发达国家的全部产品免税开放市场，并进一步简化现行有关原产地的规定；第六，关于古巴加入洛美协定问题。1999 年，欧盟和非加太地区国家就《洛美协定》续签问题分别在塞内加尔首都达喀尔、比利时首都布鲁塞尔、多米尼加共和国首都圣多明各举行了 4 次非加太——欧盟部长级会议，但均因双方分歧太大无果而终。2000 年初，双方在布鲁塞尔重开谈判，非加太地区国家在人权、贸易优惠制等问题上做出重大让步，双方于 2 月 3 日就签署第五个《洛美协定》达成协议。协定有效期 20 年，其主要规定是：民主、人权、法制和良政为执行该协定的基本原则，欧盟有权中止向违反上述原则的国家提供援助；欧盟逐步取消对非加太地区国家提供单向贸易优惠政策，代之以向自由贸易过渡，双方最终建立自由贸易区，完成与世贸组织规则接轨；欧盟将建立总额为 135 亿欧元的第九个欧洲发展基金，用于向非加太地区国家提供援助，并从前几个发展基金余额中拨出 10 亿欧元用于补贴重债穷国等。第五个《洛美协定》于 2002 年正式生效。①

拓展 2：马歇尔计划

　　1947 年，美国国务卿乔治·C. 马歇尔提出："在危机四起的时候，不应零敲碎打地向欧洲提供援助，而应该提供一种能使其恢复健康的良药，而不仅仅是一种治标剂，这就需要有一个新的方案，使受援国积极行动起来。"根据这个意见，美国制订了"欧洲复兴方案"，其法律形式是 1948 年国会通过的"经济合作方案"，即"马歇尔计划"。该方案的重点在于帮助受援国增加生产，提供需要进口的设备和物资，鼓励受援国在国内采取各种措施来促进金融方面的稳定，同时进一步密切欧洲各国之间的经济合作。"马歇尔计划"方案实施时间为四年（1948—1951 年），共提供 114 亿美元的援助，其中90％是无偿援助。为执行"马歇尔计划"，欧洲的 16 个受援国家组成了"欧洲经济合作组织"，由该组织负责协调会员国的复兴计划。同时各国还制订了四年发展计划，提出了增加生产和减少国际收支逆差的措施。到"马歇尔计划"执行结束时，欧洲的生产获得了迅速发展。1951 年，西欧工业生产比1938 年增长了大约 40％。欧洲经济合作组织成员国经过恢复和发展，经济增长更快。1959 年，欧洲经济合作组织改称"发展援助集团"。1960 年 12 月，在此基础上正式成立"经济合作与发展组织"（OECD），而"发展援助集团"

---

① 资料来源：根据中华人民共和国外交部网站资料整理。

则改为"发展援助委员会"，作为 OECD 的一个组成部分，继续对外提供援助。①

拓展 3：《中国的对外援助（2014）》白皮书（节录）

中国是世界上最大的发展中国家。在发展进程中，中国坚持把中国人民的利益同各国人民的共同利益结合起来，在南南合作框架下向其他发展中国家提供力所能及的援助，支持和帮助发展中国家特别是最不发达国家减少贫困、改善民生。中国以积极的姿态参与国际发展合作，发挥了建设性作用。

中国提供对外援助，坚持不附带任何政治条件，不干涉受援国内政，充分尊重受援国自主选择发展道路和模式的权利。相互尊重、平等相待、重信守诺、互利共赢是中国对外援助的基本原则。近年来，中国对外援助规模持续增长，对外援助事业稳步发展。

（1）稳步发展对外援助事业

2010 年至 2012 年，中国对外援助规模持续增长。其中，成套项目建设和物资援助是主要援助方式，技术合作和人力资源开发合作增长显著。亚洲和非洲是中国对外援助的主要地区。为促进实现千年发展目标，中国对外援助资金更多地投向低收入发展中国家。

（2）推动民生改善

支持其他发展中国家减少贫困和改善民生，是中国对外援助的主要内容。中国重点支持其他发展中国家促进农业发展，提高教育水平，改善医疗服务，建设社会公益设施，并在其他国家遭遇重大灾害时及时提供人道主义援助。

（3）促进经济社会发展

中国积极帮助其他发展中国家建设基础设施，加强能力建设和贸易发展，加大对环境保护领域的援助投入，帮助受援国实现经济社会发展。

（4）区域合作机制下的对外援助

中国注重在区域合作层面加强与受援国的集体磋商，利用中非合作论坛、中国—东盟领导人会议等区域合作机制和平台，多次宣布一揽子援助举措，积极回应各地区的发展需要。

（5）参与国际交流合作

随着参与国际发展事务能力的增强，中国在力所能及的前提下，积极支持多边发展机构的援助工作，以更加开放的姿态开展经验交流，探讨务实

---

① 资料来源：章昌裕《国际经济合作》第五章，东北财经大学出版社 2009 年 12 月版。

合作。

当前，国际金融危机的影响仍未消退，发展中国家特别是最不发达国家消除贫困与实现发展的任务依然艰巨。国际社会应动员更多的发展资源，加强南北合作，支持南南合作，推动发展中国家经济社会发展，以最终在全球范围内消除贫困。

中国正在全面建设小康社会，致力于实现国家富强、民族振兴、人民幸福的中国梦。中国将顺应和平、发展、合作、共赢的时代潮流，坚持正确的义利观，尊重和支持发展中国家探索符合本国国情的发展道路，积极推动南南合作，切实帮助其他发展中国家促进经济社会发展。

今后，中国将继续增加对外援助投入，进一步优化援助结构，突出重点领域，创新援助方式，提高资金使用效率，有效帮助受援国改善民生，增强自主发展能力。中国愿与国际社会一道，共享机遇，共迎挑战，推动实现持久和平、共同繁荣的世界梦，为人类发展事业做出更大贡献。

（中华人民共和国国务院新闻办公室 2014 年 12 月 5 日）

简答题

1. 国际发展援助的定义与本质特征是什么？
2. 国际发展援助的基本理论依据包括哪些内容？
3. 什么是官方发展援助？
4. 国际发展援助方式包括哪些内容？

第七章　国际金融合作

本章导读

　　金融领域的国际合作作为当今国际关系的一个重要问题，已受到各国政府和经济学理论界的普遍关注，但究竟什么是国际金融合作，国际金融合作包括哪些范畴，至今并没有完整系统的研究，比较一致的观点是国际金融合作作为国际金融体制的重要组成部分，存在于国际货币体制发展的每一阶段，随着国际货币体制的演化，国际金融合作存在着不同的时代特点。当代国际金融合作是国际经济、金融组织与各主权国家以及各主权国家通过相互间的信息交流、磋商与协调，在金融政策、金融行动等方面采取共同步骤和措施，达到减少金融体系风险、防止金融问题累积、保护消费者、培育金融市场的有效机能以及预防犯罪分子和恐怖分子滥用金融体系的目的。

学习目标

　　通过本章学习，了解国际金融和国际货币体系的基本概念，掌握国际金融合作理论演化线索，以及国际金融合作的概念与发展动态、主要合作方式等。

第一节　国际金融基本概念和发展特征

一、国际金融的基本概念①

(一) 国际金融的基本概念

　　金融（finance）是货币流通和信用活动以及与之相联系的经济活动的总称。国际金融是商品经济发展到一定阶段的产物，是国家和地区之间由于经

---

　　① 本章重点不是介绍国际金融基本知识，而是说明国际金融的一些基本概念，旨在为下一节的国际金融合作做准备。国际金融方面的书籍很多，此处对国际金融不做赘述。建议在学习本章时，参考一些《国际金融》专门教材或书籍。

济、政治、文化等联系而产生的货币资金的周转和运动，是国际贸易和国际经济合作发展的直接结果，国际金融的发展又极大地促进了国际贸易和国际经济合作的发展。在经济全球化加速发展的时代，国际金融不仅与一国的国际贸易和国际经济合作紧密联系，而且涉及一国宏观经济的均衡与稳定，涉及国际经济秩序的稳定和全球经济协调与合作。国际金融由国际收支、国际汇兑、国际结算、国际信用、国际投资和国际货币体系等多重内容构成，它们之间既相互影响，又相互制约。

（二）汇率制度与外汇管制

1. 汇率制度

汇率制度又称汇率安排（exchange rate arrangement），指一国货币当局对本国汇率变动的基本方式所做的一系列安排或规定，主要内容包括：第一，确定汇率的原则和依据，如是以货币本身的价值为依据，还是以法定代表的价值为依据等；第二，维持与调整汇率的办法，如是采用公开法定升值或贬值的办法，还是采取任其浮动或官方有限度干预的办法；第三，管理汇率的法令、体制和政策等，如各国外汇管制中有关汇率及其适用范围的规定；第四，制定、维持及管理汇率的机构，如外汇管理局、外汇平准基金委员会等。按照汇率变动的幅度，汇率制度分为固定汇率制和浮动汇率制两种类型。

2. 外汇管制

外汇管制（foreign exchange control）指一国政府为平衡国际收支和维持本国货币汇率而对外汇进出实行的限制性措施。外汇管制活动涉及：外汇收付、外汇买卖、国际借贷、外汇转移和使用；本国货币汇率的决定；本国货币的可兑换性；本币和黄金、白银的跨国界流动。外汇管制方法分为直接管制和间接管制，前者由外汇管制机构对各种外汇业务实行直接、强制管理和控制，后者可通过诸如许可证制度、进口配额制度等间接影响外汇业务，从而达到外汇管制的目的。具体管理方法分为数量管制、汇价管制和综合管制三种。管制范围为：第一，对出口收汇和进口用汇管制；第二，对非贸易外汇的管制（即除贸易收支与资本输出输入以外的各种外汇收支）；第三，对资本输出输入管制；第四，对黄金、现钞输出输入的管制。

（三）国际货币体系

（1）国际货币体系（international currency system）是国际货币制度、国际货币金融机构以及由习惯和历史沿革形成的约定俗成的国际货币秩序总和[1]，国

---

[1]　参见姜波克《国际金融教程》第三版，复旦大学出版社 2001 年版。

际货币制度是规范国与国之间金融关系的有关法则、规定及协议框架，是各国对货币在国际范围内发挥世界货币职能所确定的原则、采取的措施和建立的组织形式。国际货币体系包括四方面内容：一是储备资产确定，即确定什么样的资产作为国际储备资产；二是各国货币间汇率安排和资金融通机制，包括汇率制度安排和债权债务安排；三是国际收支的调节方式，包括国际货币兑换和国际结算原则；四是确定有关国际货币金融事务的协调机制或建立有关协调和监督机构。建立国际货币体系的目标是保障国际贸易和投资，以及世界经济稳定有序发展，使各国资源得到有效开发利用。

（2）国际货币体系从形成到演变与发展大体经历了以下几个阶段：第一阶段，金本位制度（19世纪到第一次世界大战前）。即以一定成色及重量的黄金为本位货币的制度，这是历史上的第一个国际货币制度。第二阶段，虚金本位制度（亦称金汇兑本位制）。1922年，在意大利热那亚召开的国际货币金融会议上确定，黄金是国际货币体系的基础，各国纸币仍规定含金量代替黄金执行流通、清算和支付手段职能，本国货币与黄金直接挂钩或通过另一种同黄金挂钩的货币与黄金间接挂钩，与黄金直接或间接保持固定的比价。第三阶段，从20世纪30年代到第二次世界大战前，国际货币体系进入了长达十几年的混乱时期，其间形成了以英、美、法三大国为中心的三个货币集团（英镑集团、美元集团、法郎集团）。三大集团以各自国家的货币作为储备货币和国际清偿力的主要来源，同时展开了世界范围内争夺国际货币金融主导权的斗争，这种局面一直持续到第二次世界大战结束。第四阶段，布雷顿森林体系建立固定汇率国际货币体系（1945—1972年）。1945年，44个国家或政府经济特使聚集在美国新罕布什尔州的布雷顿森林，商讨战后世界贸易与货币问题。12月27日，参加会议的22个国家代表正式签署《布雷顿森林协定》，正式成立国际货币基金组织（IMF）和世界银行（WB），两机构自1947年11月15日起成为联合国常设专门机构，从此开始了国际货币体系发展史上的一个新时期。第五阶段，牙买加体系建立（1976年至今）。1976年IMF通过《牙买加协定》，确认了布雷顿森林体系解体后浮动汇率的合法性，继续维持全球多边自由支付原则，具体内容包括黄金非货币化、国际储备多元化、浮动汇率制合法化、货币调解机制多样化。

值得一提的是，在布雷顿森林体系和牙买加体系建立过程中，欧洲货币体系逐步建立和完善起来。欧洲货币体系实质上是一个固定的可调整汇率制度，该体系建立后，第一，在很大程度上削弱了美元的霸主地位；第二，由于欧洲货币体系的平价网体系稳定了汇率，对欧共体国家经济和贸易发展方面都有不可估量的作用；第三，欧洲货币单位的使用在各个范围内不断扩大，已成为仅次于美元和德国马克的最主要储备资产；第四，作为国际区域货币先驱之一的欧元诞生，建立了经济合作区内货币合作体系模式，从此货币合作成为各种国际经济合作中的最高级合作形态，不仅为国际金融合作，同时也为全球化趋势下的国际经济合作形态树立了典范。

（3）当前国际货币体系的特点。第一，布雷顿森林体系解体之后，形成了以《牙买加协议》为基础的国际货币制度。该制度的运行特征集中体现在三个方面：一是国际储备资产多元化，尽管美元仍然是国际储备资产中心，但日元、英镑、欧元以及特别提款权所占的比重不断上升；二是汇率制度多样化，《牙买加协议》明确规定，国际合作的基本目标是经济稳定（物价稳定），而不是汇率稳定，于是更具弹性的浮动汇率制度在世界范围内逐步取代了固定汇率制度，各种汇率安排相继出现，IMF 认为当前各国的汇率制度共有八种类型；三是国际收支调节方式多样化，出现汇率机制、利率机制、资金融通机制等多种国际收支调节手段。第二，布雷顿森林体系解体后，各国相继实施了自由化经济政策和浮动汇率，直接加速了资本跨境流动并推动了金融全球化进程，金融资本在高速流动中迅速增值与膨胀，并部分表现出与实体经济脱离，美国则凭借美元在货币金字塔中的顶端位置，成为唯一完全可以根据国内目标（如就业、出口等），而不论美元汇率浮动情况如何来推行其国内政策的国家，与美元为中心的国际货币体系相联系的国际收支不平衡一直伴随着世界经济的发展。第三，资本全球化推动下的经济全球化，加上地区经济发展差异推动全球区域经济协调与合作取得了突飞猛进的发展，同时也使得金融全球化、金融资本与实体经济脱离，汇率不稳定、美元中心与国际收支不平衡、区域货币合作等新国际货币体系特征日益显现出来。

（四）国际金融市场与产品

1. 国际金融市场（international financial markets）

国际金融市场是国际资金融通与交易的市场。从传统角度看，国际金融市场是国际长短期资金借贷的场所；从现代角度看，从事各种国际金融业务活动的场所都属于国际金融市场。按性质不同划分，在传统的国际金融市场上主要从事市场所在国货币的国际信贷和国际债券业务，交易主要发生在市场所在国的居民与非居民之间，并受市场所在国政府的金融法律、法规管辖；在新兴离岸金融市场上，交易涉及所有可自由兑换货币，大部分交易在市场所在国的非居民之间进行，业务活动也不受任何国家金融体系规章制度的管辖。按功能不同划分，包括国际外汇市场、货币市场、资本市场、黄金市场、租赁市场。按融资渠道不同划分，包括国际信贷市场和证券市场。

在经济全球化日益加速的背景下，国际金融市场作用日趋重要，商品与劳务、资本的国际性转移，黄金输出入，外汇买卖以至于国际货币体系运转等各方面的国际经济交往都离不开国际金融市场，国际金融市场上新融资手段、投资机会和投资方式层出不穷，金融活动经常凌驾于传统的实体经济之上，成为推动世界经济发展的主导因素，由此也出现了一些新的特点：首先，受金融危机影响，国家利益博弈突出显现，各种价格走势背后均具有国家规划性战略，尤其是货币竞争含义十分明确，在这个过程中，某些大国操控作用不断加强，金融市场环境变幻莫测；其次，在现代化电讯网络推动下，市场的无形性越来越强，尽管在世界范围内有着众多复杂的银行、金融机构，但真正的交易却无固定场所，大多数通过网络在虚拟空间中进行交易，而巨额的货币只不过是计算机服务器中的一些数字；再次，在知识与技术的包装和推动下，衍生金融产品过多出现，不仅使人眼花缭乱，而且使投资者与投机者身份模糊，由此导致金融风险不断加大，市场失去均衡，国际金融资本流动变化无常，金融主导过度引起资源配置异常。

2. 金融产品

从不同业务和使用出发，金融产品的定义十分庞杂，既可从效用角度定义金融产品，也可从服务角度定义金融产品，但这并不是本书讨论的问题。从最简单的角度出发，金融产品实际就是买卖交易的一个品种，亦称金融工具。从传统角度看，较流行的金融产品主要为货币、外汇、黄金的远期、期货、期权和掉期等。随着经济金融化趋势加强和金融自由化发展，金融衍生产品（derivatives）大量涌现，从原生资产派生出许多新型金融工具，其价值依赖于原生资产价值变动的合约，这种合约可以是标准化的也可以是非标准化的。

（五）国际金融组织机构

国际金融组织机构是从事国际金融管理和国际金融活动的超国家性质的组织机构。第二次世界大战后，国际金融中一个重要的现象是涌现了一系列国际金融组织机构，到目前为止，这些组织机构基本形成三种类型：第一种是全球性的，如国际货币基金组织、世界银行、国际开发协会、国际金融公司等。第二种是半区域性的，如国际清算银行、亚洲开发银行、泛美开发银行、非洲开发银行等，其成员主要在区域内，但也有区域外成员参加。第三种是区域性的，如欧洲投资银行、阿拉伯货币基金、伊斯兰发展银行、西非发展银行、阿拉伯银行等。这些国际金融组织机构对国际货币制度与世界经济发展都发生过深远和积极的影响，能够在重大国际经济金融事件中协调各国行动，提供短期资金缓解国际收支逆差稳定汇率，提供长期资金促进各国经济发展，在促进会员国取消外汇管制、限制会员国进行竞争性货币贬值、支持会员国稳定货币汇率和解决国际收支困难、缓解债务危机与金融危机、促进发展中国家经济发展等方面起到过重要作用。

二、当代国际金融的发展特征

（一）金融自由化

20 世纪 70 年代初，以美元为中心的布雷顿森林体系由于其内在矛盾而解体，国际金融市场出现严重动荡，发达国家中政府全面管制金融的格局受到巨大冲击。此后，经济自由化、贸易自由化、金融自由化（financial liberalization）无论在理论还是在实践上都有了较快发展并一直延续至今。1973 年，美国经济学家罗纳德·麦金农（R. J. Mckinnon）和爱德华·肖（E. S. Show）针对当时发展中国家普遍存在的金融市场不完全、资本市场严重扭曲和政府过度干预而影响经济发展的状况，提出了"金融自由化"理论。他们认为，发展中国家的贫困，不仅在于资本稀缺，更重要的是金融市场扭曲造成的资本利用效率低下，从而抑制了经济增长。发展中国家的金融市场被人为地分割开来，是不完全的市场，由于政府经常执行错误的金融政策，如人为地压低名义利率等，使发展中国家经济发展所需的新投资来源不足，储蓄和投资的缺口进一步拉大，经济停滞不前。麦金农和肖将这种人为压低利率，造成金融体系和经济效率低下的现象称之为"金融抑制"（financial repression）。针对金融抑制现象，他们提出了"金融深化"（financial deepening）理论，核心思想是，放松政府部门对金融体系的管制，尤其是对利率的管制，使实际利率提高，以充分反映资金供求状况。"金融深化"也称"金融自由化"，是"金融抑制"的对称。在这一理论指导下，政府应放松对金融机构、金融市场的过度限制和干预，放松对利率和汇率的管制并使之市场化，使利率能反映资金供求，汇率能反映外汇供求，促进国内储蓄率的提高，最终达到抑制通货膨胀，刺激经济增长的目的。80 年代后，美国经济学家马克威尔·弗莱（1988）和麦金农（1993）在总结发展中国家金融改革实践的基础上，提出了金融自由化次序理论。该理论认为，发展中国家金融深化的方法及金融自由化是有先后次序的，如果金融自由化按照一定的次序进行，就一定能够保证发展中国家经济发展的稳健性。

金融自由化理论提出后，人们普遍认为，金融自由化不仅对发展中国家是必要的和不可避免的，对发达国家金融的进一步发展同样也是必然的和不可逆转的。与此同时，自 20 世纪 80 年代后半期开始的信息技术革命使各国金融市场开放有了巨大的推动力，电子、通信、互联网、数字技术等新型信息技术手段在 90 年代后快速应用和商业化普及，给金融市场运行和金融机构之间的相互关系起到了重要影响。在此期间，一方面整个世界发生了市场经济体制转轨大变革，企业体制发生深刻变化，需要金融机构提供更多更有效的帮助和控制风险的手段；另一方面，在和平与发展时代主题推动下，各国更加重视经济增长，不断提出发挥金融市场吸引外部资源的新要求，在金融管理制度与方式上进行了很多改革，从直接干预转向间接监管，在开放的金融市场环境中取得了有效作用。所以，可以认为金融自由化是经济社会、科学技术、经济理论及其他多种因素复合作用和时代发展的必然结果。

金融自由化推动下的当代国际金融特征主要表现为：第一，发达国家在国内金融机构竞争不断加剧的同时，进一步向外资金融机构开放国内金融市场，同时弱化或取消对金融机构在定价权、经营范围和地域范围等方面的限制。第二，随着跨国公司在全球经济中地位和作用的上升，跨国公司与国际金融关系日益密切，在跨国公司影响下，国际金融业务日益多样化，衍生金融产品层出不穷，国内金融市场与国际金融市场的联系日益紧密，跨国公司不仅是国际金融市场的重要力量，也是推进金融全球化的重要力量。第三，在跨国公司主导作用下，国际资本流动加快，国际资本流动既是金融全球化的一个表现，也是金融全球化的结果。第四，由于经济发展和收入水平提高，个人和机构投资需求日益扩大，传统的金融工具或投资机构难以满足这些需求，20 世纪 80 年代后金融创新中出现各种类型的开放式基金、金融期货、金融期权等有效推进了金融市场发展，机构投资者快速发展不仅成为当代国际金融的一个突出特点，而且在国际金融市场中发挥着日益显著的主导作用。[①]第五，在金融竞争不断加剧背景下，商业银行积极开拓新业务并参与金融市场竞争，有效推进了金融市场发展和金融全球化进程。第六，国际金融竞争日趋激烈，竞争从跨国金融机构之间发展到国际金融中心之间，其中尤以国

---

① 各种机构投资者的共同特点是从不同渠道获得来自社会各界（个人和机构）的资金，将其集中起来投资于国内外证券市场以便实现资金的保值、增值和变现的目的。机构投资者主要包括：第一，开放式共同基金；第二，封闭式投资基金；第三，养老基金；第四，保险基金；第五，信托资金；第六，对冲基金和创业投资基金等。目前机构投资者所拥有的资产规模已经与商业银行旗鼓相当，与商业银行一起成为决定短期国际资金流动方向和规模的基本力量。机构投资者的活跃促进了金融市场合理配置金融资源、帮助提高经济效益的作用，但如何发展和规范机构投资者并建立高效率的监管体制已是摆在各国金融当局面前的重大课题。

际货币竞争更为明显。第七，在金融全球化进程中，随着金融创新和金融交易的快速发展，各国金融相关度进一步提高，金融风险明显增大，一国发生金融风波可以快速影响到国际金融秩序的正常运行，一个金融机构的市场操作失误可以直接影响到国际金融市场的正常走势，国际资本异常流动也可能直接引致一国或多国发生金融危机，20 世纪 90 年代以来发生的英镑危机（1992）、日本泡沫经济破灭（1993）、墨西哥货币危机（1994）、巴林银行事件（1995）、东南亚金融危机（1997）、日元波动（1997）、俄罗斯债务危机（1998）、中国香港保卫战（1998）、美国对冲基金"长期资本管理公司"（LTCM）危机（1998）、巴西金融动荡（1999）、全球金融危机（2007—2008）都证明这一点。第八，国际金融协调与合作呼声不断提高，尽管自第二次世界大战后，国际社会就国际金融协调与合作采取过一系列措施，90 年代国际社会也就影响国际金融运行秩序的因素、风险防范措施做过协调与合作的努力，形成了一系列新的共识，新世纪后，国际社会继续采取了一系列举措，推进了国际金融协调与合作发展，但因为国际金融协调与合作的成本较高，所需时间较长，终使进展步履蹒跚，矛盾重重，直到一场全球性金融危机发生后，使世界经济金融形势变得更为复杂严峻，重建国际金融秩序，加强国际金融协调与合作再次摆到了国际社会面前。

（二）金融资本与实体经济脱离

布雷顿森林体系前，货币与黄金储备保持着一定比例关系，迫使各经济主体认真执行货币规范，布雷顿森林体系解体后，货币与黄金脱钩，各国发行的纸币从此再也不用与实物之间保持某种直接联系，国际货币体制进入了信用货币时代，同时为金融资本膨胀，尤其是国际金融资本膨胀提供了有利条件。自由化经济政策的实施，进一步为金融资本膨胀提供了强大的现实基础，国际金融与国际贸易和生产性投资不再有直接联系，而是根据自身的发展逻辑和目标往前迈进。在金融市场上，当投机性超过投资性后，金融资本与实体经济发生脱离。20 世纪 90 年代后，在一片喧嚣和表面繁荣的金融市场上，经常很难看到实体经济的真实发展情况。

（三）网络金融迅速发展

随着互联网时代的到来，传统金融业已不能适应网络化经济的要求，网络金融根据市场环境和客户需求变化，及时调整金融发展战略，推出了大量富有竞争力的金融服务品种，成为现代金融业保持发展活力的关键。网络经济时代金融发展的特点是：第一，网络突破地域限制，使金融机构竞争更加剧烈，为争取客户、加强竞争力，各大金融机构正趋向构建集银行、保险、证券等金融业务于一身的网络金融超市，为每一客户提供便利且价廉质优的一站式金融服务。如1999年美国通过的《金融服务现代化法案》，为发展现代网络金融扫清了很多障碍。第二，网络方便了金融业务的开展，传统金融机构将其品牌业务与新兴高技术公司技术手段相结合，优化了支付、交易、结算等系统，强化与客户的联系，为客户提供高附加值服务，实现以客户为导向的银行创新战略。第三，网络时代的消费者可以通过搜索引擎货比万家，自由选择金融产品，金融企业也不再单纯地出售自己的产品，竞争对手之间主动加强了合作。第四，随着网络经济发展和金融市场成本降低，传统金融业务萎缩，金融企业纷纷调整业务重点，将业务发展重点放在与网络相关的消费者群体上，同时根据消费者嗜好及需求变化设计出合适的金融产品。

（四）金融全球化与一体化

1. 金融全球化

20世纪90年代后，经济全球化在一段时间内成为热门话题，作为经济全球化核心地位的金融全球化亦成为使用频率很高的概念。一方面基于当代资本流动全球化、金融机构全球化和金融市场全球化现象，另一方面认为世界各国在金融业务、金融政策等方面相互协调、渗透和扩张，全球金融已形成一个联系密切、不可分割的整体。而且现代金融危机频繁爆发，金融动荡已成为一种常态，这都与金融全球化作用分不开，一个金融全球化时代已经到来，世界经济发展也离不开金融全球化的推动。随着理论研究的深入，人们逐渐认识到在国家没有消亡的前提下，全球化只是一种趋势和一个过程，同样金融全球化也只是一种趋势和一个过程。法国经济学家弗朗索瓦·沙奈指出："金融全球化是指各国货币体系和金融市场之间日益紧密的联系，这种联系是金融自由化和放宽管制的结果，但并没有取消各国的金融体系，它们只是以'不充分'或'不完全'形式使其一体化并形成一个整体。"① 金融全球化实际上是世界各国金融活动趋于一体化，金融业跨国发展而趋于全球一体化的趋势，是全球金融活动和风险调控机制日益紧密关联的一个客观历史过程。随着经济全球化的推动，国际金融合作日趋加强将是一种必然趋势。

2. 金融一体化

国际金融一体化（international financial integration）和金融自由化是当代国际金融领域中引人瞩目的两大现象。第一，金融自由化浪潮为国际金融一体化提供了宽松的制度和政策环境，以及公开、公平、公正的市场竞争环

---

① ［法］弗朗索瓦·沙奈《金融全球化》，中央编译出版社，2006年版。

境。第二，国际贸易和国际投资的快速增长要求金融实现全球一体化服务，能够为贸易和投资提供更多的金融便利。在此背景下，世界贸易组织（WTO）参与了积极推动。1997 年 12 月，WTO 达成《全球金融服务贸易协议》，102 个成员做出了开放金融服务业（包括银行、保险、证券、金融信息市场）的承诺。该协议涉及全球 95％的金融服务贸易领域，有力推动了国际金融一体化进程。与此同时，WTO 多边自由贸易体制在全球金融服务贸易领域得到贯彻，使浮动汇率制尤其是管理浮动汇率制成为世界主要汇率体制，而混业经营已成为大多数发达国家的主体金融体制。第三，全球金融市场形成，主要金融指标趋同，各类金融产品价格之间具有很强的内在联系和互动性，传统国际信贷市场、证券市场、外汇市场之间的界限不断消失，新的金融业务范围边界不断扩大，银行和非银行金融机构大量出现，并购浪潮造就了一些超巨型国际金融机构，这些机构国际化、全球化业务不断扩大，经营水平不断提高。第四，以信息通信技术为代表的现代科技在金融领域的应用和普及为国际金融一体化提供了技术基础。通过通讯卫星和互联网络进行外汇交易、电话委托交易、计算机编程交易、环球银行电讯协会（SWIFT）、自动转账支付机、电子销售点、电话银行、金融网站、金融超市、网上经纪商等，不仅使金融市场无固定场所，而且可以使投资者、投机者全天 24 小时在任何一个金融市场不停地进行各种金融活动。第五，离岸金融市场的形成和发展，冲破了政府管制和地域限制，推动国际金融一体化以更大的规模和更快的速度向前发展。第六，金融创新引致大量衍生工具出现，如融资证券化和资产证券化等，不仅增加了难以胜数的新金融品种和工具，而且使各种金融产品之间的界限日益模糊，流动性大增，为国际金融投资和投机提供了更多机会，国际金融市场急剧膨胀。第七，金融自由化给跨国银行提供了前所未有的发展机遇，在国际金融一体化中扮演了极为重要的角色。由此可见，国际金融一体化是多种力量、多种因素综合作用的结果，是一个必然的发展趋势。在国际金融一体化发展中，各国金融政策倾向一体化，全球金融市场一体化（重点是离岸金融市场与衍生金融工具的发展、证券投资国际化），资本流动更加自由化、国际化，国家之间的金融活动相互渗透、相互影响，国内外经济主体的金融资产具有高度替代性，可以不受任何限制地进行金融资产交易活动，各国金融资源、金融市场、金融活动相互融合、相互作用日益增强，金融机构国际化经营水平继续提高，金融体制、金融资产价格走向趋同。

值得注意的是，国际金融一体化在形成的同时也带来了一些负面影响：

第一，主权国家金融政策的独立性受到削弱；第二，国际资本力量过于强大导致国家主权相对弱化。在金融自由化步伐加快和信息技术推动下，国际资本空前扩张，在一定条件下，资本力量超越了国家力量，产生于单个国家管辖范围之外的巨额流动资本四处冲击，不仅使政府财政和货币政策的自主性被严重削弱，而且增加了政府实施宏观经济政策的变数。无论是发达国家还是发展中国家，从实力、理论、法律、技术上都无法做到防患于未然和无法控制。第三，对国家经济安全提出挑战，由金融创新而出现的大量金融衍生工具的发展，不仅为国际游资对主权国家进行冲击提供了手段，而且使得通过国际金融市场直接掠夺一国财富成为可能；第四，随着国际金融一体化进程不断深入，国际金融体系中的权力分配更加有利于发达国家，它们操纵着国际金融体系中游戏规则的制定，发展中国家在国际金融领域内对发达国家的依赖不断加深，且将始终面临着金融风险对经济安全的挑战。

（五）跨国公司与金融全球化

众所周知，在经济全球化过程中跨国公司的作用十分明显，当今的跨国公司不仅成为全球生产的重要部分和国际贸易的推动力量，而且主导全球投资活动。随着跨国公司在全球经济中的地位和作用上升，跨国公司与国际金融的关系日益密切。第一，跨国公司成为国际外汇市场的重要参与者，其海外投资、生产经营以及境外销售活动产生出对外汇交易的需求。为了防止外汇资产和外汇收入贬值和缩水，许多跨国公司不断进行外汇套期保值，积极利用国际金融市场所提供的各种衍生金融产品。第二，跨国公司对跨国融资需求快速增加。大型跨国公司的投资通常规模巨大，而且周期较长风险大，单个金融机构常无力满足跨国公司的融资需求，跨国公司需要寻求国际融资，包括在国际证券市场、离岸金融市场以及国际信贷市场筹措资金。第三，跨国公司对当地融资需求不断增强，近年来跨国公司加快了海外扩张步伐，融资总需求大幅度增加。跨国公司提出了增加当地融资的要求，如增加当地银行的贷款，增加对当地证券市场的利用，使用当地商业伙伴信用等，从而进一步密切了当地金融市场与国际金融市场的联系。第四，跨国公司国际结算需求增大，大型跨国公司建立和发展起自己的庞大销售与供货网络体系，对国际支付和结算的需要与日俱增。第五，跨国公司推动了大型金融机构走向国际化。一些大型金融机构往往跟随本国大型跨国公司的国际业务扩张而扩张，依照跨国公司经营活动全球分布格局而构建自身的分支机构和网络系统，跨国金融机构的发展进一步加快了经济和金融一体化发展速度。

（六）建立新的国际货币体系呼声提高

在世界金融发展史上，银本位、金本位、金汇兑本位、布雷顿森林体系的核心都是货币制度和体系安排。2007—2008 年金融危机爆发并迅速蔓延，国际金融社会再次面临一个古老而悬而未决的问题，那就是建立什么样的国际货币体现才能保持全球金融稳定、促进世界经济发展。危机到来之时，诺贝尔经济学奖得主、美国经济学家蒙代尔就指出，本次金融危机的产生有更深层次的原因，即目前的国际货币体系存在着重大的缺陷。从 2008 年开始，国际社会开始了新一轮的国际货币体系问题的讨论。2008 年 10 月，在北京召开的第七届亚欧首脑会议上，多数欧洲首脑提出建立新的国际货币体系的观点[①]；2009 年 6 月，中国、巴西、俄罗斯、印度"金砖四国"领导人在俄罗斯会晤，并发表声明，提出"世界需要一个经过改革、更加稳健的金融体系，使全球经济能有效地预防和抵御未来危机的冲击；我们认为，有必要建立一个更加稳定、可预见、更多元化的国际货币体系"[②]。从 2008 年至今，G20 在华盛顿（2008）、伦敦（2009）、多伦多（2010）举行的三次金融峰会上就加强国际金融领域监管规范和推进国际金融体系改革等问题进行了探讨，并认为应推动国际金融秩序不断朝着公平、公正、包容、有序的方向发展，要完善国际货币体系，促进国际货币体系多元化合理化，治理危机的关键是扩大多边合作与全球协调性。2010 年 8 月，联合国经济与社会事务部发布报告，呼吁建立新的全球货币储备体系，不再单纯依赖美元作为主要储备货币[③]。由此可见，建立完善国际货币体系，有利于创造世界经济健康发展的制度环境。

（七）经济多极化、金融全球化发展促使国际金融体制与规则加快变革，金融监管呼声提高，国际化趋势加强

在金融危机和次贷危机影响下，美欧实力对比发生变化，金砖国家崛起，不仅成为世界经济的新稳定器和引领全球经济发展的新引擎，而且在国际金融事务中的发言权明显增强，国际金融体制与规则变革呼声提高，国际金融合作在发展中国家和新兴市场国家作用日益凸显趋势下，朝着更加多元方向发展。在这一背景下，金融监管国际化得到快速发展。近 20 年来，金融监管国际化走过了一个从无到有的较快发展过程并出现一些新的特点：第一，国际金融监管重点越来越统一到对金融业的风险性监管上来，其中金融公司治

---

① 新华网：《第七届亚欧首脑会议在北京召开》，2008 年 10 月 25 日。
② 新华网：《金砖四国领导人首次会晤得出十六点结论》，2009 年 6 月 17 日。
③ 《联合国报告呼吁：建立新的全球货币储备体系》，财经凤凰网，2010 年 8 月 16 日。

理和自身内部控制成了当今国际金融监管的重中之重。第二，金融创新与风险并存，对国际金融监管技术、手段和水平的要求越来越高，客观上要求各金融监管机构（主要是各国中央银行）加强对新业务的研究，提高把握金融新业务的能力。第三，由于经济发展阶段差异，各国金融监管机构的监管人员在知识程度、业务经历、科技水平、监管手段、监管技能上的差距较大，在业务广度和深度，业务创新水平、层次和程度上的差距也较大。发达国家金融体系相对稳固，发展中国家金融体系普遍比较脆弱。第四，随着国际金融监管重点和内容的趋同，各国金融监管原则逐步走向国际化。巴塞尔银行监管委员会制定的有效银行监管核心原则顺应了这一需要并逐步为各国所接受，成为国际金融监管的一般性原则。第五，随着国际经济交流与合作的不断加强，尤其是跨国金融机构不断出现和壮大，金融监管的国际合作正成为一种新的潮流，区域金融监管合作现象更为普遍，金融监管技术和监管手段日益国际化。第六，金融监管人才趋于国际化。

第二节　国际金融合作

一、国际金融合作理论

（一）国际金融合作的定义

金融领域的国际合作作为当今国际关系的一个重要问题，已受到各国政府与经济学理论界的普遍关注，但究竟什么是国际金融合作，国际金融合作包括哪些范畴，至今并没有完整系统的研究，比较一致的观点是国际金融合作作为国际金融体制的重要组成部分，存在于国际货币体制发展的每一阶段，随着国际货币体制的演化，国际金融合作存在着不同的时代特点，如国际金本位制下的国际金融合作、布雷顿森林体系下的国际金融合作和浮动汇率制下的国际金融合作等。

2006 年，华中师范大学赵长峰博士在教育部人文社会科学重点课题和"211"建设课题"中国的和平发展与国际合作"中，结合西方国际关系理论中重要的三大流派——新现实主义、新自由制度主义和建构主义，对国际金融合作进行了较为系统的研究，认为新现实主义强调国际金融合作中的权力与利益，新自由制度主义重视制度在国际金融合作中的作用，建构主义认为观念和集体身份影响着国际金融合作的成败，每一种理论对国际金融合作都有一定的解释力，但又都不能解释国际金融合作的全部。国际金融合作是一个复杂的国际政治经济问题，既属于经济学研究范畴，又属于政治学研究范畴，单纯的经济理论或政治理论均不足以充分理解国际金融合作发展对国际经济和国际政治的重要意义，国际金融合作中充满了复杂的权力与利益关系，研究国际金融合作有必要综合各派理论的长处，有全面与理性的认识。为此，赵长峰认为，国际金融合作是指国际经济、金融组织与各主权国家以及各主权国家之间，通过相互间的信息交流、磋商与协调，在金融政策、金融行动等方面采取共同步骤和措施，达到减少金融体系风险、防止金融问题累积以破坏宏观经济效率、保护消费者、培育金融市场的有效机能以及预防犯罪分子和恐怖分子滥用金融体系的目的。①

（二）实体经济与虚拟经济

1. 实体经济（real economy）

实体经济是物质、精神产品和服务的生产、流通等经济活动，通过发展实体经济，可以增加人类的使用价值、效用和福利。农业、工业、交通通信业、商业服务业、建筑业、教育、文化、知识、信息、艺术、体育等物质生产和服务部门都属于实体经济。实体经济始终是人类社会赖以生存和发展的基础，其根本特征：一是为人类社会生活提供基本生活资料；二是能够不断提高人类生活水平和质量；三是国民经济发展和经济增长的核心与基础。国际经济合作是发生在生产领域中的生产要素国际移动和重新组合配置，也是发生在实体经济领域的经济行为。

2. 虚拟经济（fictitious economy）

虚拟经济是相对实体经济而言的，即经济的虚拟化，虚拟经济只增加价值而不增加使用价值，其产生是以货币的出现和信用发展为前提的，是实体经济发展到一定程度的必然产物。从历史上看，虚拟经济发展经过了闲置货币资本化、生息资本社会化、有价证券市场化、金融市场国际化、国际金融集成化五个阶段。虚拟经济是市场经济高度发达的产物，以服务于实体经济为最终目的。其根本特征：一是高流动性；二是不稳定性；三是高风险性；四是高投机性。目前，人们普遍认为金融业（包括证券、期货、期权等虚拟资本的交易活动）是虚拟经济在现代经济中的主要表现，也有人将虚拟经济称为"金融深化"。据国际货币基金组织统计，到 2007 年底，全球金融资产是世界 GDP 总量的 4.2 倍，全球衍生产品价值则是世界 GDP 总量的 10 倍多；2005—2007 年，全球衍生产品价值年均增长高达 41.5%，而其间世界经

① 赵长峰：《国际金融合作：一种权力与利益的分析》，世界知识出版社，2006 年 11 月版。

济年均增长率仅为 4%。虚拟经济过快发展和过度膨胀引发了 2008—2009 年的全球金融危机。

3. 实体经济与虚拟经济的关系

首先，实体经济发展需要借助于虚拟经济，原因在于：一是虚拟经济影响实体经济外部经营环境；二是虚拟经济为实体经济发展增加后劲；三是虚拟经济发展状况制约实体经济发展程度。其次，虚拟经济发展依赖于实体经济增长，原因在于：一是实体经济增长为虚拟经济发展提供物质基础；二是实体经济增长对虚拟经济发展不断提出新要求；三是实体经济是检验虚拟经济发展程度的标志。所以，实体经济与虚拟经济之间存在着密切的相互依存、相互促进的关系，但实体经济永远是虚拟经济实现的基础和源泉。开展国际经济合作，离不开国际金融合作。经济全球化背景下的世界政治经济发生了一系列重大变化，以生产活动主导的贸易、投资、金融、服务等活动在全球范围不断扩大。国际贸易快速增长为实体经济发展提供了现实基础，国际金融不断创新和国际投资进程加速使生产要素在全球范围内自由流动程度提高，流动范围扩大。经济全球化背景下的全要素国际经济合作需要国际金融合作，但国际金融合作，同样要遵守平等互利、均衡发展和协调一致的原则。

（三）开放经济均衡理论

在经济全球化加速发展的今天，各国都已处于开放经济状态，政府在追求国民收入均衡时，都会将国内均衡与对外均衡联系起来。开放经济条件下一国的宏观经济目标是实现充分就业、物价稳定、经济增长和国际收支平衡。当一国经济达到充分就业、物价稳定与经济增长时，称之为内部均衡（internal balance）；在实现了国际收支平衡（balance of payments equilibrium，简称 BP）时，即一国处于国际收支既无盈余，又没有赤字的状态时称为外部均衡（external balance）；开放经济条件下的内部均衡和外部均衡即为开放经济均衡（external equilibrium and transmission），这也是开放经济条件下政府对经济进行调控的最终目标，如果各国都能实现内外均衡，则世界经济就有可能处于稳定状态。

在开放经济条件下，一个国家将参与国际贸易、国际资本流动和国际劳动力流动。政府可以通过对外贸易差额、资本流动差额对外部均衡进行调节，如要避免因贸易顺差引起的总需求扩大，以及由此引起的通货膨胀，可以增加资本输出；如要避免因贸易逆差引起的总需求不足，以及由此引起的失业，可以吸收外国资本流入。此外，必要时政府还可以采用截留外国在本国投资收益或限制其回流，以促进本国国际收支均衡的实现，还可以调节本国在外国的投资收益，使其回流，或转化为当地的再投资，或向第三国转移，以促进本国国际收支均衡的实现。

在开放经济条件下，影响对外均衡的重要条件是汇率机制，一国通过汇率升值或贬值来可以调节国际收支，当国际收支逆差时，选择本币贬值，可以达到促进出口、抑制进口，改善贸易收支进而达到改善国际收支的目的。在考虑内外部均衡时，汇率与利率紧密相连，一国为保持国民收入均衡，除汇率机制还有利率机制，即通过改变利率水平，影响货币供给量和相对物价水平变动来达到影响国际收支的目的。分析开放条件下内外均衡的一个重要理论是 20 世纪 60 年代由美国经济学家蒙代尔和弗莱明建立的"蒙代尔—弗莱明模型"（Mundell-Fleming model）。这一模型从货币金融角度，在 IS-LM 模型基础上引入国际收支，并采用流量分析方法，在商品市场与货币市场均衡后再扩展到国际收支的外汇市场，形成开放经济中的 IS-LM-BP 模型。模型认为，在开放经济条件下，一国可能处于内部均衡，对外不均衡，有国际收支顺差存在，或国内均衡，对外不均衡，有国际收支逆差存在两种情况，但要使国内均衡和对外均衡同时实现，将受到很多因素的影响。政府在开放经济条件下的需求管理是一个十分复杂的过程，这时政府需要运用利息率政策、汇率政策，以及其他多项经济政策，才能尽量促使两个均衡同时实现[①]。由此可见，一国要实现开放经济均衡，必须参与国际金融合作。

（四）国际金融合作方式

国际金融合作按照地域范围和影响力不同，分为全球金融合作和区域金融合作。全球金融合作指不同的行为主体在全球范围内在货币金融领域中所实行的合作，既包括全球性经济组织框架下的金融合作，也包括由主要国家及地区进行的对全球经济有重大影响的协调。区域金融合作指一定地区内的有关国家和地区在货币金融领域中所实行的合作，包括狭义和广义两个范畴。

狭义的区域金融合作即国际区域货币合作，主要为一定区域内各国货币当局为了维持货币与金融的稳定所进行的多边合作，表现为一系列旨在谋求各成员国货币汇率稳定的制度性安排，主要包括汇率协调和联动机制、汇率目标区、统一货币的安排等。广义的区域金融合作则泛指整个货币金融领域内，旨在发展货币金融市场的所有性质、所有类型的合作，其中除了狭义的货币金融合作外，还包括货币、金融的运行与发展、金融危机的管理、相互

---

① 开放经济均衡理论参见章昌裕《西方经济学原理》第 11 章"开放经济条件下的均衡"，清华大学出版社 2006 年版。

之间市场的结合、支付结算系统的建立、金融体制的转换等微观与宏观上的政策互助、互惠互利、商业性条约，甚至还包括简单的人力资源培训、信息和观点交流等方式。广义的区域金融合作分三个层次进行：第一个层次是国际区域金融合作的初级阶段，这一阶段的金融合作表现为双边特性、非制度性、松散性、单一功能性，缺乏统一、完善的组织结构和制度安排。合作方式通常是简单的信息交流、沟通、磋商或者为了促进区域贸易和经济发展而建立支付清算机构和开放性金融机构等。这一阶段的最高形态是成员国面临国际收支困难时，成员国之间可以开展流动性支持安排，以及在监管原则和方法上进行统一，货币互换协定为这种合作的表现形式。第二个层次是汇率协调与联动机制，旨在稳定汇率的机制安排。这一层次形成了真正意义上的货币金融合作。在这个层次上，合作表现为多边性、有制度和组织机构保障，汇率机制合作通常采取汇率目标区的方式，一般有比较清晰的干预界限、干预责任，并有基金保障市场干预的进行，基金也同时用于解决成员国的国际收支问题。第三个层次是统一货币，此时成员国政策协调程度很高，宏观经济状况达到高度协同，合作区域内只存在一种货币，区域内由统一的中央银行实施统一的货币政策，成员国的财政政策也达到高度统一，欧盟基本进入了这一层次。①

二、国际金融合作发展简史

（一）第二次世界大战前的国际金融合作及特点

自 20 世纪 80 年代开始，随着经济全球化尤其是金融全球化的迅速推进，金融发展在世界经济中的地位日益提高，作用越发重要，国际金融领域中的纷争、协调与合作越来越被视为国际经济关系中的重要现象，当虚拟经济独立于实体经济之外，并超越实体经济迅速膨胀之后，国际金融合作引起了国际关注，同时也成为与政治、经济、军事、文化等国际关系中的重要课题。有鉴于此，学术界对国际金融合作究竟起源于何时没有形成一致意见。有人认为从货币角度出发，可追溯到公元前 15 世纪，如公元 8 世纪的加洛林货币改革可以被看做是古代史上规模和影响较大的一次货币合作活动。② 也有人认为，从 19 世纪 70 年代开始运行的金本位制可以被认为是国际社会最早的金融合作，理由是金币的自由铸造、自由兑换与自由输出输入保证了国际货币

---

① 参见杨久源：国际金融合作的理论与实践，《特区经济》2011 年第 6 期。
② 参见李富有著：《区域货币合作：理论、实践与亚洲的选择》，中国金融出版社 2004 年版。

制度的稳定，由此产生的严格固定汇率制，对各国国际收支的自动调节和稳定国际货币体系起到了重要作用，金本位制已造就了国际金融合作。这一阶段国际金融合作的特点主要表现为：第一，没有建立明确的国际金融合作理论；第二，如果说有国际金融合作，也是分散和不自觉的，这一阶段并没有一个国际性金融机构监督和协调各国的金融行为；第三，出于应付金融动荡的需要，金融合作行为仅在主要国家和双边方面开展，如英格兰银行与法兰西银行在 19 世纪所进行的合作，或者是在英格兰银行领导下的合作。[①]

（二）第二次世界大战后至 1973 年的国际金融合作

1929—1933 年全球经济危机发生，凯恩斯主义兴起并迅速占据主导地位，经济学家们开始从不同角度，如金融体系的负外部性影响、金融体系的公共产品特性、金融机构自由竞争悖论以及经济运行的不确定性、信息不完备与不对称性等对金融监管理论展开研究。第二次世界大战结束后，布雷顿森林体系建立（1945）标志着现代国际金融合作的开始[②]：第一，建立了以美元为中心的国际货币运行体系，确定美元为国际储备货币，美元与黄金挂钩（官价为 35 美元＝1 盎司黄金），其他货币与美元挂钩。各国货币与美元保持固定比价，通过黄金平价决定固定汇率；各国货币汇率的波动幅度不得超过金平价的上下 1％，否则各国政府必须进行干预。第二，建立了永久性国际货币金融机构 IMF（国际货币基金组织）和世界银行（WB），IMF 拥有监督国际货币合作的职权，从而改变了第一阶段国际货币合作缺少必要的监督和国际协调程序的状况。自此以后，世界经济的总体框架和国际经济活动的一些游戏规则被确立，世界经济进入了一个新的发展时期，极大地促进了国际金融合作发展。第三，解决了国际储备短缺的困难，固定汇率制度有效稳定了战后的国际金融市场，国际货币基金组织及资金融通方案有力促进了后来的一系列国际金融合作活动。第四，建立了基于规则之上的广泛的、多边国际金融合作和协调机制。

这一阶段国际金融合作的特点是：第一，布雷顿森林体系建立使国际货币合作有了统一和坚实的基础。第二，由于国际货币合作大多是在 IMF 框架之内进行的，机构性货币合作是这一时期最典型的特点，改变了第一阶段国际货币合作缺少必要的监督和国际协调程序的状况。第三，以美国为代表的

---

① 参见赵长峰《国际金融合作：一种权力与利益的分析》，世界知识出版社 2006 年版。

② "严格意义上的国际金融合作可追溯到布雷顿森林体系的建立"，参见黄梅波《国际货币合作的理论与实证分析》，厦门大学出版社 2002 年版。

主要发达国家利用其庞大且具压倒优势的政治、军事和经济实力，掌握着国际货币合作游戏规则的制定权，发展中国家在这种合作框架下缺少发言权。第四，国际货币合作范围有限，主要集中在货币汇率方面，而且以支持美元为重点。第五，20 世纪 70 年代后浮动汇率出现，以西欧为代表的一些地区开始探讨区域金融合作和协调问题。

可以肯定的是，第二次世界大战后至 1973 年的国际金融合作，在维护西方国家利益、协调西方国家经济关系及促进世界经济尤其是国际贸易和国际金融等方面产生了一定的积极效应，研究国际金融合作的学者们普遍认为，真正的国际金融合作始于这一阶段，对国际金融合作理论做出重要贡献的最优货币区理论也产生于这一阶段。[①]

（三）1973 年至 20 世纪 80 年代末的国际金融合作

1973 年布雷顿森林体系解体，国际货币金融体系陷入无序状态，各主要货币汇率波动频繁，国际收支不平衡加剧，不仅许多发展中国家陷入空前严重的债务危机中，发达国家的经济也处于滞涨局面。直到 1976 年牙买加会议召开，正式承认了浮动汇率制度，使国际货币体制进入一个新的阶段。这一期间，理论上人们将 20 世纪 70 年代西方各国相继进入的滞涨局面归咎于凯恩斯主义的政府干预，认为浮动汇率制实行后，市场会自动解决矛盾，金融合作并非必需的行为。与此同时，全球经济力量发生了较大变化，美国国际地位下降，欧洲和日本开始抗衡美国，第三世界兴起，政府间对货币政策作用及解决问题的方法难以达成共识，公认的游戏规则无法建立，对国际金融领域是否采取一致行动更难达成共识，金融合作呈现出明显下降趋势。各国对国际金融合作的消极态度带来的后果是：首先，国际收支不平衡规模继续加大；其次，滞涨难以解决；再次，在国际资本流动加速情况下，汇率、利率变化异常，各国家执行货币政策难度加大。面对这一局面，西方大国认识到，如果各国继续自行其是，对世界经济的稳定会将构成更大的威胁。70 年代中期以后，西方各大国开始采取接触战略，以 1976 年七国集团（G7）成立

[①] 最优货币区（optimal currency area）理论是对货币一体化认识过程及实践发展进程的反映与总结，由美国经济学家蒙代尔于 1961 年最先提出，后由麦金农（Mckinnon，1963）、肯南（Kenen，1969）、弗莱明（Flemming，1976）等人加以发展。根据《新帕尔格雷夫经济学大辞典》的定义，最优货币区是指一种最优的地理区域，在此区域内，"支付手段或是单一的共同货币，或是几种货币，这几种货币之间具有无限可兑换性，其汇率在进行交易时互相钉住，保持不变，但是区域内国家与区域以外的国家间的汇率保持浮动"。

为标志①，主要国家金融间协调合作掀开了新的一页。

20 世纪 80 年代后，发达国家之间的货币合作进入了一个全新时代，国际货币基金组织（IMF）、七国集团（G7）都对参与国际金融合作，监督国际金融行为表现出极大热情。1982 年，七国首脑会议、国际货币基金组织（IMF）、世界银行（WB）等对发展中国家债务问题进行了频繁磋商和协调，提出了一系列缓解金融问题的方案并付诸实施，如"贝克计划"、"特别援助规划"和"布雷迪计划"等减免债务方案。② 1985 年 9 月，《广场协议》（Plaza Accord）达成。此时各国已认识到，实现某一经济政策目标，不仅要依靠一国政策的配套，还需有他国相应政策的支持，国际贸易、国际收支和国际金融问题，已不仅是一国外部的经济问题，而应是各国经济政策共同的目标，因此应该对各国宏观经济政策进行协调。在 1986 年东京七国首脑会议上，明确了金融协调的范围从汇率和国际收支问题扩展到整个宏观经济领域，同时规定了 9 项具体指标，包括国民生产总值增长率、通货膨胀率、利率、失业率、财政赤字比率、经常项目和贸易差额、货币供应增长率、黄金外汇储备、汇率。1987 年 2 月，美、日、英、法、德、加六国财长在巴黎达成《卢浮宫协议》（Louvre Accord），重点仍是汇率问题，并同时强调为了保持汇率水平的稳定，使其能够继续反映各国的基本经济状况，七国必须进一步紧密合作。这一阶段国际金融合作的特点是：第一，改变了由美国主导国际金融合作的局面；第二，国际金融合作形式出现多样化局面，机构性合作与政府性合作、综合性合作与有重大影响的某一领域专项性合作、直接合作与间接合作、经常性合作与临时性合作并存，推动国际金融合作机制日臻成熟；第三，七国集团财长会议成为货币合作核心，强调更多的信息交流、协商和政策理解；第四，建立更为灵活的合作机制，此后的国际金融合作经常是根据国际经济运行形势变化的需要及时召开会议，并调整合作战略、方向和具体目标；第五，合作内容更加丰富，从此开展的国际金融合作，已从传统的

---

① 从 G7 到 G8，再到 G20 的演化过程参见本书第十一章。

② "贝克计划"由美国财长詹姆斯·贝克（James A. Baker）于 1985 年 10 月提出，该计划建议在 1986—1988 年间，官方机构应向重债国提供 90 亿美元的贷款，商业银行应每年净增加 60 亿~70 亿美元的新贷款，该计划的重点是强调必须实现债务国的长期经济增长，不能单纯依靠紧缩政策来平衡国际收支。"布雷迪计划"是美国财长尼古拉斯·布雷迪（Nicholas. F. Brady）于 1989 年 3 月提出的，该计划是建立在"贝克计划"基础之上的一个减债方案，计划承认国际债务危机是债务国支付能力不足的危机，而不是暂时的流动性不足，该计划强调债务本金和利息的减免，并提出应由 IMF 以及债权国政府为削减债务提供资金支持。

主要汇率监督与汇率制度安排逐渐发展到银行业活动、证券市场交易等重要领域；第六，国际货币基金组织（IMF）和世界银行（WB）的作用加大，不仅为国际金融机构在应对发展中国家外债危机问题上采取了集体国际行动，而且推进了各国汇率和货币政策协调。

（四）20世纪90年代后的国际金融合作

20世纪90年代后，世界政治经济发生了一系列重大变化。在政治方面，随着冷战结束，对国际关系有重要影响的国家和国家集团等基本政治力量相互作用，形成多极化发展趋势。在经济方面：第一，在多极化政治与全球化经济相互作用下，和平与发展成为时代主流，国际经济合作出现了一系列新特征；第二，市场经济制度在全球基本取得一致，产生的积极效应日益突出；第三，在全球化经济推动下，区域化合作速度加快。在技术方面，技术进步推动信息社会发展加速，人类空间联系的便捷程度超过以往任何时期。这一背景促使现代意义上的国际金融协调与合作跨进了一个新的发展时期，但同时又充满着矛盾。从发展角度看：一是国际货币基金组织（IMF）、世界银行（WB）和国际清算银行等国际金融机构由于吸收了更多来自发展中国家的成员而提高了它们的全球代表性，发展中国家在全球金融机构中的地位和作用得到提高。二是在应付墨西哥危机和亚洲金融危机等重大事件过程中，国际金融机构发挥了突出作用，通过国际金融机构努力来预防和应对国际金融危机的国际呼声不断升高。三是一些区域性货币合作进展速度加快，在欧洲统一货币欧元诞生后，亚洲也迈出了步伐。四是苏联、东欧解体，中国改革开放深化发展，融入国际社会步伐加快，传统国际金融协调与合作格局改变，一个全面的国际金融合作局面打开，国际金融合作领域和范围继续扩大，几乎只要关系到国家经济发展的问题领域都有所涉及。五是受欧元成功实施的鼓励，国际金融合作理论研究不断出现新成果，许多学者纷纷将欧元的成功经验与某些地区货币合作相比较，创新和发展了国际金融合作理论。在矛盾方面，突出表现为两个问题：第一，主要发达国家之间的汇率协调政策出现一定程度退步倾向，稳定国际汇率的目标和政策不明朗；第二，在针对特定金融危机事件和改革国际金融体系的原则问题上，不仅发达国家和发展中国家之间存在较大分歧，发达国家之间也存在不同倾向。

这一阶段的突出特点是国际社会在金融协调与合作中，就影响国际金融运行秩序的因素、防范国际金融风险措施等方面形成了一系列新的共识，主要包括：第一，主要国际货币之间汇率不稳定，是导致国际金融动荡和发展中国家金融危机的重要外部因素。第二，金融危机具有较强的传递和扩散效应，不能仅依靠单个国家的努力来防范，随着各国金融的对外开放和各国金融市场相互联结程度的提高，防范金融风险需要更多的国际金融协调与合作行动，所以加强国际金融协调与合作是防范和处理国际金融危机的重要机制。第三，全球金融协调与合作成本较高，所需时间较长，一般主要针对重大全球性问题和基本原则问题，而双边的尤其是区域性的国际金融协调与合作是全球金融协调与合作的重要补充。第四，改革国际金融机构组织结构和运作方式，提升发展中国家的整体地位。第五，确立和贯彻统一监管规则和金融机构行为准则，深化各国在金融监管领域中的协调与合作，推动主要国际货币国和地区之间在汇率事务方面的协调。

（五）加快当代金融合作的客观必然性

经济多极化发展趋势正在促使国际金融体制与规则加快变革。首先，贸易自由化、金融国际化和生产一体化，为国际金融合作奠定了坚实基础，国家间贸易、金融和生产日益密切关联导致各国经济与金融一荣俱荣、一损俱损，各国都需要一个稳定的国际金融环境和有序的国际金融体系并为此加强合作。其次，经济周期发展的经验和教训证明，坚持开放的国际经济体系是无法逆转的，只有联合起来共同应对经济周期变化才是最好的办法；金融危机加上次贷危机的发展进程证明，仅靠少数国家的经济金融力量，已难以维持国际金融市场稳定和克服危机。危机中与危机后，各国在寻求自救出路的同时，都积极呼吁和寻求国际合作，小国期望得到大国和国际金融组织援助，大国也希望加强沟通与协调，推行共同的货币与财政政策以形成政策合力，共度危机和恢复市场信心。在此背景下，重建全球金融新秩序，开展广泛的国际金融合作意愿在全球范围内空前加强，具体表现为两点：一是让更多有影响力的国家加入国际金融合作核心集团成为人心所向和大势所趋，从 G7 到 G20 就是最好的例证；二是金融合作领域明显拓宽，除已有的国际货币政策磋商、汇率协调、短期资金互换安排、IMF 提款安排等。近年来，国际金融合作议题变得更为广泛，这一点集中体现在 G20 峰会达成的行动计划中，该计划涉及提高金融市场透明度和完善问责制、加强监管、促进金融市场完整性、强化国际合作以及改革国际金融机构等五个领域，并为各领域的改革分别设定了短期和中期目标。最后，以金砖国家为代表的一批新兴市场经济体迅速崛起，它们不仅成为世界经济新的稳定器，而且成为引领全球经济发展的新引擎，在世界经济金融事务中的发言权明显增大，使国际金融合作朝着更加多元的方向发展。

三、国际金融合作实践

（一）欧洲货币合作

欧洲货币合作的成果是创立欧元体系，一般被认为是迄今为止世界区域金融合作最完整、形式最为高级、结果最为成功的典范。欧洲特殊的地理与历史条件使其开展金融合作成为一件由来已久的事。1950年欧洲支付同盟成立，标志着欧洲货币一体化的开始。1969年12月，欧共体首脑海牙会议决定筹建欧洲经济与货币联盟。1978年4月，在哥本哈根召开的欧共体首脑会议上，提出了建立欧洲货币体系（european monetary system，EMS）的动议。1979年3月，欧共体8个成员国（法国、德国、意大利、比利时、丹麦、爱尔兰、卢森堡和荷兰）决定建立欧洲货币体系，将各国货币的汇率与对方固定，共同对美元浮动。1989年6月，西班牙加入。1990年10月，英国加入。2009年1月，爱尔兰、希腊、西班牙、葡萄牙、奥地利、芬兰、斯洛文尼亚、塞浦路斯、马耳他、斯洛伐克加入。2011年1月爱沙尼亚加入，使欧洲货币体系达到21个国家。为保证欧洲货币体系正常运转，欧共体还于1973年4月设立了欧洲货币合作基金，集中起成员国20％的黄金储备和美元储备，作为发行欧洲货币单位的准备。

欧洲货币体系建成后的成就是：第一，创立了统一的欧洲货币——欧元。欧元启动后，欧盟作为一个经济整体拥有雄厚的经济、贸易和金融实力，大大提高了整体的抗风险能力。第二，欧元的使用在各个范围不断扩大，不仅成为仅次于美元的主要储备资产，而且欧元区也成为世界最大的资本市场，在很大程度上削弱了美元的霸主地位。目前在欧元区外居民发行的国际债券中，30％左右以欧元定价。第三，作为国际流通和交易货币，欧元具有很好的流动性和实用性，可减少汇率风险，有利于降低换汇和结算成本，节省外汇对冲的费用，同时，欧元广泛作为被钉住货币，可以使许多国家在汇率制度和汇率安排上减轻对美元的依赖。第四，从欧洲货币体系到欧元的货币成功合作，成功地稳定了欧洲国家的名义汇率和实际汇率，减少了成员国之间的通货膨胀差异，进一步提高了欧盟成员国的国际竞争力。第五，欧元的成功之处在于它是在主权分立的情况下通过协商实现了货币统一。由于欧元区的货币政策统一由欧洲中央银行制定，各国政府没有很大发言权，从这个角度看，欧元诞生是当代金融创新的最高成就，为21世纪全球金融合作树立了榜样。欧元不仅对欧盟经济一体化进程产生了积极影响，还通过其榜样力量推动了东亚、拉美、非洲等地区的货币合作。如日本为了加速日元国际化步伐，提出建立美欧日三级货币框架倡议，美国在建立北美自由贸易区基础上提出了"美洲倡议"，试图建立泛美洲经济联合关系，将美国联邦储备体系上升为北美货币联盟的中央银行，加拿大和墨西哥的中央银行成为北美中央银行的分支机构，三国共同承担中央银行维护物价稳定的职责。南方共同市场、东盟、东亚、东非都纷纷提出加强地区货币合作，推动地区货币一体化，探索建立新的汇率机制。由此可以看出，欧元启动对不断酝酿中的国际货币体系改革起到了促进作用，有利于推动国际货币多元化，对未来国际货币体系最深刻最直接的影响在于它将从根本上改变未来国际货币体系的构成。第六，以欧元为标志的欧洲货币体系建立，构建了区域金融合作平稳发展，成员国之间建立汇率制度、储备货币和货币政策等方面的协调机制，成员国实行对内可调整的固定汇率和对外联合浮动相结合的汇率机制，从此使参与金融合作成员国之间的贸易和投资壁垒逐渐消除，实体经济领域联系日趋紧密，为进一步开展广泛的经济合作奠定了基础。

（二）拉美区域金融合作

拉美区域金融合作由来已久。1965 年 9 月 22 日，12 个拉美国家在墨西哥签署《共同支付和信贷协定》，强调在区域内贸易中，成员国应尽量用成员国货币替代美元等国际货币进行结算，以节省短缺的外汇储备。1980 年，拉美一体化协会成立，提出以加强区域内的金融合作和扩大贸易为目标为成员国提供多边支付和清算机制、临时融资机制、贷款担保机制等金融服务和融资便利。1982 年，拉美一体化协会签署《临时流动性赤字互助多边协定》，将金融合作基金的融资便利扩大到成员国经常项目失衡。1987 年，巴西和阿根廷政府签署双边协定，旨在拉美一体化协会清算体系框架下建立双边融资便利，通过双边外部融资促进双边贸易发展。1991 年《亚松森条约》签署，南方共同市场建立，在南共市组织架构中，各成员国的经济主管部门和中央银行都是共同市场委员会下属工作组的成员。

20 世纪 80 年代末到 90 年代初，墨西哥当局放宽了对外资进入的限制，全面开放金融证券市场，外资大量涌进墨西哥。1994 年 12 月，墨西哥当局决定通过货币一次性适度贬值来促进出口，减少进口，阻止资金外流，稳定外汇市场。12 月 19 日，政府突然宣布比索贬值 15%，由此引起了社会极大恐慌，金融市场出现混乱，从 20 日至 22 日短短三天里，墨西哥比索兑换美元的汇价就暴跌了 42.17%，在现代金融史上出现了极其罕见的货币贬值，引发了"墨西哥金融危机"（Mexico's Financial Crisis），这场危机很快演变成全面的经济危机并使世界受到牵连。危机发生后，美国、国际货币基金组织以及其他私人银行筹措了数百亿美元借款帮助其渡过难关。1995 年 1 月，克林顿总统运用行政命令，决定从美国 340 亿美元的外汇稳定基金中提出 200 亿美元贷给墨西哥政府，以挽救一泻千里的比索，这笔资金加上国际货币基金组织、国际清算银行和一些商业银行的援助共计 530 亿美元，成功地稳定了墨西哥金融危机。从 1995 年第四季度开始，墨西哥经济开始逐步走出危机。

（三）东亚区域金融合作

东亚区域金融合作源于 1997 年东南亚金融危机的迅速扩散以及亚洲货币的竞争性贬值，唤起的东亚各国对区域金融合作的关注。1997 年 7 月泰国放弃固定汇率制引起外汇及其他金融市场混乱。1998 年年底，美国股市动荡、日元汇率持续下跌，国际炒家乘此机会对中国香港不断发动进攻，恒生指数跌至 6600 多点。同期，俄罗斯中央银行 8 月 17 日宣布年内将卢布兑换美元汇率的浮动幅度扩大到 6.0～9.5：1，并推迟偿还外债及暂停国债交易。9 月 2 日，卢布贬值 70%，导致俄罗斯股市、汇市急剧下跌。俄罗斯政策的突变，使得在俄罗斯股市投下巨额资金的国际炒家大伤元气，并带动了美欧股市和汇市全面剧烈波动，这一过程史称亚洲金融危机（Asian Financial Crisis）。亚洲金融危机触发了经济、政治危机，后果影响深刻。在这次危机中，金融合作显示了前所未有的力量：第一，国际社会伸出了援助之手。1998 年 7 月，东亚和太平洋地区中央银行行长会议在上海召开，8 月份又在东京举行了由 IMF 主持的有关对泰国提供经济援助的会议。为协助泰国走出困境，IMF 等国际组织和包括中国及中国香港在内的亚太一些国家和地区共同承诺向泰国提供 172 亿美元的经济援助。第二，在国际货币基金组织牵头组织下，东亚各国政府采取了种种措施（统称 IMF 策略），其中主要是实行银根紧缩和财政支出紧缩政策。马来西亚于 1998 年 9 月宣布加强了对资本的管制，起到了很好的效果。第三，为维持港元联系汇率制，维护中国香港及整个东南亚地区的稳定，香港特区政府和金融管理局与中国中央政府联手，一方面动用外汇储备在外汇市场进行积极干预，另一方面提高银行间市场短期利率，共动用近千亿港币阻击国际金融大鳄们的冲击，使他们知难而退，使投机者受挫。第四，亚洲金融危机是继 30 年代大危机之后对世界经济产生深远影响的一件大事，这次危机不仅暴露了一些亚洲国家经济高速发展背后的一些深层次问题，而且反映了世界和各国金融体系存在的严重缺陷。危机向全世界提出了建立新的金融法则和组织形式，加强国际金融协调与合作的要求。亚洲金融危机来得突然去得迅速，到 1999 年年底，各国出口和 GDP 都已恢复增长，金融危机结束。

　　亚洲金融危机促使东亚各经济体认识到仅凭自身力量无法对抗规模庞大的国际游资的冲击，更无法有效地遏制危机扩散，唯有加强地区金融合作，强化区域金融合作机制，才是东亚地区保持金融市场稳定、防止金融危机再度发生的有效途径。东亚国家间进行金融合作不仅能向成员国提供技术支持和培训，还能在这个区域内传播国际上金融行业的标准，建立适合东亚各国的监管规则，促使各国在一定条件下进一步开展国内结构重组，使该地区的金融发展跟上国际的步伐。东亚区域金融合作从构想转变为现实的里程碑便是《清迈协议》（ChiangMai Initiative）产生。

　　2000 年 5 月 4 日，第九届东盟与中日韩“10＋3”财长在泰国清迈共同签署了建立区域性货币互换网络的《清迈协议》，协议内容包括：第一，经济监督和数据公开，各国公开的数据包括外汇储备和国内金融变量的数据，中央银行资产负债平衡表中不包括的衍生金融工具也应该公开；第二，建立起一种地区性磋商机制，其功能是在没有危机时对成员国经济发展、经济结构、金融市场和经济政策进行长期跟踪监督，通过对成员国施加压力阻止其实行可能导致危机的政策；第三，扩大货币互换规模，协议初步确定亚洲各国从外汇储备中共出资 500 亿美元进行货币互换安排；第四，吸收低收入国家进入“东盟＋3”的框架；第五，亚洲货币基金建立一套危机预警系统，包括一套宏观谨慎指标体系和可行的指导机制。清迈协议是迄今为止东亚区域金融合作所取得的最为重要的制度性成果之一，对于防范金融危机、推动进一步的区域金融合作具有深远的意义，从清迈倡议货币互换协定开始，东亚各国的金融合作逐步深入。

（四）中亚区域金融合作

　　苏联解体后，关于“中亚”所指的范围有过不少争论，学术界一般认为中亚地区有广义和狭义之分。从广义角度看，中亚是东到蒙古国东境和中国的内蒙古东部，南至伊朗和阿富汗北部，印度、巴基斯坦西北，包括新疆、甘肃河西走廊等中国西北地区，西起里海，包括哈萨克斯坦、乌兹别克斯坦、吉尔吉斯斯坦、土库曼斯坦和塔吉克斯坦五国，北达西伯利亚南部米努辛斯克、克拉斯诺亚尔斯克一带。狭义的中亚以阿姆河和锡尔河西河流域为中心，包括哈萨克斯坦、乌兹别克斯坦、吉尔吉斯斯坦、土库曼斯坦和塔吉克斯坦五国，由于这五国已形成一个较为共同的政治文化区域，通常所说的中亚区域合作应在狭义范围之内。

　　开展中亚区域金融合作，构建适合中亚国家经济发展特点的区域性金融服务体系是促中亚国家间经济合作，维护国家间经济与能源安全的重要途径。

近年来，中亚五国的区域金融合作，无论是绝对数量还是与国家整体经济进行比较，金融体系资金及资产都出现高速增长，金融服务范围扩大，服务质量不断提高，与周边国家金融市场的一体化进程也正在积极展开。但由于各种历史原因，目前中亚五国金融结构尚不合理，适应经济发展程度不高，如融资模式以银行为主，经济发展对金融机构依赖程度过高，各国金融市场尚不完善，市场规模较小，融资效率偏低，金融监管不到位，风险防范措施不完善，行政干预过多，宏观经济政策效果不显著。

中国提出"丝绸之路经济带"战略构想后，进一步加大了与沿线各国多方面的国际合作，金融合作也正在积极展开，2008 年以来，中国人民银行已与丝绸之乌兹别克斯坦、哈萨克斯坦等多个国家和地区签署了双边本币互换协议，与吉尔吉斯斯坦、哈萨克斯坦等国家签订了双边本币结算协议，开展了与哈萨克斯坦坚戈等部分国家货币的直接交易或挂牌交易。

（五）世界金融危机中的金融合作

1.2007—2008 世界金融危机的根源

引发这次国际金融危机的根源来自于两大泡沫，一是近几年滋生的超量房地产泡沫；二是金融自由化发展后产生的大量与金融杠杆相关的衍生品泡沫。这次国际金融危机向全世界提出的警示是：首先，这次危机是在经济全球化环境下出现的，风险与影响具有比以往更敏捷的传导性；其次，经济全球化背景下的金融全球化是一支重要新生力量，金融业的蓬勃发展，特别是衍生产品推动的虚拟经济发展会超出利率、汇率、股价与各种衍生产品组成的金融网络，将一国的金融风险传导给其他国度或地域，将更大的风险扩散到实体经济；再次，为防范经济全球化背景下的更大国际金融风险，开展国际金融合作越发显得重要。

2. 危机中的合作

尽管发生在 2007—2008 年的金融危机是世界经济经历的百年一遇危机，但也深刻地改变着世界经济和金融体制，为新的国际金融合作提供了契机。首先，2008 年秋季后，有关解救危机增强合作的双边、区域和全球会议一场接着一场，欧盟 27 国财长会议、欧盟四国峰会、东盟财长会议、欧元区峰会、西方八国集团（G8）会议、24 国集团会议、IMF 和世行年会、"金砖四国"财长会议、法国总统萨科齐和欧盟委员会主席巴罗佐前往美国与布什会晤、20 国集团（G20）财长和央行行长会议、G20 特别首脑会议频繁召开，各国领导人纷纷发表宣言，不仅宣誓合作决心，而且密集推出一系列反危机措施，显示出国际金融合作正在走向多层次和多渠道，国家间在金融领域协调或统一立场的协同和共同行动已经开始。其次，2008 年的 4～12 月间，各国政府和央行直接或间接向融资市场提供数万亿美元资金用以支撑金融市场，防止其全面瘫痪。仅 10 月，韩国政府开始实施大规模金融救援计划，荷兰政府向荷兰国际集团大规模注资，德国政府通过 5 000 亿欧元救市计划，英国政府向银行注资 370 亿英镑，西班牙政府批准组建一个规模为 300 亿欧元的基金，欧元区国家通过大规模救助计划，瑞典政府宣布向 Kaupthing 在瑞典境内分行给予援助，美国公布首轮救助方案，布什总统签署了总额达 7 000 亿美元的金融救援方案，中国政府于 11 月宣布实施大规模经济刺激措施，在 2010 年年底之前投入总额 4 万亿元人民币。再次，联合降息，刺激金融市场。2008 年 10 月 8 日，美联储、欧洲央行、英国央行、中国人民银行等世界主要经济体央行发布声明，降低基准利率。其中美联储降 425 个基点，中国降低 27 个基点，中国香港金管局降低 0.5 个百分点。最后，频繁召开国际金融峰会，共商应对危机之策。2008 年 11 月，20 国集团领导人金融市场和世界经济峰会在华盛顿举行，会议认为在各国大规模的救市行动之后，应对金融危机应进入一个新阶段，即全球联合推动金融体系改革，催生国际金融新秩序产生，并就增加发展中国家在国际金融改革中话语权达成共识。2009 年 4 月，20 国集团领导人在伦敦举行金融峰会，就全球应对金融危机达成多项共识，包括：第一，为 IMF 和世界银行等多边金融机构提供总额 1 万亿美元资金，其中国际货币基金组织资金规模将扩大至现在的三倍，由 2 500 亿美元增加到 7 500 亿美元以帮助陷入困境的国家。第二，在加强金融监管方面，有必要对所有具有系统性影响的金融机构、金融产品和金融市场实施监管和监督，并首次把对冲基金置于金融监管之下。第三，由国际货币基金组织增发 2 500 亿美元特别提款权分配给各成员以增强流动性。同年 9 月，20 国集团领导人在纽约召开第三次金融峰会，讨论了超主权国际储备货币问题。

可以看出，在经济全球化、金融全球化环境下，应对全球性金融动荡依靠传统的方法已显然不够，扩大发展中国家在国际金融机构中的发言权，加强对金融体系监管与合理调控，改革国际金融机构，在全球范围内开展更大范围的金融合作已经启动。这正如伦敦峰会后英国首相布朗所说，在应对全球金融危机的伦敦峰会召开之后，一个世界新秩序正在显现，它将使我们走进一个国际合作的新纪元。[1]

---

[1] 《G20 峰会世界经济秩序开始更新换代》，新华网—中国新闻网，2009 年 4 月 3 日。

（六）中国在国际金融合作中的作用和地位不断提高

由于拥有持续的高经济增长率、巨额的外汇储备、巨大的市场、高的经济弹性以及中央政府的强力稳定市场能力，国际社会对中国在国际金融合作和稳定市场中所发挥作用的期望值大大提高。美国经济学家马克·赞迪指出，"如果不能把中国拉到谈判桌前，那么七国集团根本就达不到它所需要的影响和能量。"而中国也确实在促进金融市场和世界经济稳定方面，加强了同其他国家以及国际金融组织的合作，发挥了发展中大国的作用。中国国家首脑、政府首脑、财政部长、央行行长相继出席多个国际金融合作会议，会上积极推动国际合作，并增加领导人双边电话交谈，与多个国家进行单独会商和讨论，明确表明参与国际合作、与世界各国共度时艰、重建市场信心的积极姿态。国家主席胡锦涛在20国集团峰会上提出，国际金融体系改革，应该坚持全面性、均衡性、渐进性、实效性的原则。主张重点实施四方面改革举措：加强国际金融监管合作，完善国际监管体系；推动国际金融组织改革，提高发展中国家在国际金融组织中的代表性和发言权；鼓励区域金融合作，增强流动性互助能力；改善国际货币体系，稳步推进国际货币体系多元化。一次引人注目的具体举措就是，在2008年10月8日西方主要央行同步降息的同一天，中国人民银行宣布，存贷款基准利率降低0.27个百分点；暂停征收利息税；存款准备金率下降0.5个百分点。这表明中国加强了与世界大国经济政策的磋商与协调，其金融政策也与西方大国具有了某种程度的同步性。还有一项举措表现在财政干预方面，中国政府新增投资4万亿元人民币，以拉动市场需求，增强市场信心，刺激经济发展，从而对世界金融和经济稳定起到支持作用。

四、牙买加体系

（一）牙买加体系建立

布雷顿森林体系崩溃后，国际金融局势变化跌宕起伏，各国出于自身利益考虑，都提出了相关的货币体系改革方案。1972年7月，国际货币基金组织成立一个专门委员会，具体研究国际货币制度的改革问题。1974年6月，该委员会提出《国际货币体系改革纲要》，对黄金、汇率、储备资产、国际收支调节等问题给出了一些原则性建议。1976年，国际货币组织建立"国际货币体系临时委员会"，在牙买加首都金斯敦召开会议并达成《牙买加协议》（*Jamica Agreement*），同年4月，国际货币基金组织理事会通过了以《牙买加协议》为基础的《国际货币基金协定》第二次修正案，并规定该协议于

1978 年 4 月 1 日生效，由此形成了新的国际货币体系。

（二）牙买加体系的主要内容与特征

《牙买加协议》的主要内容是：第一，正式确认浮动汇率制合法化，承认固定汇率制与浮动汇率制并存，成员国可自由选择汇率制度；第二，做出黄金逐步退出国际货币的决定（废除黄金条款，取消黄金官价，成员国中央银行可按市价自由进行黄金交易，取消成员国之间及成员国与 IMF 之间须用黄金清算债权债务的规定，IMF 逐步处理其持有的黄金）；第三，修订特别提款权的有关条款，提高特别提款权的国际储备地位，扩大其在 IMF 一般业务中的使用范围，规定参加特别提款权账户的国家可用来偿还国际货币基金组织的贷款，使用特别提款权作为偿还债务的担保，各参加国也可用特别提款权进行借贷；第四，将成员国的基金份额由原来的 292 亿特别提款权增加至 390亿特别提款权，增幅达 33.6%；第五，扩大信贷额度以增加对发展中国家的融资；第六，明确国际货币基金组织继续对各国货币汇率政策实行严格监督的责任，并协调成员国的经济政策，缩小汇率波动范围，促进国际金融稳定。

《牙买加协议》的特征是：第一，黄金与货币脱钩，意味着取消了国家之间必须用黄金清偿债权债务的义务，使黄金在国际储备中的地位下降，促成了多元化国际储备体系的建立。第二，多样化汇率制度安排：①是"硬钉住汇率"（hard Pegs），如货币局制度、货币联盟制等；②是"软钉住汇率"（soft Pegs），包括传统的固定钉住制、爬行钉住制、带内浮动制和爬行带内浮动制；③是"浮动汇率群"（the floating group），包括完全浮动汇率制以及各种实施不同程度管制的浮动汇率制，体现了国际金融合作的基本目标是维持经济稳定而不是汇率稳定。第三，在牙买加体系下，国际储备呈现多元化局面，虽然美元仍是主导国际货币，但地位明显削弱，由美元垄断外汇储备的情形不复存在，此后欧元、日元、英镑等国际货币，以及国际货币基金组织储备头寸、特别提款权等逐渐成为重要的国际储备货币。第四，在牙买加体系下，发达工业国家多采取单独浮动或联合浮动，也有采用钉住自选货币篮子，发展中国家多采取钉住某种国际货币或货币篮子，单独浮动较少，不同的汇率制度可以为各国国内经济政策制定提供更大的活动空间与独立性，各国可根据自身的经济实力、开放程度、经济结构等因素权衡得失利弊。第五，国际货币基金组织允许国际收支不平衡的国家可以通过汇率机制、利率机制等多样化机制平衡国际收支，如在资本项目逆差情况下可提高利率，减少货币发行，以此吸引外资流入，弥补缺口。在浮动汇率制或可调整的钉住汇率制下，汇率成为是调节国际收支的重要工具。第六，加强了国际金融协调，主要体现：一是以国际货币基金组织为桥梁，各国政府通过磋商，就国际金融问题达成共识与谅解，共同维护国际金融形势的稳定与繁荣；二是发挥从 G7 到 G20 的作用。事实证明通过 G20 的多次合力干预国际金融市场，促进了国际金融与经济的稳定与发展。

（三）牙买加体系的作用

牙买加体系建立后，正在不断发挥作用。首先，多元化的储备结构摆脱了布雷顿森林体系下各国货币间的僵硬关系，为国际经济提供了多种清偿货币，在较大程度上解决了储备货币供不应求的矛盾。其次，多样化的汇率安排适应了多样化和不同发展水平的各国经济，为各国维持经济发展与稳定提供了灵活性与独立性，同时有助于保持国内经济政策的连续性与稳定性。最后，多种渠道并行，使国际收支调节更为有效与及时。目前牙买加体系运行存在的问题主要是：第一，在多元化国际储备格局下，储备货币发行国仍享有"铸币税"等多种好处，同时仍缺乏统一的稳定货币标准。第二，汇率体系仍不稳定，外汇风险增大，在一定程度上抑制了国际贸易与投资活动，对发展中国家的负面影响尤为突出。第三，牙买加体系并没有从根本上消除全球性国际收支失衡问题，国际收支调节机制仍需健全完善。第四，浮动汇率普遍实行后，在金融深化和自由化，离岸金融、网络金融和金融衍生产品活跃发展助推下，信用货币无论在种类上或金额上都大大增加，外汇市场货币汇价频繁波动，金价起伏跌宕，局部金融危机经常发生，大范围金融危机的威胁仍然存在。《牙买加协议》建立的国际货币体系被人们普遍认为是一种过渡性的不健全体系，需要进行改革，同时国际金融合作格局仍亟待协调和完善。

本章小结

开展国际经济合作，离不开国际金融合作。经济全球化背景下的世界政治经济发生了一系列重大变化，以生产活动主导的贸易、投资、金融、服务等活动在全球范围不断扩大，国际贸易快速增长为实体经济发展提供了现实基础，国际金融不断创新和国际投资进程加速使生产要素在全球范围内自由流动程度提高，流动范围扩大，经济全球化背景下的全要素国际经济合作需要国际金融合作。20 世纪 90 年代后，世界政治经济发生了一系列重大变化，促使现代意义上的国际金融协调与合作跨进了一个新的发展时期。这一阶段的突出特点是国际社会在金融协调与合作中，就影响国际金融运行秩序的因素、防范国际金融风险措施等方面形成了一系列新的共识。

关键名词或概念

1. 金融自由化（financial liberalization）
2. 国际金融一体化（international financial integration）
3. 实体经济（real economy）
4. 虚拟经济（fictitious economy）
5. 开放经济均衡（external equilibrium and transmission）
6. 牙买加协议（Jamica Agreement）

拓展阅读

拓展 1：汇率

外汇汇率（exchange rate）是不同货币之间兑换的比率或比价，也可理解为用一国货币表示的另一国货币的价格。汇率是两种货币的交换比价，在计算和使用汇率时，首先要确定是以本国货币还是以外国货币为标准，标准不同，汇率的计算方法不同，汇率变动对经济的影响也不同。汇率的标价方法有直接标价法（direct quotation）和间接标价法（indirect quotation）。直接标价法以外币为计算标准，本币为计算单位，也就是单位外币折合的本币数量，即单位外币的本币价格，目前世界上大多数国家（除英国、美国等少数国家外）都采用直接标价法。间接标价法以本币为计算标准，外币为计算单位，也就是单位本币折合的外币数量，即单位本币的外币价格。汇率的种类很多，从不同的角度划分，主要有固定汇率、浮动汇率、名义汇率、真实汇率、即期汇率、远期汇率、单一汇率、复汇率。IMF 把当前各国的汇率制度分为八类：第一类：放弃独立法定货币的汇率制度（exchange arrangements with no separate legal tender），即一国不发行自己的货币，而是使用他国货币作为本国唯一法定货币，或一个货币联盟中，各成员国使用共同的法定货币，如欧元区国家。第二类，货币局制度（currency board arrangements），即一国或地区首先确定本币与某种外汇（通常为美元）的法定汇率，然后按照这个法定汇率以 100％的外汇储备作为保证来发行本币，并且保持本币与该外汇的法定汇率不变。20 世纪 90 年代后，一些国家出现了货币局制度的复兴。第三类，通常的固定钉住汇率制度（conventional fixed peg arrangements），即一国将其货币以一固定的汇率钉住某一外国货币或外国货币篮子，汇率在 1％的狭窄区间内波动，这类国家目前有三十几个。第四类，水平波幅内的钉住汇率制度（pegged exchange rates within horizontal bands），这种类型与第三类的区别在于波动的幅度宽于 1% 区间，如丹麦实行的波幅为 2.5%，塞浦路斯为 2.25%，埃及为 3%，匈牙利则达到 15%。第五类，爬行钉住汇率制度 (crawling pegs)，即一国货币当局以固定的事先宣布的值，对汇率不时进行小幅调整，或根据多指标对汇率进行小幅调整。第六类，爬行波幅汇率制度 (exchange rates within crawling band)，即一国货币汇率保持在围绕中心汇率的波动区间内，但该中心汇率以固定的事先宣布的值，或根据多指标，不时地进行调整，如以色列的爬行波幅为 22%，白俄罗斯的爬行波幅为 5%，乌拉圭则为 3%。第七类，不事先宣布汇率轨迹的管理浮动汇率制度 (managed floating with no pre-determined path for the exchange rate)，即一国货币当局在外汇市场进行积极干预以影响汇率，但不事先承诺或宣布汇率的轨迹。第八类，独立浮动汇率制度 (independently floating)，即本国货币汇率由市场决定，货币当局偶尔进行干预，干预旨在缓和汇率的波动，防止不适当的波动，而不是设定汇率的水平。从各种汇率制度国家或地区所占比例看，各种汇率制度分布不均衡，主要集中于四大类：放弃独立法定货币（含欧元区 12 国）、固定钉住制、管理浮动制和独立浮动制，这四类国家或地区总数占 IMF185 个成员国或地区的近 90%。从各种汇率制度国家或地区经济规模看，也非常不平衡，其中第八类 GDP 规模占全球比重达到 65%，其次是第一类，经济规模占全球 20%，其余六类经济规模总和仅占全球的 15%。

拓展 2：虚拟经济的形成

虚拟经济经历了五个主要发展阶段。第一阶段是闲置货币的资本化，即人们手头的闲置货币成为生息资本。最早的起源可以追溯到私人间的商务借贷行为。例如，甲向有闲钱的乙借钱从事生产经营活动，并约定到期后甲向乙还本付息。借据，就是虚拟资本的雏形，它通过借还循环运动而取得增值。这时乙并未从事实际的经济活动，只是通过一种虚拟的经济活动来赚钱。第二阶段是生息资本的社会化，即由个人之间的借贷发展到银行和有价证券。随着社会的发展，作为中介的银行出现了。人们把闲置货币存入银行，银行再转贷出去生息。人们还可以用手中的闲置货币购买各种有价证券来生息，这时人们手中的有价证券就是虚拟资本。第三阶段是有价证券的市场化，即形成了虚拟资本进行交换的金融市场，金融市场进而由股票、债券逐步发展到期货交易。早期的虚拟资本最大的问题在于缺少流动性，从而妨碍了闲置货币向生息资本的转化。有价证券市场化以后就可以根据其预期的收益而自由买卖，从而产生了进行虚拟资本交易的金融市场。第四个阶段是金融市场的国际化，即虚拟资本可以进行跨国交易，经历了一个曲折过程。19 世纪中叶美国等债务国政府和铁路公司在英国、法国和德国的金融市场上发行利率固定的债券，但直到 20 世纪初才出现了比较大规模的跨国证券投资。20 世纪 60 年代以来，股票、债券、外汇等金融商品的交易陆续出现了期货交易方式，1973 年还出现了期权交易。第五阶段是国际金融的集成化。20 世纪 80 年代以来，一是随着经济全球化的推进，各国经济之间的依存程度大大提高，金融自由化程度逐渐增大；二是随着因美元脱离金本位而导致浮动汇率制的形成，金融创新的增强，虚拟经济的规模不断增大；三是随着信息技术的进步，虚拟资本在金融市场中的流动速度越来越快，流量也越来越大。以上三个因素促进了各国国内的金融市场与国际金融市场之间的联系更加紧密，相互间的影响也日益增大，可以说到了牵一发而动全身的地步。

（资料来源：根据相关书刊资料整理而成）

简答题

1. 什么是国际货币体系？国际货币体系是如何演变发展的？

2. 当代国际金融发展特征是什么？

3. 第二次世界大战后，国际金融领域中发生过哪些合作事件？

4. 2007—2008 年金融危机后的国际金融合作特征是什么？

5. 什么是牙买加体系？其主要内容与特征是什么？

第八章　国际服务合作

本章导读

　　服务业迅速发展是 20 世纪社会经济发展的重要特征之一。当一国的服务业跨越国境后就成为国际服务合作，国际服务合作是国际经济合作的重要内容之一。当代国际服务合作的主要形式是国际服务贸易、服务外包和国际劳动合作，世界贸易组织《服务贸易总协定》对服务贸易包括的内容和范围做出了原则界定。

学习目标

　　通过本章学习，了解国际服务合作的基本概念与理论，掌握世界贸易组织《服务贸易总协定》关于服务贸易的定义和服务外包、国际劳务合作的主要内容。

第一节　国际服务合作概念

一、服务的基本概念

(一) 服务的基本概念

　　经济学理论将满足人类欲望的物品分为"自由物品"（free goods）和"经济物品"（economic goods）。"经济物品"指人类必须付出代价方可得到的物品，以实物形态和非实物形态存在。实物形态的经济物品是商品或货物（goods），非实物形态的经济物品则称做服务（service）或劳务。在经济社会中，服务与商品一样无处不在，对各种服务的需求在质和量上与对商品的需求并无二致。一般而言，"服务"意指为集体（或别人的）利益或为某种事业而工作，也可以理解为社会成员之间相互提供方便的一类活动。在经济社会中，服务分为有偿地、直接或间接地提供方便的经济性劳动服务，以及无偿地、单项或相互提供便利的社会性服务两种。

（二）服务概念的经济学理论发展

1. 早期的服务概念

最早将"服务"作为一个特定概念引入经济学理论中的是英国古典政治经济学创始人威廉·配第（William Petty，1623—1687）。配第在其代表作《赋税论》中认为一国财富的规模取决于人口数量。一国人口划分为两类：从事物质财富或对国家具有实际效用和价值的物品的生产的人，以及不生产这些东西的人。第一类人包括土地耕种者、手工业者、海员、商人、士兵；第二类人包括医生、僧侣、律师、政府官员等。配第主张增加第一类人的数量，以增进一国的财富，因为从事生产性劳动的人数是一国财富增长的最重要因素。① 稍后法国经济学家萨伊和巴师夏在论述生产要素时，对服务经济理论做出了一定贡献，也多次提到了服务概念。萨伊（Jean. Baptiste Say，1767—1832）在其《政治经济学概论》一书中，将人类社会劳动创造的产品分为有形和无形两大类，一类产品生产出来会长时间存在，是有形的；另一类产品生产出来即会消失，是无形的，如服务，尽管它同样具有价值和使用价值，是人类生活必需的，但其生产与消费都不以实物形态表现出来②。基于此理论，后来的经济学家提出了有形贸易和无形贸易概念，将国际商品贸易列为有形贸易，而将服务贸易列为无形贸易。巴斯夏在其代表作《和谐经济论》中写道："这（劳务）是一种努力，对于甲来说，劳务是他付出的努力，对于乙来说，劳务则是需要和满足"，"劳务必须含有转让的意思，因为劳务不被人接受也就不可能提供，而且劳务同样包含努力的意思，但不去判断价值同努力是否成比例"。③

2. 马克思关于服务劳动的观点

按照马克思的观点，在人类社会经济发展过程中，随着生产力发展，先后经历了三次社会大分工，服务劳动始于第三次社会大分工。手工业的发展产生了直接以交换为目的的商品生产，商品生产和交换的扩大产生了货币，商品交换逐渐变成了以货币为媒介的商品流通。商品生产的共同特征是为他人生产，而服务劳动的目的则是为他人创造某种效用。马克思曾指出，一般说来，服务也不外是这样一个用语，用以表示劳动所提供的特别使用价值，这和每个其他商品都提供自己的特别使用价值一样，但它成了劳动的特别使

---

① 参见《配第经济著作选集》，商务印书馆，1983 年版，第 117 页。
② 参见《政治经济学概论》，商务印书馆 1963 年版，第 331 页。
③ 巴师夏：《和谐经济论》，中国社会科学出版社 1995 年版，第 283～284 页。

用价值的特有名称，因为它不是在一个物品的形式上，而是在一个活动的形式上提供的。马克思进一步认为，大部分服务属于商品消费的范围，有的服务劳动有生产过程和消费过程在时间上并存的特点，对这种服务的生产者来说，所提供的服务就是商品，它有一定的使用价值和交换价值①。按照马克思的观点，服务的本质属性是一种特殊形式的劳动产品，它也像货物一样，可以进入市场成为商品进行交易。

3. 现代经济学关于服务的观点

按照传统经济学观点，服务劳动具有三个特点：一是服务的生产和消费具有同时发生的规律；二是服务劳动不可以储存；三是服务劳动是无形的。但随着科学技术进步，对服务属于无形劳动的传统观念发生了争议。在现代经济社会中，一些服务可以有自己的物质载体，也可以储存，如信息服务就可以用软盘予以保存等。现代经济学关于服务的定义较早见于 1972 年出版的《企鹅经济学词典》，其中对服务的定义是："服务主要是不可捉摸的，往往在生产的同时就被消费的消费品或生产品②"。1987 年出版的《新帕尔格雷夫经济学百科全书》的定义是："一种服务表示使用者的变形（在对个人服务的场合）或使用者的商品的变形（在服务涉及商品的场合）……所以享用服务并不含有任何可以转移的获得物，只是改变经济人或其商品的特征③"。现在被经济学家广泛采用的观点出自美国经济学家杰森·希尔（J. S. Hill）1977 年的论述："一项服务生产活动是这样一种活动，即生产者的活动会改善其他一些经济单位的状况。这种改善可以采取消费单位所拥有的一种商品或一些商品的物质变化形式，随便在哪一种情形下，服务生产的显著特点是，生产者不是对其商品或本人增加价值，而是对其他某一经济单位的商品或个人增加价值"，"就服务来说，实际生产过程一定要直接触及某一进行消费的经济单位，以便提供一项服务"，"服务是指人或隶属于一定经济单位的物在事先合意的前提下由于其他经济单位的活动而发生的变化……服务的生产和消费同时进行，即消费者单位的变化和生产者单位的变化同时发生，这种变化是同一。服务一旦生产出来必须由消费者获得而不能储存，这与其物理特性无关，而只是逻辑上的不可能……"希尔还进一步解释说，"不论提供的服务性质如何，贯穿一切种类服务生产的一个共同要素是，服务在其生产时一定要交付，

---

① 参见《马克思恩格斯全集》，人民出版社 1973 年版，第 26 卷，第 435 页。

② Graham Bannock，R. E. Baxter，Evan Davis：《企鹅经济学词典》，外文出版社 1972 年版。

③ 《新帕尔格雷夫经济学大辞典》，英国麦克米伦出版公司 2005 年中文版，第 501 页。

这就成为它同商品生产的根本区别。"1997 年，美国斯坦福大学教授罗伯特·E. 霍尔（Robert E. Hall）在与他人合著的《经济学：原理与应用》中提出了理论界公认的服务定义："服务是指人或隶属于一定经济单位的物在事先合意的前提下由于其他经济单位的活动所发生的变化[①]"。

（三）服务的特征

服务业最重要与最突出的特征是服务质量。服务质量是一个国家、一个民族经济发展、文化素质和文明化程度的重要象征，也是服务企业的生命与前途所在。不同国家在不同的经济阶段，对服务质量有不同的要求。"质量"概念已明确定义在"B/T19004.2"和"SO9004—2 标准"中，即是"反映产品或服务满足明确或隐含需要能力的特征和特性的总和"。因此，高质量的服务至少应满足明确需要和隐含需要两个方面的要求，符合功能性、经济性、安全性、时间性、舒适性、文明性六个方面的特征。

（四）服务劳动与价值创造

首先，从劳动价值论角度看，与生产商品的劳动二重性一样，服务价值由服务劳动的凝结性、社会性和抽象等同性决定，其质的规定性就是凝结在服务产品的非实物使用价值上并得到社会承认的抽象劳动。服务劳动的二重性，一方面是以不同目的、使用不同劳动资料、操作方式，为不同消费对象提供服务的具体劳动，一方面作为人的生理意义上的劳动耗费，是抽象的无差别的人类劳动。

其次，服务产品的使用价值具有实物使用价值的一般共性和其自身的特殊性，一般共性说明服务产品的使用价值既具有一切使用价值可消费性的共性特征，也具有消费的替代性和互补性；特殊性说明服务产品的使用价值在很多情况下具有非实物特性，能够延伸实物产品的价值或给消费者带来更多的满足或愉快。服务产品的价值表现服务劳动在服务产品上的凝结，服务劳动交换更多的是按其中凝结的抽象劳动量进行，以价值为尺度决定其交换比例和价格。服务劳动的价值和价值量形成过程，一是提供服务劳动所耗费的社会必要劳动时间（一般性服务劳动），二是提供服务劳动使用的生产资料旧价值转移加上抽象劳动创造出新价值（创新型服务劳动）。

再次，随着科技进步和社会发展，现代服务业飞速发展，科技劳动、管理劳动、精神劳动在服务劳动中发挥越来越重要的作用，服务劳动创造价值的观点已是不争的事实，特别是当以一般劳动为主的传统服务业开始向以科

[①]　《国际服务贸易》，中国对外经济贸易出版社 2004 年版，第 2 页。

学劳动为标志的现代服务业发展过程中，科学劳动大大改变了服务产品价值量的各部分构成并增加了社会财富，使得现代服务业迅速发展起来，并成为衡量一国经济结构是否优化的标志①。由于科学劳动能生产出一般劳动无法生产出的非物质产品并能充分利用自然力融入生产过程，大大提高了劳动生产率，知识要素和科技要素在现代服务业中的比重大大增加，对提供服务劳动的劳动者的要求也越来越高。

最后，在市场经济中，当物质生产达到一定水平时，服务业的发展关系到整个经济社会的正常运转，服务业的发展既具有其自身内在的特征又具有时代的特征。从经济学理论角度看，服务是劳动所提供的特殊使用价值，而且是由劳动的经营性活动提供的，是有偿的。服务是为某种活动提供的，是可以作为商品来生产和交换的。所以服务业自身内在的特征表现为服务是一种特殊形式的商品，也具有使用价值和交换价值。服务劳动者也是财富的创造者，他们既为社会提供有形和无形产品，以满足社会的需求，同时也创造价值，为经济发展增添财富。服务商品的交换也应按照商品经济规律，运用价值法则进行调节。从世界经济角度看，各国的要素禀赋和劳动生产率差异决定了服务劳动与商品贸易一样可以在国际进行交换，国际服务贸易不仅与商品贸易并存成为当代国际贸易的主要内容，在一定范围和用途中甚至超过了商品贸易。服务在国际的流通，不仅推动了国际商品贸易和国际投资发展，而且改变了国际分工格局。当代以价值链为主导的新国际分工格局在提高劳动生产率的同时，服务贸易价值增值不断增大，作用日益明显。

二、国际服务合作

服务业的迅速发展是 20 世纪社会经济发展的重要特征之一。在当今社会中，由于服务业消耗和占用较少的资源却能生产出高附加值的服务品，从而使国家在全球产业链、价值链分工中攫取了较大的利益，所以服务业逐渐成

① 根据社会生产活动历史发展顺序，世界上较为通用的产业结构分类方法是：产品直接取自自然界的部门称为第一产业（通常指农业），对初级产品进行再加工的部门称为第二产业（通常指工业），为生产和消费提供各种服务的部门称为第三产业（通常指服务业）。按照价值增加和就业人数在国民生产总值和全部劳动力中的比重，第一产业在大多数国家呈不断下降趋势，其中尤以发达国家最为明显。第二产业在 20 世纪 60 年代前，大多数国家都是上升的，60 年代后，发达国家比重开始下降，其中传统工业更为明显。第三产业发展迅速，所占比重都超过了 60%。从三次产业比重的变化趋势可以看出，世界各国在工业化阶段，工业一直是国民经济发展的主导部门，在后工业化阶段，服务业日益成为国民经济发展的主导部门。

为市场经济的基础产业。服务业水平高低是衡量一个国家或地区生产社会化程度和市场经济发展水平的重要标志，是经济国际化的先行产业，是一个国家科技现代化的标志，并成为全球第一大产业和推动经济持续发展的重要动力，当一国的服务业跨越国境后就成为国际服务合作，国际服务合作是国际经济合作的重要内容之一。当代国际服务合作的主要形式是国际服务贸易（international trade in service）、服务外包（service outsourcing）和国际劳动合作（international service cooperation）。

第二节　国际服务贸易

一、国际服务贸易基本概念

（一）国际服务贸易定义

随着服务业的发展和其地位的凸显，在服务劳动产品交换的基础上形成和发展出服务贸易概念，服务贸易也越来越成为世界各国关注的焦点。"服务贸易"(trade service) 一词最早出现在 1972 年经济合作与发展组织（OECD）的一份报告中，但首次正式使用这一概念的是美国《1974 年贸易法》，在这份法案第 301 条款中出现了"世界服务贸易"概念。此后，围绕服务贸易的概念，各国学者进行了深入的研究和讨论，国际组织也下过一些定义。联合国贸发会议（CTD）曾利用过境现象阐述服务贸易，将国际服务贸易定义为货物的加工、装配、维修以及货币、人员、信息等生产要素为非本国居民提供服务并取得收入的活动，是一国与他国进行服务交换的行为。1989 年，美国和加拿大签署的《美加自由贸易协定》（*North America Free Trade Agreement*）成为世界上第一个在国家间贸易协议上正式定义服务贸易的法律文件。在该协定中，"服务贸易"是指由或代表其他缔约方的一个人，在其境内或进入一缔约方提供所指定的一项服务，其中："一个人"既可以是法人，也可以是自然人；"进入一缔约方提供的服务"包括提供过境服务；"指定的一项服务"包括：（1）生产、分配、销售、营销及传递一项所指定的服务及其进行的采购活动；（2）进入或使用国内的分配系统；（3）奠定一个商业存在，为分配、营销、传递或促进一项指定的服务；（4）遵照投资规定，任何为提供指定服务的投资及任何为提供指定服务的相关活动。也有人认为服务贸易有狭义和广义之分，狭义的国际服务贸易指有形的、发生在不同国家之间，并符合于严格服务定义的直接的服务输出与输入；广义的国际服务贸易既包括有形的服务输入和输出，也包括服务提供者与使用者在没有实体接触情况下发生的无形国际服务交换。

（二）服务贸易理论

1. 服务贸易与国际贸易理论

随着服务贸易的发展，关于传统的国际贸易理论对服务贸易是否适用，在经济学界有两种不同的观点。一种观点认为，自工业革命以来，国际上一直用大卫·李嘉图的"比较成本"理论来论证国际贸易，国际贸易依据各国的"比较优势"开展。然而，"这种以工业革命时发展的理论，到了 21 世纪的今天，已经不完全适用了"，"因为其中的两大假设已不合时宜"。首先，该理论假设制造业比其他经济活动更重要；其次，假设商品贸易是提升一国生活水准的首要动力，经过 100 多年，这些假设与其所衍生的推论，都必须重新接受事实的挑战，……许多服务业的创造发明对于经济的影响，比制造业的发明更深更广，带来更大利益①。另一种观点认为，国际贸易包括世界各国之间商品和服务交换的活动，是各国之间分工的表现形式，国际贸易理论反映了世界各国在经济上的相互依赖性，因此，传统的国际贸易理论无疑应适用于商品贸易和服务贸易。英国经济学家耐格尔认为，世界经济学界之所以很少引用国际贸易理论对服务业进行论述，是因为商品与服务是一样的，所有适用于商品贸易的理论同样适用于服务贸易②。所以，比较优势原理同样适用于服务贸易。

2. 服务贸易是否包括与服务贸易有关的对外直接投资

关于服务贸易与对外直接投资的关系，在经济学理论界也有两种不同的观点。发达国家经济学界有人认为，服务贸易应包括与之相关的对外直接投资，其理由是：第一，服务有别于货物，它不能储存、运输，供求双方须在同一时间和地点完成，因此这就决定须通过在海外举办企业才能实现有效的输出，而服务业的对外投资正适合这种需要。第二，区分服务贸易和与之相关的投资并无明确的界限，现代跨国公司的对外投资早已不局限于制造业，而是与银行、保险、咨询、数据处理等行业结合在一起，并同时要求服务贸易和投资自由化；发达国家的跨国公司都希望通过对外直接投资方式输出服务，以扩大市场和追求更多利润。中国有的学者认为，服务贸易和与之相关

---

① 参见中国台湾《天下杂志》，1996 年第 5 期，"服务业决定国家竞争力"。

② 参见 D. 耐格尔："国际贸易中的服务贸易政策"，英国剑桥大学《经济月刊》，1988 年第 12 期。

的对外直接投资是有明确界限的，服务贸易是服务产品的国际交换，不涉及生产资本的转移，如果设在海外的服务企业不进行服务生产，仅起承揽业务和进行传递作用，那么这种企业不应视为服务贸易的直接投资，而属于服务贸易的辅助机构；相反，如果该机构具有生产职能，那么则应视为直接投资。[①] 还有一些经济学家从"要素服务"和"非要素服务"方面进行了理论论证，他们认为，"要素服务"的贸易收入，包括侨民汇款和投资收入（利息、利润和股息等），"非要素服务"的项目较多，基本上包括在《服务贸易总协定》规定的 12 个部门之内，所以"贸易理论一般只讨论产出贸易而不讨论投入贸易，换句话说，只讨论商品和非要素服务，而不是生产要素（中间投入、劳力和资本），即要素服务的国际流动和收入。因此，就国际收支账户而言，国际贸易理论所关心的是商品和非要素服务的出口与进口账户项下的收支中反映出来的活动，而不是资本账户、生产要素收入（利息和股息）或劳工汇款"。[②]

二、《服务贸易总协定》关于服务贸易的基本内容

（一）《服务贸易总协定》的宗旨

1994 年 4 月世界贸易组织（WTO）乌拉圭回合达成的《服务贸易总协定》（*General Agreement on Trade in Service*，简称 GATS）宗旨是在透明度和逐步自由化的条件下，扩大全球服务贸易，并促进各成员的经济增长和发展中国家成员服务业的发展。协定考虑到各成员服务贸易发展的不平衡，允许各成员对服务贸易进行必要的管理，鼓励发展中国家成员通过提高其国内服务能力、效率和竞争力，更多地参与世界服务贸易。根据协定的规定，世界贸易组织（WTO）成立了服务贸易理事会，负责协定的执行。

乌拉圭回合谈判将国民待遇原则从货物贸易拓展到服务贸易领域。《服务贸易总协定》中有关国民待遇的内容并未如最惠国待遇那样纳入普遍义务与原则，而是采取了具体承诺的方式。《服务贸易总协定》规定，在不违反本协定有关规定且与细目表上的条件和要求相一致的条件下，一成员应该在所有影响服务供给的措施方面，给予其他成员的服务和服务提供者以不低于其给予国内服务或服务提供者的待遇。

（二）《服务贸易总协定》的基本内容

《服务贸易总协定》对服务贸易所包括的内容和范围做出了原则界定，应

---

① 参见《国际贸易问题》，1995 年第 12 期，第 12 页。

② 参见《国际服务贸易与中国》，中国对外经济贸易出版社 1995 年版，第 7 页。

当说在世界范围内就服务贸易的定义取得了较为一致的意见和较权威的界定。《服务贸易总协定》第 1 条"范围和定义"第 2 款"就本协定而言，服务贸易定义为：第一，自一成员领土向任何其他成员领土提供服务（即跨境交付，cross-border supply）；第二，在一成员领土内向任何其他成员的服务消费者提供服务（即境外消费，consumption abroad）；第三，一成员的服务提供者通过在任何其他成员领土内的商业存在提供服务（即商业存在，commercial presence）；第四，一成员的服务提供者通过在任何其他成员领土内的自然人存在提供服务（即自然人流动，movement of natural persons）。"世界贸易组织蒙特利尔会议还提出了关于服务贸易可接受的基本标准：只有当生产要素的流动是"在目的明确、交易不连续和持续时间有限的条件下"出现，这就意味着服务贸易不会涉及移民和投资问题时，此时的流动方式可以看做是服务贸易。《服务贸易总协定》除定义了国际服务贸易的四种具体方式外，还列出了服务行业中商业、通信、建筑、销售、教育、环境、金融、卫生、旅游、娱乐、运输、其他 12 个部门和 160 多个分部门。

（三）《服务贸易总协定》的影响

《服务贸易总协定》对世界经济贸易发展产生的影响主要表现在：第一，促进科技进步，推动经贸发展，成为经济全球化、生产国际化的催化剂。第二，为各国服务业竞争力提高和服务业现代化创造条件。第三，加快服务业内部国际分工，促进国际投资，带来全球经济合作迅速增长。第四，促进商品贸易的发展。第五，增强了对基础服务业的投资信心。第六，加剧各国经济发展不平衡和加剧服务产业内部发展不平衡。

三、国际服务贸易发展与现状

（一）第二次世界大战后国际服务贸易的发展

第二次世界大战后，随着世界各国经济恢复和发展，各行各业对各种服务的要求日益增加，国际服务市场日益扩大。服务贸易发展的特点表现为：首先，地位不断提高，发展速度不断加快。20 世纪 70 年代以前，服务贸易在世界经贸关系中还不是一个引人注目的领域，服务贸易主要以西方发达国家的劳务输入为主。80 年代后，国际服务贸易一直保持着迅速增长的势头，年平均增长率约 5％，是同期国际货物贸易年平均增长率 2.5％的两倍。1993年，国际服务贸易额达到 10 300 亿美元，2002 年超出 41 万亿美元。从服务贸易在整个国际贸易中所占的比重看，2003 年已约占全球贸易总额的 1/4，其增长速度大大高于国际商品贸易。其次，从国际服务贸易整体格局看，仍以发达国家为主。以服务贸易进出口为例，20 世纪最后 10 年，在世界服务贸易交易量排前 10 名的，除中国香港出口额排在第 10 名外，其他全部为发达国家；从地区分布看，欧洲居第一，第二是亚洲，第三是北美洲，而且多由发达国家占据；从服务贸易交易流向看，发达国家间的双向对流比发达国家与发展中国家间的单向移动要高出相当大的一部分。再次，跨国公司积极参与并推动国际服务业发展。与当代国际服务贸易发展特点相适应，跨国公司对外直接投资部门的重点正积极向第三产业转移。随着大多数国家和地区的服务业在国内生产总值中的比重不断上升，跨国公司对外投资向服务化、高级化发展的趋势越来越明显。跨国公司之所以关注服务业的主要原因：一是跨国公司为了在世界范围实现经济扩展，在跨国生产中需要投入大量服务，如技术和销售专门知识、管理和会计服务，以及设立专门售后服务公司等；二是跨国公司在进行全球性投资、技术转让和国际生产专业化过程中，促进了专业技术人才的流动，也带动着金融、保险、法律、会计、技术、运输、咨询等服务业的发展；三是跨国公司为追求高额利润，通过服务领域拓展是其捷径之一。

（二）当代国际服务贸易发展新特点

1. 国际服务贸易规模持续扩大并与货物贸易出口同步增长

随着经济全球化的深化和国际产业结构调整，各国服务贸易活动日益频繁，全球服务贸易出口规模持续扩大。过去的 10 年（2000—2010 年），世界服务贸易与货物贸易基本保持同步增长，服务进出口额从 2.87 万亿美元增加到 7.17 万亿美元，增长了 1.5 倍，2010 年世界服务出口额约是 2000 年的 2.55 倍，同期服务贸易与货物贸易出口额年均增长率分别为 9％和 8％，服务出口额占全球贸易总额（货物加服务）的比重基本维持在 20％的水平。据世界贸易组织《2013 年世界贸易报告》称，2012 年，全球货物和服务贸易总额 22.5 万亿美元，其中货物贸易额与 2011 年基本持平，服务贸易额 4.3 万亿美元，增长 2％；2013 年全球服务贸易总额 8.9650 万亿美元，比 2012 年增长 6.1％，比货物贸易 2.1％的增速明显加快。统计资料显示，世界服务贸易年出口规模从 1 万亿美元增加到 2 万亿美元大约用了 10 年时间（1993—2004），而从 2 万亿美元扩大到 3 万亿美元只用了 4 年（2005—2008）时间[①]。在这一

---

① 资料来源：《世界服务贸易发展的结构与趋势》，四川省商务厅网站 2011 年 9 月 22 日；《2013 年中国服务进出口总额居世界第三》，人民网 2014 年 4 月 18 日；《国际服务贸易发展趋势与经验》，中国财经报网 2014 年 9 月 15 日。

过程中，中国服务贸易发展最快，2012 年出口 2 105 亿美元，位居全球服务出口第 5 位；进口 3 291 亿美元，跃居世界服务进口第二位；服务进出口总额 5 396 亿美元，居世界服务进出口第三位。

2. 国际服务贸易越来越受到各国重视，业务活动领域不断扩大

自 1986 年乌拉圭回合谈判首次将服务贸易列为新议题后，服务贸易和服务业发展成为政府、工商界和学术界关注的热点，很多国家政府专门拨款资助学术界和智囊机构对这一领域进行专项研究，认真分析国际服务贸易的经济学含义、现实发展状况、市场竞争策略以及各种可能的政策行为等，国际学术界每年都会召开专门的服务贸易研讨会。与此同时，国际服务贸易的业务活动领域也在不断扩大。目前，国际服务贸易已涵盖众多范围，包括：国际运输、国际旅游、国际金融服务、国际信息处理和传递软件资料服务、国际咨询服务、建筑和工程承包、国际电讯服务、广告、设计、会计管理服务、国际租赁服务、商品维修、保养、技术指导等售后服务、国际视听服务、教育、卫生、文化艺术国际交流服务、商业批发与零售服务、知识产权服务、劳务输出、国际投资服务、其他官方国际服务等多个领域。

3. 服务业发展成为现代产业进步的标志，服务贸易成为经济全球化的催化剂

首先，服务业对经济发展的重要性日益凸显。有学者认为，服务业已成为各产业间的"黏合剂"，一种以制造—服务型经济为特征的工业服务化新兴经济结构正在出现。其次，服务业促进了产业融合和经济融合，生产与服务的互补性、融合性不断增强。最后，在世界新一轮产业结构调整进程中，服务业和服务贸易在各国经济中的地位不断上升，正在成为经济增长和效率提高的助推器、经济竞争力提升的牵引力、经济变革与经济全球化的催化剂。尤其是金融危机后，各国都加快了经济结构调整，推动高技术含量、高附加值服务业的跨国转移，跨国公司在全球范围内构建全球服务价值链，服务贸易已成为全球经济增长的重要动力。第四，全球服务业开放水平与标准不断提升，各国纷纷制定了加快发展服务贸易的发展战略，各种区域经济合作或多边贸易安排都加强了对服务贸易问题的关注并将其列为主要议题，有关服务贸易的多边规则制定，以及新的世界服务贸易利益格局正在各方博弈中重新形成①。

4. 国际服务贸易结构加速调整升级

20 世纪 80 年代后，由于新兴服务行业的不断兴起，服务贸易交易内容日

---

① 参见"服务贸易是经济全球化的催化剂"，《国际金融报》，2014 年 11 月 19 日。

趋扩大，服务品种不断增加，服务贸易结构发生了很大变化。当代国际服务贸易结构逐渐由传统的自然资源或劳动密集型服务贸易，转向知识、智力密集型或资本密集型的现代服务贸易。在全球服务贸易出口构成中，2006 年运输服务贸易比重下降到 23.1％，旅游服务贸易比重下降到 27.2％，其他商业服务贸易比重则上升至 49.7％，2009 和 2010 年进一步提高到 53.1％。世界贸易组织统计显示，2005—2010 年间，世界服务出口额年均增长 8％，其中运输服务和旅游服务分别增长 7％和 6％，其他商业服务增长了 9％。国际服务贸易之所以越来越向资本、知识、技术密集型的其他商业服务聚集，主要在于世界经济结构不断向服务经济转型，从而加快了服务贸易发展与升级。

5. 通过商业存在实现的服务贸易规模日益扩大

首先，现代商业服务正在越来越多地使用促使劳动生产率提高的信息、通讯和网络技术，而金融、保险等服务行业的知识和技术含量不断提高，能够创造出的价值增值含量也不断提高。面对竞争日益激烈的市场，金融、保险等现代服务业迅速发展起来，服务方式和产品创新推动了商业存在实现的服务贸易规模日益扩大。据世界贸易组织估计，目前通过商业存在实现的服务贸易大约是跨境提供的 1.5 倍。其次，随着世界范围的产业结构调整和转型升级，国际直接投资大多流入服务业，尤其是金融、电信和房地产业等服务部门从外国直接投资的迅猛增长中获益最大，越来越多的服务离岸外包带动了服务业跨国投资的发展，为商业存在模式实现的服务贸易提供了坚实基础，推动了通过外国商业存在所实现的国际服务贸易规模的迅速扩大。

6. 跨国并购业务向服务业集中的趋势不断增强

美国《财富》杂志 2006 年评选的世界 500 强中，以服务业为主的跨国公司占到五成左右，营业收入也占近一半，众多的跨国公司开始在全球范围内建立服务供应网络。在这一过程中，跨国并购业务由传统制造业向服务业集中的趋势不断增强，2005 年服务业并购出售额为 3939.66 亿美元，占全球并购额的比重为 55％。

7. 国际服务贸易自由化进程加快，但服务贸易自由化谈判进展艰难，服务贸易壁垒仍繁多复杂，消除贸易壁垒的进展较为缓慢

随着发达国家产业结构调整完成，在高科技与高新技术产业发展推动下，众多新兴服务行业不断出现，国际服务业不断发展壮大，必然要求各国开放服务贸易市场，使服务产品在世界范围内实行自由贸易，《服务贸易总协定》的实施为国际服务贸易自由化提供了基本的框架。2000 年 3 月启动的新一轮服务贸易自由化多边谈判成为世界贸易组织"多哈发展议程"的重要组成部

分，其核心任务是进一步制定一些规则，以确保国内规章能够推动，而不是阻碍服务市场对贸易和投资的开放。但在多哈回合中，服务领域谈判的进展远落后于其他领域，作为发达国家商业利益的主要寻求目标，服务贸易谈判成为其关键的谈判筹码，特别是谈判的许多成员不愿意在其他领域（农业和非农产品市场准入）取得进展之前推进服务贸易的谈判，使服务贸易谈判举步维艰，服务贸易自由化不仅进展艰难，而且贸易壁垒仍繁多复杂。其主要原因是：首先，与货物贸易相比，服务产品的生产与消费在很多情况下具有无形性、同步性和跨国界特点，而在以关税壁垒实施保护背景下，很多服务业无法设立关税，壁垒很难量化，服务贸易保护只能以资格资质要求、参股比例限制、经营范围和地域要求、行政管理等国内法规加以限制，从而导致服务贸易壁垒更加隐蔽，消除壁垒的进展也就十分困难和缓慢。其次，随着竞争压力加大，尽管许多国家对服务业管制进行了改革，减少对服务贸易与投资的国际壁垒，但在放松管制的同时，新的阻碍又被创新出来，如以国家安全为借口的限制、针对商业存在和自然人的限制、贸易政策普遍适用问题、行业限制等壁垒措施仍普遍存在。

（三）国际服务贸易发展不平衡

由于经济发展阶段和水平不同，各国科技水平差距较大，服务业发展和服务贸易规模与竞争力差异悬殊，国际服务贸易仍处在发展不平衡中。首先，从地区结构看，世界服务贸易主要集中在欧洲、北美和亚洲三大地区，其中85％左右集中在发达国家和亚洲新兴经济体，欧洲则保持服务贸易额最大的地位。2010 年，欧洲、北美和亚洲的服务出口占世界服务出口总额的88.8％，其中欧洲占 47％。同年三大地区服务进口占世界服务进口总额的83.8％，其中欧洲占 42.9％[①]。其次，从国别构成看，发达国家服务贸易处于领先优势，美国、英国和德国一直是世界排名前三位的服务出口国和进口国，美国在世界服务贸易中居绝对主导地位，服务贸易始终处于顺差状态。2013 年，美国服务贸易总额居全球首位，当年共实现服务贸易进出口总额10890 亿美元，占全球服务贸易总额的 12.1％，德国服务贸易总额 6020 亿美元，位列全球第二；2010 年，世界服务出口额与货物出口额平均之比为 1：4.1，而美国为 1：2.5，德国为 1：5.5，英国为 1：1.8。再次，作为一个整体，发展中国家正在积极参与国际服务贸易。2005—2010 年，中南美洲、独联体、非洲和亚洲地区的服务出口年均增长率分别为 10％、14％、9％和 12％，均高于同期

---

① 参见本章拓展阅读。

8％的世界平均水平，其中金砖国家（中国、印度、俄罗斯、巴西和南非）表现尤为引人注目。2005—2010 年，中国、俄罗斯、巴西和南非服务出口增长率分别为 18％、12％、15％和 5％，同期美国、德国和英国的服务出口增长率分别为 8％、7％和 2％。最后，行业发展不平衡。随着服务贸易全球市场的迅速扩展，服务行业区别越分越细，行业发展速度高低不一，传统的运输服务业虽然增长，但增速放缓，年增长率仅为 2％，旅游业也只增长了 6％，而金融服务、电信服务及专利等的增长率则达到了 7％。处于服务贸易高端的发达国家，已成功实现了从制造经济为主向服务经济为主的转型，在经济合作与发展组织成员中，服务业贡献了超过 70％的就业和增加值，知识、技术密集型服务业，电讯、金融、保险等各种商务服务快速增长，竞争优势强劲。

第三节　国际服务外包

一、国际服务外包的概念

（一）外包

外包（outsourcing）是企业将生产经营过程中的某一个或几个环节交给其他或专门的企业来完成的业务，从本质上看，外包实际就是将自己做不了、做不好或别人做得更好、更全面的事交由别人去做，外包是一种管理策略。外包业务是某一企业，即发包方，通过与外部其他企业，即承包方通过签订契约，将一些传统上由企业内部人员负责的业务或机能外包给专业、高效的服务提供商的经营形式。外包的优点在于：第一，可以避免企业组织过度膨胀，集中人力资源降低成本；第二，促使企业资金效益提高和利润提升；第三，提升企业客户满意度推动企业竞争能力提高；第四，有效解决企业既有专业知识技能的局限，使企业运营更为灵活。外包业是一个新兴起的行业，是一种企业引进和利用外部技术与人才，帮助企业管理最终用户环境的有效手段。通过外包可以给发包企业和承包企业都带来新的活力，既有效地增强了发包企业的竞争力，又创造了一些新的经营业务，使一些专业技术能力强，或刚起步的企业因承包大量运营职能而获得快速增长。外包的范围，按工作性质可分为"蓝领外包"和"白领外包"。"蓝领外包"指产品制造过程外包，"白领外包"即通常所说的"服务外包"（service outsourcing）。

（二）服务外包定义

服务外包是随着服务贸易发展于 20 世纪 80 年代才兴起的一项服务合作

业务，其定义目前尚无统一规范。从一般意义上看，服务外包是指作为生产经营者的业主将服务流程以商业形式发包给本企业以外的服务提供者的经济活动，如跨国公司将非核心的服务环节，如后勤、财务、呼叫中心、研究开发、市场营销、经营管理、媒体公关管理、人力资源管理、金融财务分析、办公支持、售后服务等外化为一个投资项目或专业服务公司后再外包出去。从专业技术角度看，服务外包是指企业将其非核心业务外包出去，利用外部最优秀的专业化团队来承接其业务，从而使其专注核心业务，达到降低成本、提高效率、增强企业核心竞争力和对环境应变能力的一种管理模式。从本质上看，服务外包是企业为了将有限的资源集中精力于核心业务，而将非核心的业务委托给外部专业化机构，以实现资源优化配置，提升企业核心竞争力和企业绩效的一种商业行为。从发展角度看，服务外包起源于 IT 服务、软件设计等领域。在国际服务外包中，服务外包企业是根据其与服务外包发包商签订的服务合同，向客户提供服务外包业务的服务外包提供商，亦称承包商。

（三）服务外包产生背景

第一，生产和服务环节国际分工细化促生了服务外包，信息通信和互联网技术的广泛应用不仅为服务外包提供了技术基础，而且使其从可能成为现实；第二，经济全球化发展，新兴市场国家基础设施改善和劳动力素质提高，为服务外包创造了有利条件；第三，当信息产业逐渐成为社会基础性和战略性产业后，企业竞争的关键由一般技术转向核心技术，企业可以依托信息网络手段将一般技术的生产和服务外包出去而集中精力开发核心技术，以最大限度地保持企业的核心竞争力；第四，当竞争由区域转向全球后，企业要在世界市场保持和扩大占有率，必须全面利用国内外一切可用资源，服务外包成为一种有效手段；第五，成本最小化和利润最大化是企业的核心竞争目标，就短期效益而言，通过服务外包可以使企业节约 20%～40% 的运营成本，企业将自身的非核心业务外包，使资源、技术和人力运用到核心业务上，是资源优化配置的有益选择。一国通过开展服务外包，不仅可以增大服务业占 GDP 的比重，而且能够节省能源消耗，减少环境污染。承接服务外包对服务业发展和产业结构调整具有重要的推动作用，能够创造条件促进以制造业为主的经济向服务经济升级，推动经济增长方式向集约化发展，可以扩大服务贸易的出口收入，有利于转变对外贸易增长方式，还可以提高本国的就业率，全球服务外包的发展趋势已不可逆转。

（四）服务外包发展特点

第一，拓宽了经济全球化领域。服务外包往往伴随商品国际流动，因而带动了货物贸易增长，以服务外包方式带动的跨国公司海外投资，直接利用了国外优势人力资源，不仅促进了信息和人员流动，而且推动了国际直接接投资增长，服务外包使服务越来越成为国际上的可贸易对象。第二，交易规模不断扩大。受金融危机影响，2009 年全球服务外包规模有所下降，但 2010 年即进入回升阶段，当年全球服务外包市场规模达到 6 000 亿美元，此后 IT 服务支出的年均增速保持在 3.5% 左右，2011 年全球服务支出超过 8 400 亿美元。第三，业务范围不断拓宽。信息网络技术的发展提升了知识型服务外包业务范围，投资风险管理、金融分析、研发等众多技术含量高、附加值大的业务活跃了很多新的外包方式。第四，参与群体增多。目前服务外包不仅局限于发达国家和大企业，许多发展中国家和一些中小企业甚至个人，为了降低成本也将部分业务外包出去。在外包客户范围不断延伸的同时，外包承接国家也越来越多，很多发展中国家纷纷参与到国际服务外包承接市场中来。在一些教育水平较高但工资较低的发展中国家积极参与后，离岸外包方式得到强化。第五，新型服务外包企业脱颖而出。它们既不同于传统的以品牌制造为核心并围绕这些产品生产而兼营服务的制造业厂商，也不同于在不同服务业内部提供终端服务产品的银行、保险、运输等传统服务业厂商，而是专门以提供服务外包作为核心业务的厂商。第六，当服务外包成为 21 世纪发达国家经济战略优势的关键因素后，服务外包对发展中国家的经济战略意义正在提升，很多国家已将开展服务外包上升到国家发展战略层面。

二、服务外包内容

（一）按承包商地域分类

按服务外包承包商地域分类包括三种类型。

1. 在岸外包（onshore outsourcing）

在岸外包亦称境内外包，指外包商（发包商）与外包供应商（承包商）来自同一个国家，外包工作在国内完成。由于劳动力成本差异，外包商通常来自劳动力成本较高的地区，外包供应商则来自劳动力成本较低的地区。在岸外包多强调核心业务战略、技术和专门知识，注重降低成本和规模经济效益。

2. 离岸外包（offshore outsourcing）

离岸外包指外包商与外包供应商来自不同国家，外包工作跨国完成。离岸外包产生于 20 世纪 80 年代初期，推动其发展的因素是：第一，服务经济全球化加速；第二，通讯成本大幅度降低和互联网高速发展；第三，供应商能力提高，通过离岸外包方式参与国际经济合作，可以利用国家或地区间的劳动力成本差异，使企业实现降低成本，增强综合竞争力的目的；第四，承接跨国公司离岸外包成为许多发展中国家利用外资，实现经济增长的新途径；第五，通过离岸外包实现新型国际分工体系中的双赢效果，外包商降低成本，外包供应商提高劳动就业。离岸外包兴起于制造业，但进入21世纪后，由于发展中国家的技术、人力资源等要素水平不断提高，而且保持了低成本优势，越来越多的跨国公司将其作为国际化战略的重要选择，目前在金融、电信、软件开发和维护、人力资源管理、财务会计等方面发展速度正在不断加快。从全球离岸外包100强涉及的行业分布看，金融业比重最大，占69%，其次是电信、软件产业、政府服务等。

3. 近岸外包（near shoring）

近岸外包亦称近海外包，指外包商选择临近本国的外包供应商来完成外包服务。由于邻近国家之间在语言、文化背景等方面有较大的相似性，交通运输距离较短，选择近岸外包可以为承包双方沟通提供便利，降低联络、合作等方面的成本。近岸外包也是一种常用的服务外包模式。

在以上三种类型中，如果采用一次性项目合同方式寻求第三方专业公司服务称为合同外包（outsourcing contract），如果通过签订长期合同将其他多种服务活动交由专业外包提供商进行的则称为职能外包（function outsourcing）。

（二）按业务领域分类

按业务领域分类，服务外包主要包括ITO、BPO、KPO三种方式。从业务发展过程看，ITO、BPO、KPO代表着外包的三个时代。服务外包始于20世纪80年代的IT开发，当时一些计算机制造和软件开发商的策略是将IT系统的维护、开发和应用外包给第三方来实施，并由此产生了ITO。90年代接着出现的是BPO，一些跨国公司开始关注相对基础和标准化的业务流程外包。随着跨国公司基本竞争战略调整以及系统、网络、存储等信息技术的迅猛发展，很多跨国公司不断扩大服务外包业务范围，非核心业务的离岸外包已经成为一种趋势。KPO是21世纪继ITO和BPO之后兴起的第三代外包流程，并正逐渐成为现实的主流的外包业务之一。与BPO相比，KPO将基于呼叫中心领域内的流程专业知识外包变为业务专业知识外包，提升了传统BPO基于成本所带来的利润，附加值更高。KPO将业务从简单的"标准过程"执行演变为高级分析技术与准确判断相结合的过程。

1. 信息技术外包（information technology outsourcing，简称ITO）

信息技术外包指发包商以合同的方式委托信息技术承包商向企业提供部

分或全部的信息技术服务功能。ITO 业务主要包括：系统操作服务，如系统应用管理服务和技术支持管理服务等；系统操作服务，如银行数据、信用卡数据、各类保险数据、保险理赔数据、医疗/体检数据、税务数据、法律数据的处理及整合等；系统应用服务，如信息工程及流程设计、管理信息系统服务、远程维护等；基础技术服务，如技术研发、软件开发设计、基础技术或基础管理平台整合或管理整合等。ITO 目前已成为国际服务外包的主要业务内容，占据了超过 60％的全球服务外包市场。

2. **业务流程外包**（business process outsourcing，简称 BPO）

业务流程外包指发包商将一个或多个原本企业内部的职能外包给外部服务提供商，由后者运作、管理这些指定的职能，BPO 是仅次于 ITO 的国际服务外包业务内容，占据近 40％的全球服务外包市场。BPO 业务主要包括：企业业务运作服务，如为客户企业提供技术研发服务、销售及批发服务、产品售后服务（售后电话指导、维修服务）及其他业务流程环节的服务等；供应链管理服务，如为客户企业提供采购、运输、仓库/库存整体方案服务等；企业内部管理服务，如为客户企业提供各类内部管理服务，包括后勤服务、人力资源服务、工资福利服务、会计服务、财务中心、数据中心及其他内部管理服务等。

3. **知识流程外包**（knowledge process outsourcing，简称 KPO）

知识流程外包指利用书籍、数据库、专家、新闻、电话等多种途径来获取信息，并对信息进行即时、综合分析研究，最终为用户提供报告作为决策借鉴，或直接提供解决方案。KPO 服务使企业缩短了从设计到市场的导入时间，有效管理关键硬件，提供有关市场竞争情况、产品和服务的研究，提升企业业务管理的有效性，帮助企业快速处理预想的业务场景。KPO 最具吸引力的地方在于知识套利，而不是降低成本潜力，涉及外包更高技能的流程。在金融领域，KPO 已经被用于处理信用评分、损失抑减估算和欺诈分析等工作，2010 年，KPO 的市场规模就超过了 50 亿美元。

第四节　国际劳务合作

一、劳动力跨国移动与劳务输出

（一）劳动力跨国移动

劳动力移动是指具有一定劳动能力的劳动者在不同地理区域范围和不同

的工作岗位之间的迁移和流动。从微观经济角度看，劳动力移动是劳动力在寻找工作过程中基本现象的总称，从宏观经济角度看，劳动力移动属于劳动力资源配置和再配置问题。在劳动力生产要素移动过程中，劳动力所有者通过活劳动形式提供使用价值，劳动力接受者得到相应服务，可以使合作双方均获得经济效益。劳动力生产要素在国际移动和配置的活动属于劳动力跨国移动，劳动力跨国移动（international flow of labor）是国际经济传递活动方式之一。[①]

劳动力生产要素跨国移动必须具备的条件是：首先，劳动者具有人身自由，可以自主选择在国内还是在国外劳动力市场上寻找雇主或提供劳务；其次，劳动力在国际的移动出于经济性目的，主要是为了在国外寻找有利于自身的劳动或工作市场，即能基本使自己满足的工作条件和工资水平。由于战争、政治动乱以及民族问题等原因形成难民性质的移民活动不属于劳动力跨国移动范畴，国家间按照经济合作协定有组织的劳务输出，属于劳动力跨国移动的重要形式。

引起劳动力跨国移动的原因主要是：第一，不同地区和工作之间存在着就业机会、就业条件、收入报酬、经济福利等方面的差别；第二，劳动力个人意愿或理想的实现，只有如此，劳动者才能够自主决定或自由支配自己的劳动力；第三，由于劳动者在某一特定劳动力市场求职或竞争失败，或是由于对现有的工作条件或劳动报酬不满，从而产生了移动的欲望；第四，社会分工造成的劳动技巧和工作能力的专业化，使劳动者失去了对自身劳动的控制，从而被迫移动；第五，由于经济周期或劳动力市场周期波动在本国出现就业困难。

（二）劳动力跨国移动的影响

1. 劳动力跨国移动对经济福利的影响

按照经济学的边际收益递减规律，劳动的边际生产力随着劳动增加而减少，劳动的边际产品收入是在其他生产要素不变的情况下，增加单位劳动所能增加的收入。当支付给劳动力的实际工资低于劳动的边际收入时，雇主得到利益，实际工资高于劳动的边际产品收入，雇主利益受损，将会削减劳动投入，直到两者相等为止。所以，劳动力跨国移动对经济福利的影响是：对输入国而言，由于劳动力供给增加，工资下降，本国雇主福利增加，本国原有劳动力因工资下降而损失的一部分福利由输入的劳动力或移民获得；其次，

---

① 参见章昌裕《国际经济学》第九章，清华大学出版社 2008 年版。

对输出国而言，由于劳动力供给减少，工资上升，本国劳动力福利增加，雇主福利减少，在一些时候，甚至会导致国家福利损失。

2. 劳动力跨国移动对财政的影响

在经济社会中，公共产品（如社会公共福利和设施）是所有的人都可享用的，但公共产品建设需要政府投资，政府投资来自于税收。公共产品不会因部分人移出而减少投入，也不会因增加部分人使用而增大过多的投入。劳动力在流出前向本国政府纳税，同时享用本国的公共产品，流出后则不再向本国纳税，但本国不会因为他们的流出而减少部分公共产品生产，但此时税收却减少了，所以劳动力跨国移动会引起输出国政府税源减少，财政收入减少，政府利益受损。对输入国来说，流入的劳动力或移民如果收入较高并按章纳税，可以使政府税源增加，财政收入增加，但如果其收入达不到纳税标准，其对公共产品的消费却并没有减少，这会加大输入国政府的公共投资压力，政府利益受损。

3. 劳动力跨国移动对就业市场的影响

从劳动力输入国看：首先，输入外国劳动力可以满足本国就业市场劳动力短缺的需求，随着大量外国劳动力的流入，输入国劳动力供给增加，就业市场上竞争加剧；其次，改善了输入国就业市场的劳动力供给结构，从发达国家的人才竞争发展看，之所以能够拥有大量高技术人才，在很大程度上是通过吸引外国、特别是发展中国家的人才而获得的，在这方面，尤以美国最为典型；最后，由于从外国输入的大多是可以立即进入劳动过程的强壮劳动力和专业人才，而不需要更多的教育和培训，为输入国节省了教育和培训费用。从输出国看，本国劳动力流出具有双重作用，就其积极的一面看，由于本国劳动力流出，缓解了本国的就业压力，这点对劳动力充足的发展中国家来说尤为重要，但随着劳动力输出而出现的人才外流，同样也是发展中国家所面临的难题。

4. 劳动力跨国移动对国际贸易和资本国际流动的影响

首先，由于劳动力的跨国移动，必然需要与之相关的生产要素和生活资料在国际上流通，所以通过劳动力的跨国流动，在一定程度上扩大了国际贸易量，促进了国际贸易发展；其次，劳动力跨国移动影响国际贸易格局，当高科技人才、熟练劳动力集中到那些人均国民收入较高的发达国家后，这些国家能够较快地发展高科技新兴产业；第三，由于劳动与资本的不可分离性，劳动力跨国移动极大地加速了国际资本运动，使资本国际运动的范围更为广泛，为资本国际运动的最佳方向选择以及投资场所选择提供了更大的余地，随着劳动力跨国移动规模的扩大和技术层次提高，生产要素优化配置和国际投资效益得到了提高；第四，通过劳动力跨国移动，输出国因劳务输出人员向国内汇回外汇使本国外汇收入增加，对于外汇短缺的输出国来说，劳动力跨国移动有利于改善本国的国际收支状况，促进本国实现国际收支平衡。

5. 劳动力跨国移动对整个世界经济发展的影响

从世界经济发展历程看，劳动力跨国移动大致可以分为三个阶段：第一阶段从 18 世纪初到第一次世界大战前，这一时期的劳动力跨国流动主要集中在欧美地区，通过劳动力跨国流动促进了这一地区部分国家的经济发展，并奠定了一些国家的人口构成基础。第二阶段从第一次世界大战开始到第二次世界大战结束，这一时期最突出的特征是为消除和降低劳动力跨国流动障碍，协调与保护在他国工作的劳动者合法权益，推动各国经济发展。1919 年国际劳工组织成立后，促使劳动力跨国移动进入了正常国际经济秩序运行轨道，标志着劳动力跨国移动日趋国际化和法制化。第三阶段从第二次世界大战结束至今，经过 60 多年的发展，劳动力跨国移动已成为国际劳务合作的主要方式，不仅在世界范围内形成了欧洲、北美、亚洲和中东等几个集中的劳务市场，而且在很大程度上上升到国家层面，成为国家参与国际经济合作的重要方式之一。首先，劳动力跨国移动可以使生产要素在世界范围内进行更为合理和优化的配置，形成更高的经济发展水平；其次，随着世界科技水平提高和经济发展，经常需要兴办一些大型高科技项目，在劳动力跨国广泛移动情况下，可以从世界各国迅速集中所需各种专业的劳动力，加速项目的建设；最后，劳动力跨国移动可以促进科学知识、劳动技能、经营管理经验的传播和相互交流，对世界经济发展具有积极的促进作用。

（三）劳务输出

1. 劳务输出的概念和特点

"劳务"指劳动力所有者将自己的劳动能力提供给不具有对该劳动能力支配权的单位或个人，并能够满足其某种需要的行为，这种劳动能力既可以为物质生产部门提供生产服务，也可以为非物质生产部门提供消费或生活服务。劳务活动通过活劳动形式提供使用价值，使合作双方均获得经济效益。劳务输出是劳动力跨国移动的一种特殊形式，指劳务合作双方通过订立劳务合作合同，由劳务输出方派遣有关劳动者到劳务输入方开展有关项目的劳动服务并获得取相应的报酬。劳务输出的特点是：第一，劳动场所发生跨国界转移，即劳动者的工作地点从一个国家转移到另一个国家；第二，劳务输入可以是自然人的跨国移动，也可以由劳务输出方以成建制方式进行；第三，劳动者跨国移动后以获取经济利益为目的向外国雇主提供劳动服务，劳务合同履行完毕后应回到自己的国家；第四，劳动者在国外停留的时间、工作内容和范围均受到限制；第五，劳务输出不同于移民。移民通常不具有劳务合作合同，也不必以成建制方式派遣出国，移民是在国外取得长期居住权的居民，在国外停留的时间较长，甚至没有时间限制，移民对居住国公共产品的消费和社会环境造成的压力比劳务输出要大得多。

　　2. 劳务输出内容

　　按照劳务提供的内容，劳务输出可以分为要素性劳务输出和非要素性劳务输出。劳动力作为生产要素发挥作用的劳务输出，主要指劳动者在输入国直接进入工农业生产部门中提供劳务，如国际工程承包中参与建设的劳动力。非要素性劳务输出是指劳动者在输入国不进入物质生产部门，而是在非物质生产领域提供服务的劳务输出，如生产性服务中的运输、金融、保险、设计、技术服务、咨询、租赁、广告与经销、维修与售后服务等，消费性服务中的旅游、文艺、体育、娱乐、卫生保健、文化教育等。

二、国际劳务合作

（一）国际劳务合作

　　国际劳务合作是劳动力生产要素在国际移动和配置的活动，国际劳务合作是劳务输出的主要形式之一，也是国际经济合作的基本范畴之一。具体来说，国际劳务合作是一个国家派出技术人员、工人或其他人员等，前往另一个国家为需要劳务的业主提供各种不同的技术服务和工程建设等劳务的交易活动。聘请劳务人员的一方称为劳务输入方，即雇主，受聘或派遣人员的一方称为劳务输出方。国际劳务合作双方通过磋商签订合同，明确各方的权利和义务，包括劳务费用标准和支付方法等。

　　国际劳务合作是劳务提供者与劳务消费者根据合作契约开展的国际交易，从广义角度看，国际劳务合作属于国际服务贸易范畴，但从严格意义角度看，国际劳务合作与劳务贸易、服务贸易是有区别的。按照国际货币基金组织国际收支平衡表中的劳务贸易（trade in labor）定义，除包括一般意义上的服务贸易外，还包括各种对外投资所得的收益，无论这种收益来源于投资货物还是服务，无论是直接投资还是间接投资。在这里，劳务贸易范畴略比服务贸易范畴宽泛（包括对外投资收益），因此严格地说，劳务贸易统计数据并不等于服务贸易统计数据。此外，国际服务贸易与劳动力跨国移动也是有区别的：第一，劳动力跨国移动是劳动力在国家或地区间的移动，这种移动可以是短期的一般劳务输出，也可以涉及劳动力国籍或身份的变化（如移民），而国际服务贸易既可涉及人员移动，也可无须人员移动，如跨国服务、信息服务、通信服务等，服务提供者经常以本国劳动力身份对外国居民提供服务。第二，尽管多数国际服务贸易涉及劳动力国际移动，但这种劳动力移动与国际劳动力移动引起的人员国际移动存在的差别是，国际劳动力移动导致的人员移动是单向的，即由劳动力输出国流入劳动力输入国，而国际服务贸易涉及的人员移动经常是双向的，既可以是服务提供者到服务消费者所在地提供服务，服务消费者在本地接受服务（如国外演出），也可以是服务提供者在本国提供服务，服务消费者出国消费服务（如旅游）。第三，国际服务贸易导致的人员移动通常具有专业技术性质，这种移动持续的时间平均短于国际劳动力移动时间，国际劳动力移动人员在提供简单劳动服务（如家庭服务）时流动时间一般较长。

（二）劳动力跨国移动与国际劳务合作的区别

劳动力跨国移动在资本原始积累时起期就开始了，当时西欧殖民者猎捕黑人贩卖到美洲做奴隶并从中牟取暴利，这种以奴隶贸易方式为主的劳动力国际移动成为资本原始积累的一个重要来源，是资本主义"血与火"历史的一部分。

第二次世界大战前的劳动力跨国移动多以移民方式进行，移动的目的服从于资本榨取剩余价值和殖民统治的需要，移动方向、规模、方式等主要由殖民者支配和控制，作为移动主体的劳动力处于被强制的服从地位，是一种建立在剥削与掠夺基础上的不平等劳动力跨国移动。战后的劳动力跨国移动在成为多种形式的国际劳务合作后，无论在深度还是广度方面都较战前有根本的不同。今天所说的国际劳务合作，是第二次世界大战后发生在主权国家之间的、由于各国经济发展所需要的劳动力生产要素在国际的移动，是国际经济合作的主要内容之一，与资本主义原始积累时期的奴隶贸易，以及第二次世界大战前以移民为特征的劳动力跨国移动都有着本质区别，这是因为：第一，当代国际劳务合作是主权国家间的经济协作行为，相互尊重主权是开展国际劳务合作的根本前提，劳务合作是否在主权国家间进行是当代国际劳务合作的根本特征，也是判断是否是真正国际劳务合作的主要标志。第二，当代国际劳务合作坚持平等互利原则，合作双方以实现自身经济目的为动力，通过生产要素重新组合配置达到优势互补，双方均应获得最佳经济效益。第三，建立在国家间平等互利基础之上的当代国际劳务合作，是派出国劳动力自觉、自愿和自主的行为，对于参与合作的劳务人员而言，或为就业谋生和提高收入，或为学习技术知识，提高自身素质，或为更好地实现自身价值等。

（三）国际劳务合作的内容与特征

国际劳务合作包括境内劳务合作与境外劳务合作两种方式。境内劳务合作指在劳务提供者在其国内进行各种劳务输出活动，如来料加工、来样加工、来件装配，以及在国内开展的国际旅游和在国内举行的国际性学术文化交流活动等。境外劳务合作即劳务输出，指一国劳动力到他国谋取就业机会，被国外雇主雇佣而获得劳动报酬，在境外劳务合作中，根据劳务技术程度分为普通劳务合作和技术劳务合作。随着现代服务业和国际经济合作的快速发展，当代国际劳务合作在保留传统普通劳务合作（如家政服务、旅游服务和工程承包中的一般建筑工人等）的同时，技术劳务合作方式更加灵活多样，范围不断扩大（如各种咨询、律师、会计服务，技术开发和软件设计服务，工程承包中的工程师服务等）。随着科学技术的飞跃发展，以专家、高级工程技术人员为主体进行科技开发方面的劳务合作已在许多国家受到重视，一些劳务输出国已从普通劳务出口转向发展技术密集型劳务出口。

国际劳务合作最重要最突出的特征是服务质量。服务质量是一个国家，一个民族经济发展、文化素质和文明程度的重要象征，也是服务企业的生命与前途所在。不同国家在不同的经济阶段，对服务质量有不同的要求。"质量"概念已明确定义在"B/T19004.2"和"SO9004—2 标准"中，即是"反映产品或服务满足明确或隐含需要能力的特征和特性的总和"。高质量的服务至少应满足明确需要和隐含需要两个方面的要求，符合六个方面的特征：第一，功能性（functionality）特征，即提供的劳务必须是有实际使用价值的服务；第二，经济性（economics）特征，即提供的劳务数量与质量高且耗费资源少；第三，安全性（security）特征，即在提供劳动服务过程中不会给服务接受者带来危险；第四，时间性（timeliness）特征，即提供的劳务必须按时完成；第五，舒适性（comfort）特征，即能够尽最大可能使劳务接受者在愉快的感受中接受服务；第六，文明性（civilization）特征，即劳务提供者应尊重服务接受者的民族习惯与宗教信仰。

（四）国际劳务合作发展简况

1. 促进国际劳务合作发展的原因

促进国际劳务合作发展最根本的原因是经济利益。通过开展劳务合作，劳务输出方与输入方均可获得各种经济效益。对于输出方来说，通过对外输出劳务有利于解决本国就业问题，可以为本国增加外汇收入和提高进出口能力，有利于本国技术和管理水平提高，可以使本国劳务输出企业以及外派劳务人员提高经济效益及收入。对于输入方来说，大量利用外籍劳务可以弥补本国劳动力资源特别是技术力量的不足，利用国外廉价劳动力可以使本国企业获得更高的利润，为本国消费者提供更多的生活服务，从而提高他们的生活质量。

2. 第二次世界大战后国际劳务合作发展简况及原因

战后初期，世界主要劳务市场集中在西欧和北美。20 世纪 50～60 年代，西欧每年都要吸收 60 万至 110 万来自世界各地的移民，逐渐形成一个世界性劳务市场。美国也成为吸收外籍工人的主要场所，50 年代平均每年移入约 25 万人。中东地区由于 70 年代石油价格上升而获得巨额石油美元收入①，为其发展经济提供了资金。此后各国大规模的建设吸引了众多国家劳动力流入，成为世界新崛起的劳务市场。60～70 年代，拉美和亚洲的一些新兴工业国逐渐兴起和发展，这些国家普遍感到劳动力不足，因而大力引进外籍劳动力，拉美和亚太地区又成为世界重要的劳务市场，国际劳务合作发展进入了一个新的时期。80～90 年代后，在经济全球化和区域经济一体化潮流推动下，劳务合作与国际贸易、国际金融、国际工程承包、国际投资等多种国际经济交往方式相互依存、相互促进，使国际劳务合作关系再次出现了新的活力，从而极大地推动了国际经济合作的发展。

第二次世界大战后国际劳务合作迅速发展的根本原因在于劳务输出与输入双方对经济利益的追求，此外一些客观因素也为国际劳务合作的发展提供了有利条件。这些因素主要是：第一，战后世界政治经济格局趋向多元化、多中心和多极化，相对和平的国际环境和三种经济格局并存为国际劳务合作的发展创造了前提条件。第二，战后经济生活国际化和国际经济相互依赖的加深，使得各国经济联系更为密切，同时由于经济技术发展不平衡规律的作用，技术贸易和技术服务得以迅速发展，各国对不同层次的劳务都有不同的需求，成为国际劳务合作发展的重要推动力。第三，发展国际劳务合作是发达国家综合利用自身优势和弥补自身劣势的需要。发达国家通过各种技术劳务出口获得高额劳务出口收入，通过引进发展中国家的廉价劳动力既可弥补本国人力资源之不足又可获取高额利润。巨额的劳务出口收入对弥补它们的国际收支逆差起了重要作用，从而获得比较利益。

---

① 从 1973 年开始，中东主要石油生产国反对美国等西方主要发达国家的中东政策，两次采取"石油禁运"政策，从而导致国际石油市场价格两次大幅度攀升。1973—1979 年每桶石油价格都提高到 10 美元以上，1979—1985 年进一步提高到接近或超过 30 美元的水平。

（五）当代国际劳务合作的特征

世界劳务市场是世界经济活动的一个重要组成部分，也是世界资源分布和劳动力供求变化所导致的国际人力资源移动的重要市场。经济全球化成为世界经济发展不可逆转的客观进程后，科技进步决定着社会分工发展与深化，同时决定了产业结构调整与国际价值链建立。这一结果推动和加速了国际劳务合作，尤其是技术劳务合作发展。当世界多极化演变为国际政治经济格局的突出特征后，国际经济协调既是经济协调客观基础作用的结果，也是新的国际局势使然。国际劳务合作是一项全球性经济合作活动，新的国际经济协调机制推动了国际劳务合作在更为广泛的领域内开展。

当代国际劳务合作的特征表现为：第一，国际劳务合作以实现合作双方自身的经济目的为动力，即通过双方生产要素的重新组合配置、优势互补，以获取最佳经济效益，相互尊重主权、坚持平等互利是开展国际劳务合作的必要前提和基本原则。第二，当代国际劳务合作正朝着多方位、多层次方向深化发展，劳动力双向流动逐渐成为国际劳务市场发展新趋势。进入新世纪后，在跨国公司扩大投资和全球服务贸易快速增长带动下，全球范围内的人员跨国流动更为频繁，国际劳务市场需求和规模不断扩大，劳动力流动方向日趋多元化，一些传统的劳务输出国正转变为劳务输入国，如一些东亚、东南亚国家既向富裕的劳务输入国输出劳工，同时也吸引发达国家的技术劳务进入本国市场，对外籍劳务特别是智力和技术型劳务的限制逐渐松动，传统的国际劳务合作由低向高流动的局面正呈现出多层次与交叉流动的新局面。第三，在全球产业结构调整加速背景下，无论是发达国家还是发展中国家，对普通劳务的需求都呈下降趋势，对高技术劳务需求普遍提高，尤其是现代科技日新月异的发展对劳动力素质要求越来越高，全球范围内各类技术人才和高级管理人才普遍短缺，特别是一专多能的复合型人才短缺现象更为严重，技术劳务比重上升的趋势促进国际劳务市场结构的变化，逐步形成以高层次劳务为重点的多层次、多行业劳务市场结构，一些国家对外籍智力型和技术型劳务的限制逐渐趋于松动。第四，随着发达国家产业结构调整的完成，服务业在国民生产总值和就业人口中的比重日益上升，服务业劳务市场发展前景广阔。一方面，很多国家在社区及公共事务服务行业中存在劳动力短缺态势，加上人口老龄化问题的出现，服务型劳务呈明显增长之势，这些国家对外籍 3D（dirty，dangerous，degrading，脏、累、险）服务型劳务需求不断增长，如清洁工、搬运工、家政服务、老病看护、矿工、渔工、钢铁厂和化工厂的一些特殊工种等；另一方面，针对服务业发展特征，一些国家对外籍劳务提供短期就业服务的形式有所改进。第五，从整个国际市场环境看，亚洲、拉美等新兴国家经济发展加速，基础设施投资力度不断提高，非洲国家经济发展吸引外资增加，铁路、公路、房建、电力等大型项目不断增多，部分发达国家基础设施领域投资已有明显回升，都为继续发展国际劳务合作创造了良好的市场机遇。

四、国际劳务合作合同

（一）劳务合同的双方

在国际劳务合作中，提供劳务的一方称为劳务输出方，亦称受聘方；接受劳务的一方称为劳务输入方，亦称雇佣方或聘用方。国际劳务合作提供方式主要有两类：一类是劳务输出方单纯派出劳务人员为输入方提供劳动服务，另一类是劳务输出方以通过承包输入方具体项目的形式向输入方提供劳动服务。

（二）国际劳务合作合同

国际劳务合作合同是确立国际劳务输出与输入，或彼此之间雇佣关系的一种法律文件。国际劳务合作合同与一般商务合同相比，不同之处在于劳务合作除具有一般商业条件外，还要受劳务所在当地的政治、法律、宗教、文化等因素的制约。目前各国所签署的国际劳务合作合同基本以欧洲金属工业联络组织拟订的《向国外提供技术人员的条件》为蓝本，主要内容包括：第一，雇主义务。雇主（甲方）首先应尊重外国劳务人员的人格，负责外国劳务的入境手续，并为其提供基本生活设施和工作条件，进行必要的技术培训或指导，除应按时支付劳务人员工资外，还应支付从募集外籍劳务人员到外籍劳务人员抵达本国时所产生的动员费、征募费、旅费、食宿费以及办理出入境手续所需的各种费用。第二，劳务输出方义务。劳务输出方（乙方）应按雇主的要求按时派出身体健康、能胜任工作的劳务人员，并保证他们尊重当地的法律、宗教和风俗习惯并在项目结束后及时离开东道国。第三，劳务人员工资待遇。劳务人员的工资标准是按其技术职称和工种而定的，可按小时、日或月计算，且不得低于当地最低工资标准。劳务工资既可用外币计价，也可用东道国货币计价，支付货币中可规定外币和东道国货币分别所占的比例，但外币不得少于工资总额的50%。第四，劳务人员生活待遇。劳务人员的伙食、住宿和交通应在合同中做出明确规定。一般情况下，雇主可根据劳务人员的级别与职务来安排他们的食宿，劳务人员的伙食既可由雇主直接提供，也可提供伙食费，由劳务人员自行解决。第五，劳动与社会保障。雇主应提供为保证劳务人员在工作中安全所需的一切劳保用品，还应为劳务人员办理人身和医疗等保险。按国际惯例，雇主应以1∶150的比例为劳务人员配备医生，如果劳务人员需要住院治疗，其住院费和各种治疗费由雇主负担。第六，仲裁，劳务合同应订有仲裁条款，其目的在于发生了不能通过友好协商解决的争议时，得到及时的解决。仲裁机构可由双方选定，但一般应选择东道国的仲裁机构作为劳务合同的仲裁机构。仲裁机构在收到争议双方签署的申请之后，根据国际惯例和当地的法律进行裁决，裁决的结果对双方都有法律约束力。第七，合同生效。劳务合作合同签订后即发生法律效力，合同一般规定甲方在合同签订后的一定期限内（一般为 1 个月或乙方劳务人员启程前 20 天内）向乙方支付"动员费"（即劳务人员安家和行装准备费用）。有时甲方不同意在合同中明确做出"动员费"规定，但在劳务合同中也必须规定应由甲方支付一定数目的劳务预付款，预付款可以由乙方以提供保函的方式支付，从劳务人员工资中分期扣还，预付款金额一般相当于劳务人员两个月的基本工资。第八，合同执行。在劳务合同执行过程中，任何一方不得无故终止合同，如遇特殊情况（如发生人力不可抗拒的事故）导致合同不能正常执行时，甲方应承担乙方因此而发生的损失，至少应负担乙方劳务人员的回国旅费。如由于雇主单方面的原因要求中止合同，则除负担旅费外，还应支付至少 3 个月的劳务人员工资。

（三）劳务成本与报价

一国在参加国际劳务合作中需要对外报价。劳务报价与工程报价一样，价格偏高会失去合作机会，价格过低又会无利可图甚至亏本，因此要根据具体情况，采取灵活措施适当进行劳务报价。在一项劳务报价中，首先应考虑的是劳务成本，劳务成本主要包括国内开支和国外开支两部分。其次是计算劳务成本，计算劳务成本以合同为基础，先计算出每月开支标准，然后再计算出年开支标准。再次，计算出劳务成本后确定合理利润，劳务成本与合理的利润之和是对外报价的基础。对外报价应注意的原则是：第一，成本和利润的确定应随行就市，在计算成本和利润时，一定要考虑通货膨胀、货币贬值、合同期限、风险等因素。第二，对外报价应留有余地，既不能过高也不能偏低，要根据业主对工种、数量的要求计算出劳务的平均价格，不同工种的价格应有所差异。第三，根据不同国别（地区）、不同的业主、不同的项目确定具体的价格。

本章小结

服务是为集体（或别人的）利益或为某种事业而工作。在经济社会中，服务分为有偿地、直接或间接地提供方便的经济性劳动服务，以及无偿地、单项或相互提供便利的社会性服务两种。服务业逐渐成为市场经济的基础产业，当一国的服务业跨越国境后就成为国际服务合作。当代国际服务合作的主要形式是国际服务贸易、服务外包和国际劳动合作。国际服务合作已成为国际经济合作的重要内容。世界贸易组织《服务贸易总协定》对服务贸易包括的内容和范围做出了原则界定。服务外包是随着服务贸易发展兴起的一项服务合作业务，服务外包主要包括信息技术外包、业务流程外包和知识流程外包。国际劳务合作是劳动力生产要素在国际移动和配置的活动，是劳务提供者与劳务消费者根据合作契约开展的国际交易。从广义角度看，国际劳务合作属于国际服务贸易范畴，从严格意义角度看，国际劳务合作与劳务贸易、服务贸易是有区别的。国际劳务合作包括境内劳务合作与境外劳务合作两种方式。随着现代服务业和国际经济合作的快速发展，当代国际劳务合作在保留传统普通劳务合作的同时，技术劳务合作方式更加灵活多样，范围不断扩大。

关键名词或概念

1. 国际服务贸易（international trade in service）
2. 服务外包（service outsourcing）
3. 信息技术外包（information technology outsourcing，ITO）
4. 业务流程外包（business process outsourcing，BPO）
5. 知识流程外包（knowledge process outsourcing，KPO）
6. 国际劳动合作（international service cooperation）

拓展阅读

拓展 1：服务外包相关定义

美国 GARTNER 公司定义：GARTNER 按最终用户与 IT 服务提供商所使用的主要购买方法将 IT 服务市场分为：离散式服务和外包即服务外包。服务外包又分为 IT 外包（TIO）和业务流程外包（BPO）。TIO 可以包括产品支持与专业服务的组合，用于向客户提供 IT 基础设施或企业应用服务，或同时提供这两方面的服务，从而确保客户在业务方面取得成功。从最低程度来看，外包将包括某些 IT 管理服务，ITO 则被进一步细分成数据中心、桌面、网络与企业应用外包等。BPO 是"把一个或多个 IT 密集型业务流程委托给一家外部提供商，让他管理和控制选定的流程。以上这些业务是基于已定义好和可测量的方法来执行的。"被外包给 ESP 的业务流程包括物流、采购、人力资源、财务会计、客户关系管理或其他管理或面向消费者的业务功能等。

IDC 公司定义：IDC 公司认为 IT 服务市场由三个子市场构成：IT 外包市

场（ITO）、咨询及系统集成市场（C&SI）以及技术产品支持市场（TPS）。主要业务外包（BPO）市场包括采购、财务会计、培训人力资源、客户服务等业务流程外包服务。IT 外包（ITO）市场和主要业务外包（BPO）市场共同组成了服务外包市场。

毕博管理咨询公司定义：服务外包就是指企业为了将有限资源专注于其核心竞争力，以信息技术为依托，利用外部专业服务商的知识劳动力，来完成原来由企业内部完成的工作，从而达到降低成本、提高效率、提升企业对市场环境迅速应变能力并优化企业核心竞争力的一种服务模式。

更广泛意义上的服务外包是指依据服务协议，将某项服务的持续管理或开发责任委托授权给第三者执行。其他关于服务外包的定义和分类还有：根据服务外包动机将服务外包分为策略性外包，战略性外包和改造性外包；根据服务外包形式将服务外包分为产品或组件外包和服务项目外包；根据服务外包转包层数将服务外包分为单级外包和多级外包；根据服务外包承包商数量将服务外包分为一对一外包和一对多外包。

（资料来源：根据中国服务外包网相关资料整理）

拓展 2：国际服务贸易统计

2005—2010 年世界主要地区服务贸易进出口情况　　（单位：10 亿美元）

	2010年出口额	出口年均增长率（%）				2010年进口额	进口年均增长率（%）			
		2005—2010	2008	2009	2010		2005—2010	2008	2009	2010
世界	3665	8	13	−12	8	3505	8	14	−11	9
北美洲	599	7	9	−8	9	471	6	9	−9	9
美国	515	8	10	−7	8	358	6	9	−8	7
中南美洲	111	10	15	−8	11	135	14	21	−9	23
巴西	202	11	23	−23	32	191	20	44	−27	43
欧洲	1724	6	12	−14	1	1504	6	12	−13	1
欧盟 27 国	1553	6	11	−15	1	1394	5	12	−13	1
独联体	78	14	27	−17	10	105	12	26	−19	14
俄罗斯	400	10	33	−36	32	248	15	31	−34	30
非洲	86	9	14	−9	11	141	14	30	−12	12
中东	103	—	—	−3	9	185	—	—	−8	9
亚洲	963	12	16	−11	21	961	11	16	−10	20
中国	1578	16	17	−16	31	1395	16	18	−11	39
日本	138	6	15	−14	6	155	5	13	−12	6
印度	216	17	30	−15	31	323	18	40	−20	25

资料来源：WTO Press/628，World trade 2010，Prospects 2011，7 April 2011。

2010 年世界服务贸易进出口额前十位排名

位次	出口国/地区	出口额（10 亿美元）	占比（%）	位次	进口国/地区	进口额（10 亿美元）	占比（%）
1	美国	515	14.1	1	美国	358	10.2
2	德国	230	6.3	2	德国	256	7.3
3	英国	227	6.2	3	中国	192	5.5
4	中国	170	4.6	4	英国	156	4.5
5	法国	140	3.8	5	日本	155	4.4
6	日本	138	3.8	6	法国	126	3.6
7	西班牙	121	3.3	7	印度	117	3.3
8	新加坡	112	3.0	8	荷兰	109	3.1
9	荷兰	111	3.0	9	意大利	108	3.1
10	印度	110	3.0	10	爱尔兰	106	3.0

注：中国服务贸易数据为初步估值。

资料来源：WTO Press/628，World trade 2010，Prospects 2011，7 April 2011。

简答题

1. 什么是国际服务贸易？服务贸易与国际贸易、国际投资有哪些联系和区别？

2. 《服务贸易总协定》如何定义服务贸易？怎样分类？

3. 当代国际服务贸易发展的特点是什么？

4. 什么是服务外包？服务外包如何分类？

5. 国际劳务合作的内容和特征是什么？

第九章　国际工程承包

本章导读

　　国际工程承包是国际上的承包商以提供自己的资本、技术、劳务、设备、材料、许可权等，通过国际招投标或其他协商途径，为工程发包人（业主）营造工程项目，并按照事先商定的条件、合同价格、支付方式等收取费用的一种商业活动方式。国际工程承包是国际经济合作的主要方式之一，并且是一项综合性的国际经济合作方式。

学习目标

　　通过本章学习，了解国际工程承包的基本概念和发展简史，掌握国际工程承包的业务程序以及国际投标与招标的工作程序。

第一节　国际工程承包概述

一、国际工程承包基本概念

（一）国际工程承包的定义

　　工程承包（project contracting）是指具有施工资质的承包者通过与工程项目的项目法人（业主）签订承包合同，负责承建工程项目的过程。国际工程承包（international project contract）是指一个国家的政府部门、公司、企业或项目所有人（工程业主或发包人）委托国外的工程承包人负责按规定的条件承担完成某项工程任务；国外的工程承包人以提供自己的资本、技术、劳务、设备、材料、许可权等，通过国际招投标或其他协商途径，为工程发包人（业主）营造工程项目，并按照事先商定的条件、合同价格、支付方式等收取费用的一种商业活动方式。国际工程承包是国际经济合作的主要方式之一，并且是一项综合性的国际经济合作方式。一项国际工程承包合作包括有资本、商品、技术、贸易、劳务等多方面内容，在项目建设后期承包人还要培训业主的技术人员，以保证项目正常运行。

(二) 国际工程承包的特点

1. 当事人多

国际工程承包涉及的当事人较多，从交易关系看，一项工程的买方是业主（promoter，亦称发包人），可以充当业主的是一切有工程建设项目的政府、企业、个人或其他单位，业主负责发包工程，并按合同规定向承包商支付工程价金。卖方是承包商（contractor，亦称承包人），可以充当承包商的是具有资质与法人资格的企业，承包商负责采购物资，建设安装工程项目及按合同规定收取工程价金。与一般商业交易不同的是，在国际工程承包中仅有买卖双方当事人是不够的，参加这项交易还涉及众多的关系人，包括监理工程师及其代表、业主工程师代表、代理人、供货商、分包商等，他们均按照各自的分工，直接或间接地参与工程项目的建设与管理。

2. 差异性大

一般来说，在国际工程承包中，任何两个在各方面条件都完全相同的项目是没有的，不同的工程项目，至少在地理位置及自然条件方面存在着差异。此外，在工程规模、施工组织和施工方法等方面也会有很大的不同，这些差异使得工程招标、合同签订、施工组织等工作变得既困难又复杂。

3. 综合性强

国际工程承包是一种跨国界交易行为，涉及两个或两个以上的国家，承包商参加一项工程承包建设，需要了解东道国政治、经济、法律、文化、政策、地理气候、基础设施、物资供应、物价、利率、汇率、税收、金融、保险、运输等多方面情况。国际工程承包不是简单的资本、商品或劳务输出，而是从建设资金筹措、项目设计、设备材料采购、土木建筑、设备安装、人员培训，直至试生产等一系列复杂内容的一揽子业务输出，所以在一项工程承包中，需要有与之相关的有经验的各方面专家参加，并做出妥善安排。

4. 时间长、合同金额大、风险大

国际工程承包不同于商品贸易，一项工程建设的周期通常都比较长，使得国际工程承包合同期限也都较长，少则 2～3 年，多则 5 年，甚至 10 年或更长。随着世界经济发展，发包项目档次不断提高，规模不断扩大，原来上百万美元、千万美元的工程就算是大型项目，而现在经常发展到数十亿美元的项目。由于合同时间长、金额大，在工程建设中，首先受国际与东道国政治经济形势变化影响，其次在合同执行期间会有各种各样的人力不可抗拒事故发生，如工程所在国工人罢工，发生战争、自然灾害等，这些都会给工程建设资金回收带来很大风险。特别是自20世纪80年代后，带资承包与延期付款成为国际工程承包市场显著特点，进一步加大了承包商的风险。

5. 合作范围广

商品贸易是流通领域的合作，而工程承包不仅包括了流通领域的合作，还包括了生产领域的合作，它既是经济合作，也是技术合作、资本合作，一些大型国际工程建设项目，合作范围几乎遍及国民经济的各个部门。

6. 策略性强

首先，工程项目在不同国家进行，各国法律、风土人情及生活习惯都不一样，承包商在东道国承揽项目和施工，需要遵守当地法律，尊重当地风土人情和生活习惯。其次，很多工程建设项目与政治外交有关，属于一国对外提供经济援助的内容，所以国际工程承包的策略性很强，经常需要通过外交渠道解决问题。

二、国际工程承包市场发展简况

（一）国际承包市场的发展阶段

跨国工程建设是随着市场经济发展而兴起的一项营利性国际经济交易活动，早在第一次世界大战期间就已开始，但国际工程承包业的完全建立及国际工程承包市场的形成是在第二次世界大战以后。迄今为止，国际工程承包市场大体经历了五个发展阶段。

1. 第一阶段：国际工程承包市场建立与发展

从第二次世界大战结束至20世纪60年代是国际工程承包市场的建立与发展阶段。战后，欧美国家集中力量医治战争创伤，积极发展经济，进行了大规模经济建设，这一期间世界建筑业得到蓬勃和迅速发展，最早进入国际工程承包市场的也是欧美国家大型工程企业，在较长一段时期内，国际工程承包市场基本上集中在发达的西欧、北美等国家。60年代后，大批殖民地半殖民地国家逐步摆脱了殖民主义束缚纷纷独立，这些国家成为发展中国家后民族经济亟须发展，加之整个60年代的世界经济发展比较稳定，欧美国家在经济恢复后国内资本开始寻找海外投资场所，使大量资金进入发展中国家。与此同时，世界银行、各地区开发银行以及商业银行对发展中国家的贷款也在不断增加，使得发展中国家资金流入总额上升，经济建设规模随之扩大，从而推动了这些国家的对外经济合作，也推动了它们对建筑工程的需求，国际工程承包由发达国家扩大到发展中国家。

2. 第二阶段：国际工程承包市场黄金阶段

1973 年至 1981 年，世界石油价格大幅度上升，中东产油国石油外汇收入剧增，石油美元的积累使中东国家有了雄厚资金来改变其长期落后面貌，这些国家制定了宏伟的发展规划，将大量石油美元用于经济建设，改善人民物质文化生活，但这些国家在经济建设中既缺乏生产、设计和施工技术，又缺乏熟练劳动力，因此对国际建筑工程市场的需求急剧增长，从而带来了国际工程承包市场的黄金发展阶段。这一阶段国际工程承包市场发展呈现出的特点，一是中东地区成为各国承包工程和劳务出口的重要市场，国际工程承包市场格局发生了很大变化；二是承包规模和金额不断加大，发包和承包方式不断拓宽，开始采用"议标"和"邀请招标"等方式发包与承包工程；三是一些发展中国家为了改善本国的国际收支状况，大力发展与鼓励对外工程承包和劳务合作，以工程承包和劳务输出换取"石油美元"，先后挤进了国际工程承包市场，如韩国、巴西等国的工程承包公司，在其政府支持下，凭借着廉价劳动力和具有一定技术水平的施工队伍，活跃在国际承包工程市场上，使国际工程承包市场竞争不断加剧。

3. 第三阶段：国际工程承包市场疲软阶段

从 1983 年开始的石油价格下跌到 1987 年的股市暴跌，世界经济衰退导致国际工程承包市场进入疲软阶段。这一阶段，由于两伊战争、油价下跌等多方面因素，致使不少发展中国家，特别是中东地区经济增长速度下降，造成了国际工程承包市场停滞和萎缩，到 1987 年，国际工程承包市场走入谷底。市场的疲软促使国际工程承包市场竞争更为激烈，发包条件更为严格，由此出现了要求承包商"带资承包"的工程，在国际工程承包市场上出现了"BOT"（built-operate-transfer，建设—经营—转让）等新的承包方式，这些方式继而演化为一些新的融资方式。此时的工程价款支付方式也更为灵活多样，除传统的"现汇支付"外，还可采用"石油支付"、"实物支付"、"延期支付"和"混合支付"等。

4. 第四阶段：国际工程承包市场调整复苏

从 1988 年至 1997 年亚洲金融危机前，国际工程承包市场进入调整复苏阶段，但这一阶段的发展是不稳定的。1988 年国际工程承包市场开始回升，1990 年世界 250 家大承包公司的国外合同总额创历史最高水平。但正当人们期望 20 世纪 90 年代国际工程承包市场继续好转的时候，由于 1990 年 8 月爆发了海湾战争，此后的世界经济仍不景气，国际工程承包市场在回升了两年后复而逆转，出现了萎缩的局面。这一阶段国际工程承包市场的特点是国际化趋势日益加强：一方面表现为各国承包公司互相承包和联合承包工程；另一方面表现在形成了许多共同的制度和习惯做法，尤其体现在"合同条件"的国际化上。

5. 第五阶段：国际工程承包市场复苏发展

进入 21 世纪后，随着全球经济全面复苏和整体经济环境好转，建筑市场资本投入呈现快速增长趋势，国际工程承包市场开始复苏发展。据标准普尔公司报告，1999 年到 2003 年全球建筑市场年均增长率为 5.2%，2003 年全球建设市场总量超过 4 万亿美元。2003 年后，美欧日三大经济体复苏加快，推动全球经济持续向好，国际工程承包市场呈现持续增长趋势，业内人士将这一时期称为国际工程承包市场发展的第五阶段。这一阶段，在新技术不断发展推动下的全球产业结构调整及全球化、区域化经济变化影响下，国际工程承包市场呈现出以下新的发展趋势。

第一，在经济全球化趋势推动下，各国的建筑业市场都扩大了开放程度。投资和贸易自由化使资本、技术、货物以及包括劳动力在内的服务等各种生产要素呈现跨国界流动趋势，工程和建筑服务作为 WTO 服务贸易的重要行业得到促进和发展，尤其是 WTO《政府采购协议》的生效，成为工程和建筑服务自由化的催化剂，各缔约方政府项目市场更加开放，国际建筑市场由于经济全球化趋势加强而提高的开放度约达 30%。

第二，承包商收购并购活动频繁。近年来，国际工程承包市场大型项目明显增加，大型承包商集团不断应运而生，为应对日趋激烈的竞争，提升国际工程承包业务本地化运营能力，众多国际工程承包公司相继整合资源，实施业内资产重组，不断扩大企业经营规模。随着国际工程项目的大型化和对承包商能力要求的不断提高，国际建筑市场的重组并购与跨国公司并购结合起来，成为跨国并购的一支重要力量。

第三，新一轮技术革命对基础设施提出了新要求。信息技术革命推动产业结构调整加速，引发承包和发包方式发生变革，单纯工程施工业务利润逐渐降低，利润重心向产业链前端和后端转移。随着国际工程承包市场发展，建筑工程发包方越来越重视承包商提供综合服务的能力，传统的设计与施工分离方式正在快速向工程总承包（engineering procurement construction，简称 EPC，设计—采购—施工）、项目管理总承包（production material control，简称 PMC）等一揽子式的交钥匙工程模式转变，BOT、公共部门与私人企业合作（public-private partnership，简称 PPP）等带资承包方式也成为国际大型工程项目中广为采用的模式。国际承包方式的这种新变化要求承包商必须实现设计与施工结合，设计与前期的研究结合，后期的设施管理与物业管理结合。当前国际工程承包行业呈现出新的竞争趋势：一是通过行业专业化获取竞争优势；二是通过跨行业、跨价值链降低经营风险获取竞争优势。

第四，带资承包成为普遍方式后，对承包商融资能力要求不断提高。新时期的承包商不仅要承担工程项目的设计和施工，还要承担工程所需的资金融通。在私有化浪潮推动下，发达国家政府主导的基础建设投资逐步减少而私人投资扩大，吸引外资成为发展中国家基础建设的重要手段之一。据世界银行和联合国贸发会议统计分析，工程建筑业是发展中国家吸收外资最大的服务部门之一。因此，除少数国家的政府项目不需要承包商带资外，多数项目基本上需要承包商以不同形式带资承包，带资承包项目在国际工程承包市场已占65％以上。以带资承包方式发展海外投资，更有利于国际承包商渗透到当地市场，承揽当地未在国际市场公开招标的项目。与带资承包需求相适用，国际大型工程承包企业的融资能力不断增强，它们除自身拥有雄厚的资金实力与融资能力外，还要与世界主要的出口信贷机构、多边金融组织、商业银行及资本市场开展业务往来，这不仅为其在承包大型复杂项目以及降低整体项目融资成本与风险等方面发挥着积极作用，还推动了国际金融市场的深化发展。

第五，大型承包商管理日益科学化、信息化、规范化。在国际工程承包市场竞争日益激烈的背景下，承包企业利润下降，经营风险不断加大。为降低成本提高效益，国际工程承包业务不断创新，除生产技术高科技化外，电子化管理、技术质量规范（ISO 9000）、环保（ISO 14000）以及安全标准都在走向规范化，并成为进入市场的必备条件。一些大型承包商集团都制定了整套的运营体系，以规范整个集团的管理模式；通过资金控制，直接将管理延伸到各机构与项目单位，依托信息技术建立管理系统，对各机构、项目进行管理并控制成本。

第六，产业分工体系深化发展，承包商不断寻找新的市场定位。在第二次世界大战后新的国际分工体系影响下，国际建筑业市场的产业分工体系亦不断走向深化，工程设计和管理大多来自欧美公司，机械设备供应以日本和德国为主，其他国家公司主要集中在土建领域，但一些新兴工业化国家和地区的建筑承包企业正在向高附加值领域升级。欧美等国家的大型跨国建筑企业都有自己的技术和专利，在国际工程承包市场上的优势明显，资金实力、技术和管理水平远远高于发展中国家的企业，在技术和资本密集型项目上形成垄断。发展中国家建筑承包商因为在劳动力成本上具有比较优势，在国际工程市场中大多承建相对简单的劳动密集型项目，近年来开始向技术密集型项目和知识密集型项目渗透。随着发展中国家承包商不断进入国际市场，越来越多的国际工程承包商对经营计划做出大幅度的调整，寻找新的市场定位。

（二）当代国际工程承包市场态势

金融危机使世界经济增长乏力，世界经济多极化和近年来恐怖袭击和局部战争的影响导致国际工程市场经常变化无常，但建筑业自身的特点促使国际工程承包市场仍在不断前进。首先，金融危机后，新兴国家发展势头引人注目。这些国家由于面临交通系统升级、楼房设施改造等强大需求，建筑市场发展正在超越发达国家。据"全球建筑视角"和牛津经济研究院联合发布的《全球建筑 2020》分析报告预测，未来十年，全球建筑市场将以年均4.9％的速度增长，至 2020 年，全球建筑业产值将增至 12.7 万亿美元，占全球总产出的 14.6％，其中中国、印度、俄罗斯、巴西、波兰以及美国等国将成为建筑业增长的主要区域。其次，交通基建投资成为近年来各国承包商的主要收入来源之一。根据 ENR 统计[1]，世界最大的 225 家承包商 2007 和2008 年营业额分别达到 3102.47 亿美元和 3900.08 亿美元，同比增长分别为38.24％和 25.71％。金融危机后，交通基建业务在海外建筑承包市场中仍保持较高增速，2009 年国际工程承包营业额同比下降 1.60％，但交通基建业务营业额同比增长了 7.93％，占国际工程承包营业额的比重提高至 29.27％。伴随着全球经济复苏进程，交通基建投资将继续保持良好的发展势头。再次，工程总承包仍是国际工程企业项目管理的主流模式。据美国设计建筑学会统计，国际设计施工总承包的比重在 2005 年就已经达到 45％，国际主要的工程企业都大量采用了这种模式，目前有近一半的工程采用工程总承包的方式建造。最后，工程规模大型化，管理步入规范化。当前，国际工程承包市场发包的单项工程规模有向大型化方向发展的趋势，但随着项目大型化，投资与管理风险系数也在加大，承包商的风险防范意识都在不断增强，国际工程承包业务在技术创新、电子化管理、质量管理体系标准（ISO 9000）、环保管理体系标准（ISO 14000），以及安全标准等方面都在进一步走向规范化，并成为进入市场的条件因素。

---

[1] ENR（*Engineering News-Record*）即《工程新闻记录》，是全球工程建设领域最权威的学术杂志，隶属于美国麦格劳—希尔公司，ENR 提供工程建设业界的新闻、分析、评论以及数据，帮助工程建设专业人士更加有效地工作。

第二节　国际招标与投标

一、招标与投标的基本概念

(一) 招标与投标的由来

招标与投标 (invitation to tender & submission of tender) 是一种贸易方式的两个方面,属于基本商业交易方式之一。采用招标与投标交易方式,双方当事人不必经过交易磋商,也不存在讨价还价的余地,而是由各投标人应邀同时采取一次递价的办法决定交易成功者。投标人能否中标,主要取决于投标时的递价是否有竞争力,因此采用这种方式的最大特点是在同一标的物条件下邀请较多的投标人公开竞争,投标人之间竞争十分激烈,而招标人则处于较主动的地位,可以从竞争中选择价格低而适中者中标。

(二) 招标投标与拍卖和竞卖

招标投标和拍卖作为常见交易方式,既有共性也有特性。两者的共性是买卖双方并不直接进行交易磋商,而是公开交易标的物 (subject matter) 和公开竞争。特性在于拍卖是买主之间的竞争,招标投标是卖主之间的竞争,最后成交者只有一个,拍卖成交以价格最高者为胜,招标投标取低而适中的最后成交价格作为成交者。招标投标也是一种竞卖方式,一般来说,卖方竞争对于买方是利的,可以使买方对于供货来源有较多的比较和选择,在竞争激烈的情况下,买方还可以较为优惠的价格购进所需物资,这也是招标投标方式在大宗物资采购中被广泛运用的原因之一。不同的是,竞卖过程时间较短,程序一般比较简单。招标投标有统一的规范程序和应遵循的国际惯例。

二、招标方式

国际上通用的招标方式包括竞争性招标 (competitive bidding) 和非竞争性招标 (non-competitive bidding) 两大类。

(一) 竞争性招标

竞争性招标包括公开招标 (open bidding or tendering) 和选择性招标 (selected bidding) 两种方式。

1. 公开招标

公开招标亦称国际公开招标或国际竞争性招标 (international competitive bidding, 简称 ICB 招标),公开招标方式由招标人 (tender, 采购方或工程业主）通过公共宣传媒介发布招标信息，说明需要采购的商品或发包工程项目的具体内容，邀请投标人（bidder，供货商或工程承包商）在规定的时间和地点投标，世界各地所有合格的供货商或承包商均可报名参加投标，条件对业主最有利者可中标。公开招标是国际上运用最多的招标方式，其优点在于，业主可以按照事先规定的条件在国际市场上找到最有利于自己的承包商来承建工程、提供设备和材料，在工程质量、工期、价格等方面都可以满足自己的要求。世界银行认为，只有国际竞争性招标才能体现"三 E"原则，即效率（efficiency）、经济（economy）和公平（equity），所以按照世界银行的规定，凡使用世界银行贷款采购设备，一律采用国际竞争性招标方式，并将招标广告刊登在联合国《发展论坛》上或借款国国内一两家知名度较高的报纸上，面向所有的成员国进行招标。

2. 选择性招标

选择性招标亦称邀请招标（invited bidding，简称"邀标"），是一种有限竞争招标。采用选择性招标时，招标人通过咨询公司、资格审查或其他途径所了解到的承包商的情况，有选择地邀请数家有实力、讲信誉、经验丰富的供货商或承包商参加投标，经评定后决定中标者。采用这种方式一般不刊登招标信息，而是由招标人将有关招标材料直接寄交给被邀请参加投标的供货商或承包商。选择性招标方式主要适用于金额较小的采购或工程，所需技术、设备、材料只有少数供货商或承包商能够提供的项目，一些特殊工程或不宜公开招标的项目经常运用选择性招标。

（二）非竞争性招标

常见的非竞争性招标包括谈判招标（negotiated bidding）和单独招标（single tendering）。谈判招标又叫议标（tender discussion）。在议标方式下，招标人根据项目的具体要求和自己所掌握的情况，直接选择某一家供货商或承包商进行谈判，若经谈判达不成协议，招标人可另找一家供货商或承包商继续谈判，直到最后达成协议。单独招标亦称个别招标，是指在无任何竞争者的条件下，由一个投标人向招标人报价的做法。谈判招标、单独招标主要适用于军事（或保密）工程、专业技术性较强的工程、紧急工程、金额较小的工程或对已完成项目进行扩建的工程。

（三）其他招标

以上是几种常见的招标方式，除此之外，还有一些其他的招标方式，如：①两阶段招标（two-stage bidding），即招标分两阶段进行，第一阶段采用公开招标方式，选择三四家供货商或承包商。第二阶段采用选择性招标方式，邀请被选择的供货商或承包商进行报价，最后确定中标者。值得注意的是，两阶段招标并非两次招标，而是一次招标的两个过程，最后只签一个合同。②地方公开招标，亦称地方竞争性招标（Local Competitive Bidding），这是一种带有保护性的按地方程序进行的招标，一般通过地方性的宣传媒介发布招标信息，并只限于当地的供货商或承包商参加投标。③平行招标，亦称为分项招标，即招标人根据具体情况将较大的工程项目分解成若干个互相联系的子项工程，分别而又同时单独进行招标，这种招标方式适用于投资金额大、技术复杂且层次多、设备供应范围大的项目。④多层次招标，即在一些大型项目招标结束后，中标人即总承包商又以招标人的身份，将所承包工程项目的一部分发包给其他承包商（二包商），二包商对总承包商负责，总承包商对业主负责，但总承包商在确定二包商时要事先征得业主的同意。

三、招标程序

招标程序是指从成立招标机构开始，经过招标、投标、评标、授标直至签订合同的全部过程。国际招标是按照严格的程序和要求进行的，需要做大量的工作，历经时间少则一年，多则几年。以一项国际工程为例，运用 ICB 招标的主要程序包括以下内容。

（一）确定招标方式与机构

在确定招标项目以及工程范围后，业主方应立即确定招标方式与招标机构，按照国际惯例，招标机构必须是具有一定资质的专门机构，如招标公司。使用世界银行贷款项目，应成立招标委员会，同时还要设立招标监督机构。

（二）编制招标文件

招标文件（bid documents）又称招标书，是招标人据以进行招标的基础，用以说明拟发包工程或采购商品的技术条件和贸易条件。招标伊始，招标人应着手制订招标书，招标书通常由招标委员会或专业咨询公司、招标公司负责编制。招标文件是投标人编制报价的直接依据，具有法律效力，编制招标文件必须严谨规范。一份招标文件应包括以下内容：

①投标人须知（instructions to bidders）。投标人须知是招标人对投标人在编制标书方面所给予的指导性说明和要求，主要内容包括呈递标书的程序、地点、招标截止日期和时间（date of the closing of tender）、标书文本数量及使用语言、开标时间和地点、投标担保以及使用货币等。

②合同条件（conditions of contract）。合同条件详细地规定了业主和承包商的权利、责任和义务，工程师权限以及支付条件等，是招标文件的重要组

成部分，包括一般条件和特殊条件。

③技术规范（specifications）。技术规范是业主对工程质量所订立的标准，包括施工对象、工艺特点、质量要求以及承包商的一切特殊责任等。

④工程量表（bill of quantities）。工程量表指按照一定的次序将整个工程分成为若干个分部工程，然后加以说明并列出工程量的表格。

⑤图纸（drawings）。图纸指所有与工程建设有关的设计图、施工图等。图纸、技术规范和工程量表是承包商投标报价格必不可少的资料。

⑥投标书及其附件（form of tender）。投标书是投标人根据招标文件要求所编写的报价单与施工申请书，其格式和内容由业主拟订并附在招标文件中。

⑦投标保证书（bid bond or guarantee）。投标保证书是为保护招标人的利益，防止投标人撤标或拒签合同，由投标人通过银行开立的书面保证文件（详见投标保函）。所有的投标报价都必须附有一份业主认可的、由银行出具的投标保证书或指定向业主支付的保付支票。

⑧协议书（form of agreement）。协议书实际上是由业主事先拟订的项目合同书，并附在招标文件中。承包商在开标后可就此与业主进行谈判，直至最后达成协议。协议书一经双方签字，合同便告成立。

在编制招标文件的同时，业主方还要着手准备"合同价格"，即"标底"（base price limit on bids）或"底价"（base price）。标底价从本质上看实际就是业主方的工程项目概算，制定标底价应科学合理，因为标底价既是选择投标人入围的基础参考价，也是评标的基础依据，业主的标底价在开标前是严格保密的。

（三）发布招标通告

业主方在编制出招标文件并做好相应的准备工作后，要通过报纸、杂志、广播、电视等公共宣传媒体发布招标通告（call for bid）。招标通告的内容主要包括项目名称、地点、规模、资金来源、发售招标文件的时间和地点以及招标文件的价格等。世界银行规定，使用其贷款项目的招标，招标通告必须刊登在联合国《发展论坛》与东道国国家级刊物上，如在中国应刊登在《人民日报》上。

（四）资格预审

招标公告一经发布，往往会吸引许多承包商参加竞争，为保证工程质量，招标人对愿意参加投标的承包商，在技术、资金、能力、管理、经验和信誉等方面进行全面审查，以排除不合格的承包商参加投标。由于这种审查是在投标前进行的，所以称为"资格预审"（prequalification）。按照国际惯例，只有通过资格预审的承包商才能参加投标。在全部招投标过程中，资格预审对业主来说是一项非常重要的工作，资格预审的成功与否很大程度上决定了业主能否找到一个好的承包商，所以资格预审是保证招标工作顺利进行的关键步骤。在有资格预审的招标中，投标人应认真填写招标人编制的"资格预审表"，包括投标人的经营规模、人员设施概况、工程记录等，并提供有关证明文件和资料。

（五）编制投标文件

编制投标文件（tender documents）或投标书（form of tender）又称投标人"做标"，是由投标人（承包商）来完成的工作。一个投标人在购买了标书并通过资格预审后要认真地分析和研究招标文件，参加招标人召开的项目现场说明会，对施工现场进行勘察，了解市场行情，参照有关定额、费率和价格水平，计算出承包该项工程的全部费用。在此基础上，投标人按照招标文件要求编制出完整的投标文件，并按时递送。认真编制投标文件是投标人能否成功进行投标的关键工作。

（六）递送标书

标书包括投标报价单、投标保函或备用信用证、关于投标书中单项说明的附件，以及其他必要文件。投标人在编制好标书以后，应按招标人的要求将整套投标书密封，并在投标截止日之前，派专人（或挂号邮寄）送交指定的招标机构，并办理递交签认手续。按照国际惯例，标书一经递送后是不能更改的，所以递送标书的时间不宜过早，通常在投标截止日之前一两天为宜。投标人递送标书后，在投标有效期内（validity of bid）不能撤标。投标有效期指从投标截止日起到公布中标者之日止的一段时间，按照国际惯例，投标有效期一般为 90～120 天。

（七）开标

开标包括公开开标和秘密开标两种方式。公开开标（bid opening）即招标人与投标人在规定的时间和地点，按照一定的方式和程序将所有的投标书公开启封揭晓的过程。公开开标一般由招标机构主持进行，需有公证机构到场并予以公证，并当众宣读所有投标人的投标报价，允许在场的投标人做记录或录音，但并不当场确定中标人。开标后，投标人不得更改投标内容。招标人在招标文件中通常规定其有权废标或拒绝全部投标，所以开标时若发生下列情况之一，招标人有权宣布招标失败，重新组织第二轮招标：第一，投标人过少（不足 3 家）；第二，投标缺乏竞争性，最低报价与标底价相差甚远（一般为 20％以上）或超过国际市场平均价格。开标时，招标人如发现投标书未按照招标文件要求编制或在投标书上发现特殊标记，可宣布该投标书为废标。

（八）评标

评标（bid evaluation）是在开标后，由招标人对所收到的有效标书按照一定的程序和标准进行综合评价、比较，并选出中标人的全过程。招标人评标主要从商务和技术两方面进行，其中商务方面包括价格、合同、成本和财务等内容，技术方面包括工程建设、施工、管理和材料使用等内容。评标的主要工作是：第一，审查投标文件，看其内容是否符合招标文件要求，计算是否正确，技术是否可行；第二，比较投标人的交易条件，可逐项打分或集体评议或投票表决；第三，对投标人进行资格复审，确定入围中标候选人（亦称"拦标人"）。

（九）定标前谈判

招标人通过评标选出为数不多的入围中标候选人后，要分别与他们进行谈判，以进一步落实最后的价格与有关合同条款，定标前谈判对招投标双方都至关重要。在定标前谈判中，招标人往往要求投标人进行第二次报价以确定最后的中标人。通过谈判，招标人与投标人对价格与合同的各项内容都达成一致意见后才能签订项目合同。

（十）决标和签订合同

决标（tender decision）即决定中标人。经过评标和谈判，招标人最终选定了一个中标人（the winning/successful bidder），并向其发出"中标通知书"（letter of acceptance），对未中标人（the unsuccessful tender）也要及时发出通知。中标人在收到"中标通知书"后，应在招标文件规定的时间（一般为接到中标通知书后的 15 天内）与招标人签订合同并同时递交履约保证书。在一些国家，合同还需经政府主管部门批准。合同签字与批准后，招标工作便全部结束，尔后由中标人转入施工阶段。

四、投标程序

投标（submission of tenders）亦称报价（quotation）、报标（bid quotation）、做标（work out tender documents），是投标人从购买招标书，编制投标文件到递送投标文件的全部过程，在这个过程中，报价是投标人成功投标的关键环节。报价是一项技术性极强的业务，一项工程投标成功与否，直接取决于报价适中与否，报价过高会影响竞争力而失去拦标机会，报价过低可能引起业主怀疑，同样会失去拦标机会。报价不当会使投标人无利可图甚至亏本，因此，报价水平确定应建立在科学的经济分析和经济核算基础上。

（一）投标前准备工作

投标人购买标书后，应严格按照招标条件对工程或商品所要求的质量、技术标准、交货期限、工程量和进度安排等进行核算，并结合自身的条件和市场竞争态势，估计能否完全满足招标要求以及能否提出有竞争性的报价。

（二）合适报价水平应满足的条件

合适报价水平应满足的条件包括：第一，工程项目的各项费用计算应比较准确、高低适中；第二，价格水平与承包商自身的技术水平和技术条件相适应；第三，所报价格应按国际市场行情的变化而变化；第四，所报价格应与业主标底价相接近。

（三）报价的依据

报价的依据包括：第一，招标文件是报价的基础和法律依据，投标人在购买标书以后，一定要认真阅读和仔细研究标书，特别要注意工期、付款条件、保函要求、税收、争议解决、法律规定、验收规范、施工要求、材料设备的要求以及合同类型等方面的内容，凡是由自己承担的风险和费用，在报价时均要充分估计在内，不可有任何遗漏。第二，客观环境因素变化，包括投标人所在国的国内环境、项目所在国环境以及有关国际环境，如有关法律法令、市场供应、运输条件、价格、利率和汇率水平等。第三，投标人自身的技术水平和经营管理水平。

（四）投标价格的构成

投标价格由直接费、间接费和毛利三部分组成。直接费指那些用于工程施工而且能直接计入各项工程造价中去的生产费用，包括人工费、设备材料费和施工机械使用费等。间接费是指为组织和管理工程施工而发生的不能直接计入各项工程造价中去的综合费用，直接费用和间接费用共同构成工程总费用。毛利包括利润和意外费用两部分，其中利润应根据不同的情况来确定，一般以工程总费用为基础进行计算。利润率的高低应适当，国外承包商的利润率一般为工程总费用的 $10\%\sim20\%$。

（五）报价步骤

尽管招标文件为投标人报价提供了基础和依据，但与实际情况仍会有一定差距，因此投标人在报价前还应对施工现场进行实地勘察以获得第一手资料。在一般情况下，招标人都在招标文件中对现场勘察做了具体的规定。按照国际惯例，投标人提出的报价一般被认为是在现场考察的基础上编制的。投标人在做好这些准备工作以后，即可进行报价。报价步骤包括：第一，复核/计算工程量；第二，制订施工规划；第三，确定工程定额；第四，计算基础单价；第五，计算分部、分项工程直接费单价；第六，计算间接费；第七，计算毛利；第八，标价汇总；第九，标价的调整与确定。

（六）编制投标书和落实担保

投标书是投标人对招标人的一项不可撤销的发盘，其主要内容包括对招标条件的确认、工程或商品各个项目的有关指标和工程进度、技术说明和图纸、投标人应承担的责任，以及总价和单价分析表。招标人为防止投标人中标后拒不签约，通常要求投标人提交投标保证金，也可以银行保函或备用信用证代替现金作保，故投标人应在投标前落实担保人。

以上招标与投标全过程可以用图 9.1 表示出来。

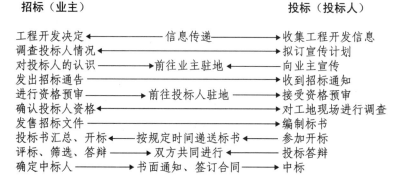

图 9.1　招标与投标流程

第三节　国际工程承包实施

一、国际工程承包的内容

（一）建筑工程的内容

各类建筑工程是生产活动和生活依托的基本载体，国际工程承包内容十分广阔，从大类看，美国 ENR 将国际承包工程按专业分为 10 种类型：民用建筑、制造、电力、水利、排污、工业、石化、交通、有害物处理及通信。从工程建设特点看：第一类是基础设施工程，如水利、大坝、公路、铁路、桥梁、港口、机场、供水及供电等各类工程建设项目；第二类是土木工程，如学校、医院、科研机构、剧院、体育场馆、住宅等各类工程建设项目；第三类是资源开发工程，如石油、煤炭、天然气开发和开采、矿山、冶炼工厂、化肥厂等工程建设项目；第四类是制造业工程，如机械、纺织、纸张等各类制造业工程建设项目。

（二）工程开发与建设周期

任何一项建筑工程，从业主提出建设意图到工程实施完成所经过的过程就是工程开发与建设周期。工程开发与建设周期通常包括五个阶段：第一，工程规划阶段。工程规划要求由业主提出，并由专门的经济机构或工程咨询机构协助完成。这一阶段的工作包括制订发展计划和投资前研究、评价优先开发地区和领域、项目可行性研究、工程项目评价（评审）和建设计划研究。第二，工程设计阶段，工程设计由专门的设计机构或工程咨询机构承担，主要工作包括工程设计（包括规划设计、土建设计、施工设计等）和编制招标文件。第三，工程招标阶段。招标阶段的工作可以由业主自己完成，也可以委托工程咨询公司办理，这一阶段的工作将在下一节专门介绍。第四，工程施工阶段，施工阶段是在承包商中标以后，对工程的具体实施阶段，包括从编制施工方案到全部完工的整个过程。第五，试车或试生产阶段，工程项目建成后，通常要进行一定时期的试车或试运行，检验工程项目是否能够顺利运转，试车合格后才能试生产和验收。

（三）国际工程承包范围

在国际工程承包中，承包商是建设工程项目的卖方和投标人，他们可以对任何种类的工程建设项目在项目实施的不同阶段以不同方式进行承包，包括建筑项目咨询与设计，建设施工，安装和试车，材料、设备采购和动力提供，人员培训与技术服务，项目建成后的管理和营销等。从对一项建设工程项目的承包范围看，包括：第一，建设全过程承包，这种承包方式也称为"交钥匙工程"（turnkey project）、"统包"或"一揽子承包"。采用这种承包方式，承包商要根据业主提供的工程建设可行性研究报告及设计要求，完成工程设计，组织工程施工，并负责工程维修期的维修任务和职工培训，即业主将设计施工任务全部承包给一家承包商，最后由承包商向业主提交竣工工程。全过程承包方式适用于大型或特大型工程，如大型工业建筑、交通运输工程或市政工程，这类工程项目组成复杂，投资额大、工期长、风险大，但承包商可期望获得较高利润，国际上大型工程承包公司都竞相承担全过程承包任务。第二，施工承包，即承包商只承担工程施工的全部义务，总包人可以是中标公司，也可以是接受中标公司施工项目转包的另一家公司。施工承包的总包人承担责任比较重，风险也比较大，必须具有较高的管理水平和实践经验才能取得成功，但是总包人也能取得较高利润。第三，劳务承包，即承包商只负责提供工人和工程技术人员现场服务和现场操作，一般并不负责现场施工管理，也不提供有关建筑材料和建筑施工设备。第四，材料设备供应承包，在一项建设工程中，建设所需材料设备，可由业主按招标程序直接招标，由专门的材料设备供应商提供，也可由总包人分包给材料设备供应商，这些材料设备供应商也成为项目承包商，他们不仅供应材料设备，还要负责安装、调试和人员培训。第五，专项承包，在一些建设项目中，经常含有专业性和技术性较强的部分，多由有关的专业承包商进行承包，如工程地质勘查、航海航天中的计算机系统、地震火灾系统设计与安装等。

（四）国际工程承包方式

国际工程承包方式指承包方、发包方双方之间经济关系的形式。国际工程承包主要方式包括：第一，总包，即由一家承包商负责组织实施一个建设项目的建设全过程或其中某一阶段的全部工作，总承包商中标后，承担工程施工全部任务，并直接对业主负责。采用总包方式，承包商责任重，风险大，获利也较高，总包项目一直是国际上大型工程承包公司竞争的主要目标。第二，分包，即承包商只负责组织实施一个建设项目中的部分工作。分包有两种形式，一种是由业主选定分包商，称为指定分包或无总包分包；另一种是总包商指定分包商，也称二包。按照国际惯例，总包商一般不得将全部工程分包，自己必须负责一部分工程任务，总承包商指定的分包商需征得业主的同意。第三，转包，即中标的承包商将承包权有偿地转让给另一个承包商。转包的条件是承包商向转包商收取转包费，并可根据双方需要另行订立其他合作条件。第四，联合承包，联合承包是当今国际工程承包业的一种新发展趋势，其目的主要是对付严格实行保护主义的国家，同时也是为了增强海外工程承包的竞争能力。在一些工程量大、技术复杂、投资金额大、一家公司难以单独承担起全部工程项目的情况下，由几家公司采用联合承包方式，可以较好地解决单一公司无论在财力、物力或人力方面所不能承担的困难，从而进一步提高工程承包公司在国际承包市场上的承包能力和竞争能力。

二、带资承包

（一）项目融资与带资承包

项目融资（project finance）的全称是"通过项目进行资本融通"，即以一项具体建设项目的资产、预期收益或权益作抵押而为该项目所做的资金融通。项目融资是一种无追索权或有限追索权的融资或贷款，这种融资方式是国际中长期贷款的一种形式，主要用于那些需要巨额资金、投资风险大而传统融资方式又难以满足的较大型工程项目，如天然气、煤炭等自然资源的开发，运输、电力、农林等大型工程建设项目。由于项目融资是用项目本身作抵押和用未来收益偿还贷款，所以项目融资不同于传统的公司融资，需要众多的参与者组成复杂的投融资结构，包括项目的发起人（project sponsor）、项目公司（project company）、项目贷款银行（lending banks）、项目产品购买者或设施使用者、工程承包公司、项目设备供应者、项目融资顾问和法律税务顾问、东道国政府机构等。典型的项目融资包括六种模式：第一，投资者通过项目公司安排融资的模式；第二，以产品支付为基础的融资模式；第三，以设施使用协议为基础的融资模式；第四，以杠杆租赁为基础的融资模式；第五，BOT 融资模式；第六，ABS 融资模式①。

项目融资的雏形最早出现在 20 世纪 50 年代的美国。70 年代第一次石油危机后，能源工业建设进入繁荣时期，项目融资得到大规模发展，成为当时大型能源项目国际性融资的一种主要手段。80 年代初，随着世界经济的复苏和若干具有代表性的项目融资模式的完成，项目融资开始在国际金融界活跃起来。80 年代中期的石油价格下跌导致国际工程承包市场交易量急剧下滑，当很多业主已无力出资建设项目时，在竞争激烈的市场环境下，由承包商出面进行项目融资而获取项目的"带资承包"（contract with capital）方式应运而生。

带资承包指有资金实力的企业通过投入自有资金或通过银行贷款，以及通过其他渠道融通资金用于建设项目的一种工程承包方式。随着各国政府财政公共建筑资金的削减和承包商之间竞争程度的加剧，工程设计和建筑业务的融资问题变得越来越重要，承包商以各种方式帮助业主解决资金问题，成为影响国际工程承包市场规模和承包商市场份额的重要因素。市场上越来越多的工程需要带资承包，对于承包商而言，能否获得工程项目，关键在于能否带资承包。21 世纪以来，带资承包已成为国际工程承包市场的普遍做法。目前，全球工程承包市场上有预付款的工程项目平均利润率已降到 5% 以下，而带资承包项目的平均利润率通常较高，一些高风险项目的利润率甚至高达 30%，有 65% 以上的工程项目均通过带资承包完成交易。以项目融资方式进行的带资承包以 BOT 融资模式最为普遍，经常受到业主的欢迎而被广泛应用。

（二）BOT 承包方式

1. 定义

BOT 即"build-operate-transfer"，直译为"建设—经营—转让"，意译为

---

① 参见章昌裕：《国际投资学》，中国对外经济贸易出版社 2003 年 6 月版。

"基础设施特许权"，指由项目所在国政府或所属机构为项目的建设和经营提供一种特许权协议（concession agreement）作为项目融资的基础，由本国公司或者外国公司作为项目的投资者和经营者安排融资、承担风险、开发建设项目，并在有限的时间内经营项目以获取商业利润，特许期限结束后根据协议将该项目转让给相应的政府机构。

2. 由来

17 世纪英国的领港公会负责管理海上事务，包括建设和经营灯塔，并拥有建造灯塔和向船只收费的特权，但由于资金不足，从 1610—1675 年的 65 年中，领港公会连一个灯塔也未建成。此后改用私人建造灯塔的投资方式，即私人首先向政府提出准许建造和经营灯塔的申请，申请中包括许多船主的签名，以证明将要建造的灯塔对他们有利并且表示愿意支付过路费；在申请获得政府的批准以后，私人向政府租用建造灯塔必须占用的土地，在特许期内管理灯塔并向过往船只收取过路费；特权期满以后由政府将灯塔收回并交给领港公会管理和继续收费。到 1820 年，在全部 46 座灯塔中，有 34 座是私人投资建造的，证明由私人投资与政府共同运营的模式在投资效率上远高于政府部门直接投资，这就是最初的 BOT 融资模式。从 20 世纪 80 年代中后期开始，许多国家的政府部门开始允许私人企业以 BOT 项目融资方式提供基础设施服务。1984 年，土耳其总理厄扎尔正式提出 BOT 模式概念，引起了国际金融和建筑工程界的广泛重视，世界各国政府以此作为一种新颖有效的引资方式，从事公共基础设施的开发建设。近年来，BOT 项目融资方式被一些发展中国家用来进行其基础设施建设并取得了一定的成功，被认为是代表国际项目融资发展趋势的一种新型融资方式。

3. 当事人

BOT 项目融资模式涉及三方当事人：第一，项目发起人。项目发起人是项目的最终所有者，一般是项目所在国的政府、政府机构或政府指定的企业。项目发起人对项目没有直接的控制权，在融资期间也无法获得经营利润，只能通过项目的建设和运行获得间接的经济效益和社会效益。项目发起人的职责是给予项目某些特许经营权和给予项目一定数额的从属性贷款或提供贷款担保，融资期限结束后，项目发起人通常无偿地获得项目的所有权和经营权。第二，项目的直接投资者和经营者，通常称为项目公司。项目公司是 BOT 的主体，该公司从项目所在国政府获得建设和经营项目的特许权，负责组织项目的建设和生产经营，提供项目开发所必需的本金和技术，并安排融资，承担项目风险，从项目投资和经营中获得利润。第三，项目贷款银行。在 BOT

融资模式中，项目贷款人的组成较为复杂，除了商业银行组成的银团贷款外，政府的出口信贷机构和世界银行或地区性开发银行的政策性贷款也可以成为东道国 BOT 模式中贷款的重要组成部分。为了减少贷款风险，融资安排中一般要求项目公司将特许权协议的权益转让给贷款银团作为抵押，或者要求项目所在国政府提供一定的从属性贷款或贷款担保作为融资的附加条件。

4. 运营

BOT 项目融资模式产生后，主要通过三种基本形式运营。第一种是BOT。第二种是 BOOT（build-own-operate-transfer），即建设—拥有—运营—移交，这种方式明确了 BOT 的所有权，项目公司在特许期内既有所有权又有经营权，经过一定期限后再将该项目移交给政府，这一模式在项目财产权属关系上强调项目设施建成后归项目公司所有。第三种是 BOO（build-own-operate），即建设—拥有—运营，这种方式是开发商按照政府授予的特许权，建设并经营某项基础设施，但并不将此基础设施移交给政府或公共部门。项目建成后，项目公司对其拥有所有权，东道国政府只是购买项目提供的服务。

5. 优势

BOT 项目融资模式对于项目发起人的最大优势：一是可以减少项目建设的初始投入，如电站、高速公路、铁路等公共设施建设资金占用量大、投资回收期长，而资金紧缺和投资不足是东道国面临的一个普遍性的问题，运用BOT 模式可以拓宽资金来源，如民间资本、商业资本等，从而为政府部门节省大量资金；二是大大降低了政府风险，此时政府无须承担融资、设计、建造和经营等风险，而是将它们转移给了项目公司；三是通过 BOT 模式可以吸引更多外商投资和引进技术，改善和提高了东道国的项目管理水平；四是特许权协议结束时，项目交还给项目发起人，所以从东道国政府角度看，最终收到的是一个运营正常保养良好的项目而不是债务。

（三）BOT 衍生方式

BOT 项目融资模式产生后，作为一个广义概念，在其下还衍生出很多新品种，包括：第一，BT（build-transfer），即建设—移交，指投资人与政府方签约后，设立项目公司以阶段性业主身份负责某项基础设施的融资和建设，项目完工后即交付给政府，项目公司享有在一定期限内分次收回投资的权利。第二，BOOST（build-own-operate-subsidy-transfer），即建设—拥有—运营—补贴—移交，项目公司建成项目后，在授权期限内直接拥有项目资产并经营管理项目，但由于项目存在较高运营风险，或非经营管理原因的经济效益不佳，须由政府提供一定的补贴，授权期满后将项目资产转让给政府。第三，

ROT（renovate-operate-transfer），即重整—经营—移交，重整指在获得政府特许经营权基础上，对政府陈旧的项目设施、设备进行改造更新，由投资人经营若干年后再转让给政府，这种方式通常用于 BOT 项目的后续运行。第四，BLT（build-lease-transfer），即建设—租赁—移交，项目公司在项目完工后的一定期限内将项目出租给第三者，以租金回收方式收回工程投资并获取运营收益，以后再将所有权转让给政府。第五，POT（purchase-operate-transfer），即购买—经营—移交，指政府出售已建成的基本完好的基础设施并授予特许专营权，由投资人购买基础设施项目的股权和特许专营权。第六，ROO（rehabilitate-own-operate），即移交—运营—拥有，此时私营企业向政府租赁或投资扩建、修建原有设施，然后拥有设施并运营。第七，TOT（transfer-operate-transfer），即移交—运营—移交，这是政府将建设好的公共工程项目移交给私营企业进行一定期限的运营管理，在合约期满之后，再交回给政府部门的一种融资方式。第八，BTO（build-transfer-operate），即建设—移交—运营，投资人投资新建项目完成后，政府无偿或有偿取得所有权，然后委托项目公司或其他第三方机构营运，营运期间届满后，营运权归还政府。第九，IOT（investment-operate-transfer），即投资—运营—移交，运用这种模式时首先收购政府现有的基础设施，然后再根据特许权协议运营，到期移交给政府公共部门。第十，DBFO（design-build-finance-operate），即设计—建造—投资—经营，在该模式中，私人部门投资建设公共设施并拥有该设施的所有权，公共部门根据合同约定向私人部门支付一定费用并使用该设施，而私人部门只提供保证该设施正常运转的辅助性服务。

三、国际工程承包合同

（一）国际工程承包合同的特点

国际工程承包是一种综合性的国际经济合作方式，跨国建设工程与一般国内建设工程最大的不同在于它不是一项简单的建筑工程，在一个国际工程承包项目中，除建设外，还涉及贸易、技术和劳务合作，有时甚至涉及项目运营或产品销售，所以国际工程承包合同的特点表现为：第一，合同具有国际性。突出体现在两个方面，一是合同的当事人是属于不同国家或地区的公司或法人，二是承包人须在外国履行其全部或大部分合同义务，合同签订与执行经常涉及复杂的国内法和国际法适用问题。第二，建筑工程通常需要资金较多，故合同标的常常很大，交易中过程中很多步骤通常都需要银行提供各种各样的担保。第三，建设工程从设计到完工时间都比较长，如果包括试生产或运营，则时间更长，国际工程承包合同的履约期都比较长。第四，在国外建设工程的风险比国内大得多，有些是不可预测的（如自然灾害、政变和战争等），为规避风险，国际工程承包合同中除预订不可抗力条款外，通常还订有价格调整条款、艰难情势条款等，有时还需要发包国政府提供担保书。

（二）国际工程承包合同的种类

国际工程承包合同是业主和承包商为确定各自的权利和义务而订立的双方共同遵守的一种契约性协议。从合同作用的不同角度看，国际工程承包合同分为不同的种类：

1. 按价格形式分，有总价合同、单价合同及成本加酬金合同

（1）总价合同（lump-sum contract）

总价合同亦称总价不变合同，是业主要求承包商按照规定完成全部工程并支付确定价款的合同。按照总价合同，业主支付给承包商的价款在合同中是一个确定的数目，承包商同意按照合同中确定的价款数目履行合同规定的全部工程。采用这种合同形式，无论承包商承担多大的风险或获取多大的利润，业主和承包商最终以合同规定的总价进行结算。采用这种合同，承包商必须对发包工程的详细内容及各种经济技术指标进行深入研究，并将可能发生的费用尽可能计入工程报价，使风险损失降到最小。总价合同包括固定总价合同、调整总价合同、固定工程量总价合同和管理费用总价合同四种不同的形式。

（2）单价合同（unit price contract）

单价合同有估计工程量单价合同和纯单价合同两种形式。采用单价合同形式时，工程单价固定，而工程量是近似值，一般按实际完成的工程量结算，若实际完成的工程量与图纸中的工程量出入较大，承包商就有可能单方面承担风险，因此在订立合同时，双方应规定工程量增减的幅度，对于工程量不可能精确计算的项目，业主在发包时往往倾向于采用单价合同。与总价合同相比，单价合同的优点是：第一，招标人无须对工程范围做出完整详细的规定，从而缩短了招标准备工作时间，而且招标人只按实际完成的工程量支付费用，可减少意外开支，结算程序较简单；第二，承包商也承担了较少的风险，因此这种合同形式应用得比较广泛。

（3）成本加酬金合同（cost-plus-fee contract）

成本加酬金合同亦称成本补偿合同（cost-reimbursement contract），采用这种合同，业主以按工程实际成本另加一笔酬金的方式向承包商进行支付，当工程内容及其各项经济技术指标尚未全面确定，而工程又必须发包时一般

多采用这种合同形式。成本加酬金合同有成本加百分比（酬金）合同、成本加固定酬金合同和成本加奖金合同等几种形式。采用这种合同形式对承包商有利，但存在两个明显缺点：第一，招标人无法控制工程总造价；第二，承包商没有动力去降低成本。

以上三种合同形式的选择，通常根据工程发包时设计文件的准备情况而决定。通常情况下，工程设计可分为概念设计（conceptual design）、基本设计（basic design）和详细设计（detailed design）三个阶段。如果工程处于概念设计阶段，则选用成本加酬金合同；若处于基本设计阶段，则选用单价合同；若处于详细设计阶段，则采用总价合同。

2. 按合同范围分，有工程咨询合同、施工合同、工程服务合同、设备供应合同、设备供应与安装合同、交钥匙合同和交产品合同等

（1）交钥匙合同（turnkey contract）

交钥匙合同又称"一揽子合同"（all-in contract），是指从工程方案选择、建筑施工、设备供应与安装、人员培训直至试生产承包商承担全部责任的合同。采用这种合同，承包商自始至终对业主负责，工程竣工验收合格后，承包商只要交给业主项目运行的钥匙，业主开门即可正式投入生产。这种合同实际上是以业主为一方，咨询人、设备供应商及土建承包商等为另一方所签订的合同。承包工程的一方可以是一家公司，也可以是合资公司或集团。交钥匙合同对业主来说，省事省时，但费用较高；对承包商来说，有较大的主动权，可以较灵活地掌握项目进度，但责任重大，对项目的履约保证程度较高，承担的风险也较大。

（2）交产品合同（product-in-hand contract）

交产品合同又称产品到手合同，指在工程项目投产以后，承包商仍在一定的时间内（一般为1~2年）继续负责指导生产、培训人员和维修设备，保证生产出一定数量的合格产品，并达到规定的原材料、燃料等消耗指标后才算完成任务，所以这种合同也称为"保产合同"。交产品合同是在交钥匙合同的基础上发展起来的，与交钥匙合同相比，承包商的履约保证范围更大。

3. 按承包方式分，有总包合同、分包合同及二包合同等

（1）总包合同（principal contract）

总包合同是指承包商对整个发包工程负全部责任的合同。以这种合同方式成交，业主将全部工程发包给一个承包商，该承包商就是总承包商。总承包商与业主签订的合同即总包合同，总承包商对业主负全部责任，但他也可以将工程的一部分转包给其他的承包商。对于业主来说，总包风险较小，由

有经验的总承包商负责管理，可以使工程质量和进度都有保障；对总承包商来说，总包有利于安排工程进度，提高工作效率，但风险程度也相应加大。

（2）分包合同（separate contract）

分包合同亦称分项合同，即业主将一个工程分成几个项目或几个部分发包给若干个承包商，各承包商分别与业主签订合同，各承包商被称为分包商，他们之间是平等的关系，各自对业主负责，由业主负责工程的组织和协调。对业主来说，分包可以对发包工程的每一部分都找到合适的专业承包商，但由于同时有许多家承包商，在施工过程中往往不易协调和管理。

（3）二包合同（sub-contract）

总承包商或各分包商将自己所包工程的一部分转包给其他专业承包商，各专业承包商与总承包商或分包商签订的合同称为"二包合同"，二包商对总承包商或分包商负责，总承包商或分包商对业主负责。采用二包合同时，二包商必须接受总承包商或分包商与业主所签合同的约束。

（三）国际工程承包合同的内容

国际工程承包合同是对业主和承包商双方权利和义务的具体规定，内容并无统一规定，合同双方可根据工程的实际需要商定，一些国际性组织和机构编制有"标准合同"供业主和承包商选用。由世界银行推荐且经几个国际性组织批准，应用最为广泛的标准合同是国际咨询工程师联合会（Federation International Des Ingenious Conseils，简称 FIDIC）编制的《土木建筑工程（国际）施工合同条款》，简称为"FIDIC 合同条款"。FIDIC 合同条款由一般条款和专用条款组成：一般条款具有普遍性，适用各种项目；专用条款是一般条款的具体化、补充和修改，根据工程的特点制定。FIDIC 合同条款主要包括以下内容：

1. 合同范围（scope of contract）

合同范围包括承包商责任范围和工程范围，此项条款有时可省略或写入其他有关条款中。

2. 工程期限（period of construction）

工程期限即工期，指工程从开工之日起到全部建成为止所需的时间，在此条款中要写明开工时间和竣工时间，如果承包商无故拖延工期给业主造成损失，则要接受罚款。

3. 承包商的义务（contractor's obligation）

承包商的义务指承包商除按合同规定完成并维修该项工程外，还要提交履约保函，提出工程进度计划，接受工程师的监督，执行工程师的命令，在工程师签发竣工证书前照看工程，为工程办理保险，对二包商的工作负责。其中承包商最重要的义务之一就是按合同规定的工期和质量要求完成工程项目。

4. 业主的责任（employer's obligation）

业主的责任指业主除按合同规定支付工程价款外，还要提供建设用地，负责工地现场的"三通一平"（即通水、通电、通路、土地平整），协助承包商办理施工机械、原材料、设备、生活用品的出入境手续，采取适当措施保护现场，派遣工程师及其代表等。

5. 工程师及其代表（engineer and engineer's representative）

工程师由业主任命，并作为业主的代理人执行合同规定的任务。工程师与业主须签订工程服务合同，但工程师在执行任务时处于独立的地位。工程师派驻工程现场的代表即为工程师代表，工程师应将委托给工程师代表的权限以书面形式通知承包商。

6. 价格条款（price clause）

价格条款应说明承包合同是总价合同、单价合同还是成本加酬金合同，价格中是否包括税金，计价货币，以及是采用固定价格还是滑动价格等。

7. 支付条款（payment clause）

支付条款包括支付方式和支付期限。在国际工程承包中，经常采用银行保函和信用证办理支付，它们都属银行信用，风险小，收汇有保证。国际工程承包中常见的支付方法包括预付款、进度款和最终结算款等，一些国家由于经济不景气，出现了延期付款和实物支付工程款的方式。

8. 误期罚款（liquidated damage）

一般工程承包合同中都规定有误期罚款条款，若承包商不能如期完成工程建设，则要接受罚款。

9. 转包（sub-letting）

承包商未经业主事先书面同意，不得转包工程的任何部分，承包商选择的二包商要事先征得业主同意。

10. 工程变更条款（contract modification clause）

在合同签订后，由于当事人的要求、原图纸有误或意外事故等原因，在履行过程中，可能要做一些必要的修改。不论何种原因引起工程变更，都必须由工程师以书面形式下达变更命令，否则承包商无权更改工程，如果工程量的变化超过一定幅度，应对合同价格进行相应调整。

11. 承包商违约（default of contractor）

若承包商违反了合同中列举的事项，如未经许可转包工程，无正当理由不开工，质量不合格等，则应受到处罚。业主有权没收承包商的履约保证金并另雇承包商完成该项工程，有权免费使用工地上的施工机械并要求赔偿损失。

12. 业主违约（default of employer）

若业主未按合同规定履行义务，如干涉工程签发各种证书、未按规定向承包商办理支付或处于破产停业清理等，承包商有权发出书面通知，甚至可以终止合同并撤离现场，还可以要求业主赔偿由此造成的损失。

13. 不可抗力条款（force majeure clause）

在工程建设中，由于人力不可抗拒的事故致使合同不能履行或不能如期履行，如发生战争自然灾害等，应免除当事人的责任。

14. 仲裁条款（arbitration clause）

合同实施过程中，业主和承包商之间发生争端，如经协商或工程师调解仍不能解决，可将争端问题提交双方约定的仲裁机构进行仲裁，仲裁的裁决是终局性的，对双方都有约束力。

15. 验收条款（acceptance clause）

业主对承包商所提供的一切设备、材料、施工，经检查，试验，试生产后，认为完全符合合同规定并表示满意，验收即为合格，验收合格后应发给合格证书。验收不合格的，若责任在承包商一方，则承包商负责修补直到合格为止。验收条款中应订明验收的组织形式、验收方法和时间以及验收文件等内容。

四、国际工程承包中的施工索赔

（一）施工索赔的含义

在国际工程承包中，由于业主或其他方面的原因，使承包商在施工过程中付出了额外的费用，承包商根据有关规定，通过合法的途径和程序要求业主或其他方面偿还其蒙受的损失称为"施工索赔"（construction claim），业主或其他有关方面对承包商提出的要求进行处理称为"理赔"（settlement of claim）。施工索赔是承包商利用合同保护其合法利益的一种有效途径，随着国际承包市场竞争的不断加剧，在国际工程承包市场上出现了所谓"低价夺标，索赔补亏"的做法，一些承包商承包工程项目的经济效益在很大程度上取决于施工索赔。为了成功进行施工索赔，承包商必须全面理解合同和有关法律法规，严格管理施工，科学控制工程成本，正确编写索赔报告并掌握索赔谈判技巧。

（二）施工索赔的原因

在一项工程建设中，引起施工索赔的原因很多，概括起来主要有以下几种：

1. 工程变更

在施工过程中，工程师有权发出对工程的某一部分进行修改、增加或删除的命令，承包商应予以执行。但如果这些修改和变更引起承包商费用增加，承包商可以向业主提出工程变更索赔。工程变更索赔包括关于增加工程量或删减工程量的索赔，关于业主或工程师改变工程质量要求引起的索赔，以及关于改变施工顺序引起的索赔等。

2. 施工条件变化

如果由于业主提供了不确切的地质资料，承包商在施工中遇到了复杂的地质结构，就会出现与原设计规定的施工方法、施工条件不相符的情况，对于由此产生的费用增加，承包商可以提出索赔。或者，如果在施工过程中遇到人力无法抗拒的意外事故或人为障碍，承包商应及时通知业主到现场检查，并予以证明，承包商可据此就引起的费用增加提出索赔，这种索赔的成功率很高。

3. 业主违约

在施工过程中，如果业主改变设计和技术规范、延误提供施工场地和图纸、逾期向承包商支付工程款或无理阻挠、拒绝颁发有关证书等，都会给承包商造成经济损失，构成业主违约，为此承包商可以提出索赔，业主应予以补偿。

4. 工程暂停或终止

无论何种原因，在合同执行过程中，若业主或工程师下达暂停部分或全部工程，或终止部分或全部工程命令，只要这种暂停或终止并非承包商违约或其他意外风险所致，承包商可以就因此造成的工期延误和经济损失向业主提出索赔。

5. 加快工程进度

如果业主由于某种原因要求承包商加快工程进度，承包商必须增加人力和物力的投入，由此引起承包商费用的增加，业主应予以补偿。

6. 工期延长

对于由于业主和工程师的原因而造成的工期延长，承包商有权提出索赔。如果由于气候反常和罢工等原因影响了工程进度，承包商只能得到工期索赔，即原定的工程竣工日期顺延一段合理时间。如果是规模较大的工程，因为工期拖延增大了工程成本，承包商除有权获得工期赔偿外，还可获得其他经济补偿。

7. 拖延支付工程款

在国际工程承包中，业主应按合同规定及时向承包商支付工程款。按照FIDIC条款规定，业主应在接到支付证书28天内支付工程款，业主不按期支付工程款会影响承包商的经济收入，甚至导致承包商资金周转困难，在此情况下，承包商有权提出索赔，这种索赔一般以利息形式按拖延支付的实际天数计算。

8. 材料涨价

对于订有材料涨价条款的合同，在施工所需的原材料等价格上涨时，承包商可向业主提出差额索赔，索赔数额按合同中规定的计算公式进行计算。除此之外，若由于业主的原因造成工期延长，对于在此期间材料价格上涨的部分，业主也应给予补偿。

9. 各种额外的试验和检查

工程合同中一般都规定，工程师有权对承包商使用的材料进行多次抽样检查，或对已完成的工程进行部分拆卸或挖开检查。但对于非合同所规定的试验，以及对于本来合格的施工或材料在拆卸或挖开检查后证明确实合格，承包商可以提出由业主偿付这些检查和修复的费用，以及由此引起的其他损失。

10. 不可抗力事件或特殊风险

在施工过程中，如果发生了人力不可抗拒的自然灾害、意外事故或战争、敌对行为等特殊风险，均属业主风险，由此给承包商造成的损失都应由业主予以补偿。

（三）施工索赔的依据

施工索赔是承包商的一种正当权益要求，是在正确履行合同的基础上争取到的合理偿付。承包商索赔能否成功的关键取决于索赔要求是否合理，索赔款项是否准确。因此，为确保索赔成功，承包商必须出示合理、有效、完整的工程项目资料。索赔的最根本依据是合同文件及附件（如招标文件、图纸、规范等），除此以外，还应有以下重要的资料：

1. 施工期间的重要业务资料

施工期间的重要业务资料包括定期与业主聘雇人员的谈话资料、工程师填写的工程施工记录表、各种施工进度表（包括投标时和后来修改的施工进度表）、工程检查和验收报告、工程照片、工地日志、施工备忘录、会议记录以及双方来往信件等。

2. 施工期间的重要财务资料

施工期间的重要财务资料包括有关人工部分的各种记录卡和表，有关设备部分的各种订单、发票和收据等，有关财务部分的各种往来信件、支付报告和报表、单据和凭证、日记账和分类账等，有关工程的预算、决算和成本报告书等。

（四）可以索赔的费用

从原则上看，承包商有索赔权的工程成本增加都是可以索赔的费用，主要包括人工费、材料费、设备费、二包费、保险费、保证金、管理费和贷款利息等。只要各种施工资料和财务资料齐全，承包商在上述各项费用方面遭受到的损失均可通过索赔得到补偿。

五、国际工程承包中的银行保函和保险

（一）银行保函

银行保函属于银行信用，在国际工程承包中，当事人一方为避免因对方违约而造成损失，往往要求对方通过银行开具保函提供经济担保。银行保函既有投标人（承包商）通过银行出具的，也有业主通过银行出具的，其内容一般在招标文件中有具体规定，主要包括：第一，担保人、被担保人和受益人名称；第二，担保的最高限额和使用的货币；第三，担保有效期限；第四，担保责任，这是保函的核心内容，在该部分应明确规定双方责任，以便一方违约时，另一方可获得经济赔偿；第五，索赔条件，即一方违约时，另一方凭何种证明进行索赔；第六，合同及担保书的修改、适用法律等。银行保函是一种备用性质的经济担保文件，在开具保函时，应注意保函金额是否合理，同时要熟悉有关国家的法律。银行保函的种类。国际工程承包中的银行保函有以下几种类型：

1. 投标保函（bid bond/guarantee）

投标保函是投标人通过银行向业主开具的保证投标人在投标有效期内不撤回投标书以及中标后与业主签订合同的经济担保书。投标保函金额一般为投标价格的 0.5%～3%，有效期一般从投标截止日起到确定中标人止。若由于评标时间过长致使保函到期，业主要通知承包商延长保函有效期。投标保函在评标结束后退还给承包商，通常情况下有两种退还办法：一种是未中标的投标人可向业主索回投标保函，以便向银行办理注销或使押金解冻；另一种是中标的投标人在签订合同时，向业主提交履约保函，业主向其退回投标保函。

2. 履约保函（performance bond/guarantee）

履约保函是承包商通过银行向业主开具的保证在合同执行期间按合同规定履行其义务的经济担保书，履约保函金额一般为合同总额的 5%～10%，有效期限从提交履约保函开始到项目竣工验收合格止。在工程施工过程中，如果发生以下情况，业主有权凭履约保函向银行索取保证金作为补偿：第一，在施工过程中，承包商中途毁约或任意中断工程，或不按规定施工；第二，承包商破产、倒闭致使工程不能继续进行。如果工程拖期，不论什么原因，承包商都应与业主协商，并通知银行延长保函的有效期，以防业主借故提款。一般情况下，承包商可以在工程竣工并验收合格后，用工程维修保函代替履约保函。

3. 工程维修保函（maintenance guarantee）

工程维修保函亦称质量保函，是承包商通过银行向业主开具的担保承包商对完工后的工程缺陷负责维修的经济担保书，维修保函金额一般为合同总额的 2%～10%。如果承包商在规定的维修期内完成了维修任务，或者该工程没有发生需要维修的缺陷，业主的工程师应签发维修合格证书，业主退还保函。

4. 预付款保函（advanced payment guarantee）

预付款保函亦称定金保函，是承包商通过银行向业主开具的担保承包商按合同规定偿还业主预付工程款的经济担保书。预付款保函金额一般为预付款总额，相当于合同金额的 10%～15%，预付款保函有效期由双方协商决定。一般情况下，预付款逐月从工程支付款中扣还，相应地预付款保函金额逐月减少，在开具保函时应写明这一点。承包商在规定时间内全部还清预付款项后，业主就应向其退还预付款保函。

（二）保险

国际工程承包由于工期较长，在合同执行过程中，承包商会遇到各种各样的风险，对于一些大型工程，有些灾害和事故会给承包商造成其无法承受的经济损失，为转移风险，承包商应向保险公司办理保险。与国内工程保险不同的是，国际工程的保险几乎都是强制的，投保的险别也有不同的规定。通常情况下，承包商在开工前就要向保险公司办妥保险手续，并将有关单据呈交业主。若工程规模较大且工期长，与工程有关的承包商较多，并且是由承包商分别投标，必定会出现一些空隙无人投保，在这种情况下，为防止漏保现象，业主可以出面向保险公司办理投保手续。对于保险公司的选择，有些国家明文规定必须在项目所在地办理保险，承包商就只能在当地选择保险公司投保。

根据保险公司承保的责任范围不同，可以分为不同的险别或险种，凡是合同中要求的险别都是强制的，承包商必须投保，对于合同中没有明确规定的险别，如战争险及其他政治风险，承包商则可以根据具体情况加以选择。
国际工程承包中常见的险别包括以下几种：

1. 工程一切险（all risks insurance）

工程一切险又称工程全险，是一种综合性的险别，包括对工程项目在整
个施工期间由于自然灾害、意外事故、工人或技术人员操作疏忽和过失而造
成的损失以及对第三者造成的人身伤害或财产损失，保险公司都负责赔偿。
在一般情况下，一切险包括已完工程、在建工程、临时工程、已到达现场的
材料和施工机械设备，以及现场的其他财产等。

2. 第三方责任险（the third party liability insurance）

第三方责任险是指施工期间，在工地发生的意外事故给与本工程无关的
第三方造成的经济损失或人身伤亡，保险公司负责赔偿。在合同条件中，一
般都规定承包商应投保第三方责任险，并规定有最低保险金额。

3. 人身意外险（personal accident insurance）

人身意外险是指被担保人在保险有效期内，因遭受意外事故而致残或身亡，
保险公司负责赔偿的一种险别，合同中通常会规定承包商对施工人员投保人身意
外险。人身意外险还可附加医药保险，即对被投保人由于遭受意外伤害或因疾病
所需的医药费，由保险公司在商定的额度内按实际情况支付金额赔偿。

4. 机动车辆险（motor car insurance）

如果投保了工程一切险，已列入施工机具设备清单中的运输车辆若在工
地以内的作业过程中发生事故，保险公司负责赔偿，但若在工地以外的交通
线路上发生事故，保险公司则不负责赔偿。因此，承包商还应投保机动车辆
险，由保险公司负责赔偿由于施工运输车辆在工地外发生事故而造成的损失。
机动车辆险包括车身险和第三方责任险两部分，有些国家对机动车辆实行强
制保险，凡是未经保险的车辆不准在公路和其他一切公共交通线路上行驶。

5. 机器设备损坏险（machinery breakdown insurance）

在施工过程中，工地上使用的一切机器设备都可以成为保险标的，投保
机器设备损坏险后，对于保险期内保单项下的被保险机器及附属设备因突然
的不可预料的意外事故造成的损失，由保险公司按保单规定负责赔偿。投保
金额一般根据设备原价计算，保险期限一般从施工机械设备运到现场开始到
机械设备的使用期结束。

6. 设备安装保险（erection risks insurance）

设备安装保险是对于在整个工程项目的安装过程中，由于各种自然灾害、
意外事故及工人、技术人员的疏忽、过失而造成的各种损失，保险公司负责

赔偿的一种险别。工厂、矿山机械设备安装工程出现意外风险的机会较多，一般都要投保设备安装险。设备安装险的期限一般从项目动工或设备运至现场时开始，至工程试车完毕为止。

7. 社会福利险

有些国家要求对工程雇佣的本国与外国雇员和工人投保强制性的社会福利保险，而且指定在该国劳工部门所属的专业保险公司投保，投保社会福利险后，被保险人可以享受伤残、退休、失业或死亡的社会福利救济。

8. 货物运输保险

货物运输保险包括基本险和附加险，其中基本险包括平安险、水渍险和一切险；附加险是指保险公司对由于外来原因造成的损失承担赔偿责任的一种险别，包括一般附加险和特殊附加险。

本章小结

国际建筑工程合作的主要形式是国际工程承包，国际工程承包是国际承包商以提供自己的资本、技术、劳务、设备、材料、许可权等，通过国际招投标或其他协商途径，为工程发包人（业主）营造工程项目，并按照事先商定的条件、合同价格、支付方式等收取费用的一种商业活动方式。国际工程承包是第二次世界大战后蓬勃兴起的一种国际经济合作方式，也是一项综合性较强的国际商务活动。在国际工程承包实施中应注意合同、施工索赔、银行保函和保险等问题。

关键名词或概念

1. 国际工程承包（international project contract）
2. 业主（promoter）
3. 承包商（contractor）
4. 招标与投标（invitation to tender & submission of tender）
5. 公开招标（open bidding or tendering）
6. 项目融资（project finance）
7. 带资承包（contract with capital）
8. BOT 承包方式

拓展阅读

FIDIC 合同条件

FIDIC 合同条件标准文本由英语写成，第一版由国际咨询工程师联合会于 1957 年颁布，1963 年 FIDIC 合同条件修订为第二版，1977 年 FIDIC 合同条件修订为第三版，1987 年 FIDIC 合同条件第四版问世。目前使用的是国际咨询工程师联合会（FIDIC）编制的《业主/咨询工程师标准服务协议书》、《设计—建造与交钥匙工程合同条件》、《电气与机械工程合同条件》、《土木工程施工合同条件》、《土木工程施工分包合同条件》，一般分为协议书、通用（标准）条件和专用特殊条件三大部分。

FIDIC《业主/咨询工程师标准服务协议书》（白皮书）由协议书、标准条件（第一部分）、特殊应用条件（第二部分）等组成，共计 44 条，并通过《业主/咨询工程师标准服务协议书应用指南》加以具体指导。《业主/咨询工程师标准服务协议书应用指南》由第一章引言、第二章白皮书——第一部分和第二部分（计 44 条）、第三章白皮书——附加讨论、第四章附件 A——服务范围、第五章附件 B——业主提供的职员、设备、设施和其他人员的服务、第六章附件 C——报酬和支付、第七章授权范围及其制定等组成。

FIDIC《设计—建造与交钥匙工程合同条件》（橘皮书）包括：第一部分，通用条件：①合同；②雇主；③雇主代表；④承包商；⑤设计；⑥职员与劳工；⑦工程设备、材料和工艺；⑧开工、延误和暂停；⑨竣工检验；⑩雇主的接收；⑪竣工后的检验；⑫缺陷责任；⑬合同价格与支付；⑭变更；⑮承包商的违约；⑯雇主的违约；⑰风险和责任；⑱保险；⑲不可抗力；⑳索赔、争端与仲裁。第二部分，特殊应用条件编制指南、投标书与协议书格式等。

FIDIC《电气与机械工程合同条件》（黄皮书）包括：序言，对由第一部分通用条件的条款所要求的详细细节做了规定；第一部分：通用条件：①定义及解释；②工程师和工程师代表；③转让与分包；④合同文件；⑤概述；⑥承包商的义务；⑦业主的义务；⑧劳务；⑨工艺和材料；⑩工程、运送或安装的暂停；⑪竣工；⑫竣工检验；⑬验交；⑭验交后的缺陷；⑮变更；⑯设备的所有权；⑰证书与支付；⑱索赔；⑲外币和汇率；⑳暂定金额；㉑风险与责任；㉒对工程的照管和风险的转移；㉓财产损害和人员伤害；㉔责任的限度；㉕保险；㉖不可抗力；㉗违约；㉘费用和法规的变更；㉙关税；㉚通知；㉛争议与仲裁；㉜法律及程序。第二部分，专用条件：①概述；②A 项；③B 项；④投标保函；⑤履约保函；⑥变更命令；⑦移交证书；⑧缺陷责任证书；⑨缺陷责任保函；⑩最终支付证书等组成。第二部分 A 项用于说明在第一部分通用条件中规定的变通解决方法，除非第二部分的 A 项规定了变通解决方法，否则将采用通用条件中的规定。第二部分的 B 项可用于补充特别工程项目需要而 A 项中尚未做出规定的任何进一步的专用条件。

FIDIC《土木工程施工合同条件》（红皮书）包括：第一部分，合同协议书。通用条件：①定义及解释；②工程师及工程师代表；③转让与分包；④合同条件；⑤一般义务；⑥责任的分担和保险的义务；⑦业主办理的保险；⑧承包商的其他义务；⑨劳务；⑩材料、工程设备和工艺；⑪暂时停工；⑫开工和误期；⑬缺陷责任；⑭变更、增添和省略；⑮索赔程序；⑯承包商的设备、临时工程和材料；⑰计量；⑱暂定金额；⑲指定的分包商；⑳证书与支付；㉑补救措施；㉒特殊风险；㉓解除履约；㉔争端的解决；㉕通知；㉖费用和法规的变更；㉗货币及汇率；㉘可能使用的补充条款；㉙投标书；㉚附件。第二部分：专用条件。通用条件与专用条件一起构成了决定合同各方权利与义务的条件。

FIDIC《土木工程施工分包合同条件》第一版于 1994 年颁布，它与 1992 年再次修订重印的 FIDIC《土木工程施工合同条件》（1987 年第四版）配套使用，内容包括：第一部分，通用条件：①定义及解释；②一般义务；③分包合同条件；④主合同；⑤临时工程、承包商的设备和（或）其他设施（如有时）；⑥现场工作和通道；⑦开工和竣工；⑧指示和决定；⑨变更；⑩变更的估价；⑪通知和索赔；⑫分包商的设备、临时工程和材料；⑬保障；⑭未完成的工作和缺陷；⑮保险；⑯支付；⑰主合同的终止；⑱分包商的违约；⑲争端的解决；⑳通知和指示；㉑费用及法规的变更；㉒货币及汇率。第二部分，特殊应用条件编制指南（附报价书及协议书格式）。FIDIC《土木工程施工分包合同》通用条件和特殊应用条件与对应的条款编号相联系，共同构成了决定分包合同各方权利和义务的分包合同条件。为适应每一具体的分包合同，特殊应用条件必须特别拟订，特殊应用条件编制指南旨在为各个条款提供适宜的选择方案以帮助进行此项工作。

简答题

1. 什么是国际工程承包？国际工程承包有哪些特点？
2. 国际竞争性招标包括哪些内容？优点是什么？
3. 招标包括哪些程序？
4. 什么是"FIDIC 合同条款"？
5. 什么是施工索赔？怎样进行施工索赔？
6. 什么是带资承包？带资承包主要有哪些方式？
7. 什么是 BOT 承包方式？其主要优势是什么？

第十章 国际技术转让

本章导读

国际技术转让是技术跨越国境的转让行为，是技术要素在国际的组合与配置，主要包括非商业性和商业性转让两种类型。非商业性技术转让是一种无偿技术转让，联合国发展系统与各国政府实施的技术援助大都属于无偿技术转让。有偿技术转让是将技术作为商品，按商业交易方式和条件进行转让，主要通过经济合作和贸易途径进行。国际技术转让的基本内容包括：专利、专有技术和商标，主要通过国际技术贸易，即许可贸易方式进行交易，价格的确定比较复杂。国际技术转让涉及知识产权，有关知识产权的国际保护，除了国家之间签订的双边条约和协议之外，还有一些国际性的多边公约。

学习目标

通过本章学习，了解国际技术转让的基本概念和交易方式，熟悉与国际技术转让有关的知识产权知识，掌握商业性技术转让交易程序、价格决定方式等。

第一节 国际技术转让概念

一、国际技术转让的定义

（一）技术转让

技术是社会生产活动中制造某种产品、应用某种工艺方法制造产品或提供服务的系统知识，技术既可以通过语言、文字、公式、配方等有形形式表现，也可以通过技能、经验等无形形式表现。按照经济学新古典增长理论的观点，技术是决定经济增长的三项主要因素之一，只要技术变革不停止，增长就不会结束[①]。技术无论以何种方式表现，都可以传授并能带来经济效益，

[①] 新古典增长理论（new classical growth theory）是 20 世纪 50 年代由美国经济学家索洛等人提出的一种经济增长理论，该理论的结论是：只要技术进步，经济可以实现稳定增长。

技术传授即为技术转让。技术转让是技术持有者通过各种方式将其拥有的生产技术、销售技术或管理技术以及有关的权利转让给他人的行为，跨越国境的技术转让行为就是国际技术转让（international technology transfer）。

（二）国际技术转让

国际技术转让是技术要素在国际的组合与配置，联合国贸发会议制定的《国际技术转让行动守则草案》（1981）中称技术转让是指关于制造产品、应用生产方法或提供服务的系统知识的转让，但不包括贸易的单纯买卖或租赁。由此可以看出，国际技术转让是指技术拥有者将某一特定技术知识或经验，通过技术贸易或合作与交流等方式传授给对方使用。判定一项技术转让是否具有国际性，并不以卖方与买方是否属于不同国籍的自然人或法人作为标准，而是看作为转让标的技术是否跨越国境，将跨越国境的技术转让被称为国际技术转让，是国际上多数国家所接受的标准。

国际技术转让包括非商业性技术转让和商业性技术转让，前者是一种无偿技术转让，通常指通过技术援助、技术情报交换、学术交流和技术考察等形式进行的技术让渡，联合国发展系统与各国政府实施的技术援助大都属于无偿技术转让。后者是有偿技术转让，这种转让方式将技术作为商品，按商业交易方式和条件进行转让，技术所有人从中获得报酬，商业性技术转让是以营利为目的的技术转让，主要通过经济合作和贸易途径进行。通过贸易途径以纯商业方式进行的国际技术转让属于国际技术贸易，以经济合作方式进行的国际技术转让属于国际技术合作的一部分，主要发生在生产领域及相关服务领域。这种合作是指作为技术输出方的外国合作者，将其技术作为投资股本作价转让给东道国的合作企业，双方共同合作研制或生产某一产品，并形成新的或更高的生产力，如将技术转让与资本输出结合起来，作为对外直接投资中的一定比例以股本形式参与投资。发达国家、跨国公司经常利用技术输出带动资本和商品出口，以技术换市场，而发展中国家多通过利用外资引进技术，以市场换技术或以资本换技术。

二、国际技术转让的特点

（一）国际技术转让的基本特点

国际技术转让是以技术作为交易对象在国际发生的交换行为。交换首先必然遵循市场经济的一般规律，但由于技术商品有其不同于一般商品的自身特点，所以技术转让也有不同于一般货物贸易的自身特点：

第一，交易标的与形态不同。与货物贸易交易标的不同，技术转让交易标的物是知识产品，是人们在科学实验和生产过程中创造的各种科技成果，很多技术革新、发明创造可能只是一组数学公式、一项原理、一项设计，可以写在纸上，也可以记录在录音带上。以文字或录音代表的技术，只是一种技术载体，可以表示技术内容，但并不是技术本身，其价值含义是通过这种载体可以创造更多新价值，所以技术转让常被称为无形贸易。

第二，交易双方当事人不同。货物贸易交易过程较为简单，交易双方当事人既可以是生产商与销售商，也可以是销售商与销售商，在专业知识方面并不要求双方一定是同行。技术转让以无形的技术知识作为交易对象，首先要求交易双方必须是同行，都懂得交易标的物的实际含义，只有这样，技术引进方才会对转让方的技术感兴趣，才有能力使用被转让的技术。

第三，所有权转移不同。货物贸易所有权随贸易过程发生转移，原所有者对已卖出的货物不能再使用和再出卖。技术商品的所有权与使用权可以完全分开，技术转让一般不转移所有权而只转移使用权、制造权和销售权，其目的在于扩散技术知识。绝大多数情况下，技术转让后，技术所有权仍属技术所有人。一项技术不需要经过再生产就可以多次转让，同一技术可供多个生产者重复使用，技术所有人在转让技术使用权（除非技术转让合同中另有规定）后，仍然可以继续使用该项技术制造产品或提供服务，或者再次转让获得经济收益。

第四，适用法律关系不同。货物贸易主要由合同法调整，并受运输、保险等法规约束。技术转让以无形技术知识作为交易对象，交易标的多以技术知识为主，权利人享有独占或排他权，交易过程除适用合同法的一般规定外，还受知识产权法律保护，交易应遵守知识产权、工业产权等专门的技术转让法规的要求。

第五，贸易条件不同。与货物贸易条件不同，技术转让多以"传授"知识为主，过程复杂而且时间较长，交易双方是一种长期合作关系，一项技术从一方转移到另一方，往往须经过提供资料、吸收技术、消化投产，最后才完成技术转让行为，因此技术交付不是双方关系的终结，而是双方关系的开始。此外，由于技术市场多属于卖方市场，技术引进方多处于较被动地位，特别是当今各国都重视科学技术进步对经济发展的作用，采用新技术速度快，需求量大，使世界技术转让的卖方市场更具垄断性、保护性特点，技术供给方常利用提供新技术附带一些限制性条件。

（二）国际技术转让的其他特点

1. 国际技术转让是较长期的合作过程

技术转让是知识和经验的传授，目的在于使技术接受方消化和掌握技术并进行生产，因此技术转让的双方在达成交易协议后，一般要经过提供技术资料、培训技术人员、实施技术、检验产品，乃至继续提供改进技术等步骤，这些步骤的完成需要一定的时间，有时甚至是较长的时间，所以技术转让的双方需要建立较长期的密切合作关系。

2. 国际技术转让竞争日趋激烈

在当今世界，谁拥有先进技术，谁就能在世界经济中处于领先地位。虽然发达国家与跨国公司在国际技术转让市场上占有主导地位，但从 20 世纪中期以后，发展中国家的技术开发速度也越来越快，开始在国际技术转让市场上占有不可忽视的地位。为了保持并扩大技术市场份额，各技术输出国或企业都在不断地开发新技术，积极参与市场竞争，使国际技术转让市场竞争日趋激烈。

3. 国际技术转让的交易双方既是合作伙伴又是竞争对手

在国际技术转让中，技术输出方与引进方既是合作伙伴，又是竞争对手，这是国际技术转让中最为突出的一个特点。由于技术转让双方往往是同行，技术输出方既想通过输出技术获取收益，同时又担心引进方获得技术后，制造同类产品而成为自己的竞争对手，因此技术输出方一般不愿意转让最先进的技术，或者在转让时对引进方附加一些较为严格的限制条件作为约束。

4. 国际技术转让价格确定难度较大涉及法律复杂

国际技术转让的交易对象是技术，技术价格不像商品价格那样主要取决于生产、运输和销售成本。技术作为一种生产要素，在成熟之前需要投入开发成本，转让之后，引进方可以凭借引进的技术使其他生产要素组合与配置更为科学合理，产生更大的经济效益，新技术的先进性和新颖性是唯一的，同时也就使其具有垄断性和独占性特点，从而导致技术商品作价具有特殊性和复杂性。引进方究竟能获得多大的经济效益，在技术引进谈判和签约时往往难以准确预测，所以技术价格既不能仅凭其开发成本计算，也不能靠单一的预期利润预测，合理地确定技术转让价格需要交易双方认真磋商。此外，国际技术转让涉及的法律、法规和公约、风险、限制与反限制、保密、权利和技术保证、支持办法等问题比货物贸易都要复杂得多。

5. 技术输出方对技术输出管制比较严格

在高科技日益快速发展的今天，技术涉及一个国家的核心竞争力，技术转让不仅涉及企业利益，而且与国家发展战略、国家安全都有密切的联系。因此，各国出于政治、军事目的，为了保持本国核心技术的领先地位，都严格控制尖端技术、军事技术以及可用于军事上的先进技术输出，对输出的技术项目实行严格的审批制度。特别是一些发达国家出于政治目的，严格限制对一些所谓敌对国家技术的输出。第二次世界大战结束后，由美国提议成立的巴黎统筹委员会是这一特征的典型产物，[①] 而近 30 年来，尽管西方主要发达国家已完成产业结构调整，但仍十分重视以装备制造业为核心的制造业，作为装备制造业工作母机的精密机床，涉及国家经济安全和军事安全，一直是西方国家对中国等发展中国家禁运的重点，1999 年 5 月，美国政府公布的考克斯报告提出要控制对华出口机床，2000 年 10 月 12 日，美国参议院通过了针对中国等国家的《控制高技术机床出口》法案。

6. 软件技术在国际技术转让中的比重日益提高

20 世纪 80 年代以前，国际技术转让主要通过引进和出口先进设备进行，技术进口国或企业往往以购买设备等方式来引进技术。80 年代后，随着高新技术的迅猛发展，软件技术，特别是计算机技术交易使传统的技术转让方式发生了根本性变化，以许可贸易方式进行的软件交易在国际技术转让中逐渐占据了主导地位，此时的技术进口国往往为了购买某项专利或专有技术而附带进口设备，发展中国家在注重技术引进效益的同时，也逐渐将软件技术作为其技术引进的主要标的。

7. 发达国家与跨国公司在国际技术转让市场中占主导地位

长期以来，国际技术转让活动主要集中在发达国家与跨国公司之间。从总量上看，发达国家的技术贸易额占世界技术贸易额的 80% 以上，而跨国公司又控制着发达国家技术贸易额的 80%。从国家和地区看，国际技术转让活动主要集中在美、英、法、日、德等少数国家，这些国家的技术贸易额占发达国家技术贸易总额的 90% 以上。跨国公司由于资金雄厚，技术力量强大，拥有众多的专利技术，在技术贸易中经常处于垄断地位，在技术贸易谈判中

---

① 巴黎统筹委员会（Co-Ordinating Committee for Export Control），简称"巴统"，成立于 1949 年 11 月，有美国、英国、法国、德国、意大利、丹麦、挪威、荷兰、比利时、卢森堡、葡萄牙、西班牙、加拿大、希腊、土耳其、日本和澳大利亚 17 个成员国，其宗旨是限制成员国向社会主义国家出口战略物资和高技术。列入禁运清单的有军事武器装备、尖端技术产品和稀有物资三大类上万种产品。冷战结束后，世界格局发生重大变化，加上巴统的禁运措施与世界经济科技领域的激烈竞争形势也不相适应，一些西方国家又将巴统作为相互进行贸易战的工具。1993 年 11 月巴统成员国高级官员在荷兰举行会议，一致认为巴统"已经失去继续存在的理由"，1994 年 4 月 1 日宣告解散。

处于有利地位。跨国公司转让技术时一般与资本输出和商品输出相结合，通过在东道国建立子公司或合资方式进行。

8.国际技术转让与国际货物贸易有着密切联系

尽管在交易标的、方式等方面国际技术转让有着自身独到的特点，但从本质上看，国际技术贸易与国际货物贸易有着密切的联系。首先，货物贸易的基础除自然禀赋差异外，在很大程度上源自于技术差异，正是一些国家或地区间存在技术差异，使得企业生产效率不同、产品质量不同，在国际市场上的竞争力不同，所以通过技术转让，一方面促进了国际货物贸易的发展；另一方面推动了各国，特别是发展中国家技术水平提高，使国际货物贸易量大大增长。其次，国际技术转让是促进国际货物贸易结构变化的动力，发展中国家通过引进国外先进技术，改造传统产业，从而改变本国进出产品结构，增加外汇收入，增强本国的经济实力和产品竞争力。最后，国际技术转让成为疏通国际货物贸易的手段，在贸易摩擦日益加剧的今天，出口国为绕过贸易壁垒，通过输出技术在引进国就地生产，同样能达到扩大出口的目的，引进国通过让出市场，不仅能提高技术水平，还可以拉动当地就业和增加税收。

第二节　国际技术转让内容

一、专利技术

（一）专利的定义

专利（patent）是专有的利益和权利，专利权（patent right，简称"专利"）是发明创造人或其权利受让人对特定的发明创造在一定期限内依法享有的独占实施权。专利权是知识产权的一种，是对人类智力成果的保护，但究竟哪些智力成果属于专利保护对象，各国的法律规定并不相同。根据世界知识产权组织的定义，专利是由政府机构（或代表几个国家的地区机构）根据申请而发给的一种文件，文件中说明一项发明并给予它一种法律上的地位，即此项得到专利的发明，通常只能在专利持有人的授权下，才能予以利用（制造、使用、出售、进口）。从这个定义可以看出三层意思，第一，专利必须有专利证书文件；第二，专利证书由法律授权的专利机关授予；第三，专利是一种权利，是获得法律地位的发明人所获得的使用专利发明的独占权利，包括专有权（所有权）、实施权（制造权和使用权）、许可使用权、销售权、放弃权，简单地说，专利就是专利权人对专利发明的支配权。

　　根据世界各国专利法规定，能够被授予专利权的发明必须具有新颖性、创造性和实用性三个基本特征。第一，新颖性（novelty）指在提出专利申请以前，该申请是尚未有过的发明或实用新型，判断发明和实用新型是否具有新颖性一般依据三个标准：（1）时间标准，多数国家在时间标准上采用申请日原则，即发明和实用新型在申请日以前未被公开过，即没有其他人向专利授予机构就相同内容的发明或实用新型提出过专利申请。（2）地域标准，目前世界各国所采用的地域标准有世界新颖、国内新颖和混合新颖三种；世界新颖指发明或实用新型必须在全世界任何地方未被公开或未被使用过，国内新颖指发明或实用新型在本国范围内未被公开和使用过，混合新颖则指发明或实用新型从未在国内外出版物上发表过，并从未在国内公开使用过。（3）公开的形式标准，世界各国专利法均规定，一项发明或实用新型必须从未以任何形式为公众所知，否则不具有新颖性。第二，创造性（incentive step）指申请专利的发明和实用新型，与已有的技术相比具有"突出的实质性特点和显著的进步"（《中华人民共和国专利法》第 22 条）。第三，实用性（industrial applicability）指发明或实用新型"能够在生产上制造或使用，并且能产生积极的效果"（《中华人民共和国专利法》第 22 条）。

　　（二）专利的种类

　　有关专利的种类界定，早在 1883 年 3 月，欧洲国家就签订有巴黎协定，后来于 1900 年 12 在布鲁塞尔，1911 年 6 月在华盛顿，1925 年 11 月在海牙，1934 年 6 月在伦敦，1958 年 10 月在里斯本，1967 年 7 月在斯德哥尔摩，主要发达国家先后多次讨论和修订过相关规定。根据 1954 年发明专利国际分类欧洲公约创建的发明专利国际分类法，1971 年 3 月，欧美国家在法国斯特拉斯堡签订了《国际专利分类斯特拉斯堡协定》（*International Patent classifi-cation Agreement*，IPCA）。《协定》共 17 条，主要内容包括：专门联盟的建立；国际分类法的采用；分类法的定义、语言、使用；专家委员会；专门联盟的大会；国际局；财务；修订；缔约国；生效；有效期；退出；签字、语言、通知、保存职责；过渡条款。《协定》由世界知识产权组织管理，并向《保护工业产权巴黎公约》的所有成员国开放，协定规定缔约国对一切专利文件都应标注适当的国际专利符号，任何国家，不论是否协定的缔约国均可使用该分类法。国际专利分类系统每 5 年修订一次，只有参加《协定》的巴黎联盟成员国才有权参与国际专利分类系统的修订工作。1996 年 6 月 17 日，中国政府向世界知识产权组织递交加入书，1997 年 6 月 19 日中国成为该协定成员国。根据最新的与发明创造有关的全部知识领域国际专利分类（2014），共分为 8 个大类，每类用英文大写字母 A-H 表示，即：第一类，人类生活必需（A）；第二类，作业、运输（B）；第三类，化学、冶金（C）；第四类，纺织、造纸（D）；第五类，固定建筑物（ED）；第六类，机械工程、照明、加热、武器、爆破（F）；第七类，物理（G）；第八类，电学（H）。[①]

中国专利法规定的专利包括发明专利、实用新型专利、外观设计专利三种类型。发明指对产品、方法或者其改进所提出的新技术方案，又分为产品发明和技术方案方法发明，产品发明指一切以有形形式出现的发明，即用物品来表现其发明，如机器、设备、仪器、用品等；方法发明指发明人提供的技术解决方案是针对某种物质以一定的作用、使其发生新技术效果的一种发明，方法发明通过操作方式、工艺过程形式来表现其技术方案。实用新型指对产品的形状、构造或者其结合所提出的适于实用的新技术方案，实用新型专利只保护具有一定形状的产品，没有固定形状的产品和方法以及单纯平面图案为特征的设计不在此保护之例。外观设计指对产品形状、图案、色彩或者与其结合做出的富有美感，并适于工业应用的新设计，即产品的样式，也包括单纯平面图案为特征的设计。

（三）专利的特征

专利是一种无形的财产权，具有与其他财产权不同的特征，主要体现在专有性、地域性、时间性和实施性四个方面。

（1）专有性。专有性也称独占性或排他性，是专利权的本质与最重要的特征，即对于同一发明权只能授予一个专利，而不能授予几个专利。专利权的独占性还表现在发明人被授予发明专利权后，在一定的期限内享有独立制造、使用和销售的权利，其他人如欲使用，必须征得专利权人的同意，否则属于侵权行为。

（2）地域性。专利权是一种有地域范围限制的权利，除某些情况下依据保护知识产权的国际公约以及个别国家承认另一国批准的专利权有效以外，技术发明在哪个国家申请专利，就由哪个国家授予专利权，而且只在专利授予国的范围内有效，对其他国家不具有法律约束力，即其他国家不承担任何保护义务，其他人可以在其他国家使用该发明。但是，同一发明可以同时在两个或两个以上的国家申请专利，获得批准后便可同时在这些国家受到法律保护。

（3）时间性。专利权是一种有时间性的权利，专利只有在法律规定的期限内才有效，专利权的有效保护期限结束以后，专利权人所享有的专利权便

---

① 见国家知识产权局：《国际专利分类表》（2014 版）。

自动丧失，一般不能续展，发明便随着保护期限的结束而成为社会公有的财富，其他人便可以自由地使用该发明来创造产品。专利受法律保护的期限的长短由各国的专利法或有关国际公约规定，目前世界各国的专利法对专利的保护期限规定不一，一般规定为 10～20 年，《与贸易有关的知识产权协议》第 33 条规定专利"保护的有效期应不少于自提交申请之日起的第 20 年年终"。需要指出的是，对专利的保护是以专利权人履行缴费义务为前提的，如果专利权人没按规定履行其缴费义务，即使处于法律规定的专利保护期限之内，也丧失了专利权。

（4）实施性。对于发明者所得到的专利权，除美国等少数几个国家以外，大多数国家都要求专利权人在给予保护的国家内实施其专利，即利用专利技术制造产品或转让其专利。

二、专有技术

（一）专有技术的定义与表现形式

"专有技术"（proprietary technology）一词源自于自英语中的"know-how"，直译为"知道怎么干"，该词在 20 世纪 50～60 年代首先出现于英国和美国，目前在世界上已被广泛承认和使用。关于专有技术的具体理解，国际上并没形成统一的认识，各国的解释不尽一致，一般认为专有技术是指从事生产、管理和财务等活动领域的一切符合法律规定条件的秘密知识、经验和技能，其中包括工艺流程、公式、配方、技术规范、管理和销售的技巧与经验等。世界知识产权组织 1972 年制定的《发展中国家保护发明示范法》中对专有技术下的定义是："所谓专有技术是指有关使用和运用工业技术的制造方法和知识"。在世界贸易组织《与贸易有关的知识产权协议》中，对采用"未公开的信息"（undisclosed information）一词的解释是"特指未公开的、未取得工业产权法律保护的制造某产品或者应用某项工艺以及产品设计"。此外，专有技术也常被称为技术诀窍（know-how）、技术秘密、商业秘密（trade secrets）等。从这些定义可以看出，专有技术一般包括知识、经验、数据、图纸、配方、技术资料等，既涉及工艺、技能、制造和加工标准，也涉及制造、使用和维修和程序等。从表现形式看，专有技术属于知识形态，本身是无形的，但往往通过一定的有形物体表现出来，如文字图形形式，其载体可为图纸、资料、照片、磁带、软盘等；实物形式，如尚未公开技术的关键设备、产品样品和模型等；以及口头或操作演示形式，如存在于少数专家头脑中或个人笔记本中的有关生产管理和操作经验、技巧以及一些关键数据、配方等。

（二）专有技术的形成条件与特征

在法律意义上，形成专有技术必须具备三个条件：第一，其整体或其确切的结构和内容组合是秘密的、非通常从事该信息领域工作的人们所普遍了解或容易获得的；第二，是秘密的并具有商业价值；第三，其合法拥有者已按照实际情况采取了合理措施对其予以保密。

专有技术实际上是没有申请专利的知识产权，不像专利技术和商标一样经过法律认可而得到保护，因此是一种非法定权利，专有技术的所有人依靠自身的保密手段来维持其所有权，其特征体现在以下几个方面。

（1）知识性。专有技术是一种没有取得专利权保护的技术知识，是人类智力劳动的产物，具有非物质属性。在形态上，专有技术可以是从产品开发到最终制成品的总体系列技术，也可以是一项或几项产品的配方、工艺或产品设计方案为主的单项技术。

（2）实用性。实用性亦称经济性，作为人类智慧的结晶，专有技术能应用于生产实践并能产生经济效益，是一种具有实用性的动态技术。实用性是构成专有技术的一个必要条件，如果专有技术没有实用价值则失去了其存在的意义。

（3）保密性。专有技术是未经法律授权的秘密技术，是一种以保密性为条件的事实上的独占权。专有技术是不公开的，知悉其技术内容的人为数相当有限，凡是以各种方式为公众所知的技术都不能称为专有技术。由于专有技术未经法律程序授权得到保护，因此，专有技术的所有者只能依靠自身的保护措施来维持其技术的专有权。专有技术的适用范围比专利技术更为广泛，在专有技术转让中，往往会因保密措施不当而变为公开技术，从而丧失其商业价值，所以专有技术转让合同必须规定受让承担保密义务。

（4）可转让性。专有技术的可转让性基于其自然属性，即知识的可传授性，也就是说，凡专有技术必能以言传身教或以图纸、配方、资料等形式传授给他人。正因为专有技术的这一特征，才使其成为技术转让的标的。

（5）历史性。专有技术不是研究人员灵机一动而产生的，而是由多年的经验积累总结出来的，这一过程往往需要很长时间。随着经济和科学技术的发展，专有技术的内容也会不断得到丰富和发展，也有些专有技术随着替代技术的问世而被淘汰。

三、商标权

（一）商标的定义与种类

商标（trade mark）是商品/服务的生产者或经营者为了使自己的商品/服

务与他人相区别而在其商品/服务上所加的一种具有显著性特征的标记。商标是商品经济的产物，它在现代经济生活中的主要作用是：首先，区别商品的生产者、经营者、服务者和进货来源；其次，代表商品质量和服务质量；最后，有助于商品和服务的广告宣传。世界知识产权组织（WIPO）的定义是：商标是将某商品或服务标明是某具体个人或企业所生产或提供的商品或服务的显著标志。商标按构成要素可分为文字商标、图形商标和组合商标。

商标权是一国的商标主管部门根据商标申请人的申请，经核准后，授予商标申请人的一种商标专用权。商标权是一个集合概念，包含四个方面内容：第一，使用权，即只有商标所有人享有在核定产品上使用注册商标的权利，未经所有人的同意，其他人不得乱用或滥用。第二，禁止权，即商标所有人有权向有关部门提起诉讼，请求停止他人的侵权行为，可要求侵权人赔偿其经济损失，并追究侵权人的刑事责任。第三，转让权，即商标所有人可以将商标的所有权有偿或无偿转让给他人，并放弃自己使用的部分或一切权利。第四，许可使用权，即商标所有人可以以有偿或无偿的方式许可他人使用自己注册的商标。

（二）商标权的确立及作用

各国法律对商标权确立大致采用三种原则：第一种是先使用原则，即商标的最先使用人有权取得商标专用权（使用在先）；第二种是先注册原则，即商标的最先注册人有权取得商标专用权（注册在先）；第三种是无异议注册原则，即商标专用权原则上授予先注册人，但先使用人可以在规定期限内提出异议，如果异议成立，已经授予先注册人的商标专用权即被撤销而授予先使用人，如果超过规定期限无人提出异议，则商标专用权仍属于先注册人，目前大多数国家采用先注册原则，中国的《商标法》也采用这一原则。

（三）商标权的特征和转让

商标权是一种受法律保护的无形资产，属于知识产权范畴，具有独占性、时间性、地域性和可转让性特征，商标权受专门的法律《商标法》保护。独占性是指商标是其所有人的财产，所有人对其享有排他的使用权，并受到法律保护，商标的独占性体现在使用权和禁止权两个方面。时间性表现为各国法律对商标权保护均规定有一定的期限，一般为 10～15 年。地域性指的是商标权的所有人只有在授予该商标权的国家境内受到保护，如果想要得到其他国家对商标权的保护，商标所有人必须依法在其他国家申请注册。可转让性说明在技术转让中，商标作为交易对象有商标使用权许可和商标权转让两种做法，商标使用权许可是指商标专用权所有人通过与他人签订许可合同，允许对方在指定的商品上及规定的地域内使用其注册的商标；商标权转让则指商标专用权所有人放弃其所拥有的权利，将商标权转让给他人，这种转让有两种方式，第一种是单纯转让，即只转让商标专用权；第二种是将商标连同企业或者与商标有关的部分业务一起转让。商标转让的使用方法通常包括：第一，直接使用；第二，联结使用；第三，联合使用；第四，许可方许可商标与被许可方制造地联系使用。

四、专利权、专有技术和商标权的联系与区别

（一）工业产权的概念与法律特征

工业产权从本质上看是一种财产权，但作为财产权的工业产权具有不同于一般财产权的法律特征表现为：第一，工业产权的取得必须符合法律规定的条件；第二，工业产权的保护对象是不占据空间又不具备一定特质形态的人类智力成果，实际是一种无形财产权；第三，工业产权含有人身权意义，它与取得该项智力成果的创造人、发明人的人身不可分离，人身权既不能转让，也不能继承；第四，工业产权具有专有性，这种专有性包含独占性、排他性、垄断性特征，工业产权所有人在法定的期限内有权禁止他人未经其许可而使用其所拥有的专有性权利，如专利方法，制造其专利产品或使用其所有的商标；第五，工业产权法律保护具有严格的时间限制，保护期限届满或终止，法律将不再对其进行保护；第六，工业产权法律保护具有严格的地域性，即依一国法律获得的专利权和商标权，只有在该国境内得到承认并受该国法律保护，如果要得到其他国家法律的确认和保护，则必须按有关国家的法律规定向指定主管机关办理申请注册手续。

（二）专利权与专有技术的联系与区别

从联系角度看，专利权与专有技术都是无形资产和人类智慧的结晶，是精神创作的成果，都具有技术价值、产权价值与商业价值特性，而且两者往往共处于实施一项技术所需的知识总体之中，联系比较紧密。但在法律上，专利与专有技术有着较为严格的区别：第一，法律地位不同，从法律地位看，专利是一种工业产权，经过法律程序得以授权，并受工业产权法、知识产权法和国家专利法保护；专有技术则是由于某种原因没申请专利或不能取得专利的技术，这种技术是一种事实上的占有，而不是法定占有，大部分专有技术靠自身的保护来维持其所有权，如果涉及法律问题，主要由民法、刑法、不公平竞争法以及有关商业秘密保护等法律调节。第二，表达方式不同，从表达方式看，专利技术是公开的，发明人在申请专利时，必须将发明内容在

申请书中予以公开，由专利主管部门在官方的"专利公告"上将其发表并成为公开的技术。专有技术大部分是秘密的，完全靠保密来加以保护，一旦公开，法律很难给予保护。第三，技术内容的范围不同，世界各国对授予专利技术的领域都做了限定，不是所有的技术都能申请专利；而专有技术的内容不仅包括各种能授予专利权的生产和服务等行业的技术，还包括不能授予专利权的管理、经营等方面的技术，所以专有技术的范围比专利技术更为宽泛。第四，时间限制不同，从时间限制看，专利保护期限受法律规定限制，而且不能续展；专有技术则不受时间的限制，即在技术不过时的情况下，只要专有技术所有人能够保密，就可以永远作为技术而存在并享受专有，如可口可乐的配方作为专有技术已保密了100多年。

（三）专利权与商标权的联系与区别

从联系角度看，专利权与商标权都是工业产权，都受到工业产权法律和国家专利法与商标法的保护，并都有时间和地域的限制。两者的区别在于，专利权不能无限续展；而商标权人在商标保护期届满时，可以申请续展，而且对续展的次数没有限制，商标权人只要按期办理续展手续和交纳相关费用，可以永远保持商标的所有权。

第三节　国际技术转让方法

一、国际技术转让的途径

国际技术转让的途径实际上就是国际技术贸易的种类，联合国技术贸易行动守则和各国法律都有许多规定，归纳起来可分为三大类，即：无形技术知识转让、无形技术知识与设备出口相结合的技术转让，以及与国际投资方式有关的技术转让。

（一）无形技术知识转让

无形技术知识转让不含有任何设备出口，属于纯技术转让，主要通过技术贸易和技术服务方式进行。技术服务以提供信息、咨询、技术示范或指导，以及人员培训途径进行，咨询服务的范围很广，如帮助企业进行市场分析和制定行业发展规划，为项目投资进行投资前可行性研究，为项目施工选择施工机械，对企业购置的设备进行技术鉴定，为大型项目提供设计服务等。人员培训是指技术服务的提供者对生产企业的各类技术人员进行专业培训，培训的方法既可以让需要培训的人员到技术服务提供国接受集中而又系统的培训，也可以由技术服务的提供方派专家到技术服务的接受方所在国进行讲学，或进行实际操作示范。技术服务不涉及技术使用权与所有权转让，只是技术提供方用自己的技术和劳动技能为技术接受方进行有偿或无偿的服务。

（二）无形技术知识与设备出口相结合的技术转让

无形技术知识与设备出口相结合的技术转让通常与国际贸易联系在一起，包括：第一，成套设备出口或承包工程时实现的技术转让，发展中国家经常使用这种方式，即通过购买成套设备或发包工程引进技术。第二，引进关键设备同时实现技术买卖，即在购买关键设备的交易合同中含有专利或专有技术转让。第三，通过租赁交易实现技术转让，这既是利用外资也是引进先进技术的一种方式，在租赁的先进设备中往往会含有工业产权或技术诀窍，同时也就引进了技术。第四，补偿贸易中的技术转让，这是一种国际融资性的技术转让，在这种方式下，一方用信贷方式向另一方提供含有先进技术的机器设备，后者以其使用该设备所生产的产品分期予以偿还，既可以增加出口，也可引进先进技术。第五，合作开发方式下的技术转让，此时合作双方利用各自的优势进行技术研究，或合作开发新产品、新材料和新工艺，在合作过程中，双方共同投资，共同确定研制项目和计划以及研制方法，研制成果双方共有，利用这种方式可以使引进方更好地学习和消化先进技术。

（三）通过国际投资实现技术转让

为加快技术资本化的转化过程，各国的投资法都规定工业产权、专有技术可以作为技术投资。在合资经营企业中，首先，任何投资一方都可以将自己拥有的技术作为资本构成折价入股，通过国际投资实现技术转让在当代跨国公司投资中表现最为明显。其次，提供技术的一方以技术贸易方式将自己的技术出售给接受技术的一方，以提成或按比例分配方式获得利润，这种方式在补偿贸易中比较多见。最后，合资经营企业与技术提供方另外签订技术许可或技术转让合同，避免工业产权或技术诀窍成为股权分得利润的不均衡状况。

二、许可贸易

以上三类技术转让途径，最基本的是第一类，后两类是第一类的变型。技术作为商品是无形的，但是有价值的，国际技术转让除无偿技术服务外，大多是有偿的技术贸易，国际技术贸易主要通过许可贸易方式进行，许可贸易往往并不单独进行，常与合资经营、合作生产、工程承包、补偿贸易结合在一起。

（一）许可贸易的概念

许可贸易亦称许可证贸易（licensing），指技术的提供方与接受方之间签订的、允许接受方对提供方所拥有的技术享有使用权及产品的制造权和销售权。许可贸易的核心内容是转让技术的使用权以及产品的制造权和销售权，而不是技术的所有权，许可贸易都是有偿的，并且是目前国际技术转让的最主要方式。随着科学技术进步和新技术不断涌现，技术在经济发展中的作用日益明显，一方面是各国都将引进技术作为经济增长的主要手段；另一方面是技术的提供方为了获取高额利润，或绕过贸易壁垒，或开拓新的技术市场，不断以有偿许可的方式来出让技术的使用权，推动了许可贸易在全球范围内迅速发展。

（二）许可贸易的交易方式

在许可贸易交易中，技术转让的卖方是技术所有权人，在交易中称为技术输出方、授让方、许可方，买方是技术的使用人，在交易中称为技术输入方、受让方、被许可方，被许可方所取得的只是技术的使用权，许可贸易通过签订书面许可协议进行技术使用权转让。按交易标的分，许可贸易包括专利许可、专有技术许可、商标许可和综合许可。专利许可指权利所有人将其在某些国家获准的专利使用权有偿许可他人在一定期限内使用，专利许可是许可贸易的最主要的方式。专有技术许可指专有技术所有人在受让人承担技术保密义务的前提下，将专有技术有偿转让给受让人使用，保密条款是专有技术许可合同的主要条款，双方应在该条款中就保密的范围与期限做出具体规定，在转让专有技术时，许可方有义务帮助受让方掌握被转让的技术。商标许可指商标所有人授予受让人在一定的期限内使用其商标的权利，由于商标涉及企业的信誉，许可方对受让方使用该商标的商品质量有严格的要求，并对使用该商标的商品质量有核准和监督权。综合许可指技术所有者将专利、专有技术和商标的使用权中的两项或两项以上结合起来转让给他人使用，在许可贸易交易中，大多是综合许可，单纯以专利、专有技术或商标为标的的许可交易比较少。

许可贸易按授权范围分，包括独占许可、排他许可、普通许可、从属许可和互换许可。

独占许可，指在合同规定的期限和地域范围内，被许可方对引进的技术具有独占的使用权。所谓独占使用权，指合同签订后，许可方非但要放弃向任何第三方转让此项技术的权利，而且自己也不得在该地域内再利用此项技术制造和销售产品，在这种方式下，被许可方几乎获得了与权利所有人相同的权利，近似于所有权的转让，因而这种许可的转让费用最高。

排他许可，又称全权许可，指在合同规定的期限和地域范围内，许可方允许被许可方使用转让的技术，许可方不得再将此项技术转让给第三方，但自己保留对该项技术的使用权，排他许可的特点是排除第三方，但不排除许可方自己，这是仅次于独占许可范围的一种许可，转让费仅低于独占许可。

普通许可，又称非独占许可，指在合同规定的有效期和地域内，被许可方可以使用转让的技术制造和销售产品，同时许可方不仅保留自己使用该项技术的权利，而且还可将此项技术转让给第三方，普通许可是许可方授予被许可方权限最小的一种，因此转让费最低。

从属许可，又称分售许可、可转让许可，指引进方除了自己使用引进的技术外，还可将引进的技术分售给第三方，在这种情况下，第三方与原许可方并无合同关系，但引进方要对原许可负责，如要承担保密义务，要保证正确地使用原许可方的技术生产出合格的产品。

互换许可，又称交叉许可，指合同双方或各方，以其所拥有的技术，按照合同约定的条件相互交换技术的使用权，由于是相互交换技术，所以一般不相互收费，但有时要收取差价，互换许可交易既可以是普通许可，也可以是排他许可或独占许可。

三、特许专营与非股权投资

(一) 特许专营

特许专营（franchising）指由一家已经取得成功经营经验和一定市场份额的企业，将其商标、商号名称、服务标志、专利、专有技术以及经营管理方式或经验等全盘地转让给另一家企业使用，由被特许人向特许人支付一定金额特许费的技术贸易行为。特许专营是一种新型商业技术转让方式，近二三十年来，在服务贸易推动下，特许专营迅速发展起来。

特许专营的受方与供方经营的行业，生产和出售的产品，提供的服务，使用的商号名称和商标（或服务标志）完全相同，甚至商店的门面装潢、用具、职工的工作服、产品的制作方法、提供服务的方式也都完全一样，如麦当劳快餐店在世界各地几乎都有被授人，他们所生产和销售的汉堡包，以及所提供的服务与母国（美国）都是一样的。

特许专营类似许可，但特许方和一般许可方相比要更多地涉入被特许人的业务活动，从而使其符合特许方的要求。特许专营的被特许方与特许方之间仅是一种买卖关系，各个特许专营企业并不是由一个企业主营的，被特许人的企业不是特许人企业的分支机构或子公司，也不是各个独立企业的自由联合，它们都是独立经营、自负盈亏的企业，特许人并不保证被特许人的企业一定能盈利，对其盈亏也不负责任。特许专营合同是一种长期合同，可以适用于商业和服务业，也可以适用于工业。特许专营是发达国家企业进入发展中国家的一种非常有用的形式，由于经营风险较小，发展中国家企业多乐于接受。

（二）非股权投资

NEM 是非股权投资（non-equity modes 的缩写），产生于 20 世纪 80 年代后，《2011 年世界投资报告》对非股权投资发展模式与区位选择进行了专门介绍，并强调了这种投资方式的重要性与良好发展前景，同时指出国际生产的非股权形式是一种跨国公司控制下的全球价值链管理模式，这种跨国公司的选择并不再局限于对外直接投资和贸易两种形式，而是覆盖两者之间的一种特殊形式。[①]

四、国际技术转让的价格

（一）技术价格的含义与组成

1. 技术价格的含义

技术贸易中的技术价格指技术引进方为获得技术而向技术许可方支付费用的货币表现，有时也称为酬金、使用费、补偿费等。

2. 技术价格的确立

技术许可方在确定技术价格时主要考虑的因素是：第一，技术的开发成本，包括开发技术的实验研制费用等；第二，直接费用，即技术许可方在完成技术转让交易过程中实际支出的费用，包括合同签订前进行准备工作的费用、派遣谈判人员的费用、资料费、通信费、接待技术考察人员的费用等，这些费用可转移到技术使用费中；第三，技术创造利润的功能，这是确定技术使用费高低的最主要因素，即被许可方使用技术所能获得的实际经济效益，影响技术创造利润功能的因素很多，主要有技术水平和成熟程度、许可产品的市场（销售量、销售价）、技术所处生命周期的阶段、专利技术的范围与期限、专利技术的有效性与专有技术的保密情况、许可使用权的独占程度、合同条件等。

（二）技术价格的计算及支付方法

1. 技术作价基本方法

从国际技术转让实践看，多数许可贸易中的技术价格在占引进方使用技

---

① 见本书第四章第三节。

术所能获得利润的 10%～30%，国际通用的技术价格计算方法是计算利润分配率 LSLP（licensor's share of licensee's profit，许可方所得份额占引进方利润的百分比），在实际交易中，LSLP 可以由交易双方谈判确定，LSLP 计算公式为：

$$LSLP（\%）=许可方所得份额/引进方利润×100\%$$

$$技术价格 = LSLP×引进方利润$$

由于引进方利润是一个较难确定的因素，所以在许可贸易实际交易中一般采用一种较为简便的方法即用提成率来计算技术价格。用提成率计算涉及提成基础问题，提成基础通常可以为产量、销售量、销售额、利润等。如以销售额作为提成基础，可以下式进行计算：

$$提成率=提成费/产品销售额×100\%$$

代入上式有：提成率=引进方利润×LSLP（%）/产品销售额

通过提成率可以确定许可方所得份额在引进方利润中所占的比例。如在某项技术转让中，许可方想得到引进方生产某种技术产品利润 20% 的份额，该产品的销售价为每台 5 美元，许可方估计引进方每台获利 1.5 美元，通过上述公式计算，许可方可将提成率定为 6%，即：

$$\frac{1.5（引进方利润）×20\%（LSLP\%）}{5（每台销售价）}=6\%（提成率）$$

在这里，许可方提出的引进方利润额是一个假定的估算数额，许可方要承担这个估算的风险，如果引进方认为许可方所占的利润分配率太高，要求许可方由 20% 降到 10%，那么，根据上述公式计算，许可方能得到的提成率降至 3%，即：

$$\frac{1.5（引进方利润）×10\%（LSLP\%）}{5（每台销售价）}=3\%（提成率）$$

从计算中可以看出，在提成率固定不变的情况下，许可方利润分配率与引进方的利润呈反比关系，引进方的利润越高，许可方分享利润的份额越小；引进方的利润越低，许可方分享利润的份额越大。仍以上例计算，如欲将提成率维持在 6%，销售价格仍维持每台在 5 美元，但引进方利润减少到每台 0.5 美元，根据上述公式计算，许可方在引进利润中所占份额将变为 60%：

$$\frac{6\%（提成率）×5（销售价）}{0.5（引进方利润）}=60\%（LSLP\%）$$

应该指出的是，提成率固然是确定技术价格的一个重要参数，但它仅是一个表面数字。单就提成率本身而言，它既不能反映出使用费金额的大小，也不能说明许可方分享利润的份额是否合理。因而，在实际的技术转让价格谈判中，对于提成率的确定，必须要考虑到引进方的利润和许可方在引进方利润中所占的比例这两个重要因素，并在许可方合理的利润分配率基础上确定实际的提成率。

2. 技术价格计价方法

技术价格计价方法主要包括：第一，统包计价，即在合同中双方经协商明确规定合同的总金额，这是许可方一般希望采用的计价方法。第二，提成计价，即根据上述方法计算提成价格，由引进方按提成价格向输出方进行支付。第三，固定与提成相结合计价，这种计价方法将合同价格分成两个部分，一部分为固定价格，用统包计价方法计算，并在合同生效后就要支付，通常称为入门费或初付费；另一部分为滑动价格，用提成计价方法进行计算，即在引进技术项目投产后，按产品的销售情况逐年提成支付；两部分的比例通常为固定部分一般占合同总价的10%～20%，提成部分占合同总价的80%～90%，固定与提成相结合的计价方法是目前国际技术转让中应用最为普遍的方法。

3. 技术价格的支付方式

技术价格的支付方式包括：第一，一次总付，即合同当事双方在订立合同时，将技术交易所涉及的一切费用一次算清，并在合同中规定一个固定总价，由引进方一次支付或分期支付，用固定计价的方法可一次总付。第二，提成支付，即技术引进方在合同规定的期限内，按照引进技术实施后所产生的实际效益向许可方支付一定比例的费用，作为对许可方转让技术补偿的一种支付方式，用提成计价法可提成支付。第三，入门费加提成费，这是一次总付与提成支付两者相结合的支付方式，采用这种方式，引进方在合同生效后须向许可方支付一笔费用，这笔费用称为入门费，它既有定金的含义，也是对许可方所转让技术支出的费用和披露技术秘密所给的经济补偿，在转让的技术投产后，引进方再按照合同约定支付提成费，用固定与提成相结合的计价方法可用入门费加提成费进行支付。

五、国际技术转让合同

（一）国际技术转让合同的基本概念

国际技术转让合同是不同国家或地区的当事人（自然人、法人）将自己所拥有的技术或技术使用权跨越国界转让给另一方当事人并收取价款或使用费，另一方当事人取得技术或技术使用权并支付价款或使用费；或一方当事人跨越国界以提供技术或技术劳务的方式为另一方当事人完成一定工作任务并收取报酬，另一方当事人接受技术劳动成果并支付报酬所达成的书面协议。

通常使用的国际技术转让合同主要包括：国际许可合同、国际技术咨询合同、国际技术服务合同、国际合作生产合同、国际工程承包合同以及其他形式的国际技术转让合同。一项国际技术转让合同包括的基本内容为：合同序言、关键词或术语的定义、转让技术的内容与范围、价格与支付、有关专利许可的特殊条款、有关商标的特殊条款、技术保密条款、技术服务与技术培训、技术的引进与发展、保证和索赔条款、税收条款、不可抗力条款、争议的解决与法律适用、违约和救济方法。

（二）国际技术转让合同的特点

从本质上看，国际技术转让是一般商业交易的一种方式，其交易合同首先具有一般商业交易合同的共同性，但技术交易比一般商业交易涉及的问题要复杂得多，所以作为一种特殊的合同形式，与一般商业交易合同相比，技术转让合同有其自身的特殊性。

第一，技术转让合同内容具有复杂性和综合性。大多数国际技术转让合同是混合协议或综合协议，不但包括技术内容、范围，有时还包括设备转让、产品返销、技术培训等，不但合同条款多，而且往往附有大量附件，这就使得国际技术转让合同所涉及的内容更加广泛，除具有技术转让交易的特点，还包括一般货物买卖特点。

第二，技术转让合同期限较长。大多数情况下，技术出让方不但要交付必要的技术资料，而且还要提供必要的技术指导和服务，保证受让方能够生产出符合合同规定的产品。技术转让合同一般采用提成计价法，出让方的收益直接与受让方掌握技术水平、生产进度和规模有关，因此技术转让合同期限较长，一般在5～20年。

第三，技术转让合同具有特定的地域性和时效性。国际技术转让合同的客体是专利、专有技术和商标，有关这几类交易的法律都有严格的地域和时效规定，这就决定了在技术转让中，出让方要限定受让方在特定的地域和时间范围内享有使用权、制造权和销售权，出让方也只能在法律保护的地域与时间范围内与受让方签订合同。

第四，技术转让合同具有很强的法律性。与一般商业交易合同相比，技术转让合同涉及更多的法律约束，除合同法外，还必须接受专利法、商标法、技术转让法、保密法、反不正当竞争法、反垄断法等法律、法规约束，而且，由于这些法律大多由强制性法律规范构成，当事人必须严格遵守，不得随意协商排除。此外，由于国际技术转让属跨国界技术让渡，当事人不但要遵守本国法律，还必须遵守有关国家法律与相关国际法。

（三）国际技术转让合同的种类

1. 国际许可合同

国际许可合同亦称国际许可证协议，指营业地在不同国家的当事人，一方准许另一方使用自己所拥有的工业产权无形财产或专有技术使用权并收取使用费，而另一方获得该项使用权并支付使用费的书面协议。国际许可合同的当事人是不同国家的法人和自然人，合同客体包括专利技术使用权、商标使用权和专有技术使用权三种内容。

根据供方授予使用权的大小以及受方在生产经营范围和地域上所受到的限制，国际许可合同分包括：第一，独占许可合同，即在一定的地域和期限内，受方对受让的技术享有独占的使用权，供方和任何第三方在规定的期限内都不得在该地域使用该种技术制造和销售其产品。第二，排他许可合同，即在一定的地域和期限内，受方对受让的技术享有排他的使用权，供方在规定的期限内不得在该地域再将该项技术转让给任何第三方使用，但供方自己仍然保留在该地域内使用该项技术制造和销售其产品的权利。第三，普通许可合同，即在一定的地域和期限内，受方对受让的技术享有使用权，同时，供方在该地域内不仅自己有权继续使用该项技术，制造和销售合同中规定的产品，而且还有权将该项技术的使用权转让给任何第三方，也叫做非独占许可合同。

根据许可合同对受方是否有权把受让的技术再行转让的规定，国际许可合同包括：第一，可转让许可合同，即受方从供方获得的技术，除自己使用外，还有权在约定的地域和期限内将全部技术或部分技术的使用权转让给任何第三方使用。第二，不可转让许可合同，即在合同中规定不许受方再行转让其所获得的技术的使用权。如果是交换许可合同，即供方和受方以价值相当的技术，在平等互利的基础上，可以互惠地交换技术的使用权和产品的销售权。

2. 国际技术咨询服务合同

国际技术咨询服务合同指一方当事人用自己的技术和劳务跨越国界为另一方当事人完成一定的工作任务，或者跨越国界派遣专家或以书面方式向另一方当事人提供咨询意见并收取报酬，另一方当事人接受工作成果或者取得咨询意见并付给报酬的书面协议。国际技术咨询服务合同的一个重要特点是，供方所提供的是某种技术性的劳务，这里的技术既不是具有工业产权的技术，又不是具有保密性的技术，而是专利、专有技术以外的普通技术。

国际技术咨询服务合同通常包括：第一，咨询合同，如工程咨询、管理咨询、技术咨询等；第二，承担可行性研究工作合同，如可行性研究调研与分析、可行性研究报告编制、工程设计等；第三，提供技术情报和资料合同，如相关技术和资料、数据和分析等；第四，监理工程师（技师）合同，如承担工程项目的监理工程师工作等；第五，技术培训合同，如提供不同人员的技术与管理培训、企业管理服务等；第六，地质勘探或工程技术服务、咨询合同。

第四节　与技术转让有关的国际知识产权公约和协议

国际技术转让与知识产权国际保护密切相关，涉及大量国家间与国际法律、法规，这些法律、法规除了国家之间签订的双边条约和协议外，还有一些国际性多边公约，其中影响力最大、参加国最多的公约有 1883 年签订的《保护工业产权巴黎公约》（简称《巴黎公约》）、1886 年签订的《保护文学艺术作品伯尔尼公约》（简称《伯尔尼公约》）、1891 年签订的《商标注册马德里协定》（简称《马德里协定》）、1952 年签订的《世界版权日内瓦公约》、1970 年签订的《专利合作条约》、1985 年签订的《联合国国际技术转让行动守则（草案）》、1989 年签订的《关于集成电路知识产权条约》和 1994 年世界贸易组织形成的《与贸易有关的知识产权协议》，这些国际知识产权公约和协议，几乎都涉及以专利、商标、计算机软件、专有技术和高新技术产品为客体的技术转让。

一、《巴黎公约》

（一）《巴黎公约》的产生

《巴黎公约》的全称是《保护工业产权巴黎公约》（*Paris Convention on the Protection of Industrial Property*），于 1883 年 3 月 20 日在巴黎签订，1884 年 7 月 7 日生效，最初成员国 11 个，到 2004 年 12 月底，缔约方总数为 168 个国家。《巴黎公约》是世界上最早签订的关于工业产权保护的国际公约，也是目前国际上在工业产权保护方面最重要的公约，根据公约规定，参加国组成保护工业产权国际同盟，即巴黎同盟，其目的在于保护各国国民在国外的工业产权。《巴黎公约》曾经过七次修订，现行的是 1980 年 2 月在日内瓦修订的文本，调整对象是专利、实用新型、外观设计、商标、服务标记、厂商名称、货源标记、原产地名称以及制止不正当竞争，主要规定分三类，即国民待遇原则、优先权原则，以及共同规则，其中共同规则是对商标、专利的保护所要求的基本规则，还规定了对国家标志的保护，即每个成员国都应拒绝使用国家或政府间组织的纹章、旗帜、徽章、官方标记及表示惯例和保证的检验标记等作为商标注册，但如果经这些国家或组织的主管当局允许则另当别论。

1985 年 3 月 19 日中国成为该公约成员国，但中国政府在加入书中声明：中国不受公约第二十八条第（1）款约束。[①]

（二）《巴黎公约》的主要原则

1. 国民待遇原则

国民待遇原则是指在保护工业产权方面，一个成员国对其他成员国国民应给予同本国国民相同的待遇，这里的"国民"包括自然人和法人。国民待遇并不等于对等保护，而是按接受专利申请国家的国内法执行。国民待遇原则是促进专利技术国际化的基础，一直为《巴黎公约》各成员国所信守，有的成员国为了更多更好地吸引外国先进技术，给所有外国人以同等国民待遇。

2. 优先权原则

优先权原则指申请人一旦提出专利申请或商标注册申请，便享有自申请之日起一定时期的优先权，即一成员国境内申请专利或商标的人，如在特定期限内向其他成员国境内提出同样申请，则其他成员国都应视在第一国的申请日为在该国的申请日。关于优先权的期限，公约规定，发明专利为 12 个月，外观设计 6 个月，也就是说，在第一次提出专利申请后的优先权期限内的任何日期，若在另一成员国境内申请同一专利，则其申请时间可追溯到第一次申请专利的日期。

3. 专利、商标权独立原则

专利、商标权独立原则指一国有权根据本国的专利法或商标法做出判断和决定，而不受其他成员国的影响；同一发明在不同国家取得的专利权是相互独立的，即各成员国独立地按自己的国内法授予专利权。同一发明在一成员国取得专利权并不意味着在其他成员国也一定可以取得专利权；同一发明的专利权在一成员国内被撤销或终止也不意味着在其他成员国一定会被撤销

---

① 《巴黎公约》第二十八条（争议）（1）本联盟两个或两个以上国家之间对本公约的解释或适用有争议不能依谈判解决时，有关国家之一可以按照国际法院规约将争议提交该法院，除非有关国家就某一其他解决办法达成协议。将争议提交该法院的国家应通知国际局；国际局应将此事提请本联盟其他国家注意。

或终止。依照专利独立原则，各国都只保护根据本国专利法所批准授予专利权的发明创造，没有保护外国批准的专利的义务。但如专利权无正当理由在一定时期内未付诸实施，或未能充分实施，《巴黎公约》的各成员国有权采取非独占性的强制许可措施。

4.《专利合作条约》给国际专利技术转让带来的方便

《专利合作条约》是《巴黎公约》下的一个专门性国际公约，由世界知识产权组织国际局管理，总部设在瑞士日内瓦，其缔约国组成国际专利合作联盟，对保护发明的申请的提出、检索和审查进行合作，并提供特殊的技术服务。《专利合作条约》为专利申请人提供了许多便利：第一，申请人如果想在若干成员国申请专利，只需要向规定的受理局（一般是本国专利局）提交一份专利申请指定所要申请的国家即可，无须向各国逐一提交申请。第二，申请人可以根据条约国际检索和初步审查单位提供的检索报告和初步审查报告，在国际申请的优先权日起 20 个月或 30 个月内，最后决定是否进入国内审批程序，从而可以节省大量精力和费用。第三，国际申请进入各国的国内阶段时，各国专利局已收到国际检索报告，有的还有国际初步审查报告，这就大大地减少了各国专利局进行检索和审查的工作量，从而可以提高工作效率，避免重复劳动。

二、《马德里协定》

（一）《马德里协定》的产生

《马德里协定》的全称是《商标国际注册马德里协定》（*Madrid Agreement for International Registration of Trade Marks*），内容是关于简化商标在其他国家内注册手续的国际协定，1891 年 4 月日在西班牙马德里签订，1892 年 7 月生效，该协定自生效以来共修改过多次；1989 年，《商标国际注册马德里协定有关议定书》（简称《马德里议定书》）签署，共同构成商标国际注册马德里体系。《马德里协定》最初缔约方为 56 个国家，《马德里议定书》缔约方为 66 个国家，截至 2008 年 12 月，马德里体系联盟国（或称缔约方）共 84 个。中国于 1989 年 10 月加入《马德里协定》，同时作如下声明："第一，关于第三条之二：通过国际注册取得的保护，只有经商标所有人专门申请时，才能扩大到中国；第二，关于第十四条第二款第四项：本议定书仅适用于中国加入生效之后注册的商标。但以前在中国已经取得与前述商标相同且仍有效的国内注册，经有关当事人请求即可承认为国际商标的，不在此例"。

（二）《马德里协定》的主要内容

马德里体系是一个商标国际注册体系，自 1891 年签订以来，这个商标国际注册体系得以同国家程序平行发展，使得商标所有人仅通过向一个主管局提交一份使用一种语言及支付一项低费用的申请而在多个国家中同时获得商标保护成为可能。马德里体系的主要特点是：第一，自注册日起，国际注册具有同申请人在每一个被指定国家进行通常国内申请的同等效力；除非此商标的保护要求在被指定国家内被依照其国内法律于规定时限里被驳回，否则，此国际注册等同于在被指定国家的国内注册；第二，马德里体系下的国际注册可被视作多个国内注册，因为它同时可在多个国家内产生效力，因此，国际注册的后期管理任务，如对每一相关指定国家的续展、转让等，将通过世界知识产权组织国际局的单一简单操作而得以大大简化。第三，马德里体系是一个"封闭的体系"，只能在成员国中间使用，保护只能在体系成员国中间获得，而且只能通过在其中一个国家营业或因是其国民的商标所有人获得；同时，该体系只是一个程序体系，对于商标保护的实质性要求方面，马德里体系并不影响国内法律的适用。

《马德里协定》保护的对象是商标和服务标志。主要内容包括商标国际注册的申请、效力、续展、收费等。该协定规定：第一，商标的国际注册程序是协定的成员国国民，或在成员国有住所或有真实、有效营业所的非成员国国民，首先在其所属国或居住或没有营业所的成员国取得商标注册，然后通过该国商标主管机构，向设在日内瓦的世界知识产权组织国际局提出商标的国际注册申请。第二，如果申请得到核准，由国际局公布，并通知申请人要求给予保护的有关成员国，这些成员国可以在一年内声明对该项商标不予保护，但需要说明理由，申请人可以向该国主管机关或法院提出申诉，凡在一年内未向国际局提出驳回注册声明的，可以视为已同意了商标注册。第三，经国际局注册的商标享有 20 年有效期，并且可以不限次数地续展。《马德里协定》便利了其成员国国民在协定的其他成员国取得商标注册。第四，国际注册与国内注册的关系，国际注册与国内注册实际上包括三层关系：一是国际注册以先取得本国注册为前提；二是在国际注册后的 5 年内，如果本国的注册被撤销，则其他各指定国的注册也将撤销，法律保护也将随之停止；三是从获准国际注册之日起满 5 年后，国际注册商标与在本国的注册商标独立，即使本国的注册被撤销，该商标的国际注册将不受国内影响，继续有效，并继续享有原有的法律保护和权利。此外，根据该协定，如果取得了国际注册的商标在其取得国际注册之日起 5 年内被本国商标主管机关撤销了其本国注册或宣告本国注册无效，则该商标在协定其他成员国的商标注册也将随之被撤销，只有当取得国际商标注册届满 5 年之后，该商标在协定各其他成员国的注册才能独立于其本国注册。《马德里协定》是对《保护工业产权巴黎公约》关于商标注册部分的一个补充，根据协定规定，须先参加《保护工业产权巴黎公约》，才能参加《马德里协定》。

三、《伯尔尼公约》

（一）《伯尔尼公约》的产生

《伯尔尼公约》的全称为《保护文学和艺术作品伯尔尼公约》（*Berne Convention for the Protection of Literary and Artistic Works*），是关于保护文学、科学和艺术作品版权最早产生的国际公约，1886 年 9 月由法国、英国、德国、意大利、瑞士、比利时、西班牙、利比里亚、海地和突尼斯 10 个国家在瑞士伯尔尼签订，1887 年 12 月正式生效，后经历过 5 次修订，现适用的是 1971 年的巴黎文本，截至 2004 年 12 月，缔约方总数为 157 个国家，中国于 1992 年 10 月成为该公约成员国。

（二）《伯尔尼公约》的主要内容

《伯尔尼公约》以国民待遇原则、自动保护原则和独立保护原则为基本原则，以其所作规定为最低保护标准，其宗旨是"尽可能有效和尽可能一致地保护作者对其文学艺术作品所享有的权利。"公约的主要特点是：第一，以作品的创作者为第 1 保护主体；第二，对作品和作者权利规定得较详细；第三，文学艺术作品的保护期为作者有生之年加 50 年，摄影和实用艺术作品的保护期为作品完成之日起 25 年；第四，享有和行使版权权利不需要履行任何手续；第五，保护作者不依赖于经济权利的精神权利；第六，对公约生效时保护期未满的作品给予保护，即有追溯力；第七，允许缔约国对某些条款有保留；第八，公约成员国组成伯尔尼联盟。1967 年，在斯德哥尔摩举行的第四次修订《伯尔尼公约》大会上通过了一份作为公约一个组成部分的"关于发展中国家的议定书"，规定发展中国家出于教育和科学研究的需要，可以在公约规定的限制范围内，按照公约规定的程序，发放翻译或复制有版权作品的强制许可证。

四、《与贸易有关的知识产权协议》

1993 年 12 月乌拉圭回合闭幕时达成的《与贸易有关的知识产权协议》（*Agreement on Trade-Related Aspects of Intellectual Property Rights*，简称

TRIPs）于 1995 年 1 月 1 日起生效并由世界贸易组织（WTO）管理。该协议由序言以及七个部分共 73 个条款构成，第一，该协议首次将最惠国待遇原则引入知识产权国际保护领域；第二，要求成员对知识产权（限于其明文规定的七种客体）提供更高水平的立法保护；第三，要求成员采取更为严格的知识产权执行措施；第四，要求成员的知识产权获权和维持程序必须公平合理；第五，将成员之间知识产权争端纳入 WTO 争端解决机制，加强了协议的约束力。主要内容有：其一，重申的保护知识产权基本原则主要有：国民待遇原则，保护公共秩序、社会公德、公众健康原则，对权利合理限制原则，权利的地域性独立原则，专利、商标申请的优先权原则，版权自动保护原则。其二，新提出的保护知识产权基本原则主要有：最惠国待遇原则，透明度原则，争端解决原则，对行政终局决定的司法审查和复审原则，承认知识产权为私权原则。

　　TRIPs 将已有的有关知识产权国际公约分为 3 类，并确立了 TRIPs 与这些公约的基本关系：第一类为基本完全肯定、要求全体成员必须遵守并执行的国际公约，包括《巴黎公约》、《伯尔尼公约》、《保护表演者、录音制品制作者与广播组织公约》、《集成电路知识产权条约》；第二类为基本完全肯定、要求全体成员按对等原则执行的国际公约，这类公约共有十余个，主要是《巴黎公约》的子公约；第三类为不要求全体成员遵守并执行的国际公约，即凡是 TRIPs 没有提到的、也不属于上述两类的国际公约，均不要求全体成员遵守并执行，主要有《世界版权公约》、《录音制品公约》等。

　　TRIPs 的主要特点是：第一，内容涉及面广，在涉及知识产权的几乎各个领域都规定和强化了知识产权执法程序；第二，保护水平高，在多方面超过了现有的国际公约对知识产权的保护水平；第三，将关贸总协定和世界贸易组织中关于有形商品贸易的原则和规定延伸到对知识产权的保护领域，从 7 个方面分别规定了成员保护各类知识产权的最低要求，包括：版权及其邻接权、商标权、地理标志、工业品外观设计、专利权、集成电路的布图设计、未经披露的信息（商业秘密）等，并涉及对限制竞争行为的控制问题；第四，强化了知识产权执法程序和保护措施；第五，强化了协议的执行措施和争端解决机制，将履行协议保护产权与贸易制裁紧密结合在一起，同时有条件的将不同类型成员加以区别对待，原则上将成员分为发达国家成员、发展中国家成员、正在从中央计划经济向市场经济转轨国家成员、最不发达国家成员等几类，在一些条款的执行上给予不同的限期；第六，设置了"与贸易有关的知识产权理事会"作为常设机构，监督协议的实施。

本章小结

第三次科技革命以后，现代高科技技术得到迅猛发展，技术作为推动经济社会进步的主要动力，不仅在每一个国家经济增长中的地位和作用越来越重要，对推动世界经济发展的作用，也是以往任何一个时代所不能比拟得。因此，技术作为生产要素在国际的转让日益成为当代国际经济交往的重要方式和国际经济合作的主要内容之一。国际技术转让的基本内容包括：专利、专有技术和商标，主要通过国际技术贸易，即许可贸易方式进行交易，价格确定比较复杂。国际技术转让涉及知识产权，有关知识产权的国际保护，除了国家之间签订的双边条约和协议之外，还有一些国际性的多边公约。

关键名词或概念

1. 国际技术转让（international technology transfer）

2. 专利权（patent right）

3. 专有技术（proprietary technology）

4. 商标（trade mark）

5. 许可证贸易（licensing）

6. 利润分配率（licensor's share of licensee's profit，LSLP）

拓展阅读

拓展 1：《联合国国际技术转让行动守则（草案）》节选

发布日期：1985 年 4 月 5 日　　生效日期：1985 年 4 月 5 日

序言（略）

第一章　定义和适用范围

1. 为本行动守则的目的

（1）"当事人"系指任何公法或私法意义上的自然人或法人，包括个人和集合体，如公司包括股份有限公司、有限公司和其他公司（corporations, companies）、商号（firms）、合伙及其他组织，或由它们组成的任何联合，不论它们是由国家、政府机构、法人或个人建立、所有或控制；不论它们在何处经营；也不论它们是从事通常视为商业性质的国际技术转让的交易的国家、政府机构、国际组织、地区及其地区组织。"当事人"一词除包括上述实体外，还包括公司的分公司、子公司和附属公司、合营企业或其他法律实体，不论它们之间的经济关系和其他关系如何。

（2）"受方"系指在一项技术转让中获得使用或利用的许可，购买或者以其他方式获得一项财产或非财产性质的技术，以及或者与此相关的权利的当事人。

（3）"供方"系指在一项技术转让中许可、出售、转让或以其他方式提供一项财产或非财产的技术以及或者与此相关的权利的当事人。

2．本守则下的技术转让系指制造某件产品、应用某种制作方法或提供某项服务的系统知识的转让。仅涉及货物销售或租赁的交易不在此列。

3．技术转让交易如以上第 1、2 段所述系指当事人之间有关转让技术的安排，特别是指下述安排之一：

（1）一切形式的工业产权的让与、出售和许可。商标、服务标记和商号当其非技术转让之一部分时，不在此列。

（2）提供可行性报告、计划书、设计图、模型、说明书、指南、配方、基本的或具体的工程设计、技术规范和培训设备，以及提供技术咨询和技术管理人员的服务及员工培训等技术知识和专家知识。

（3）提供工厂设备的安装、操作及运行所必需的技术知识和交钥匙工程。

（4）提供获取、安装及使用已经以购买、租赁或其他方式取得的机器、设备、中间产品（半成品）和/或原材料所必需的技术知识。

（5）提供工业与技术合作协议的技术内容。

4．国际技术转让交易。

5．行动守则应普遍适用于进行技术转让交易的一切当事人，以及一切国家和国家集团，不论其政治、经济制度及发展水平如何。

6．地区性国家集团。

第二章　目标和原则

行为守则基于下列目标和原则

1．目标

（1）制定普遍公平的标准，作为技术转让交易当事人间及有关各国政府间关系的基础，同时考虑到他们的合法利益，并对发展中国家实现经济和社会的发展目标的特殊需要给予应有的承认。

（2）促进当事人间及其政府间的相互信任。

（3）鼓励交易各方当事人应在谈判地位均等、任何一方不滥用其优势地位的条件下进行技术转让交易，尤其在涉及发展中国家的技术转让交易时更应如此，以便达成彼此满意的协议。

（4）便利和促进技术情报、特别是关于替换技术的情报的国际流通，作为一切国家，尤其是发展中国家，评价、选择、修改、发展和利用技术的前提条件。

（5）便利和促进财产及非财产性技术的国际流通，以加强一切国家，尤其是发展中国家的科学技术力量的稳固增长，增加它们在世界生产和贸易中的参与。

（6）增进技术对识别和解决一切国家，尤其是发展中国家中社会经济问题的作用，包括发展国民经济基本因素的作用。

（7）通过制定国际准则，便利国内有关技术转让的政策、法律和法规的制定、通过及执行。

（8）促使在涉及技术转让各种不同因素，例如就技术交易进行技术上、机构设置上和财务上的估价所需要的情报方面的分项工作做出适当安排，这样可以避免做出不适当或不必要的一揽子安排。

（9）具体规定技术转让交易当事人（应该）（应当）避免做的限制性（商业）措施。

（10）列出技术转让交易当事人应该承担的一些适当的责任和义务，并且考虑到它们的合法利益及谈判地位的差异。

2. 原则

（1）行为守则普遍适用于技术转让领域。

（2）各国有权以符合其国际义务的方式并考虑到所有有关当事人的合法利益，采取一切适当措施便利及规范技术转让，鼓励相互一致、公平合理的前提和条件下的技术转让。

（3）便利和规范技术转让交易，应当承认国家主权和政治独立（包括对外政策和国家安全的要求）原则以及国家主权平等的原则。

（4）各国应当就国际技术转让进行合作以推动整个世界，尤其是发展中国家经济增长。这种合作应无碍于政治、经济和社会制度的任何差异，此为维护国际和平与安全、促进国际经济的稳定和进步、增进各国的共同福利和摒弃基于上述差异的歧视行为的国际合作重要因素。对本守则绝不可作与联合国宪章的规定及遵奉此规定采取的行动有损害或相背离的解释。在技术转让中理应按照本守则的有关规定给予发展中国家以特殊待遇。

（5）技术转让交易当事人各自的责任与非作为当事人的政府各自的责任之间，应当明确区分。

（6）技术供方和受方的共同利益应不断增长，以维持和促进国际技术流通。

（7）便利和增加在相互一致、公平合理前提和条件下取得技术的机会，这是技术转让和发展过程中的根本要素，对发展中国家尤为如此。

（8）承认对依国内法授予的工业产权权利的保护。

（9）技术供方在技术受让国从事经营活动时，应当尊重该国的主权和法律，适当考虑到该国声明的发展政策和优先项目，并努力对受让国的发展提供实质性帮助。双方当事人在相互接受的前提和条件下谈判、签订和履行技术转让协议的自由，应基于对上述原则及本守则规定的其他原则的尊重。

第三章　技术转让交易的国内法规（略）

第四章（技术转让行为和安排的规则）（限制性商业做法）（排除政治歧视和限制性商业做法）（略）

第五章　当事人的责任和义务（略）

第六章　对发展中国家的特别待遇（略）

第七章　国际合作（略）

第八章　国际常设机构（略）

第九章　法律适用与争议解决（略）

拓展 2：《与贸易有关的知识产权协议》节选

各成员方，

本着减少国际贸易中的扭曲及障碍的愿望，考虑到有必要促进对知识产权有效和充分的保护，以及确保实施保护产权的措施及程序本身不致成为合法贸易的障碍；认识到为此目的，有必要制定关于下列的新规则及规范：（略）

兹协议如下：

第一部分　总则和基本原则

第 1 条　义务的性质和范围

1. 各成员方应使本协议的规定生效。各成员方可以，但不应受强制地在其本国法律中实行比本协议所要求的更加广泛的保护，只要这种保护不与本协议条款相抵触。各成员方应在各自的法律体系及惯例范围内自由确定实施本协议各条款的适当方法。

2. 本协议所称的"知识产权"一词系指第二部分第 1 至 7 节所列举所有种类的知识财产。

3. 各成员方应给予其他成员方国民以本协议所规定的待遇。就相关的知识产权而言，如果所有世界贸易组织成员方已是这些公约的成员方，则其他成员方国民应被理解为符合 1967 年《巴黎公约》、1971 年《伯尔尼公约》《罗马公约》及《有关集成电路知识产权条约》所规定的受保护资格标准的自然人或法人。任何利用由《罗马公约》第 5 条第 3 款或第 6 条第 2 款所提供之可能性的成员方应如那些条款所预见的那样，向与贸易有关的知识产权理事会做出通报。

第 2 条　知识产权公约

1. 关于本协议第二、第三及第四部分，各成员方应遵守《巴黎公约》(1967) 第 1 条至第 12 条以及第 19 条规定。

2. 本协议第一至第四部分的所有规定均不得减损各成员方按照《巴黎公约》《伯尔尼公约》《罗马公约》和《有关集成电路知识产权条约》而可能相互承担的现行义务。

第 3 条　国民待遇（略）

第 4 条　最惠国待遇（略）

第 5 条　关于保护的获得或保持的多边协定（略）

第 6 条　失　效（略）

第 7 条　目　标（略）

第 8 条　原　则（略）

第二部分　关于知识产权的效力、范围及使用的标准

第 1 节　版权及相关权利（略）

第 2 节　商标（略）

第 3 节 地理标志（略）

第 4 节　工业设计（略）

第 5 节　专利（略）

第 6 节　对未泄露之信息的保护（略）

第 7 节　在契约性专利权使用中对反竞争性行为的控制（略）

第三部分　知识产权的实施（略）

简答题

1. 什么是国际技术转让？国际技术转让的特点是什么？
2. 国际技术转让主要包括哪些交易内容？
3. 专利、专有技术与商标的联系和区别是什么？
4. 国际技术转让合同包括哪些内容？
5. 许可贸易包括哪些内容？
6. 在国际技术转让中，较为重要的国际公约有哪些？

第十一章　跨国公司与国际经济合作

本章导读

　　跨国公司是指由两个或两个以上国家的经济实体所组成，从事生产、销售及其他经营活动的国际性大型企业。跨国公司理论发展分为两个阶段，包括四种类型。跨国公司通过内部贸易、技术转让参与国际经济合作。随着世界经济发展和科技进步，跨国公司不断生成、发展和壮大，越来越成为各国乃至世界经济发展的核心和主导，同时也成为经济全球化进程中最活跃、最直接、最重要的推动力量。

学习目标

　　通过本章学习，了解跨国公司基本知识和发展简史，掌握跨国公司相关理论，熟悉跨国公司全球化经营战略及其在国际经济合作中的作用。

第一节　跨国公司基本概念

一、跨国公司定义

（一）跨国公司的名称和定义

　　第二次世界大战后，一些从事跨国生产经营活动的实体（business entity）常被人们称之为多国公司（multinational enterprises）、国际公司（international corporations）、国际企业（international business）、全球企业（global enterprises）、超国家公司（supernational enterprise）或宇宙公司（cosmo-corporations），其间也有人称之为跨国公司（transnational corporations，简称 TNCS）。直到 1974 年，联合国经社理事会组织专家小组较为全面地考察了跨国公司的各种准则和定义后，经社理事会决定统一使用"跨国公司"名称，并设立了一个政府间的跨国公司委员会和跨国公司中心（the United Nations Center on Transnational Corporations，简称 CTC）作为永久性机构，自此以后，"跨国公司"这一名称才在全世界统一固定下来。

1984年，联合国通过《跨国公司行动守则草案》，明确了跨国公司定义：第一，本守则普遍适用于如下的公司企业：不论其发源地在何国，亦不论其所有制是私是公或公私混合，它在两个或两个以上国家具有营业机构；而且不论这些营业机构的活动范围在何方，活动时采取什么法律形式，其决定的运行机制是由一个或某几个决策中心做出显示具有连贯性的政策和共同的策略的；而且这些营业机构是由所有权或其他关系联系着，致使其中一个或几个能够对其他机构单位，特别是在分享知识、资源和分担责任方面施加重大影响的；本守则所说的跨国公司就是指这样的公司企业。第二，本守则中的"单位"一词，既指母公司，就是对其他公司起主导作用和影响的公司，也包括其他公司。第三，本守则中的"跨国公司"一词，系指公司企业整体，或公司企业所包括的各经营单位。第四，"本国"一词，系指母公司所在地国。"东道国"一词，系指非母公司某个单位所在地国的另一个国家。第五，"跨国公司经营地国"一词，系指跨国公司某个单位从事经营活动的地方的本国或东道国。在这个守则中还指出，"确信一个被普遍接受的、全面有效的《跨国公司行动守则》对于加强国际经济和社会合作，特别是对于实现作为这种合作的主要目标之一，即最大限度地增进跨国公司对经济发展和增长的贡献并减少跨国公司行动的消极影响，具有重要意义。"

联合国达成一致意见后，关于跨国公司定义的讨论一直没有停止过，有关跨国公司的定义仍然众说纷纭，学界和业界在对跨国公司定义的不同理解上，提出了三种不同的标准性定义和三要素定义。

第一，结构性标准定义。以结构性标准定义跨国公司的观点认为：（1）一个企业必须在两个以上的国家进行制造和销售才能算之为跨国公司；（2）一个跨国公司应当由众多国家的国民拥有其所有权，或者说跨国公司是包括所有权属于私人的、国营的或公私合营的企业或其他的实体；（3）跨国公司的高级经理人员必须是来自一国以上的国民，合资经营企业的所有权和控制权自然分散到各个不同国籍人士的手里；（4）跨国企业的组织形式以全球性地区和全球性产品为基础，其实体的法律形式可以是合资、有限、无限、合作社、公私合营等。在制造业中，海外企业最流行的形式是在当地组建子公司。

第二，营业实绩标准定义。以营业实绩标准定义跨国公司的观点认为，营业实绩是指公司的国外活动在整个公司业务活动中，其资产额、销售额、生产值（产品和劳务）、盈利额和雇员人数应占若干百分比以上才算是"跨国"，较多人主张 25% 以上是一个基本的衡量标准。

第三，企业行为特性标准定义。以企业行为特性标准定义跨国公司的观点认为，凡是跨国公司，都应该有全球战略目标和动机，公司按照全球目标公平处置世界各地的最佳机会。在讨论中，虽然对跨国公司的标准没有取得完全一致性意见，但世界各国就跨国公司定义的三要素取得了较为一致的意见。这三个要素，一是跨国公司是指一个工商企业，组成这个企业的实体在两个或两个以上的国家经营业务，而不论其采取何种法律形式，也不论其在哪一经济部门经营；二是这种企业有一个中央决策体系，因而具有共同的政策，它反映企业的全球战略目标；三是这种企业的各个实体分享资源、信息并分担责任。

20 世纪 80 年代后，一些著名的跨国公司研究专家如约翰·邓宁（John Dunning）、雷蒙德·弗农（Raymond Vernon）等人认为，一个国际公司未必一定通过拥有海外股份而成为跨国公司，通过租赁和管理合同形式，同样可以成为跨国公司。因此，某些形式的纯对外贸易（包括租赁、特许、管理合同、劳务等）公司，虽然没有传统定义所要求的海外股份或控股权，仍可以认为是跨国公司。弗农给跨国公司所下的定义是：跨国公司是指控制着一大群分布在不同国家的公司的总公司；它拥有一大群公司，能够使用一个共同的人才和物力资源，而且似乎是根据一个共同的战略行事[①]。从弗农的定义中可以看出：第一，作为一个跨国公司，不仅在国内，而且在国外设有一定数量的子公司；第二，跨国公司要把设在国外的子公司控制在自己的手中，使其为本公司的整体战略服务；第三，跨国公司设在国外的子公司是独立实体，要在当地开展经营活动，并且要有一定的规模和知名度；第四，跨国公司的许多经营活动是在公司体系内进行的，并且整个公司内外配合综合运筹，以取得公司整体的最佳经济效益。

（二）跨国公司的产生与发展

跨国公司的雏形可以追溯到 18 世纪中叶，当时，在工业革命较早的国家出现了少数企业到国外办企业从事生产经营的活动。随着工业革命完成和资本主义生产方式在全世界获得统治地位，垄断资本形成、资本输出开始。19 世纪 70 年代后，一些工业先进国家的大型企业通过对外直接投资，在海外设立分支机构和子公司，开始从事跨国性经营，但直到第二次世界大战前，这

---

① 雷蒙德·弗农：《产品周期中的国际投资和国际贸易》（1966），《经济学季刊》，1966 年第 1 期。

类企业数量并不是很多，人们尚未将它作为一种典型的经济现象加以考察。从生产经营角度看，跨国公司发展迄今大体上有两种模式，一种是美国式的跨国公司，以生产性活动为主；另一种是日本的综合商社，以贸易活动为主。真正意义上的跨国公司出现于第二次世界大战后，是与现代化大生产相适应的企业组织的高级形式，是市场经济和现代企业制度发展和演进的产物。在技术不断进步的推动下，现代企业生产经营布局超越了国家疆界，很多大企业发展成为由若干家分布在全球不同区域的公司联合而成的企业体，通过控股或持股方式将分属不同经济部门的许多企业体联合在一起，以其中实力最雄厚的大型企业为核心所组成的资本联合体就成为今天的跨国公司。跨国公司在法律上已突破了"公司"范畴，它是由若干个具有独立法人地位的公司，通过母公司对子公司控股或持股方式而组成跨国界的企业联合体，从而产生了企业发展史上的又一次飞跃。从 20 世纪后半期开始，在日益全球化的世界经济中，跨国公司已成为当代国际经济活动的核心组织者。到 90 年代，通过对外直接投资，通过无所不包的公司战略和错综复杂的网络结构，跨国公司分支机构遍及世界各地，年销售额高达几百亿美元，甚至超过千亿美元，资产额和销售额可以与世界上许多国家的国民生产总值相比。联合国贸发会议在《1992 年世界投资报告》中将跨国公司描述为"世界经济增长的引擎"。1998 年进一步认为"跨国公司将主宰未来全球经济"。

随着世界经济的不断发展，在信息、经济、资源全球化趋势影响下，以跨国公司为代表的跨国直接投资已经取代国际贸易成为世界经济发展的主要动力。进入 21 世纪以来，伴随着世界经济发展多极化格局的出现，国际区域间分工形式也发生了巨大变化。在此背景下，区域分工由传统的国家主体形式逐渐转向以跨国公司为主导的形式。科技进步与地域分工不断深化，尤其是受金融危机影响，各国政府都在调整开放政策，积极引进跨国公司的投资和技术以促进本国经济技术的发展。

二、当代跨国公司的特征

（一）当代跨国公司的一般特征

（1）有一个实力雄厚的大型公司为主体，通过对外直接投资或收购当地企业的方式，在许多国家建立有一定数量的子公司或分公司并从事多种综合经营活动。当代跨国公司多种经营形式主要表现为：首先，横向水平型多种经营，此类公司主要从事单一产品的生产经营，母公司和子公司很少有专业化分工。其次，垂直型多种经营，此类公司按其经营内容又可分为两种，一种是母公司和子公司生产和经营不同行业的、相互有关的产品，它们是跨行业的公司；另一种是母公司和子公司生产与经营同一行业不同加工程度或工艺阶段的产品，主要涉及汽车、电子等专业化分工水平较高的行业。再次，混合型多种经营，此类公司经营多种产品，母公司和子公司生产不同的产品，经营不同的业务，而且它们之间互不衔接，没有必然联系。

（2）拥有一定数量的子公司或分公司，各子公司或分公司虽各自都有自己的决策机构，都可以根据自己经营的领域和不同特点进行决策活动，但都有一个完整的决策体系和最高决策中心，子公司或分公司的决策必须服从于最高决策中心的全球战略目标和高度集中统一的经营管理。

（3）有强大的经济和技术实力，有快速的信息传递，以及资金快速跨国转移等方面的优势，在国际上有较强的竞争力。第二次世界大战后，全世界的新技术、新生产工艺、新产品，基本上都掌握在跨国公司手中，这是跨国公司几十年来不断发展壮大的根本原因之一。几乎所有的跨国公司都将大量的人力物力投入到新技术、新产品的开发上。不仅如此，跨国公司在开发新技术、新产品的同时，还善于通过对外转让技术获得高额利润并实行对分机构、子机构的控制。一些大型跨国公司凭借经济、技术实力和在一些产品生产上的优势，对一些新技术、新产品具有不同程度的垄断性。

（4）在传统的国际贸易中，竞争手段主要通过价格形式体现。随着世界经济水平的提高、耐用消费品支出在居民消费总支出中的比重逐步增大，加上世界范围内的持续通货膨胀造成物价持续上涨，产品生命周期普遍缩短等因素的影响，价格竞争已很难为跨国公司争取到更多的顾客，取而代之的是非价格竞争。事实证明，非价格竞争已成为当代跨国公司垄断和争夺市场的主要手段。

（5）与一般国内企业或一般外向型企业相比，当代跨国公司的经营方式具有多样化特征，已成为世界经济贸易活动的核心组织者，在国际贸易和技术转让中发挥重大作用，目前全世界8万多家跨国公司控制着世界贸易额的2/3以上，对外直接投资的3/4，国际技术转让的75%，以及对发展中国家贸易的90%。

（二）当代跨国公司的发展特征

20世纪90年代后，在经济全球化加速发展的同时，国际经营条件发生了一系列新变化，生产要素加快了在国际上的流动速度，跨国公司在其中扮演了重要的角色并成为国际经济活动的核心。进入21世纪后，在经济全球化、网络化和自由化浪潮推动下，跨国公司进一步迅猛发展，全球最重要的工业和第三产业都已纳入跨国公司的一体化国际生产流通和服务网络，特别是在技术创新和转让方面，跨国公司已成为新技术开发的主角，世界主要技术创新都由跨国公司完成、运用和转让。在生产跨国化、贸易自由化、资本国际化和市场全球化大趋势下，发达国家的资金、技术、管理经验与发展中国家的资源、廉价劳动力和广阔的市场，不断通过跨国公司的有效运作与经济全球化趋势最大限度地聚合在一起。跨国公司不仅形成了从国内到国外、从生产到销售无所不包的经济巨人，以不可阻挡的力量推动着全球性经济合作不断深化发展，也出现了一些新的特征。

（1）不断扩大对外直接投资成为跨国公司争夺世界市场的重要手段。在当代世界经济中，国际投资是经济发展中最活跃、最重要的因素。在全部国际投资中，跨国公司一直是主要承担者。根据联合国贸发会议《世界投资报告》连续显示的数字看，20 世纪 90 年代后，属于跨国公司的投资一直占 1/3 以上。《2008 年世界投资报告》认为，虽然世界金融和信贷危机已于 2007 年下半年开始显现，但 2007 年全球外国直接投资流入量却增加了 30%，达到创纪录的 18330 亿美元。2007 年，发达国家、发展中国家及东南欧和独联体转型期经济体的外国直接投资上升趋势都很明显，全球外国直接投资存量达到 15 万亿美元，表明全球 79 000 家跨国公司经营活动规模十分庞大。① 由于跨国公司的对外直接投资和全球性经营战略，使得世界经济发展发生了深刻的变化，传统的以商品贸易为主的国际经济交往格局被打破，国际分工渗入生产领域，进而渗透产业内部和企业内部。

（2）在不断扩大对外直接投资的同时，跨国兼并收购成为跨国公司直接投资的重要内涵和争夺海外市场的主要形式。有人认为，全球跨国公司的成长历史也可以说是跨国并购的历史，跨国并购作为国际直接投资主要方式之一，从 19 世纪末发展至今已经历了五次浪潮②。发生在 20 世纪 90 年代以来的第五次并购浪潮所显现的特征是：第一，并购金额与规模不断扩大。第二，

---

① 《2008 年世界投资报告首发式举行》，人民网，2008 年 9 月 24 日。
② 五次跨国并购历史是：19 世纪 70 年代起发生第一次并购浪潮，1916 年起发生第二次并购浪潮，20 世纪 60 年代末发生第三次并购浪潮，这三次并购潮中企业追求的目标是规模经济效应和市场份额的垄断优势。发生于 20 世纪 70 年代末的第四次并购浪潮是最具有投机色彩的金融创新的杠杆式并购，追求的目的是股东利益最大化。在前四次跨国并购浪潮中，基本上形成了以美国企业为主、英国企业参与其中的局面，其他发达国家跨国公司如日本、德国和法国等国的企业都持谨慎态度，它们更加重视增强公司的长期竞争力，而不仅仅是规模扩张的经济效应。在 20 世纪的最后几年里，以美国为首的跨国公司在世界市场上又一次掀起了并购狂潮，这次跨国并购的规模之大，范围之广，资本之巨，都是前所未有的。

跨行业混合兼并与行业内横向兼并同时进行，行业内巨型企业并购发展较快。第三，发生在大型跨国公司之间的以强强联合、增强整体竞争实力为目的的跨国并购案逐年上升，并购交易金额大、涉及范围广，几乎所有重要行业都成为并购的目标。第四，这次购并的结果，从地区国别看，集中在美欧两极，特别是在美国与英、德、法之间；从产业结构看，主流是同一领域的横向购并，主要集中在服务业以及高科技密集型产业；从购并规模看，开创了一系列新纪录，形成了世界级的超大型跨国公司，从而导致各国修改反垄断法的要求日趋强烈；从购并方式看，不同于以往的最大特点是换股起了主导作用，因为它能合理避税，节约交易成本，带动股份上扬，从而有力地推动了购并高潮。在第五次跨国并购浪潮中跨国公司扮演了主要角色。《2006 年世界投资报告》指出，发达国家公司的跨国并购驱动了外国直接投资的增长，跨国并购总值 2004 年增长了 88%，达到 7 160 亿美元，交易数增长 20%，达 6 134起；2005 年跨国并购特大交易价值为 4 540 亿美元，占全球跨国并购总价值的 63%。跨国公司通过这次并购在世界范围内重新进行了资源配置，重塑了国际生产体系，为经济全球化建立了重要的物质基础。

（3）历史上每次爆发科技革命都会带来一次大规模的企业升级与产业结构调整。20 世纪 90 年代以来，新科技革命在知识经济背景下发生，一场在全球范围内兴起的新科技革命浪潮成为这一时期世界经济发展的一个重要特征，当代跨国公司无不花费巨额资金投入科学研究，研发（R&D）投资与国际化不断成为跨国公司技术发展的新趋势。跨国公司 R&D 国际化方式主要有三种：第一，设立海外 R&D 机构并与母公司形成网络系统；第二，组建海外产教研联合体；第三，与其他跨国公司缔结 R&D 国际战略联盟，在投资中共同投资、联合开发、共担风险、共享成果的技术经济联盟成为跨国公司发展的重要模式。

（4）跨国公司投资产业分布加速向第三产业发展。20 世纪 80 年代后，世界经济向服务型产业发展的速度加快，国际直接投资也加速了向服务业的倾斜，当今世界对外直接投资流量和存量有一半以上发生在服务业中。服务业日益成为跨国公司对外直接投资的重点，主要原因是：第一，全球对现代化服务需求增长较快，而现代化服务，尤其是金融服务，绝大部分由跨国公司（银行）提供。第二，中、东欧国家在向市场经济转轨过程中，需要充分利用银行、保险、电讯、会计和法律等方面的服务，同时亚洲一些发展中国家包括中国，先后实施市场经济，对服务业的需求日益剧增；第三，服务业能在生产、就业、贸易和消费等方面发生共同效应，在整个国民经济中发挥积极作用。随着计算机、通信与网络技术的不断提高，服务业的贸易特性不断加强，有力推动了跨国公司在服务业的国际直接投资快速增长。

（5）发展中国家和转型经济体的大型跨国公司加快扩张。2010 年，全球规模最大的 100 家非金融领域跨国公司中，来自发展中国家和转型经济体的跨国公司总资产为 3.71 万亿美元，占世界 100 强企业总资产的 31.1%；国内外总销售额 2.4 万亿美元，增长 26.6%，高于世界 100 强企业增长率近 17 个百分点；海外雇佣员工数 372.6 万人，增长 9.6%，高于世界 100 强企业增长率 8 个百分点。当跨国并购成为企业对外投资的重要模式后，发展中国家跨国公司加快了跨国并购投资，2012 年跨国并购额同比增长 10.7%，增至 1147 亿美元，占全球跨国并购额的 37%，同期发达国家跨国并购额减少 56%，降至 1763 亿美元。《2010 年世界投资报告》认为，2009 年全球外国直接投资一半流入发展中国家和转型经济体，流出量中有 1/4 来自发展中国家和转型经济体，作为外国直接投资的目的地和来源地，发展中国家和转型经济体的相对作用还会进一步增强，因为全球外国直接投资是在这些经济体的带领下复苏的。[①]

（6）金融危机后跨国公司国际化扩张呈增长趋势。金融危机对跨国公司产生了较大影响：第一，在战略上，一些公司主动缩减支出，合并机构，减少或撤回投资，同时裁减人员。第二，在财务上，由于资产价格泡沫破灭，导致不少跨国公司持有的金融资产市值缩水，出现大量亏损或盈利状况恶劣。第三，由于市场对风险敏感性提高，银行惜贷和资本市场不愿意为企业提供融资，使跨国公司财务状况出现困窘。第四，市场表现不乐观，很多跨国公司销售下滑，库存增加，运营成本提高。第五，尽管一些跨国公司积极寻求政府援助和救济，但政府担心注资对企业业绩提升不明显，会使自身陷入危机漩涡中，同时由于政府贷款和紧急融资导致政府在企业中的持股比率上升，对企业的干预和监管力度加大，不利于企业发展。第六，危机使很多企业或破产倒闭，或寻求兼并收购，为跨国公司提供了低价收购和整合行业资源的机遇，全球产业掀起了新一轮重新洗牌局面和并购潮。但从 2009 年开始跨国公司开始大幅反弹，为扩大国际生产，跨国公司的海外分支逆势增长，为其控制全球经济和抵抗危机发挥了积极作用，2009—2011 年销售总额均值达 25.8 万亿美元，比危机发生前三年（2005—2007 年）年均值增长了 24.6%。与此同时，跨国公司借危机不断扩大海外注资，全球跨国公司海外分支总资

[①]　《2010 年世界投资报告》，东亚经贸新闻，2010 年 7 月 26 日。

产同期（2009—2011 年）均值达到 77.5 万亿美元，比危机前同期（2005—2007）均值增长 77.7%。

（三）当代跨国公司的最新特征

1. 对全球经济的主导作用稳中增强

目前全球约有 8 万家跨国公司，非金融类前 100 家公司 2010 年全球生产带来的增值达到 16 万亿美元，占全球 GDP 总量 1/4，海外分支机构产值占全球 GDP 总量的 10% 以上和世界出口总额的 1/3。2011 年，这 100 家跨国公司对外投资项目价值为 3 700 亿美元，占全球外国直接投资流入量约 1/4；跨国并购额为 1 940 亿美元，占全球跨国并购额 36%；绿地投资额为 1800 亿美元，占全球绿地投资额 20%；国内外共雇佣 1 538 万人，是所有跨国公司海外分支雇佣人数的约 1/4。

2. 加速推进全球战略

跨国公司更重视通过推进全球战略提高战略协同，加快对全球资源的配置，脱离发达国家掌控，实现从跨国公司到全球公司的转变。金融危机后，东道国的成本变化促使很多跨国公司转移产业链部分环节区位，大量跨国公司通过跨国并购和迁址（尤其是并购发达国家价值被低估的企业），获得生产和销售渠道、争夺全球市场，加速提高资源配置效率。与此同时，跨国公司更加重视向海外分支机构增加投入，积极拓展本地和全球研发，转变由母国单一输出知识的模式，促进企业内知识、信息、资源的高效流动和共享，以其富有吸引力的文化氛围、治理模式、优厚待遇和发展空间等招揽人才，充分储备国际化人力资源，高层次人力资源本地化成为跨国公司深层次本地化战略的重要体现。

3. 流入发展中国家和转型经济体的投资增长迅速

流入发展中国家和转型经济体的外国直接投资在金融危机后触底反弹，全球外国直接投资格局持续演变。流入发展中国家的外国直接投资在 2011 年同比增长 11%，达到创纪录的 7 027 亿美元，占全球 44%，高于危机前的三年平均占比 14 个百分点，2012 年流入发展中国家的外国直接投资在全球的比重上升为 52%，首次超过发达国家流入量；流入转型经济体的外国直接投资 2011 年同比增长 25%，达到 937 亿美元，比危机前三年流入量均值高出 59%，占全球 6%。

4. 更加重视本地化战略

为更好地服务海外市场，跨国公司改变了将研发活动基本安排在母国的做法，逐步在市场地位重要并有一定研发条件的东道国设立研发中心，特别是在中国。据中国商务部不完全统计，截至 2010 年 3 月，跨国公司在华设立各类研发中心超过 120 家，宝洁、微软、IBM、三星、辉瑞等知名跨国公司都在中国设立了研发中心。

5. 更加重视履行企业社会责任

跨国公司对企业社会责任的认识和实践从最初遇到问题被动防御，逐渐发展到遵守规则、主动推广，将社会责任整合到经营战略的新阶段。社会责任涉及各国政府、媒体和消费者的评价，直接影响到企业品牌、声誉和竞争力，越来越受到跨国公司重视。随着气候变暖、环境污染、食品安全等全球性问题凸显，跨国公司作为产业链布局全球、对世界经济和社会有重要作用的"企业公民"，履行社会责任的要求进一步提升。近年来，跨国公司在解决当地就业、保护环境、提高供应链产品标准等方面均有较大进展，通过跨国公司提高社会责任履行标准，直接提高了对供应商的要求，对全球企业履行社会责任起到了重要的推动作用。

6. 更加重视商业模式创新

在高新技术创新随时发生的今天，竞争加剧，客户议价能力增强，企业通过技术和产品创新盈利的空间不断缩小，商业模式创新成为新的增长点，对企业发展的重要作用日益得到重视。大量跨国公司通过商业模式创新实现了价值快速增长，如苹果产品、技术和商业模式创新组合、Skype 免费电话和增值服务、Zara 极速时尚供应链等。

第二节　跨国公司理论

一、跨国公司理论概述

（一）跨国公司理论概述

第二次世界大战以后，跨国公司的迅速崛起及其对外直接投资的迅速发展引起了西方经济学家们的极大关注，他们在研究对外直接投资活动时开始注意专门研究跨国公司，并相继提出一系列理论进行解释。从理论发展顺序看可分为两个阶段。第一阶段从 20 世纪 50 年代末到 70 年代中期，经济学家们主要解释对外直接投资的决定因素，并称之为对外直接投资理论。第二阶段，70 年代中期以后，随着跨国公司不断壮大，跨国并购发展加快，经济学家们将研究的重点由对外直接投资转向研究进行对外直接投资的行为主体，即跨国公司，因此这个阶段提出和发展的理论才算是真正的跨国公司理论。

跨国公司理论，按其理论依据和分析方法，可分为四种类型：第一种是以产业组织理论为基础的理论，如垄断优势论和寡占反应论；第二种是以贸易理论与工业区位理论相结合的理论，如产品生命周期论；第三种是内部化理论；第四种是国际生产折衷理论。西方经济学家在对跨国公司研究时各有其侧重面，工业经济学家在探讨对外直接投资时，主要从产品的差别生产、垄断和要素市场角度出发；国际金融学专家则着重解释资本市场的不完善性；而管理和决策专家的研究重点则放在公司内部的管理与决策过程上。

（二）跨国公司一般理论

1. 跨国公司及其投资对世界经济的影响

跨国公司作为管理技术和组织创新的产物，适应了社会生产力的发展和高度复杂的技术发展趋势，对世界经济、各国经济发展和资源配置的国际化产生了重大影响。第一，跨国公司通过跨国化、一体化和多元化战略，从事以公司内部分工为特征的国际生产活动，促进了生产要素的国际流动和要素价格的国际均等化，开创了一个一体化的国际生产体系。第二，跨国公司拥有促进经济增长的多种要素，包括资本、技术、信息、管理和经营诀窍，以及进入国际市场的渠道，不断地扩大了世界市场范围。第三，在激烈的国际竞争中，跨国公司利用雄厚的资金优势进行技术创新和新产品开发，在客观上推动了世界科技发展并深化了国际分工。第四，跨国公司通过国际投资，特别是对发展中国家的直接投资，为东道国提供了一揽子有形和无形资产，刺激了东道国的经济增长。第五，跨国公司在世界范围内从事生产、销售与融资活动，不仅推动世界范围内生产活动一体化，而且也促进了世界商品市场、资本市场与其他各种要素市场的一体化发展。

2. 跨国公司与东道国

跨国公司一方面对东道国的经济产生促进作用，表现在东道国获得发展的资金及伴随而来的技术和管理并增加了就业机会等；另一方面，跨国公司利用其内部市场的"转移价格"进行逃税避税的活动，严重损害了东道国的税收。此外，外国直接投资还会对东道国产生诸如环境保护问题和一些社会文化问题等。特别是对发展中国家来说，虽然外资具有一定的积极作用，如在一定程度上弥补了国内投资的结构性短缺，引进了较先进的生产技术和管理等，但如果利用外资不当，外资可能抑制民族工业的发展，控制支柱产业，操纵市场等。

3. 跨国公司与母国

发达国家既是跨国公司的母国，又是跨国公司最主要的东道国。这种双重身份与大多数发展中国家是东道国的身份不同，它决定了发达国家一般对跨国公司采取开放的态度。作为发达国家的母国，一方面对跨国公司直接投资采取鼓励政策，例如为跨国公司提供出口信贷、建立国外投资担保制度、提供信息服务等；另一方面，又对跨国公司国外业务加强监督与管理，以减低风险、加强本国的经济安全，例如对外流资本和技术进行审查、防止避税和逃税、加强联合审计工作等。

4. 经济主权效应

尽管跨国公司的进入可以促进东道国当地经济发展，但也会带来东道国某些经济自主权的损失，跨国公司在经济主权方面的影响被人们看成是东道国付出的机会成本。由于跨国公司追求全球利益目标，其最后决策并不是在子公司所在地制定，有关的投资决定和财务、销售、采购、雇佣和贸易政策通常全部由母公司做出，所有这些都可能使东道国在主权上付出代价，促成或加剧东道国经济的依赖性。此外，跨国公司往往不会对东道国政府的经济政策做出积极反应，这就危及了东道国对其经济的控制能力，削弱了东道国政府实行它所期望的经济政策的力量。特别是发展中的东道国政府，与跨国公司相比，它们处于弱势的讨价还价地位，这意味着跨国公司可能获得过分的保护或税收特权，在此情况下，跨国公司攫取的利益是以东道国较低或负值的社会收益为代价的。

二、与国际直接投资相关的跨国公司理论

(一) 邓宁：国际生产折衷理论

英国里丁大学教授约翰·邓宁（John Dunning）从 1953 年开始，用两年多时间在英国走访了 115 家美国机构和 45 家美英公司（美国拥有 25％以上的控股权，另有 45 家公司通过邮件向他提供信息），通过对每家公司进行非常详细的实地考察并获得客观数据，从主观上评价了跨国公司对于英国经济的贡献。邓宁对跨国公司的全面研究体现在 1976 年出版的《贸易、经济活动的区位与多国企业：折衷理论探索》中。在这本著作里，他运用折衷方法对各种跨国公司理论进行了概括性和综合性分析，提出在研究跨国公司国际生产活动中，应吸收区位理论，并融入要素禀赋论和内部化理论。1981 年，邓宁出版了《国际生产与跨国企业》一书，进一步系统化、理论化、动态化地完成了国际生产折衷理论。国际生产折衷理论是一种综合理论，该理论首先有三个基本假定，即如果满足以下三个条件，企业将从事对外直接投资：第一，企业有高于其他国家企业的竞争优势（亦称所有权优势），这些优势主要是采

取技术等无形资产的形式，这些优势在一定时期内为该企业所垄断；第二，企业使这些优势内部化，必须比出售或出租给外国公司更有利；第三，企业在东道国结合当地要素投入来利用其优势时，必须比利用本国要素投入更有利。这三个假定条件被概括为企业所有权优势（ownership specific advantages）、内部化优势（internalization）和区位优势（location specific advantages）。这三类优势都不能单独用来解释对外直接投资原因，只有具备三类优势时，才可能从事对外直接投资。跨国企业在国际化经营中，这三类优势的不同组合直接影响着企业的决策，一个企业在决定对外投资时，必须三类优势同时具备，缺一不可。邓宁国际生产折衷理论的特点是：第一，吸收了各种国际直接投资理论的长处，尤其是内部化理论成为折衷理论的主题；第二，三类优势与直接投资的所有形式均有关；第三，可以用来解释企业进行国际经营活动的原因。邓宁从分析国际投资效应入手，总结归纳了 20 世纪 60～70 年主要的国际直接投资理论，用国际生产折衷理论将国际贸易、国际直接投资与技术转让置于统一的理论体系之中，对企业跨国经营做了全面的尝试，所以经常被认为是跨国公司理论的创始人。

（二）弗农：产品生命周期理论

美国经济学家雷蒙德·弗农（Raymond Vernon）1966 年发表了题为《产品周期中的国际投资与国际贸易》的论文，在这篇论文中，弗农从微观和企业角度出发，假定寡头垄断集中并存在创新周期的时机选择，提出美国企业对外直接投资是与产品寿命周期密切相关的观点，由此建立了产品生命周期理论。弗农认为，产品周期可分为创新、成熟和标准化三个阶段，产品周期是产品市场运动的普遍现象，企业对外投资是企业在产品周期运动中，由于生产条件和竞争条件变化而做出的决策，产品在生命周期的不同阶段上有不同的特征，企业在产品不同阶段应有不同的投资策略。产品生命周期理论的有关论述在本书第四章中已做介绍，此处不再赘述。

（三）海默：垄断优势理论

垄断优势论（theory of monopolistic advantage）是关于大公司依仗其特定的垄断优势拓展对外直接投资的一种跨国公司理论，该理论由美国经济学家斯蒂芬·海默（S. Hymer）于 1960 年提出，其中关于跨国公司直接投资的有关论述在本书第三章中已做介绍，此处不再赘述。20 世纪 70 年代中期，海默的导师金德伯格（Charles. P. kindleberger）又对其进行了加工补充，从而发展形成"海默—金德伯格传统"，并成为当代跨国公司的初创理论，也被称之为对外直接投资的垄断优势论或产业组织理论。金德伯格通过研究，进一步将美国的垄断优势概括为：第一，具有横向一体化和纵向一体化的优势，前者使跨国公司对价格有一定的控制能力，后者使跨国公司获得外部规模经济的优势。第二，拥有市场的优势，如获得营销技术、专利、商标等。第三，由于跨国公司资金雄厚、技术先进和实行全球性经营战略，使其在生产和管理技能、方式上占有绝对优势。第四，由于面向发展中国家投资，使其具有获得廉价劳动力的优势。第五，实行限制政策也给对外直接投资带来优势。所以，跨国公司所拥有的垄断优势大致可分为三类：第一类，来自产品市场不完全的优势，如产品差别、商标、销售技术与操纵价格等；第二类，来自生产要素市场不完全的优势，包括专利与工业秘诀、资金获得条件的优惠等；第三类，企业拥有的规模经济，包括内部的和外部规模经济。跨国公司之所以能够进入东道国市场并与当地企业进行竞争，主要原因是拥有垄断优势，垄断优势使跨国公司生产出当地企业无法供给的高质量差异化产品，最大限度地弥补从事海外经营的额外成本，克服投资过程中可能遇到的诸多不利因素。垄断优势使跨国公司有能力获得并长久保持竞争优势地位而立于不败之地。"海默—金德伯格传统"以垄断代替完全竞争，开创了一条研究跨国公司理论的新思路，因此被认为是当代跨国公司理论的开拓者。20 世纪 60～70 年代中期，该理论对西方学者产生过很大影响。

　　在"海默—金德伯格传统"理论框架下，垄断优势论此后又被一些西方经济学家做了进一步的发展和完善。美国经济学家约翰逊（H. G. Johnson）、凯夫斯（R. E. Caves，1966）等人认为，跨国公司的优势在于始终把握新知识，并在其公司内部转让，以确保跨国经营的优势。约翰逊提出"知识的转移是直接投资的关键"的论述，认为知识包括技术、诀窍、管理与组织技能、销售技能等一切无形资产在内，垄断优势主要来自企业对知识资产使用的控制。跨国公司拥有技术知识优势，在对外直接投资过程中，子公司花较低的成本就可利用总公司的知识资产，而当地企业获取同类知识资本则要付出较高的成本。产品的差异性是企业产品竞争力所在，跨国公司发挥其技术垄断优势使其生产的产品千差万别，可满足不同层次、不同消费者的需求，还通过营销技巧使产品在消费者心理上产生不同的反响，所以跨国公司通过各种知识技术措施加强了其竞争优势和垄断地位。

三、内部化理论

（一）内部化理论的产生

"内部化"概念起源于 1937 年科斯（Coase）发表的《企业的性质》一

文，但这个概念在当时并未引起重视。该理论的真正建立是在 20 世纪 70 年代末到 80 年代初，由英国经济学家巴克利（P. J. Buckley）和卡森（M. C. Casson）提出，并由加拿大经济学家鲁格曼（A. M. Rugman）等加以发展的。他们的主要著作有《跨国公司的未来》、《跨国公司的选择》和《跨国公司内幕》等。内部化是指企业内部建立市场的过程，以企业的内部市场代替外部市场，从而解决了由于市场不完整而带来的不能保证供需交换正常进行的问题。该理论是当前解释直接投资原因和比较流行的跨国公司理论。[1]

（二）内部化理论的内容

内部化理论（the theory of internalizations）亦称市场内部化理论，该理论建立在三个基本假设之上：第一，企业在不完全市场竞争中从事生产经营活动的目的是追求利润最大化；第二，中间产品市场的不完全，使企业通过对外直接投资，在组织内部创造市场，以克服外部市场的缺陷；第三，跨国公司是跨越国界的市场内部化过程的产物。核心思想是：由于市场的不完全，若将企业所拥有的科技和营销知识等中间产品通过外部市场来组织交易，则难以保证厂商实现利润最大化目标；若企业建立内部市场，可利用企业管理手段协调企业内部资源的配置，避免市场不完全对企业经营效率的影响。企业对外直接投资的实质是基于所有权之上的企业管理与控制权的扩张，而不在于资本的转移。其结果是用企业内部的管理机制代替外部市场机制，以便降低交易成本，拥有跨国经营的内部化优势。

产生内部化的动因：第一，防止技术优势的流失；第二，特种产品交易的需要；第三，规模经济的经济追求；第四，转移定价。决定内部化过程的要素包括：第一，行业特定因素，主要是指产品性质、外部市场结构以及规模经济；第二，地区特定因素，包括地理位置、文化差别以及社会心理等引起的交易成本；第三，国别特定因素，包括东道国政府政治、法律、经济等方面政策对跨国公司的影响；第四，企业特定因素，主要是指企业组织结构、协调功能、管理能力等因素对市场交易的影响。因此，只有当内部交易的边际收益大于边际成本时，市场内部化才是确实可行的。在上述四个因素中，行业特定因素对市场内部化的影响最重要。当一个行业的产品具有多阶段生产特点时，如果中间产品的供需通过外部市场进行，则供需双方关系既不稳

---

[1]　罗纳德·哈里·科斯（Ronald H. Coase）出生于英国，后移居美国，成为美国经济学家，他是 1991 年诺贝尔经济学奖获得者。科斯对经济学的主要贡献是提出交易成本和产权理论，由此建立了"科斯定理"。

定，也难以协调，企业有必要通过建立内部市场保证中间产品的供需。企业特定因素中的组织管理能力也直接影响市场内部化的效率，因为市场交易内部化也是需要成本的。只有组织能力强、管理水平高的企业才有能力使内部化的成本低于外部市场交易的成本，也只有这样，市场内部化才有意义。内部化理论不同程度地包含了其他理论，是各种跨国公司理论中较为成熟的一种一般理论。

内部化理论作为研究跨国公司的一种新理论，从 1983 年以来，在学术界重新引起了极大兴趣，曾多次召开国际性学术会议，进一步探索跨国公司内部化理论的问题。在以后的十多年里，学术界对跨国公司内部化理论的研究，又提出了三个新课题：第一，内部化理论是一种新型的学说。因为内部化理论是一种研究跨国公司运行机制的新型理论，在许多方面突破了传统的比较优势理论和产品周期理论的局限，为有关跨国公司理论的研究开辟了新的途径和领域。第二，内部化理论是一种动态的学说。当代经济学家指出，研究跨国公司内部化理论时，应当把"贸易费用"概念与"企业机能"概念结合起来，这样才能充分展示这一理论的动态性。因此，学术界正在努力克服以往内部化理论的静态化缺陷，力图建立一个动态的内部化理论。第三，贸易理论与投资理论相结合。学术界认为，为了克服内部化理论中的静态问题，可以将贸易理论与投资理论结合起来。由于单纯贸易费用概念已不能充分说明从出口贸易到直接投资和就地建厂这一转变过程，而进行直接投资，跨国公司可以节省一部分贸易费用。

（三）跨国公司实行市场内部化的动因

第一，出于对"市场不完全"采取的一种对策。正由于外部市场不完全，内部贸易才经常发生在市场集中程度高（寡头垄断）的行业或部门，通过内部市场进行公司内交易，可稳定地维持和扩大自己的市场份额，使外来公司难以进入内部市场参加竞争，同时，通过内部市场的交易可加强企业的对外扩张能力，可以避开各国政府对经济的干预，特别是保护主义的干扰，有效地对付各种贸易壁垒。

第二，可以避免技术优势的散失。跨国公司对外投资在很大程度是靠技术上的优势，技术是跨国公司的重要资源。如果技术产品和中间产品投入在外部市场交易，就很容易被竞争者所模仿，跨国公司所拥有的技术被扩散，从而丧失优势和蒙受损失。但技术产品很难在传统的国际贸易中定价，跨国公司在内部化市场上可以采用差别性定价法转让新技术和新产品，由此独占技术开发带来的利益。

第三，用以保证中间产品的投入。在跨国公司的国际生产过程中，中间产品在质量、性能和规格上都有特殊的要求，要从外部市场获得这类中间产品的投入是非常困难的。为了保证中间产品的投入，就要把这类产品纳入整个跨国公司的生产体系，使这类产品在内部市场进行交易，以消除可能的价格波动、供给量难以均衡等外部市场带来的不确定性；同时还可以利用生产技术和销售技术上的优势，确保产品的稳定性和生产过程的连续性。在最终产品的销售上，跨国公司实行内部化市场，把它的优势从生产领域扩展到流通领域，设立销售子公司，扩大销售，搞好售后服务以占领世界市场。

第四，可以实现规模经济效益。跨国公司实行一体化大规模生产，必然存在尚未充分开发的能力，这些潜在能力的充分利用，只有在公司内部进行，通过内部贸易机制，充分发挥公司整个生产和流通体系的效能，取得规模经济利益。

第五，运用调拨价格获取高额利润。由于各国税制的差异及外汇管制，跨国公司利用内部调拨价格作为一种润滑剂，使封闭的公司内部市场得以正常进行。通过这种价格体系的内部贸易，更为隐蔽地获取高额利润。调拨价格的使用范围日益广泛，已经远远超出一般的商品交易，任何公司内部关系都可通过一个特定的价格表示出来，调拨价格使用范围越广，公司的内部业务越大，利润就越多。跨国公司通过调拨价格的内部交易，向母公司转移了子公司在当地所得的利润，从而剥夺了东道国的利益。

四、跨国公司社会责任与社会力理论

(一) 企业社会责任理论

1. 企业社会责任概念的产生

社会责任思想源远流长，在西方可追溯到 2000 多年前的古希腊时代，当时的"社会责任"多指公民除了负担自己生活以外，还要对别人对社会贡献力量。20 世纪初，鉴于美国企业规模日益巨型化所引发的社会问题日趋严重，以及由此在民众中所产生的不满情绪不断高涨，一些明智的企业领导人开始关注企业的所有利益相关者的权益。与此同时，美国工业化进程加快，出现了现代大公司和大公司中所有权与经营权的两权分离。大公司的出现与两权分离一起催生了管理者资本主义，管理者开始挑战自由经济与利润最大化原则，从而产生了现代公司的社会责任思想。企业社会责任（corporate social responsibility，简称 CSR）的概念最早起源于美国。1924 年，学者谢尔顿

（Oliver Sheldon）在其著作《商人的社会责任》中提出应将企业社会责任与企业经营者满足产业内外各种人类需要的责任联系起来，以及企业社会责任应包含有道德因素在内的思想，认为公司经营战略纳入对社区提供的服务有利于增进社区利益，社区利益作为一项衡量尺度，远远高于公司的盈利①。此后大约经历过三个阶段的发展。20 世纪 50～70 年代，大多人认为企业的目的主要是营利至上，期间也有人认为企业必须以不污染、不歧视、不从事欺骗性的广告宣传等方式来保护社会福利，必须融入自己所在的社区及资助慈善组织，从而在改善社会中扮演积极的角色。1953 年，美国学者伯文（H. Bowen）将企业社会责任定义为：商人按照社会的目标和价值，向有关政策靠拢，做出相应的对策，采取理性的具体行动的义务。伯文也因此被称为"企业社会责任之父"。20 世纪 80 年代后，企业社会责任运动开始在欧美发达国家兴起，重点转向关注环境。此时不仅包括环保、劳工和人权等方面的内容，还转向关心产品质量、环境、职业健康和劳动保障等多个方面，一些涉及绿色和平、环保、社会责任和人权等的非政府组织以及舆论也不断呼吁，要求社会责任与贸易挂钩。迫于日益增大的压力和自身发展的需要，很多欧美跨国公司纷纷制定对社会做出必要承诺的责任守则（包括社会责任），或通过环境、职业健康、社会责任认证应对不同利益团体的需要。90 年代初，美国劳工及人权组织针对成衣和制鞋业发起了"反血汗工厂运动"，为挽救公众形象，在美国服装制造商中制定了第一个公司生产守则。后迫于劳工和人权组织及消费者的压力，许多知名品牌公司都相继建立了生产守则，逐步演变为"企业生产守则运动"（亦称"企业行动规范运动"或"工厂守则运动"）。企业生产守则运动的直接目的是促使企业履行自己的社会责任。在劳工和人权等组织推动下，生产守则运动发展到跨国公司后，逐步转变为"社会约束"（social regulation）的"外部生产守则"。

2. 企业社会责任理论的发展与实践

企业社会责任概念提出后，在学术界引起了法学、经济学、社会学、管理学等学科学者的极大关注，针对它的理论研究也一直绵延不断。20 世纪 90 年代后期，随着经济全球化进程加速，跨国公司的资金和经营更多转向母国以外的国家和地区，由此带来一系列新的问题：一方面跨国公司可能逃避母国的法律和公众监督，在资本的流入国不履行社会责任义务，在给东道国带来发展机会的同时造成环境、人权等社会问题；另一方面，跨国公司管理方

---

① 参见刘俊海《公司的社会责任》，法律出版社 1999 年版。

式中承载的社会责任理念，有可能成为转型中发展中国家解决社会问题的一种资源和参考。围绕如何使跨国公司能够在东道国继续履行社会责任义务，一场新的关于跨国公司社会责任研究思潮开始兴起，至今仍在进行中。在实践方面，1999 年 1 月在瑞士达沃斯举行的世界经济论坛上，联合国秘书长安南提出了《全球契约》，并于 2000 年 7 月在联合国总部正式启动。《全球契约》号召公司遵守在人权、劳工标准和环境方面的九项基本原则：第一，支持并尊重国际公认的各项人权；第二，不参与任何漠视和践踏人权的行为；第三，支持结社自由，承认劳资双方就工资等问题谈判的权利；第四，消除各种形式的强制性劳动；第五，有效禁止童工；第六，杜绝任何在用工和行业方面的歧视行为；第七，企业应对环境挑战未雨绸缪；第八，主动增加对环保所承担的责任；第九，鼓励无害环境科技的发展与推广。全球协议发出后，500 多家企业的 CEO 写信回应表示支持。

到 2000 年，全球共有 246 个生产守则，其中 118 个由跨国公司制定，主要分布于美国、英国、澳大利亚、加拿大、德国等国家。2002 年 2 月在纽约召开的世界经济峰会上，36 位首席执行官呼吁跨国公司履行社会责任，其理论根据是公司社会责任"并非多此一举"，而是核心业务运作至关重要的一部分。2002 年，联合国正式推出《联合国全球协约》（*UN Global Compact*），协约在人权、劳动、环保、反腐败等方面制定了 10 项原则，恳请跨国公司对待其员工和供货商时都要尊重这些原则。

3. 企业社会责任的作用

首先，企业履行社会责任有助于解决就业和改善工人劳动环境问题。企业社会责任标准建立后，有了解决劳动力就业和保证工人工作条件与环境的国际认证标准体系。一个企业要成为跨国公司，必须努力获得诸如 ISO8000 等很多国际认证，首先就应积极履行社会责任。其次，企业履行社会责任有助于保护资源和环境，实现可持续发展。企业作为社会公民对资源和环境的可持续发展负有不可推卸的责任。企业履行社会责任，不仅可以降低能耗，节约资源，而且还可通过公益事业与社区共同建设环保设施，净化环境，保护公民利益。再次，企业履行社会责任有助于收入分配公平，缓解贫富差距等问题，尤其是跨国公司在发展中东道国，其工资标准经常起示范作用，跨国公司工人工资水平提高，能够拉动当地工资水平整体上升。①

① 参见黄晓鹏：《企业社会责任：理论与中国实践》，社会科学文献出版社 2010 年 1 月版；盛斌、胡博：《跨国公司社会责任：从理论到实践》，《南开学报》，2008 年第 4 期。

（二）社会力理论

1. 社会力（social force）的概念

企业社会力意指企业在多元目标体系下，与社会协调一致、与环境相容共生并赢得社会尊重和赞誉的能力。20 世纪 90 年代后，跨国公司经济运行发生了很多新变化：在经营战略方面，跨国并购与国际战略联盟成为主要跨国经营战略；在公司目标方面，跨国公司开始向经济、社会、环境、人文等多元化目标发展；在企业行为价值取向方面，跨国公司更多地注重社会责任标准，并以此作为公司联盟与合作的基础。美国管理学大师德鲁克认为"企业不仅是经济公民，还是社会公民"[①]，社会公民与自然人公民一样，都是权利和义务的统一体，由此给跨国公司在新历史时期提出了新的命题，即跨国公司在实现经济目标的同时，还应实现社会和环境等多元目标体系，这些都包含着跨国公司社会责任的内涵，也是传统跨国公司经济力理论所不能回答的问题。此后，关于跨国公司如何从"经济公民"向"社会公民"转变的研究由此展开，逐步形成了当代跨国公司社会力理论，社会力理论的出现为跨国公司理论研究开辟了新天地，为合理解释跨国公司社会责任追求伦理形象找到了理论依据。

2. 社会力理论的内容

首先，理论的出发点与依据。自 20 世纪 90 年代后，很多跨国公司开始改变传统经济利益最大化的企业使命，通过提高经济效益，将实现人类自由、全面、和谐发展作为新的企业使命。这样，以利润最大化为目的的传统跨国公司经济力理论（如海默、弗农、小岛清、邓宁理论）就受到很大的束缚，制约了跨国公司全球经营战略的实施。很多跨国公司越来越认识到，经济力已不能构成全球化经营的动力系统，必须寻求新的动力源——社会力，将承担社会责任、环境责任作为培育社会力的核心，并形成跨国公司新的核心竞争力，为社会力理论的产生提供了实践依据。其次，经济全球化、和平与发展的新人类发展主题改变了跨国公司的历史使命。当代跨国公司选择合作伙伴的标准，除以产品、质量、技术、服务、效益等优势来确定外，还要以社会责任标准作为衡量尺度，以实现人类自由、全面、和谐发展为历史使命。跨国公司的发展必须与社会和谐、与环境相融，因此决定了跨国公司只能将培育和应用社会力作为全球战略内容，这些在传统的跨国公司理论中已找不到合理因素予以解释，社会力理论应运而生。再次，社会力理论分析侧重企业目标多元化，包括：第一，利益公平的人文目标，即实现包括员工、股东、

---

① （美）杰弗瑞 . A. 克雷姆《走近德鲁克》，机械工业出版社 2009 年 9 月版。

消费者、政府、竞争者等相关主体的利益均衡；第二，相容共生、内外生态协调的环境目标；第三，促进社会和谐、代际持续的社会目标；第四，利润最大化的经济目标；第五，实现多元目标的基本原则是兼顾与结合、最优化妥协。社会力理论强调：一是环境力，即跨国公司保护环境，并与环境和谐相处、相容共生的能力；二是声誉力，即跨国公司赢得社会尊重与赞誉，并与社会发展协调一致的能力；三是内部和谐力，即跨国公司通过人性化管理理念，营造尊重人、关心人、理解人的文化氛围，最大限度地尊重和满足员工的个性化需求，实现员工对内部公共关系的理想追求，从而培养起员工的满意度。

3. 社会力理论的意义

可以认为，跨国公司社会力理论适用于新历史时期的所有跨国公司，这一理论可以用来解释跨国公司行为的新变化，为跨国公司在新形势下的发展从理论和实践角度提出了客观要求。无论是发达国家的跨国公司，还是发展中国家的跨国公司，在国际化经营中都应承担社会责任，与人文社会自然环境和谐共生。

第三节　跨国公司与国际经济合作

一、跨国公司运行模式

（一）跨国公司的组织形式

跨国公司的组织形式主要涉及母公司与国外各分支机构的法律和所有权关系、分支机构在国外的法律地位、财务税收的管理等方面。跨国公司组织形式包括：（1）母公司（parent company），母公司又称总公司，从本质上看，母公司实际上是一种控股公司，通常掌握其他公司的股份，控制其他公司业务活动并使其成为自己附属公司，母公司通过制定大的方针、政策、战略等对其世界各地的分支机构进行管理，一些实力雄厚的母公司本身也经营业务，是独立的法人，有自己的管理体系。（2）分公司（branch），分公司是母公司的分支机构或附属机构，在法律和经济上没有独立性，不成为独立的法人实体，分公司没有自己独立的公司名称和章程，全部资产都属于母公司，没有独立的财产权，业务活动由母公司控制，母公司对分公司的债务承担无限责任，分公司一般包括生产型与销售型两种类型，其特点除设立手续比较简单外，还可以在东道国享受到一定程度的税收优惠。（3）子公司（subsidiary），子公司是按东道国法律登记注册成立，由母公司控制但在法律上是一个独立实体的完整公司，子公司有自己独立的公司名称、章程和管理机构，能独立支配财产，有自己的资产负债表，独立核算并自负盈亏，可以自己的名义开展业务活动和承担民事法律责任，设立子公司的有利之处，一是受东道国的限制较少；二是可以独立地在东道国银行贷款，可以在当地的证券市场上融资；三是有较大的自主权；四是如果在国际避税地设立子公司，则有利于母公司的避税活动。

（二）跨国公司的组织结构

跨国公司的组织结构形式，即行政或管理组织形式，主要职能是如何提高企业的经营管理效率，优化企业资源的配置，以求取得最佳的经济效益。由于跨国公司规模庞大，经营地区广泛，分支机构众多，产品多种多样，业务内容丰富，这就要求跨国公司建立一套高效率的管理组织，以不断提高效率和充分利用资源，以获得在全球范围内的利益最大化。跨国公司通常采用的管理组织形式包括：国际业务部（international division）、全球性产品结构（global product structure）、全球性地区结构（global regional structure）、全球性职能结构（global functional structure）、矩阵式组织结构（matrix structure）。跨国公司的这些管理组织结构，各有其特点和利弊，在决定自身管理组织结构时通常充分考虑到自身的情况选择适合自己公司的组织结构。国际业务部往往是一家公司从单纯出口走向国际经营的中间步骤，有利于收集信息、探索经验、培养人才，为进一步全球性经营打下基础。对于产品品种已经实现多样化、系列化，产品类别之间生产技术差异明显，自成体系的企业，采用全球性产品结构比较合适。相反，如果产品品种并不很多，产品的规格、质量、包装、生产技术比较统一，同时销售市场分布广泛（如饮料、石油、医药等行业），跨国公司则选择全球性地区结构。全球性职能结构主要适用于产品系列比较简单，市场经营环境比较稳定的跨国公司。当跨国公司的规模已十分庞大、产品种类繁多、业务内容丰富、经营地区广泛之时，矩阵式组织结构就成为一种理想的选择。

（三）跨国公司经营方式和类型

从经营方式看，当代跨国公司主要采用：（1）横向水平型多种经营。此类公司主要从事单一产品生产经营，母公司和子公司很少有专业化分工，但公司内部转移生产技术、销售技能和商标专利等无形资产的数额较大。（2）垂直型多种经营。此类公司按其经营内容分为两种：一种是母公司和子公司生产经营跨行业但却相互关联的产品，从原材料开采到产品生产，即开采→提炼→加工制造→销售等，如美孚石油公司；另一种是母公司和子公司生产经营同一行业不同加工程度或工艺阶段的产品，汽车、电子等专业化分工水平较高的行业多以此种方式经营，如法国雪铁龙汽车公司在国外的 84 个子公司和销售机构，分别从事铸模、铸造、发动机、齿轮、减速器、机械加工、组装和销售等各工序的业务，实现垂直型生产经营一体化。（3）混合型多种经营。此类公司经营多种产品，母公司和子公司生产不同的产品，经营不同的业务，彼此之间互不衔接，没有必然联系。如日本三菱重工业公司原是一家造船公司，后改为混合多种经营，经营范围包括汽车、建筑机械、发电系统产品、造船和钢构件、化学工业、一般机械、飞机制造业等。

从经营类型看，如果按经营项目分类，包括：（1）资源开发型跨国公司，这类跨国公司以获得母国所短缺的各种资源和原材料为目的，对外直接投资主要涉及种植业、采矿业、石油业和铁路等领域。（2）加工制造型跨国公司，这类跨国公司主要从事机器设备制造和零配件中间产品的加工业务，以巩固和扩大市场份额为主要目的，它们以生产加工为主，进口大量投入品生产各种消费品供应东道国或附近市场或者对原材料进行加工后再出口，加工制造型跨国公司是当代一种重要的公司形式，为大多数东道国所欢迎。（3）服务提供型跨国公司，这类跨国公司主要向国际市场提供技术、管理、信息、咨询、法律服务以及营销技能等无形产品的公司，包括跨国银行、保险公司、咨询公司、律师事务所以及注册会计师事务所等。随着服务业的迅猛发展，服务业已逐渐成为当今最大的产业部门，服务提供型跨国公司成为跨国公司的一种重要形式。如果按经营结构分类，包括：（1）横向型跨国公司，即母公司和各分支机构从事同一种产品的生产和经营活动，这类跨国公司的特点是母公司与子公司之间在公司内部相互转移生产技术、营销诀窍和商标专利等无形资产，有利于增强各自的竞争优势与公司的整体优势并减少交易成本，从而形成强大的规模经济。横向型跨国公司的特点是地理分布区域广泛，通过在不同的国家和地区设立子公司与分支机构就地生产与销售，以克服东道国的贸易壁垒，巩固和拓展东道国市场。（2）垂直型跨国公司，即母公司和各分支机构之间实行纵向一体化专业分工，一方面，母公司与子公司生产经营不同行业的相互关联产品，如自然资源勘探、开发、提炼、加工制造与市场销售等；另一方面，母子公司生产经营同行业不同加工程序和工艺阶段的产品，如专业化分工程度较高的汽车行业与电子行业等的关联产品，这类公司的特点是全球生产的专业化分工与协作程度较高，各个生产经营环节紧密相扣，每个子公司只负责生产一种或少数几种零部件，有利于实现标准化、大规模生产，获得规模经济效益，更便于母公司按照全球战略发挥各子公司的优势。（3）混合型跨国公司，即母公司和各分支机构生产经营互不关联的产品，公司在世界范围内实行多样化经营，将没有联系的各种产品及其相关行业组合起来，加强生产与资本的集中，规模经济效果更为明显。

从决策行为看，当代跨国公司主要包括：（1）民族中心型公司（ethno-centric corporations），这类公司的决策以本民族为中心，决策行为主要体现母国与母公司利益，战略决策高度集中于母公司，对海外子公司采取集权式管理体制并强调公司整体目标的一致性。（2）多元中心型公司（polycentric corporations），这类公司的决策多元多中心，决策行为倾向于体现众多东道国与海外子公司的利益，母公司允许子公司根据自己所在国的具体情况独立地确定经营目标与长期发展战略。公司管理权较为分散，母公司对子公司采取分权式管理体制，这种管理体制强调管理的灵活性与适应性，有利于充分发挥各子公司的积极性和责任感，较受东道国的欢迎。（3）全球中心型公司（geocentric corporations），这类公司既不以母公司也不以分公司为中心，决策的核心目标是公司全球利益最大化，采取集权与分权相结合的管理体制并吸取集权与分权两种管理体制的优点，事关全局的重大决策权和管理权集中在母公司，海外子公司可以在母公司的总体经营战略范围内自行制订具体的实施计划及调配和使用资源，有较大的经营自主权。

二、跨国公司与国际经济合作

（一）跨国公司内部贸易

1. 内部贸易的定义

跨国公司内部贸易（TNC internal trade）指一家跨国公司内部的产品、原材料、技术与服务在国际上流动，主要表现为跨国公司的母公司与国外子公司之间以及国外子公司之间在产品、技术和服务方面的交易活动。在当代国际贸易中，跨国公司内部贸易已占世界贸易总额的 1/3 以上，随着跨国公司的发展，内部贸易在世界贸易中所占的比重将越来越大。

2. 内部贸易产生的原因

第一，内部贸易是技术进步和国际分工进一步发展的结果，技术进步和国际分工的发展使传统的公司间分工相当大的部分转化为公司内部分工的。在公司内部分工中，传统的水平分工也逐步让位于垂直分工，其结果必然使公司内部的贸易量大大增长。跨国公司的发展，促进和健全了公司内部网络形成，开辟了全球范围内进一步一体化生产和市场购销活动的可能性，由于将生产加工的不同阶段分设在不同国家，或者由于各子公司专门生产整个生产线的某种特定部件，这就反过来扩大了公司的内部贸易。第二，由于内部贸易不存在商品所有权的外向转移，可以使公司保持技术优势并防止技术优势扩散，所以内部贸易有助于跨国公司增强在国际市场上的垄断地位和竞争能力，实现全球利益的最大化。第三，内部贸易是跨国公司追求利润最大化的必然结果，通过公司内部贸易可以大幅度减少通过外部市场交易所付的费用，节约交易成本，并充分利用转移定价攫取最高利润。第四，内部贸易能够降低外部市场造成的经营不确定风险，使跨国公司能够合理计划，科学地安排经营活动。

3. 内部贸易的特征

第一，这种贸易活动虽然导致商品跨越国界运动，但交易行为的主体实际上是同一个所有者，它既具有国际贸易特征，又具有公司内部商品调拨的特征，因此是一种特殊形式下的国际贸易。第二，内部贸易的交易方式和交易动机与正常国际贸易并不完全一样。从贸易利益原则看，内部贸易的获利动机并不一定以一次性交易为基础，而往往以综合交易为基础；从贸易本质看，内部贸易是公司内部经营管理的一种形式，是将世界市场通过企业跨国化的组织机构进行了内部化管理，使内部化市场为跨国公司生产专业化分工、资金融通调拨和技术的转让提供了重要的机制，从而克服了由于国别限制所造成的障碍；从国际贸易角度看，内部贸易是一种跨越国境的商品流通，是两个经济实体的商品和劳务交易，这种交易的结果会影响公司所在国的国际收支，但内部贸易又具有正常国际贸易所没有的特点，如交易价格经常并不由国际市场供需关系决定，而是由公司内部自行决定。第三，内部贸易是在同一所有权企业内部进行的，它们所创造的是一个内部一体化市场，在这一市场里，交易动机主要是实现企业内部的经营与管理，使经营过程中各构成要素实现正常的运动。但公司内部一体化市场绝不可能是一个完全封闭的市场，所以从跨国公司与东道国市场关系看，由于两者之间有着紧密的联系渠道，在跨国公司进行内部贸易的同时又与东道国建立了一种经济互补关系，跨国公司在原材料、零部件、劳动力、资金和市场等方面都与东道国经济密不可分。跨国公司内部贸易通过内部商品调拨和转移价格（transfer price）实现。在内部交易中，商品所有权只是在企业内部各系统之间移动，转移价格不仅成为内部交易和偿付的方法，而且成为企业调节内部经济关系，避开公开市场缺陷，扩大企业总体利益，追求利润最大化的手段。①

---

① 转移价格亦称转让价格、划拨价格、调拨价格或内部价，是指跨国公司内部，母公司与子公司、子公司与子公司之间相互约定的出口和采购商品、劳务和技术时所规定的价格。这种价格在一定程度上不受市场供求关系法则的影响，不是独立各方在公开市场上按"独立竞争"原则确定的价格，而是根据跨国公司的全球战略目标和谋求最大限度利润的目的，由总公司上层决策者人为确定的。

4. 内部贸易在国际经济合作中的作用

内部贸易的理论基础是内部化理论，按照该理论，现代企业经营的范围不仅包括生产，还包括销售、研究与开发以及职工的培训等，这些活动是相互联系的，由中间产品，其中主要是技术、专利和管理技能等知识产品的活动联系起来，但由于中间产品的市场不完全，使得企业利用市场交易的成本很高，因而导致企业创造出内部市场，将原先由市场连接和组织的各项活动置于统一的所有权控制之下。当市场内部化超越国界时，跨国化经营的舞台就形成了，所以跨国公司通过内部贸易的作用主要表现为：第一，促进国际分工和技术进步；第二，充分利用转移价格降低成本获取利润、规避风险和减轻税负，实现要素优化配置；第三，保持技术优势和技术垄断；第四，解决公司内部利益矛盾，有利于公司高层人才稳定；第五，降低外部市场造成的经营不确定风险，有利于公司实行计划管理。跨国公司内部贸易也会给东道国带来一些负面影响：第一，转移价格的定价机制改变了价格作为市场信号的贸易秩序，减弱了价格作为市场信号的作用，在一定程度上干扰了东道国的贸易秩序。第二，转移价格规避了东道国的税收，绕过东道国的关税壁垒，侵吞了东道国部分利润，损害了东道国的利益。第三，内部贸易降低了东道国引进外资的关联效应，很多发展中东道国大力引进外资的目的之一就是希望通过跨国公司投资带动上游产业或下游产业的发展，但跨国公司从全球战略出发，有时宁可高价进口国外关联公司的原材料、半成品，从而降低了在东道国直接投资的关联效应。第四，内部贸易使国际关系复杂化，跨国公司通过内部贸易不仅侵占了东道国的利益，而且内部贸易中的返销活动使得跨国公司母国和东道国的贸易地位改变，经常出现不正常的贸易逆差或顺差，不利于东道国的国际收支改善。所以，跨国公司内部贸易在国际经济合作中是一把"双刃剑"，发展中国家参与国际经济合作离不开跨国公司，但如何与跨国公司打交道，避免转移价格带来的问题则比较困难。

（二）跨国公司与国际技术转让

1. 跨国公司在国际技术发展中的作用

第二次世界大战结束以来，全世界的新技术、新生产工艺、新产品，基本上都掌握在跨国公司手中，这正是跨国公司赖以生存和不断发展壮大的根本原因之一。世界最大的800多家跨国公司国外总产值的60%集中在技术先进企业，在世界科技开发和技术贸易领域，主要发达国家的跨国公司发挥着举足轻重的作用，它们掌握着世界上80%左右的专利权，基本上垄断了国际技术贸易，大约90%的生产技术和75%的技术贸易被世界最大的 500 家跨国公司所控制。许多大型跨国公司不仅有自己独立的研究与开发机构，而且为了在竞争激烈的高技术领域中保持和扩大世界领先的技术优势，不惜投入巨资，从事以新产品、新工艺、新材料的研究为主要内容的技术创新活动，跨国公司成为当代新技术的主要源泉，技术贸易的主要组织者和推动者。随着经济全球化速度不断加快和知识经济时代的到来，企业能否在技术这一战略要素上取得主动权，直接关系到其全球可持续竞争优势的构建与维持，技术创新不仅是决定经济增长的首要因素，也已成为国际竞争的核心动力。

2. 跨国公司技术转让的主要方式

技术创新全球化作为当代跨国公司的一种战略行为，主要通过在全球范围内的知识创造、转移与利用，整合全球技术和知识资源，以达到实现和保持其全球竞争优势的目标。

作为国际技术转让重要载体的跨国公司，自 20 世纪 90 年代中期以来，随着制造组装业务的全球转移和扩散，跨国公司改变了以往在单一母国进行研发活动的做法，开始将研发设计业务向全球转移，依据不同国家或地区的经济发展水平、科研实力、市场需求以及公司全球生产运营网络体系的战略规划等因素，在全球范围内有组织地将研发（R&D）分散化，进而形成全球化 R&D 网络，加速提升公司技术创新效率，增强公司的全球持续与动态竞争优势。高新技术 R&D 成本与风险都比较大，任何一家企业都无法单独承担 R&D 的成本与风险，寻求全球性战略联盟无疑是最好的途径。跨国公司运用内部、外部 R&D 网络全球化两种方式运行，从而形成全球 R&D 网络体系，涉及领域主要是资本、技术与知识密集型的研发周期长、投资大、风险高产业，如汽车制造、信息技术、生物技术、新材料、航空航天等高科技行业。①

从技术转让的具体方式看，主要包括工业产权技术（专利和商标）和非工业产权技术（专有技术）。在这些技术转让中，第一，被转让技术所处的竞争地位和成熟程度，对跨国公司技术转让方式的选择起着决定性影响，以技术所处的不同竞争地位看，分为支配地位、优势地位、有利地位、维持地位

---

① 内部 R&D 网络全球化是在充分利用国际互联网这个平台的基础上，在服从于公司全球本土化战略的基础上，通过海外的潜在巨大市场或发展空间自建研发中心，或通过兼并收购东道国的现有研发机构或企业，以快速获得东道国当地的关键技术、科研人才等资源，并将这两种形式的研发机构与公司总部的研发中心网络化，形成公司的全球一体化与全球本土化相结合的内部 R&D 网络体系。外部 R&D 网络全球化主要通过组建跨国战略联盟来实现，结盟的企业大多是在全球性行业竞争中占据统治地位或优势地位的国际寡头垄断公司。

以及微弱地位，处于前两类地位的技术，跨国公司不愿意以技术许可形式对外转让；在技术生命周期中，处于创新阶段时，跨国公司基本上不愿对外转让，当技术处于发展阶段时，那些不会影响公司竞争力的外围技术可以适度对外转让。第二，企业规模大小影响着技术转让方式的选择，大型跨国公司比中小企业选择余地大，中小企业选择对外直接投资能力差，有时只能选择技术许可形式，大型跨国公司经常将技术交叉许可贸易作为分割销售市场和进行产品竞争的一种寡头合作战略。第三，近三十年来，技术转让已成为跨国公司对外扩展的重要形式，这是因为跨国公司需要转让那些不能被公司直接使用的新技术，通过对外技术转让可以帮助公司获取潜在的销售市场，借助技术合作能够促进跨国公司与竞争者之间建立良好的合作关系。

从技术合作角度看，跨国公司采取的技术转让方式包括：第一，由母公司向国外子公司转让，这种转移方式的关键技术仍控制在母公司手里，只是将部分技术转移给国外的子公司，既可以保持母公司对技术的垄断权，又可以通过向子公司出售技术和工艺获得收益，增加利润。第二，通过技术许可贸易向外转让技术，更大范围地开拓直接投资无法进入的市场和部门。第三，向合资经营企业转让技术，既可获得技术使用费收入（以技术作为投资折价入股），还可从合营企业的盈利中获得分成，甚至可获得东道国的一些优惠。

3. 跨国公司技术转让的特点

跨国公司有着强大的经济实力和雄厚的技术基础，在向外扩大商品输出的同时，利用其资金和技术优势，大力开展国外直接投资和技术转让，所以跨国公司技术转让的特点是：第一，与国际投资结合在一起，技术转让的先进程度与投资股权成正比，技术使用的限制性与投资股权成反比，国外投资越多，在企业中占有股权份额越大，跨国公司提供的技术就越先进。第二，跨国公司的技术转让战略是在全球范围比较生产成本，选择最佳生产基地以确保高额利润，所以跨国公司经常采用特殊技术战略，加强企业内部技术转让的控制。第三，严格控制技术转移条件，跨国公司向外技术转让条件包括：技术使用范围、技术管理与扩散、技术改进以及产品的销售方向等，跨国公司作为技术的卖方，对技术高度垄断，它们控制着技术转移的主动权，关键技术经常只发生空间上的转移，而不能真正成为东道国当地经济的有机构成要素。第四，各种技术保护主义因素制约着跨国公司技术转让，跨国公司以技术作为商品向外传播，技术转让层次以考虑自身利益为主，但会受到其母国政府各种技术保护主义因素的制约。

4. 跨国公司技术研发与转让趋势

20 世纪 90 年代以来，随着经济全球化、一体化程度的纵深发展，跨国公司的经营环境和经营优势都发生了明显的变化，跨国公司的发展进入了一个新的阶段，其技术研发与转让也随之呈现出了新的发展特点和趋势：首先，跨国公司技术研发力度不断加强，为降低成本和产品更新，服务创新观念驱动着跨国公司推进经济全球化的进程，它们纷纷把科技创新作为企业发展的核心战略。其次，跨国公司研发活动出现全球化趋势，水平型和垂直型研发活动并行发展，在科技进步推动下，产品标准化和生产阶段可分割性不断加强，跨国公司可以将组件和生产过程的研发活动分散化，这些活动都是符合跨国公司的全球发展战略的。跨国公司在全球选择研发中心的主要目的一是更接近目标市场，二是借此绕过贸易障碍，三是利用研发地的优势，包括社会环境资源、人力资源，以及当地的科研基础。再次，随着经济全球化发展，国际市场竞争日益激烈，驱动了跨国公司将研发基地扩大至海外，而全球间人员、资金、技术的广泛、便利流动为此创立了条件。跨国公司的技术研究与开发不再局限于以母国为研发基地，而是根据其战略安排需要和东道国的投资环境，在全球范围选择安排科研机构，促进其研发过程国际化。鉴于上述原因，跨国公司的研发中心有向发展中国家转移的趋势。发展中国家资源丰富，投资环境宽松，大部分拥有大量的低成本劳动力和研发的人员，是主要跨国公司海外研发和技术转让的潜在大市场。在新一轮国际经济合作中，发展中国家通过与跨国公司的技术研发合作，承接跨国公司高新技术转移将是一种新的趋势。

（三）跨国公司与经济全球化

1. 跨国公司推动经济全球化进程的内在动因

经济全球化进程加快，不仅使全球化竞争加剧，而且促进世界范围内的经济技术交流与合作日益深化，具有强大竞争力的跨国公司始终发挥着重要的推动作用。在国际经济竞争中，跨国公司所有行为的最终目的都是为了追求利益最大化，正是在这种不懈地追求企业增长和发展利益最大化的内在动因推动下，跨国公司推动了经济全球化进程。第一，跨国公司以增长为根本，成长为目标，为实现自身快速增长，不断地提升全球定位，积极向国外输出资本，利用全球生产能力，实施全球经营战略驱动着经济全球化进程不能停步。第二，全球经济竞争的根本是有效利用全球资源的竞争，跨国公司在增长中打破国家界限，以最低成本获取最大资源效益，采取投资、并购、贸易等手段，千方百计从别国获取和分割自己所需要的资源，在这种对资源利益的追逐和竞争中促进了各国资源在全球范围内的加速流动，推动世界经济进入一个联系更为密切、相互依存的时代。第三，在跨国公司实现了"以产品为中心"向"以客户为中心"的现代营销观念转变后，建立了覆盖全球的营销队伍，设立了网络化的营销机构，不仅赢得了自身生存和发展的空间，而且成为连接世界市场的桥梁和纽带，密切了各国市场的相互联系，提高了市场规模化程度，加快了全球市场一体化步伐。第四，变革是创造业绩、加快发展的动力，跨国公司视变革为增长的机遇和条件，为加快企业发展，根据市场的变化，不断地推进经营体制、管理制度、营销方式等方面的变革，增强应对市场风险的能力，提高企业竞争力，跨国公司每一轮新的经营变革，都给全球经济发展在市场运行、资源配置、技术进步等方面带来深刻影响，推动经济全球化向着更广的领域和更高的层次发展。第五，科技进步和创新，既是加快经济增长的根本动力，又是提高经济国际竞争力的关键。几乎所有的跨国公司都将科技创新作为企业发展的核心战略，以创新促进成长，以技术保持领先。跨国公司日新月异的科技进步和创新，一方面加剧了国际市场在技术、人才和产品等方面的竞争，一方面促进了各国之间的技术联系和经济合作，提高了金融、电信、商务网络的现代化水平，对经济全球化发展起着重要的推动和深化作用。第六，在国际经济竞争日趋激烈的条件下，不断拓展服务与合作，已成为加快企业发展和增长的前提条件。跨国公司已形成全新的全球经济合作观，即协作无边界、服务无边界、沟通无边界，通过跨国公司开展的全方位、多层次、多领域的合作和服务方式，在为跨国公司增长和发展创造了更多的机遇和有利条件的同时，将全球性合作和服务推向一个更加适应经济全球化需要的新阶段。

　　2. 跨国公司的全球经营战略是经济全球化的重要推动力量

　　首先，跨国公司实行的全球经营战略是加快经济全球化进程的重要基础。跨国公司是现代企业的主力军，是世界各国综合国力和竞争力的重要组成部分，当代国家间的经济竞争正在通过跨国公司实行的全球经营战略，以前所未有的规模和激烈程度在全球范围展开。根据市场变化和竞争需要，很多跨国公司对生产经营实行全球性战略安排，将别国的市场和资源纳入其全球性安排之中，在全球范围内设置生产基地和销售机构，建立国际商务信息网络，构建全球研究开发体系，积极参与国际经济合作与竞争。其次，在全球经营战略实施过程中，跨国公司积极推进海外公司本地化，以赢得东道国政府和公众的认可和支持，提高企业的知名度和竞争力。再次，跨国公司推进经营资源国际化，促进经营管理知识、技术专利、营销方法、融资渠道、信息网络和管理组织等经营性资源向东道国转移，提高了当地管理人员掌握和运用本公司经营资源的能力。最后，跨国公司大力推进研究开发国际化，在国外设立研究开发基地，聘用国外科技人才，与国外科研机构合作，在当地把生产和科研结合起来。事实证明，跨国公司的全球性经营战略已成为经济全球化的重要推动力量。

3. 跨国公司进行的国际投资是加快经济全球化进程的有利条件

国际投资是开展国际经济合作的基础，在跨国公司成为国际投资的主要载体后，一方面是全球金融资本扩张，另一方面是生产更加国际化和社会化。近年来，跨国公司以长远发展为目标，应对市场变化和竞争对手而实行对外投资的战略性意图非常明显，投资势头日益强劲。目前全球跨国公司对外直接投资，约占全球直接投资的90%，通过跨国公司的大规模投资，大大促进了国际资本流动，为各国吸引外资创造了条件，使各国经济越来越紧密地联系起来。而在跨国公司推动的国际投资中，兼并和收购不仅是20世纪后期以来经济全球化的重要特征，也成为加快经济全球化进程的有效手段。

4. 在世界经济不断增长的过程中，国际贸易仍然是重要的助推器，通过跨国公司开展的国际贸易是加快经济全球化进程的强大动力

目前，跨国公司已成为国际贸易的主体，不仅使货物和资源跨国界流动日益增强，而且使不同国家市场和生产联系更加紧密，经济资源如商品、资本、劳动力、信息、技术等通过国际贸易超越国界被重新配置的范围越来越广，全球最重要的工业和第三产业都已被纳入跨国公司的一体化国际生产和流通服务之中。跨国公司的全球贸易战略，既拓展了自身的发展空间，又有力地促进全球市场体系的形成，推动了经济全球化发展。实践证明，随着世界经济发展和科技进步，跨国公司不断生成、发展和壮大，越来越成为各国乃至世界经济发展的核心和主导，同时也成为经济全球化进程中最活跃、最直接、最重要的推动力量。

本章小结

20世纪90年代以来，在信息技术和网络革命推动下，经济全球化趋势日趋明显。经济全球化的一个突出表现是跨国公司加速发展，并成为世界经济增长的引擎，以全球化经营战略获取竞争优势已成为21世纪跨国公司的主旋律。在全球化发展的世界中，跨国公司通过对外直接投资，在国外设立分公司及附属机构，全面参与到国际经济合作之中，同时加速了经济全球化进程。

关键名词或概念

1. 跨国公司（transnational corporations，TNCS）
2. 内部化理论（the theory of internalizations）
3. 企业社会责任（corporate social responsibility，CSR）
4. 内部贸易（internal trade）
5. 转移价格（transfer trice）

拓展阅读

2008 年跨国公司履行社会责任优秀案例

①ABB：打造"绿色屏障"的防沙治沙工程。②阿斯利康：震后系统援助工程。③安利：关爱城市流动儿童"阳光计划"。④APP：庄严的绿色承诺。⑤巴斯夫："1＋3"雪球计划。⑥百胜："捐一元，送营养"活动。⑦百事：土豆农场播种生态农业计划。⑧BMW：儿童交通安全训练营。⑨戴尔：体现环境责任的绿色革新。⑩ITT：关爱与健康的"水印计划"。⑪嘉吉：农村支援计划。⑫礼来：糖尿病公益事业。⑬美敦力：金融危机下的招聘计划。⑭PPG：体认社会的关心与需求。⑮雀巢：创建共享价值实践。⑯赛诺菲—安万特：充满爱心的"关助工程"。⑰3M：东滩"保护鸟类天堂"项目。⑱松下电器：中国绿色计划。⑲微软：农村信息化及农民工培训项目。⑳现代汽车：查干诺尔荒漠化防治。㉑伊顿：可持续发展的 MESH 计划①。

简答题

1. 跨国公司的特征包括哪些内容？
2. 跨国公司经济力理论包括哪些内容？
3. 跨国公司社会责任与社会力理论包括哪些内容？
4. 跨国公司通过哪些方式参与国际经济合作？
5. 跨国公司如何推进经济全球化进程？

---

① 资料来源：新浪财经，2009 年 6 月 24 日。

第十二章　中国对外经济合作

本章导读

　　中国的对外经济合作事业，随着伟大的社会主义祖国的前进步伐，已经走过了六十多年历程，改革开放三十多年，亿万中国人民在党带领下共同进行了中国特色社会主义的伟大创业。在新的历史关口，继续深化对外开放，争取早日实现中华民族伟大复兴梦想的必由之路仍然要坚定不移地创新对外经济合作事业。党的十八大强调，面对经济全球化挑战，中国要进一步提高对外开放水平，坚持实施"走出去"战略，积极开拓国际市场，从要素驱动、投资驱动转向创新驱动。创新驱动需要建立以合作共赢为核心的新型国际关系；不断增强中国履行大国责任的能力，更要走全要素运动中的全球经济合作道路。

学习目标

　　通过本章学习，了解中国对外经济合作事业的发展历程和不同历史发展阶段参与国际经济合作的政策，掌握新时期中国进一步拓展对外经济合作的思路。

第一节　中国对外经济合作的创立和发展

一、中国对外经济合作概述

（一）中国对外经济合作的定义

　　中国对外经济合作符合国际经济合作的定义范围和普遍特征，既是中国与世界各国间生产要素的组合与配置，又具有中国社会主义特色。中国对外经济合作是在政府主导下与世界各国开展的平等互利合作，由利用外资和对外直接投资、对外承包工程、对外劳务合作、对外援助和接受援助等多种业务组成。在中国共产党领导下，中国对外经济合作以向发展中国家提供经济技术援助为基础，以对外承包工程和劳务合作为起点，以对外投资为核心，在"走出去"战略推动下取得了卓越成就，形成了遍布世界五大洲的 190 多个国家和地区，涉及农业、矿产业、制造业、服务业等领域的全产业链合作格局，对促进企业主动参与国际分工，积极开拓国际市场，推动产业升级，增强国家竞争力，保证改革开放国策顺利实施，扩大与世界各国经贸关系，实现互利共赢、共同发展发挥了积极作用。

一百多年前，马克思、恩格斯在《共产党宣言》中指出："资产阶级，由于开拓了世界市场，使一切国家的生产和消费都成为世界性的了。……过去那种地方的和民族的自给自足与闭关自守状态，被各民族的各方面的互相往来和各方面的互相依赖所代替了，物质的生产是如此，精神的生产也是如此。[①]"在新中国成立前夕，毛泽东同志阐明了新中国发展对外经济关系的基本政策："中国人民愿意同世界各国人民实行友好合作，恢复和发展国际通商事业，以利发展生产和繁荣经济。[②]"现代世界是开放的世界，历史发展有力地证实了马克思、恩格斯、毛泽东的科学论断。

邓小平对外开放思想丰富和发展了马克思主义。邓小平强调，对外开放要与社会主义市场经济体制相结合，国家建设要利用两个市场、两种资源，走开放型经济发展道路。邓小平认为，社会主义的中心任务是发展社会生产力，生产力水平相对不发达的社会主义国家，应该吸收（包括资本主义创造的）所有人类文明成果，发展中国家之间的相互合作多起来，积累起来，就会发生质的变化；利用外资是发展社会生产力的有力手段；资本主义已经有了几百年历史，各国人民在资本主义制度下所发展的科学和技术，所积累的各种有益知识和经验都是我们必须继承和学习的；对外开放有利于增强独立自主、自力更生的能力。在邓小平对外开放思想指导下，中国坚定不移地实行对外开放，从单向引进来到引进来和走出去相结合，从被动接受国际经贸规则到主动参与国际经贸规则制定，不仅使中国经济社会发展取得了举世瞩目的成就，而且逐步形成了全方位、宽领域、多层次的对外开放格局，国际竞争力和影响力大幅提升。

（二）中国对外经济合作的指导原则

新中国成立以来，党和国家领导审时度势，根据不同时期的具体情况，

---

① 《马克思恩格斯选集》第 1 卷，人民出版社 1972 年 5 月第 1 版，第 254～255 页。
② 《毛泽东选集》一卷本，人民出版社 1964 年版，第 1355 页。

提出并发展了中国对外经济合作的指导原则。

1. 对外援助八项原则

1963 年，周恩来总理在访问非洲时就提出了对外援助八项原则，明确提出中国政府一贯依据平等互利的原则对外提供援助，尊重受援国的主权，绝不附加任何条件，尽量减少受援国的负担。中国对外提供援助的目的，不是要造成受援国对中国的依赖，而是帮助受援国逐步走上自力更生、经济上独立发展的道路，八项原则集中阐述了中国政府对外援助的指导思想[①]。十一届三中全会后，中国政府改变了只提供援助、谢绝一切援助的做法，开始接受联合国发展援助机构和部分国家的援助，提出"有给有取"的指导思想，并在管理体系上向国际规则靠拢。

2. 对外承包工程和劳务合作八字方针

20 世纪 80 年代初，中国对外承包工程和劳务合作发展迅速，1982 年，中国政府针对对外承包工程和劳务合作提出"守约、保质、薄利、重义"八字方针，指导中国对外经济合作发展。

3. 对外经济合作四项原则

1982 年，中国领导人访问非洲时提出"平等互利、讲求实效、形式多样、共同发展"对外经济合作四项原则，这四项原则一直是中国开展对外经济合作事业的主要指导原则。三十多年来，中国政府和企业秉承四项原则积极开展与各国的经济技术合作，形成了具有中国特色的对外经济合作格局。

4. 对外直接投资，积极利用"两种资源、两个市场"指导思想

1982 年，中央提出社会主义现代化建设，要利用两种资源，即国内资源和国外资源；打开两个市场，即国内市场和国际市场；学会两套本领，即国内建设的本领和发展对外经济关系的本领。2007 年，党的十七大提出，为了促进国民经济又好又快发展，要创新对外投资和合作方式，支持企业在研发、生产、销售等方面开展国际化经营，加快培育我国的跨国公司和国际知名品牌。积极开展国际能源资源互利合作。

5. 十八大提出的对外经济合作指导思想和"一带一路"战略构想

2012 年，党的十八大提出要加快转变对外经济发展方式，推动开放朝着

---

① 1964 年 1 月 16 日，周恩来总理结束了对加纳的访问，两国政府发表《联合公报》。在这次访问中，周恩来总理通过新闻记者，向全世界宣布了《中国政府对外经济技术援助的八项原则》，即：平等互利；尊重受援国主权，绝不附带任何条件，绝不要求任何特权；中国以无息或低息贷款方式提供援助；帮助受援国走自力更生、经济上独立发展的道路；力求投资少，收效快；提供中国最好的设备和物资；帮助受援国掌握技术；专家待遇一律平等。

优化结构、拓展深度、提高效益方向转变；强化贸易政策和产业政策协调，形成以技术、品牌、质量、服务为核心的出口竞争新优势。2013 年 9 月 7 日，习近平主席在哈萨克斯坦纳扎尔巴耶夫大学发表演讲时表示，为了使各国经济联系更加紧密、相互合作更加深入、发展空间更加广阔，我们可以用创新的合作模式，共同建设"丝绸之路经济带"，以点带面，从线到片，逐步形成区域大合作。2013 年 10 月 3 日，习近平主席在印尼国会发表演讲时表示，中国愿同东盟国家加强海上合作，使用好中国政府设立的中国—东盟海上合作基金，发展好海洋合作伙伴关系，共同建设 21 世纪"海上丝绸之路"。2014 年 5 月 21 日，习近平主席在亚信峰会上做主旨发言时再次说明中国将同各国一道，加快推进"丝绸之路经济带"和"21 世纪海上丝绸之路"建设，尽早启动亚洲基础设施投资银行，更加深入参与区域合作进程，推动亚洲发展和安全相互促进、相得益彰，由此构成中国最新的"一带一路"战略构想。"一带一路"战略构想推动形成了中国面向欧亚和跨太平洋地区开放的大格局，全面彰显了中国积极全面参与全球融合的最新指导思想。

（三）中国对外经济合作的作用

中国开展对外经济合作，从本质上看，首先，对外经济合作是国家外交、政治和区域战略导向的体现；其次，是经济全球化背景下充分利用"两种资源、两个市场"建设社会主义强国的需要；再次，是积极参与全球价值链新分工体系，提升中国企业国际竞争力的重要渠道；最后，中国开展的对外经济合作是中国与东道国的经济互利合作，由于中国不断积极推展对外经济合作，对建立平等互利的国际经济新秩序，构建和谐世界发挥了积极的影响。

对外经济合作在中国经济发展中有着重要的地位。第一，从历史角度看，对外经济合作一直是中国与国际经济联系的纽带和桥梁。改革开放后，对外经济合作是中国对外开放的重要组成部分。实践证明，在开放的世界中，各国间互相影响、互相制约、互相渗透、互相依存的趋势不断增强，中国的发展离不开世界。作为中国对外开放的重要组成部分，对外经济合作在中国对外开放的整体格局中发挥着举足轻重的作用。第二，对外经济合作对国民经济发展贡献度不断提高。十一届三中全会后，作为对外开放的重要组成部分，对外经济合作随着中国对外开放总体格局的发展不断调整，规模和方式都发生了较大变化，境外资源供应渠道和市场不断拓展。新世纪以来，中国加入世界贸易组织，积极参与多双边区域贸易投资安排，以更加开放的姿态活跃于世界政治经济舞台，由此确立了在中国在世界经贸关系中的重要地位。第三，通过发展对外经济合作，促进了中国与世界各国生产要素的跨国境流动，不仅弥补了中国国内资源和市场需求的不足，促进技术水平提高，为发展新产业打基础，而且培育出一批在国际上具有竞争力的跨国公司，为中国企业参与经济全球化下的资源配置与竞争拓展了空间，提高国际市场占有率。第四，互利共赢是推动建立和谐世界的必要条件，也是中国对外经济合作的显著特征。通过对外经济合作，不仅有助于提高中国在世界政治经济中的话语权，为缓和世界经济波动做出积极贡献，同时有利于和谐理念在世界范围的传播，有效推动经济全球化朝着均衡、普惠、共赢方向发展。第五，不断实现可持续发展是中国的长期经济发展目标，进一步发展和创新对外经济合作，不仅对可持续发展意义重大，而且对新一轮对外开放战略的实施，对实现社会主义强国梦更具有深远意义。

二、回顾中国对外经济合作

今天，人们普遍认为中国参与国际经济合作始于改革开放，但从国际经济合作实质内容和依据生产要素移动的事实，可以认为，自新中国成立伊始就参与了国际经济合作，在不同的历史时期，受国际政治经济影响，国内有不同的指导思想，所取重点与采用的方式区别较大。

自新中国成立到 1978 年年底，中国对外经济合作的形式主要有：对外提供经济技术援助；借用国外资金，吸收外商投资；对外承包工程与劳务合作；在国外投资举办合营企业或独资企业；对外生产技术合作；同联合国发展系统及其他国际组织的多边合作；接受友好国家的经济技术援助等。这些形式互相影响，互为补充，同属于对外经济合作内容，共同为社会主义建设的总目标服务。这一期间就国内因素而言，由于经济工作经常受"左"的指导思想的影响，特别是"文化大革命"中，遭受"四人帮"的破坏，过度强调和歪曲了自力更生方针，严重阻碍对外经济合作的开展，尽管对外援助工作在国际上产生了良好的影响，但对外经济合作无论是规模、内容还是形式都有很大的局限，整个国家形成了闭关或半闭关状态，致使国民经济发展缓慢，在科学技术上拉大了同世界先进水平的差距。但值得提出的是，这一期间，1954 年由中国政府提出"互相尊重领土主权、互不侵犯、互不干涉内政、平等互利、和平共处"五项原则，不仅被作为中国外交的基本准则载入宪法，而且成为举世公认的当代处理国际关系应该遵循的基本准则。长期以来，中国是"和平共处五项原则"忠实的奉行者，在与一百多个国家建交的文件中都确认了这五项原则。实践证明，"和平共处五项原则"是最根本的国际关系准则①。1964 年初周恩来同志出访亚洲、非洲和欧洲 14 国，宣布了中国对外经济技术援助八项原则，使"和平共处五项原则"在经济合作领域得到了具体体现。

（一）对外经济技术援助

中国对外经济合作事业始于对外提供经济技术援助。新中国成立后，中国政府一直将对外提供经济技术援助作为对外工作的组成部分和履行国际主义义务的重要内容，坚持向第三世界国家提供多种形式的援助。1964 年初，周恩来同志宣布的"中国对外经济技术援助八项原则"的基本精神是：平等互利；尊重受援国主权，绝不附带任何条件，绝不要求任何特权；中国以无息或低息贷款方式提供援助；帮助受援国走自力更生、经济上独立发展的道路；力求投资少，收效快；提供中国最好的设备和物资；帮助受援国掌握技术；专家待遇一律平等。八项原则是中国对外援助工作经验的概括和总结，是中国对外政策在援外工作中的具体体现。在八项原则指导下，中国对外援助的实践在国际经济关系中创立了真诚合作的典范，博得了受援国政府和人民的广泛赞扬与高度评价，充分体现了中国同广大亚非国家进行经济、文化合作的真诚愿望。

从新中国成立到改革开放初期，中国对外经济技术援助大体分为四个阶段。第一阶段从 1950 年至 1963 年，为初始阶段；第二阶段，1964 年对外援助八项原则提出后，中国与更多的亚非民族主义国家建立了经济合作关系，对外援助进入了发展阶段。第三阶段，1971 年中国恢复联合国合法席位，对外关系有了很大发展，但要求援助的国家迅速增多。到 1978 年，中国的对外援助进入了急剧增长阶段，这一阶段对外经济技术援助支出为前 21 年（1950—1970 年）总和的 159%，特别是急剧增长的 1971—1975 年，占 8 年总支出的 78%，占同期国家财政总出的 5.88%，其中 1973 年高达 6.92%，而当时国内正处于十年动乱之中，国民经济十分困难，如此巨大的援外支出与当时的国力不相适应，不可能长期继续下去。针对这种情况，党中央和国务院做出了合理安排对外援助的决定，开始对援助的规模、布局和结构进行调整。第四阶段，1978 年年底，党的十一届三中全会召开，在改革开放总方针指引下，从 1979 年起，中国对外经济技术援助工作经过调整改革，进入了新的发展阶段：第一，按照全党工作重点转移的战略决策和"在自力更生的

---

① "和平共处五项原则"是在 1954 年 4 月 29 日签署的《中印关于中国西藏地方和印度之间的通商和交通协定》中首先正式提出的。

基础上积极发展同世界各国平等互利的经济合作"精神，在继续做好对外援助工作的同时，积极开展多种形式的互利经济技术合作；第二，提出了新形势下对外援助的方针，即："坚持无产阶级国际主义，坚持援外八项原则，认真做好援外工作，广泛开展国际经济技术合作，有出有进，平等互利，为促进友好国家的经济发展，加速我国四个现代化建设做出应有贡献"；第三，将与第三世界国家的经济合作由过去单一提供援助的形式发展为多种形式的经济技术合作，对外援助在继续向更多的第三世界国家提供力所能及的援助的同时，方式更为灵活；第四，改革经援项目实施的管理体制。自此以后，中国对外经济技术援助工作取得了新的成效，走上了健康发展道路。

中国的对外经济技术援助是通过向受援国提供贷款或无偿援助实现的。改革开放以前，中国政府对外援助贷款一般都是无息的，贷款期一般为10～20年，其中含5年宽限期，使用期一般为5～7年，每年偿还已使用贷款总额的1/10，受援国可以其出口货物或可兑换货币偿还。各类贷款到期，如偿还有困难，经两国政府协商，可以推迟或延长偿还期。对第三世界一些经济特别困难的国家，中国还提供无偿援助。对外援助执行方式包括成套项目、技术、物资及现汇援助。成套项目援助是中国对外经济技术援助的主要方式；技术援助方式较为灵活，如在成套项目建成后，继续派遣专家进行生产技术指导或帮助经营管理，农业生产技术援助，派遣医疗队等都是技术援助方式；物资援助是向受援国提供生产资料及生活必需品，解决生产建设和人民生活需要，抗击自然灾害等方面的紧急困难；现汇援助是在特殊情况下，应受援国政府急需而提供的，这一部分所占比重很小。

援外成套项目建设就是将国内的"基本建设项目"移往国外，即凡是由中国负责设计并提供全部或部分设备、建筑材料，派人组织或指导施工安装，建成后能独立发挥作用的工程项目都称为援外成套项目。援外成套项目建设在中国对外经济技术援助中占有较大的比例。改革开放前30年，随着中国对外关系发展和国内经济技术力量提高，援外成套项目建设涉及的行业相当广泛，包括农牧渔业、林业、打井供水、轻工、纺织、水利、电力、机械、电子、冶金、化工、建材、交通、电信、文教卫生、公共建筑等各行各业。正是通过援外成套项目建设，使中国不仅与许多发展中国家建立了合作关系，同时也积累了国外施工和提供技术服务的经验，为中国的对外工程承包与劳务合作事业的兴起，从客观上提供了有利的外部条件。

（二）利用外资

新中国成立之初，为了迅速改变旧社会遗留下来的贫穷落后面貌，加快社会主义工业化的进程，中国政府就重视利用外资补充国内建设资金的不足，并取得了一定的成果。但由于受当时国际国内条件的制约和影响，利用外资的规模有限，方式单一，利用外资工作不仅在曲折中前进，在相当长的一段时间里甚至处于停顿状态。从 1950 年到 1978 年，中国利用外资工作经历了曲折的历程。20 世纪 50 年代，中国主要通过借用原苏联政府的贷款引进技术和成套设备，购买经济建设、国防建设所需的物资。整个 50 年代，中国同苏联共签订了 304 个成套项目设备和 64 个单项车间设备装置的引进合同，实际执行总金额为 17 多亿新卢布，这些成套项目为新中国建立较为完整的工业体系打下了初步基础。在利用贷款的同时，1950—1951 年，中国还与苏联、波兰共同投资创办了中苏（新疆）石油股份公司、中苏（新疆）有色及稀有金属股份公司、中国民用航空股份公司和中苏（大连）造船公司，成为新中国成立后建立的第一批中外合资经营企业。整个 20 世纪 60～70 年代，囿于当时国际国内的特殊环境和条件，中国利用外资工作基本上处于停顿状态。60 年代，仅利用了西方国家银行卖方信贷，以延期付款方式从法国、英国、联邦德国、瑞典、瑞士、荷兰、比利时、奥地利和日本等国引进了 65 项先进技术设备，总金额包括利息共 2.8 亿美元。70 年代初，随着中国在联合国合法席位的恢复，对外关系迅速发展，国家开始增加设备进口并扩大对外经济交流。从 1973 年至 1979 年底，对外签约 39.6 亿美元，引进 13 套化肥、4 套化纤、3 套石油化工、3 个火电站、43 套综合采煤机组、1.7 米轧机等大型成套设备。到 1979 年年底，引进的先进技术设备项目绝大部分建成投产，对于提高中国工业技术水平发挥了积极的作用。1978 年党的十一届三中全会后，中国利用外资进入了新的发展时期。

（三）海外合营企业的起步和发展

中国企业究竟应不应该走海外发展道路？怎样走海外发展道路？由于受传统理论和体制影响时间较长较深，这些问题在认识和实践上，都经历了一个较长的过程。尽管自新中国成立到 20 世纪 70 年代，中国曾在海外开办过一些海洋运输、金融、贸易类合营或独资企业，但这些企业从本质上看，基本属于国有企业在海外的办事处或挂牌公司，大多没有什么效益或基本没有什么发展前景，这些所谓的海外公司，实际上只不过是一个接待站或中转站。将举办国外合营企业作为对外经济技术合作的一种重要方式在广泛领域内开展是在改革开放以后。

（四）对外工程承包和劳务合作

1973—1974 年和 1979—1980 年国际石油市场两次大幅度提价，使石油输出国的石油外汇收入急剧增长，在本地区掀起空前大规模的经济开发与建设高潮，国际工程承包和劳务市场空前活跃，史称国际工程承包市场的"黄金时期"。如前所述，长期的对外成套项目援助建设，为中国公司承揽海外工程既提供了条件也打下了坚实的基础，但在这一"黄金时期"，正值国内"文化大革命"高潮，没有抓住国际市场有利时机，使中国的对外工程承包与劳务合作事业起步推迟了数年。1978年11月，当时的对外经济联络部和国家基本建设委员会共同分析了国际工程承包和劳务市场的形势，联名向国务院上报《关于拟开展对外承包建筑工程的报告》，提出"应当抓住有利时机，尽快组织我国建筑力量进入国际市场"，同时建议立即着手组建"中国建筑工程公司"，专门承包海外建筑工程。11月中旬，中央和国务院批准了这个报告，从此拉开了中国对外承包工程和劳务合作的序幕。

（五）参与多双边经济技术合作和接受国际援助

中国1971年恢复联合国合法席位后，相继同一系列联合国多边合作机构建立多边经济技术合作关系，合作领域和规模日益扩大，并取得了良好的效果。中国与联合国经济技术合作的基本立场是：坚持主权平等，支持第三世界，促进自力更生，加强国际合作。从1972年到1978年，中国主要派代表出席联合国有关经济、贸易和社会发展的国际会议，参与审议发展决策，并与联合国开发署、工发组织、技术合作促进发展部和贸发会议等有关经济、发展业务的多边机构建立并发展了合作关系。通过这些活动，逐步了解了联合国发展系统各组织机构的目标和宗旨、资金来源和主要活动情况，积累了经验，培养和锻炼了一支从事多边经济合作的人才队伍，为深入发展同它们的合作奠定了基础。这一阶段，中国与联合国多边经济技术合作虽有了初步发展，但由于经验不足和国内"左"的思想的影响，与联合国之间的合作未能全面深入地开展。

受长期封闭影响，改革开放初期，中国不仅生产技术落后，管理、咨询、服务等方面的技术在世界也处于十分落后的水平。为推动技术进步，多层次开展对外经济合作，中央认为在资金短缺的情况下，接受发达国家提供的无偿技术援助，吸收国外先进技术和现代化管理科学成果的一条有效途径。1979—1985年，中国共接受联合国开发署等发展机构无偿技术援助总承诺额30 914.6万美元，到1985年年底，实际执行额21 085.4万美元。根据国家经济和社会发展的优先需要与联合国发展系统提供援助机构的性质，利用上述援款共安排了313个项目，涉及机械、电子、交通、能源、建材、轻纺、化工、地质矿产、农林牧渔及教育、科学、文化、卫生、儿童福利等国民经济和社会发展的各个领域。这一阶段，中国与联合国的经济技术合作，无论在广度和深度上都有了发展，为利用外援，引进和吸收国外先进技术和经验开辟了新的途径。同期中国还接受了 11 个发达国家和欧洲共同体的技术援助，其中正式签署发展合作协定或保持长期援助的有：日本、澳大利亚、联邦德国、加拿大、比利时、欧洲共同体，6 个国家和组织承诺的援款总额约合 8.92 亿元人民币，援款项下签订的项目 81 个，接受中国派出的进修人员 1573 名。此外，意大利、英国、挪威、瑞典、丹麦和荷兰还给予了一定款项的无偿技术援助。发达国家提供的双边技术援助，对中国改革初期的社会经济发展起到了有益的补充作用，一些援助项目显示较良好的效果。第一，大多数国家向中国提供的双边无偿技术援助都将发展农牧林业置于优先领域，约占援款总额的 1/3，其中特别是种子加工中心、奶牛、兽病诊断、草原改良、干旱地区农业发展研究、林业综合发展研究、森林病虫害防治，森林防火等项目都有利于中国农牧林业的发展。第二，通过接受技术援助，有利于吸收国外先进技术，加强企业技术改造，这些技术援助项目中，大型水电站设计、城市煤气化研究、集中供热技术、预应水泥压力等项目，都是当时中国落后和急需的技术。第三，通过双边技术援助在国内设立各种培训中心，如职业培训、企业管理培训、审计培训、农林业技术与管理培训、外语培训与成人技术教育等，不仅培养了一批国家急需的人才，而且对促进教育改革，推动教育事业现代化起到了积极的作用。第四，双边技术援助在医疗卫生、环境保护、伤残人福利事业方面安排了一批项目，在促进中国社会发展、改善人民生活和促进社会福利事业方面起了很大的推动作用。[①]

第二节　改革开放后的中国对外经济合作[②]

一、对外经济合作战略的制定与发展

（一）十一届三中全会及其后制定的对外经济合作战略

1978 年 12 月，党的十一届三中全会将对外开放政策作为中国的一项长期基本国策，积极扩大对外经济技术交流与合作，成为加速社会主义现代化建设的一项重要战略措施。对外经济合作事业由过去单纯对外提供援助，发展为"有进有出、有给有取"多种形式的互利合作，取得了迅速的发展。三中

---

① 本节数据主要参见《当代中国的对外经济合作》，中国社会科学出版社 1989 年版。
② 本节参见《中国对外经济合作 30 年》，商务部研究院编，中国商务出版社 2008 年版。

全会后，中央十分重视发展对外经济关系，明确指出中国的社会主义现代化建设，要利用国内资源和国外资源两种资源，打开国内和国际市场，要学会两种本领组织国内建设和发展对外经济关系，可以通过多种途径从发达国家引进资金和技术，与发展中国家开展合资经营，根据不同国家的具体情况，开展多种形式的经济合作，这一思想，确立了新时期对外经济合作在现代化建设中的战略地位。三中全会后，在国家层面上，新组建的外经贸部成立了国外经济合作局、外资局、国际经济局等专门负责归口管理对外工程承包和劳务合作、国外合营企业、利用外资、多双边合作的部门（1982年）。在科研教学方面，对外经济贸易大学、北京第二外国语学院专门设立了国际经济合作专业，负责国际经济合作研究和人才培养。自此以后，中国对外经济合作无论是广度和深度，还是合作成果都出现了前所未有的局面。1983年1月，中国领导人访问坦桑尼亚时宣布了中国与第三世界国家开展经济技术合作的四项原则，即"平等互利、讲求实效、形式多样、共同发展"，明确了新时期中国同第三世界国家开展经济合作的基础。

（二）邓小平对外经济合作战略思想

邓小平同志始终关注和支持中国对外经济合作事业的发展。1984年5月会见厄瓜多尔总统乌尔塔时，邓小平同志指出，"发展中国家之间的相互合作多起来，积累起来，就会发生质的变化，也就是全球范围的南南合作。""经验证明，关起门来搞建设是不能成功的，中国的发展离不开世界，对内经济搞活，对外经济开放，这不是短期的政策，是个长期的政策，最少50年到70年不会变"（1984年10月会见参加中外经济合作问题讨论会全体中外代表）。1992年邓小平同志在视察武昌、深圳、珠海、上海等地时指出：改革开放胆子要大一些，敢于试验。看准了的，就大胆地试，大胆地闯。没有一点闯的精神，没有一点"冒"的精神，就干不出新的事业；多搞点"三资"企业，只要我们头脑清醒就不怕，"三资"企业是社会主义经济的有益补充，归根到底是有利于社会主义的。邓小平同志为中国现代化建设争取有利的国际条件，为对外开放和参与国际经济合作做出了巨大贡献。

（三）"走出去"战略与对外经济合作

1. "走出去"战略的提出

"走出去"战略是党的第三代领导集体智慧的成果，是国家发展战略的一部分。中国改革开放的前二十年，在积极发展对外贸易的同时，主要采取以引进外国先进技术和资金为特征的"引进来"战略，在经济全球化加速发展和加入世界贸易组织的新条件下，仅依靠"引进来"和贸易的发展已经不足以满足中国发展的需要和充分利用机遇。中国进一步的经济发展必须依靠更加全面的对外开放，特别是让那些已经在改革开放中成长壮大并具备一定实力的中国企业加入到世界经济行列中去。20 世纪 90 年代初，党中央就开始意识到这一问题的重要性，中共十四大提出了实行跨国投资和跨国经营的要求；90 年代中期，外经贸部提出了将包括对外投资、承包工程和劳务合作在内的对外经济合作与对外贸易融为一体的"大经贸"战略；90 年代末，中央关于将对外开放由单纯的"引进来"扩大到"走出去"的想法日益明确和成熟。1997 年，江泽民指出："引进来和走出去是我们对外开放方针的两个紧密联系、相互促进的方面，缺一不可。[①]"2001 年，他进一步明确提出："改革开放 20 多年来，我们在引进来方面成绩很大，随着我国经济水平的提高和现代化建设的推进，我们必须加快实施走出去战略，[②]""实施走出去战略，是把对外开放推向新阶段的重大举措，是更好地利用国内外两个市场、两种资源的必然选择，是逐步形成我们自己的大型企业和跨国公司的重要途径。[③]"2001年，"走出去"被写进中国发展十年纲要，标志着它正式被确定为一项重大的国家战略。

2. "走出去"战略的实质

"走出去"战略的实质是全面参与国际经济合作。20 世纪 90 年代中期以后，中国和世界经济发生了影响深远的一系列重大变化。第一，经济全球化使所有国家都感受到了由此而带来的深远影响和巨大压力，各国政府不得不重新估量自己在新的世界大格局中的地位。第二，改革开放三十多年的发展不仅使中国融入了全球经济，而且成为全球最大经济体之一，在国际分工中占据了重要地位。但继续开拓国内外市场，调整经济结构，培育新的经济增长点，提高国民经济整体可持续发展实力仍是中国发展的关键，这不仅有利于继续提高人民生活水平、增强综合国力，而且有利于维护地区稳定，对全球经济健康发展都有着重要意义。第三，中国已经形成较为完整的工业体系，工业生产效率大大提升，但实现可持续发展需要产业升级，产业升级必须依

---

① 江泽民《在接见全国外资工作会议代表时的讲话》（1997 年 12 月 24 日），载《江泽民论有中国特色社会主义（专题摘编）》，中央文献出版社，2002 年版，第 191 页。

② 江泽民《在广东考察工作时的讲话》（2001 年 11 月 27 日），载《江泽民论有中国特色社会主义（专题摘编）》，中央文献出版社，2002 年版，第 194 页。

③ 江泽民《在省部级主要领导干部"国际形势与世界贸易组织"专题研究班上的讲话》（2002 年 2 月 25 日），载《江泽民论有中国特色社会主义（专题摘编）》，中央文献出版社，2002 年版，第 197 页。

赖全球生产要素重新组合配置。第四，跨国公司全球化带动了经济全球化进程，对各国经济产生了巨大影响，虽然中国企业跨国经营能力不断增强，但中国仍然需要培育在全球范围有影响力和有品牌的大型跨国经营企业，推进对外经济合作，能够为中国企业提供更为广阔的全球舞台。经济全球化需要资源全球化，生产要素与资源在全球重新配置的趋势日益突出，中国改革开放通过参与国际经济合作，为中国在国际经济舞台各项活动创造了有利形势，为"走出去"战略奠定了可行的较为坚实的基础。"走出去"战略提出后，中国对外经济合作事业发展进入了一个全新时代。首先，实现中国经济又好又快发展，需要在复杂多变的环境下，把握机遇，积极推动对外经济合作形式和内容的创新，目前中国已经形成了各种对外经济合作形式间相互配合相互促进的良好局面。其次，互利共赢是推动建立和谐世界的必要条件，也是中国对外经济合作的显著特征。通过"走出去"战略实施，中国与世界很多国家实现了优势互补和互利互惠，不仅为世界经济发展发挥了积极作用，也不断提高着中国在国际社会的政治地位。

（四）新世纪以来对外经济合作战略思想

进入 21 世纪后，中国对外开放进入了全新的发展阶段，同时以更加开放的姿态活跃于世界政治经济舞台，对外经济合作成为中国与其他国家经贸交流的重要桥梁和纽带，业务量持续增长、业务形式不断创新和发展，由此确立了在中国对外经贸关系中的重要地位。2007 年 10 月，党的十七大会议指出，要"坚持对外开放的基本国策，把'引进来'和'走出去'更好结合起来，扩大开放领域，优化开放结构，提高开放质量，完善内外联动、互利共赢、安全高效的开放型经济体系，形成经济全球化条件下参与国际经济合作和竞争新优势"。

党的十八大后，习近平总书记于 2013、2014 年在不同场合提出：中国将同各国一道，加快推进"丝绸之路经济带"和"21 世纪海上丝绸之路"建设，尽早启动亚洲基础设施投资银行，更加深入参与区域合作进程，推动亚洲发展和安全相互促进、相得益彰①，即"一带一路"战略构想。"一带一路"战略构想是我国的战略性决策，契合沿线国家的共同需求，体现了中国对外和平、交流、理解、包容、合作、共赢的精神，为沿线国家优势互补、开放发展开启了新的机遇之窗，为中国在新常态下发展对外经济合作事业创立了新的平台。2013 年 11 月党的十八届三中全会提出，为适应经济全球化新形势，

①　"一带一路"战略构想在第三节将做专门介绍。

必须推动对内对外开放相互促进、引进来和走出去更好结合，促进国际国内要素有序自由流动、资源高效配置、市场深度融合，加快培育参与和引领国际经济合作竞争新优势，以开放促改革。

二、对外经济合作事业的发展

(一) 对外经济技术援助

对外经济技术援助是中国对外战略的重要组成部分，也是中国必须履行的国际义务和构建和谐世界的重要内容。从政治角度看，坚持向发展中国家提供援助是加强同发展中国家团结合作外交政策的基本立足点；从经济角度看，对外援助不仅是"走出去"战略的重要组成内容，也是对外经济合作的重要内容。十一届三中全会后，国内外形势发生了重大变化，面对新形势，中国继续将加强同第三世界国家的团结与合作作为对外政策的基本立足点，将维护世界和平与促进共同发展摆到了中国与第三世界国家团结合作的重要位置，在积极探索开展对外经济合作新途径的同时，将过去单纯对外提供援助逐步扩展为有出有进、有给有取的多种形式的互利合作。

1980 年 11 月，中共中央、国务院提出《关于认真做好对外援助工作的意见》，对改革开放后的对外援助工作起到了积极作用。1979—1994 年援外工作开始调整和初步改革，在这一阶段，中国除继续向更多第三世界友好国家提供力所能及的援助外，开始了对援外方式、内容及管理的改革。1995 年，国务院下达了《关于改革援外工作有关问题的批复》，对援外工作开始全面改革，主要内容是积极推行两种新的援外方式，把政府援外资金与银行资金、企业资金结合起来，充分发挥金融机构和企业的作用，使有限的援外资金发挥更大的效益，援外工作进入了新的发展阶段。1995—2004 年，中国累计向50 多个发展中国家提供了优惠贷款，贷款项目呈现多样化趋势，不仅有资源开发、工业生产和机电产品带料加工、基础设施、社会福利、成套设备和机电产品等，而促进了中国企业与受援国企业的直接合作。2005 年后，在党的构建"和谐世界"理念指导下，对外经济技术援助进入了全方位发展的新阶段。首先，援助投入力度显著加大，包括：给予同中国建交的 39 个最不发达国家对华部分出口商品零关税待遇；进一步扩大对重债穷国和最不发达国家的援助规模，通过双边渠道免除或以其他方式消除所有同中国有外交关系的重债穷国 2004 年年底前到期未还的全部无息和低息政府贷款；到 2008 年，向发展中国家提供 100 亿美元优惠贷款及优惠出口买方信贷，用以帮助这些国家加强基础设施建设，推动双方企业开展合资合作；增加对发展中国家特

别是非洲国家的相关援助，为其提供包括防疟特效药在内的药物，帮助他们
建立和改善医疗设施、培训医疗人员；通过中非合作论坛等机制为发展中国
家培训培养 3 万名各类人才。2006 年 11 月，中非合作论坛北京峰会召开，中
国领导人宣布，将采取八项措施，促进中非在更大范围、更广领域、更高层
次上的合作①。其次，对外援助更加强调以人为本和科学发展。再次，援助领
域不断扩展，受援国分布更加广泛。

　　2014 年，中国对外经济技术援助工作再次迈上新年台阶。首先，《对外援
助管理办法》以商务部令形式发布（11 月 15 日），这是中国在对外援助管理
方面颁布的第一个综合性的部门规章，对中国对外援助事业发展具有现实的
重要指导意义和长远的影响②。其次，《中国的对外援助白皮书（2014）》发布
（12 月 5 日），白皮书称 2010—2012 年，中国对外援助金额 893.4 亿元人民
币，援助资金包括无偿援助、无息贷款和优惠贷款三种方式。无偿援助重点
用于帮助受援国建设中小型社会福利项目以及实施人力资源开发合作、技术
合作、物资援助和紧急人道主义援助等，三年共 323.2 亿元人民币，占对外
援助总额的 36.2%；无息贷款主要用于帮助受援国建设社会公共设施和民生
项目，三年共 72.6 亿元人民币，占对外援助总额的 8.1%；优惠贷款主要用
于帮助受援国建设有经济社会效益的生产型项目、大中型基础设施项目，提
供较大型成套设备、机电产品等，三年共 497.6 亿元人民币，占对外援助总
额的 55.7%。稳步发展的中国对外经济技术援助，推动了发展中国家民生改
善，促进了这些国家经济社会发展。同时，随着发展中国家参与国际发展事
务能力的增强，中国在力所能及的前提下，积极支持多边发展机构的援助工

---

　　①　八项措施包括：第一，扩大对非洲的援助规模，到 2009 年使中国对非洲国家的援助规模比
2006 年增加 1 倍。第二，今后 3 年内向非洲国家提供 30 亿美元的优惠贷款和 20 亿美元的优惠出口买
方信贷。第三，为鼓励和支持中国企业到非洲投资而设立中非发展基金，基金总额逐步达到 50 亿美
元。第四，为支持非洲国家联合自强和一体化进程，援助建设非洲联盟会议中心。第五，免除同中国
有外交关系的所有非洲重债穷国和最不发达国家截至 2005 年底到期的政府无息贷款债务。第六，进一
步向非洲开放市场，把同中国有外交关系的非洲最不发达国家输华商品零关税待遇受惠商品由 190 个
税目扩大到 440 多个。第七，今后 3 年内在非洲国家建立 3～5 个境外经济贸易合作区。第八，今后 3
年内为非洲培训培养 15000 名各类人才；向非洲派遣 100 名高级农业技术专家；在非洲建立 10 个有特
色的农业技术示范中心；为非洲援助 30 所医院，并提供 3 亿元人民币无偿援款帮助非洲防治疟疾，用
于提供青蒿素药品及设立 30 个抗疟中心；向非洲派遣 300 名青年志愿者；为非洲援助 100 所农村学
校；在 2009 年之前，向非洲留学生提供的中国政府奖学金名额由目前的每年 2000 人次增加到 4000 人
次。

　　②　《对外援助管理办法》解读媒体吹风会，2015 年 1 月 12 日商务部新闻办公室。

作，有力推动了区域合作机制构建①。最后，商务部从 2014 年 3 月开始启动全面深化援外项目管理体制改革工作，各项改革工作正在逐步、顺利地进行。

自新中国建立以来，中国始终坚持不干涉受援国内政原则，开创了具有中国特色的独具一格的援外模式，共向 166 个国家和国际组织提供了近 4000 亿元人民币援助，建设了 2700 多个成套工程项目，派遣了 60 多万援助人员，培训了近 1200 万受援国各类人才和专业人员。

（二）利用外资

利用外资是中国对外开放基本国策的重要组成部分。三中全会以后，中国利用外资进入了新的发展时期，随着一系列重大战略决策出台，利用外资工作出现了新局面。1979—1986 年，全国实际利用外资金额 288.7 亿美元，其中对外借款 205.6 亿美元，占全部实际利用外资金额的 77.1%；外商直接投资 66.1 亿美元，占全部实际利用外资金额的 22.9%。1987—1991 年，在国务院 22 条及一系列扩大开放和利用外资的实施办法及新举措公布后，外商投资环境得到进一步改善，吸收外资能力大大增强，实际利用外资金额 505.9 亿美元。1992 年邓小平南方谈话后，改革开放和经济建设步伐大大加快，"八五"期间（1991—1995 年），中国国内政局稳定，经济持续发展，投资环境持续改善，立法日臻完善，同时国际产业结构调整加快进行，为利用外资提供了良好的内外部机遇，这一期间累计批准利用外资项目 23 万个，协议利用外资金额逾 4 000 亿美元，实际利用外资金额 1 600 多亿美元，外商直接投资跃升为中国利用外资的主要形式，占全部利用外资协议金额的 86.8% 和实际利用外资总额的 70.9%。1997 年 9 月，党的十五大要求进一步努力提高对外开放水平，并对利用外资政策做出新的调整，提出在积极合理有效利用外资的同时，要有步骤地推进服务业对外开放；在保持利用外资规模的同时，提高利用外资的水平和质量。"九五"期间（1996—2000 年），利用外资质量明显改善，在外商投资规模继续攀升或得到维持的同时，欧美大型跨国公司来华投资明显增多，投资产业结构优化，平均单个项目投资额明显增大，高新技术产业出现了积极的投资势头。

进入 21 世纪后，中国积极有效利用外资政策导向进一步明确，外商投资环境进一步优化，外商投资法律法规体系更加完备、透明、规范，市场更加开放，投资便利化进展加快，产业配套能力日益提升，对外商投资的吸引力不断增强。中外投资合作的广度和深度也随之达到了一个全新的水平，取得

---

① 《中国的对外援助白皮书（2014）》，商务部对外援助司 2014 年 12 月 5 日发布。

的成就举世瞩目。首先，总体规模稳步扩大。2003—2011 年，共计批准设立外商投资企业 31.4 万家，实际使用外资金额 7192.2 亿美元。2011 年，占中国企业总数不足 3% 的外商投资企业实现工业产值 22 万亿元，占全国工业产值的 26.1%；进出口额 18 602 亿美元，占全国进出口总额的 51.1%，直接就业人员约 4 500 万。2012 年成为第二大吸收外资国家。2013 年实际使用外资规模稳定增长。2014 年新设立外商投资企业 23 778 家，同比增长 4.4%；实际使用外资约 1 196 亿美元，同比增长 1.7%（未含银行、证券、保险领域数据），已连续 23 年保持发展中国家首位。在联合国贸发会议等权威机构开展的投资前景预测中，中国多次成为跨国公司海外投资首选地，外商投资企业已经成为国民经济的重要组成部分，在中国经济社会发展中发挥着重要作用。其次，利用外资结构不断优化，服务业利用外资发展迅速，高科技产业吸收外资明显增加，区域开放成效显著，功能性机构发展态势良好。在世贸组织分类的 160 个服务贸易部门中，中国已开放 100 个，占 62.5%，接近发达成员平均水平。服务业吸收外资占全国实际使用外资总量比重从 2002 年的 23.0% 提高到 2014 年的 55.4%，高出制造业 22 个百分点，成为吸收外资新增长点，服务外包、连锁经营、无店铺销售等新兴业态也获得了较快发展。高科技产业吸收外资明显增加，截至 2011 年年底，外资研发中心已达 1 600 多家，其中近 50% 的研发中心从事先导技术研究，60% 以上的研发中心将全球市场作为其主要服务目标。

（三）对外投资

1. 对外投资的历史

中国对外投资经历了举办海外合营企业，企业国际化经营和对外直接投资三个发展阶段。20 世纪 80 年代初，改革开放刚刚起步，中国企业认识到必须走出国门经营，于是在原来部分有涉外经营权的外经公司基础上开始了少量的对外投资。1979 年 11 月，北京友谊商业服务总公司与日本东京丸一商事株式会社合资在东京开办"京和股份有限公司"，成为对外开放后在国外开办的第一家海外合营企业。随着外贸改革的深化发展，许多专业外贸公司提出了国际化经营概念，开始进入国外一些资源性生产企业中。从 1979 年至 1985 年，经政府批准在海外和港澳地区开办的合营和独资企业共 180 家，投资总额 29 596 万美元，其中中方投资 17 727 万美元，占 59.9%；投资总额在 500 万美元以上的项目 13 个，占项目总数的 7.2%，其余均为中小型项目，分布在亚洲、非洲、拉丁美洲、北美洲、欧洲、大洋洲的 47 个国家和地区。

从 20 世纪 80 年代后期到 90 年代，随着改革开放的深入，国民经济向市场经济体制转轨并与世界市场直接接轨，理论界与企业界对跨国经营有了新的认识，提出了中国企业必须走"跨国经营"和发展跨国公司的道路，海外投资和跨国经营有了较快的发展。1994 年中国成为发展中国家重要的对外投资母国之一，1999 年底，经政府批准或备案的海外中资企业达到 5 976 家，投资总额 104 亿美元，其中中方协议投资总额为 69.5 亿美元。这一期间海外合营企业的特点，第一是投资范围广泛但平均投资额较小，虽然第一、二、三产业中各个行业几乎都有，但相对集中于贸易、资源开发和加工工业，制造业和高新技术产业刚刚起步，投资多以中小型项目为主；第二是投资分布虽然国别地区较广，但以港澳地区和经济较发达国家为主；第三是投资方式多样化，但新建项目多以合营方式为主；第四是跨国经营企业的经营管理体制缺乏竞争性，管理制度尚不健全，在很大程度上仍以行政干预为主。尽管如此，改革开放最初的实践证明，到海外举办合营或独资企业对扩大对外经济技术交流，促进中国企业在外发展，加强友好合作，都具有积极作用并已取得了一定成果。

2000 年"走出去"战略实施后，中国对外投资进入了快速发展阶段。到 2007 年底，对外投资企业超过 1 万家，年投资额从 2002 年的 9.83 亿美元增至 248.4 亿美元，增幅达 25 倍。据联合国贸发会议《2010 年世界投资报告》介绍，截至 2009 年底，进入中国的外国直接投资存量约为 4 700 亿美元，中国海外投资存量约为 3000 亿元，预计中国海外投资数量还将加快增长，未来将与外商直接投资持平[①]。2013 年，对外直接投资流量创下 1 078.4 亿美元历史新高，同比增长 22.8%，首次突破千亿美元大关，中国成为仅次于美国和日本的第三大对外投资国。2014 年非金融类对外直接投资 1 029 亿美元，增长 14.1%。如果包括企业在境外利润再投资和通过第三地的投资，中国已成为资本净输出国，这是开放型经济发展到较高水平的普遍规律，是中国从经贸大国迈向经贸强国的重要标志。进入 21 世纪以来，中国对外投资呈现的特点是：（1）投资地区分布广泛，领域进一步拓宽，结构不断优化。2013 年，境内投资者已对全球 130 个国家和地区的 3 596 家境外企业进行了直接投资，累计实现非金融类直接投资 625 亿美元，同比增长 25%，投资覆盖率达到 71.2%。2014 年 1～11 月，非金融类对外直接投资 898 亿美元，同比增长 11.9%。能源矿产领域继续成为投资热点，轨道交通等基础设施建设领域大项目增多，农业领域跨国并购取得突破。对发达国家投资增长较快，对美国

---

① "中国海外投资将与 FDI 持平"，2010 年 7 月 23 日，《21 世纪经济报道》。

投资同比增长 23.9%，对欧盟投资同比增长 1.7 倍。境外服务业投资同比增长 27.1%，占比提高到 64.6%。（2）对外直接投资方式不断增加，经历了从现汇资金为主向资金、设备和技术投资相结合的转变，由绿地投资为主向新建、并购相结合的转变过程，同时结合直接投资与间接投资，积极利用跨国并购、境外上市、股权置换和战略联盟等形式开展对外投资。（3）随着国际产业转移，批发和零售业、商务服务、交通运输、金融等现代服务产业和信息高新技术产业逐渐成为中国对外直接投资新热点。（4）随着中国外汇储备增加和企业国际化经验日益丰富，企业投融资能力增强，跨国并购、参股、资产重组和股权置换等逐渐成为对外投资的重要投资方式。（5）对外直接投资所有制结构呈现出多元化格局，民营企业对外直接投资踊跃，成为新生力量。（6）产业结构发生较大变化，对外投资企业从贸易公司发展到工贸公司、工业生产企业、餐饮服务企业、建筑企业、高新技术企业和能源开发企业等，从纺织、轻工和家电业等传统产业扩展到信息产业、批发零售业和商务服务业。（7）进入 21 世纪以来，主要能源资源国际市场价格快速上涨，中国产业成本压力骤增。在国家政策引导下，企业开始探索新的非贸易投资领域，资源开发成为对外投资的重点之一，有实力的能源集团纷纷加大海外投资步伐，铁矿、石油、木材等资源的开发成为对外直接投资的重点和热点领域。（8）为提升产品和服务的国际竞争力，企业开始寻求技术型对外投资，技术密集型项目对外投资不断增加，目前中国企业在美国、英国和俄罗斯等地建立了多个海外科技园。（9）多种形式对外直接投资方式不断兴起，包括股权置换、海外上市（IPO）、设立境外经济贸易合作区和技术研发中心等。

2. 跨国并购

由于历史条件的限制，中国参与跨国并购起步较晚，三十多年来呈现出三阶段，即 1981—1991 年的 10 年探索阶段，1992—2001 年的 10 年稳定阶段，2002 年以来的迅速发展阶段。主要特点是：第一，从时间角度看，随着中国经济高速增长，特别是入世后对外投资流出量快速增长，跨国并购活动日趋活跃，交易金额和大宗并购案不断增加。普华永道报告显示，2009—2012 年中国企业海外并购数量分别为 144、188、207、329 起，另据统计显示，2013 年，中国企业海外并购规模近 600 亿美元，2014 年 10 月前共完成了 14 起跨国并购，金额约 60.76 亿美元。第二，从地域角度看，集中于发达国家和地区的同时向发展中国家发展。随着中国经济发展对资源和能源需求的不断提高，中国企业跨国并购目标在以北亚、北美、大洋洲和西欧基础上，开始将并购拓展到资源或能源丰富的发展中国家，现已覆盖 100 多个国家

（地区）。第三，从并购方式看，正朝着多元化方向发展，在 2007—2010 年 Zephyr 数据库中的 398 起中国企业跨国并购交易记录中，全部为收购方式，并显示了控股收购特征，剔除数据缺乏或不明确记录外，共有股权比例变化收购 53 宗均转变为控股甚至 100％控股状态，100％股权收购 180 宗，控股收购 96 宗，其中原材料和能源行业并购以部分并购为主，高新技术行业以全资并购为主，工业、金融业、高新技术行业以行业内横向并购为主。近年来，联合竞标成为并购的新方式和新趋势，从现金支付交易到使用股票和其他证券有所上升。第四，从产业角度看，正在从资源和能源类、金融和工业向文化娱乐、农业等多个领域扩展。第五，并购主体发生变化，民营企业逐渐活跃，形成国企和民企平分天下，并购主体规模由大企业向小企业发展。2010 年诺贝尔经济学奖得主皮萨里德斯认为，在中国经济增长变缓的前提下，中国企业开始主动地走出国门进行并购是不可避免的趋势①。

（四）对外工程承包和劳务合作

1. 对外工程承包

中国对外工程承包起步于援外成套项目建设，十一届三中全会后，随着改革开放不断深入，对外工程承包逐步发展壮大，迄今经历了四个发展阶段：（1）从 1979—1982 年为起步阶段，这一阶段全国共组建 27 家专门公司，在亚洲、非洲、拉丁美洲、北美洲和欧洲的 45 个国家和地区共签订了 755 项承包和劳务合作合同，总金额 11.96 亿美元。（2）1983—1989 年进入稳步发展阶段，这一阶段受 20 世纪 80 年代初世界经济衰退影响，国际工程承包市场竞争加剧，带资承包、延期付款等业务方式兴起，给起步不久的中国对外工程承包事业带来了严重困难。针对这一情况，除国家给予了大力支持外，很多对外工程承包公司根据自身特点，因地制宜、灵活多样、采取积极措施拓展了南亚、东南亚、非洲、拉美、北美、西欧和南太平洋等地区的业务范围。这一期间，累计签订对外承包工程和劳务合作合同 115.6 亿美元，其中对外承包工程合同额 98.8 亿美元；完成营业额 72.2 亿美元。（3）1990—2001 年迈入多元化发展阶段，这一阶段世界多种不确定因素频发，海湾战争（1990）引起中东建筑市场严重衰退，亚洲金融危机（1997）导致东南亚地区建筑业投资大幅下滑。从 2000 年年初开始，西方股市泡沫破裂，9·11 恐怖袭击发生、伊拉克战争等一系列事件相继爆发，世界经济陷入长达 3 年的温和衰退中。受各种不确定因素的影响，国际建筑市场持续出现波动，在中国政府正

---

① 参见"诺奖得主：中国跨国并购趋势不可避免"，网易财经 2014 年 9 月 12 日。

确引导和支持下，企业及时调整市场结构，优化业务领域，对外承包工程业务在调整中迈入多元化发展阶段。这一期间，累计签订对外承包工程合同额890.4亿美元，完成营业额651亿美元，其中1999年新签合同总额首次突破100亿美元大关。1990—1998年，企业对外承包工程发展较快，年均增幅15.6％。1994年，23家中国公司被美国《工程新闻纪录》杂志列入225家最大国际承包公司行列，2家公司首次被该杂志列入200家最大国际设计公司的排行榜。（4）2002年以来，在全球建筑市场复苏以及中国政府加大扶持力度的有利形势下，对外承包工程事业进入规模发展阶段。2003年，47家从事对外工程承包、劳务合作和设计咨询企业被列入美国《工程新闻纪录》国际承包商225强排行榜。2004年，从事这项事业的企业达到1600多家，在全球180多个国家和地区开展了承包工程和劳务合作业务，累计完成营业额1140.3亿美元；合同额1562.9亿美元；对外劳务合作完成营业额37.5亿美元，新签合同额35亿美元，年末在外各类劳务人员总数53.5万人。2007年，对外承包工程累计完成营业额206.4亿美元，签订合同额3295亿美元，从事对外承包工程业务的企业逾2000家，其中数十家连续多年跻身于世界225家国际大承包商行列，基本形成了一支门类齐全、具有较强竞争实力的经营队伍。2014年1～11月，对外承包工程新签合同额1609.8亿美元，同比增长12.5％；完成营业额1213亿美元，同比增长10.6％；在外派劳务合作人员中，承包工程项下多达24.1万人。①

2. 对外劳务合作

中国对外劳务合作发展比较特殊。从历史角度看，对外劳务合作与工程承包基本结合在一起，源于对外经济技术援助。20世纪50年代末，中国就开始派遣大批技术人员、普通劳务人员及医务人员赴亚、非、拉、欧等50多个国家和地区参加援外项目建设和服务，积累了在国外施工和提供劳动服务的经验，为对外劳务合作事业发展奠定了基础。十一届三中全会后，对外劳务合作事业获得新发展，迄今大致分为三个阶段。（1）1979—1990年为起步阶段，这一阶段以承包工程带出劳务占据主要地位；（2）1991—2001年进入快速增长阶段，这一阶段特点是：第一，经济全球化趋势显现，劳动生产要素国际移动加快。第二，国际劳务市场繁荣，对专业技术劳务需求呈不断上升趋势，在客观上提供了有利的外部条件。第三，改革开放深化，企业经营主体不断增加，专门从事劳务合作的企业产生。在"一业为主、多种经营"方

---

① 《2014年商务工作年终综述》，商务部新闻办公室2015年1月15日发布。

针指导下，劳务合作出现专业化趋势。第四，国家在对劳务人员国外收入分配制度进行改革的同时，建立了外派劳务人员培训制度，劳务人员素质和劳务合作公司竞争力不断增强。随着对外劳务由建筑工程领域逐渐向纯劳务转移，涉及领域越来越广，多领域技能性劳务不断增加，既有普通工人、技工和农民，也有海员、工程师、医师、护士、会计师等各类专业技术人员。2001 年，外派劳务人员行业分布中制造业人数达到 18.24 万人，占外派劳务人员总量的 38.5%；建筑业 10.28 万人，占 21.7%；农林牧渔业占 16.4%；交通运输行业派出劳务 42237 人；教、科、文、卫行业派出劳务 4249 人；设计、咨询、监理行业派出劳务 2321 人；计算机服务业派出劳务 1506 人。(3) 进入 21 世纪以来，经济全球化加速增强了包括劳动力在内的各种生产要素跨国界流动趋势，在国际产业结构调整和价值链分工体系构建过程中，中国承接了大量国际产业转移。在信息技术革命推动下，服务外包发展迅速，对外劳务合作出现了全新局面。首先，在国家层面上规范了定义，中国对外劳务合作是经国家批准的对外劳务合作企业受境外雇主的委托，有组织地选派中国各类劳务人员到有关国家或地区为雇主提供服务，并通过对外派劳务人员的后期服务和跟踪管理，最大限度地保护外派劳务人员合法权益的一项双边经济合作活动，其实质是国际劳务输出的一部分，属于国际服务贸易中自然人移动的范畴。其次，建立了新的管理体制，即商务部归口管理的对外劳务合作和劳动部归口管理的境外就业工作。从商务部角度看，中国的对外劳务合作已取得重大进展并在激烈的国际竞争中形成了自己的独特优势，对中国和世界经济发展做出了较大贡献，成为中国服务贸易出口具有竞争优势的内容之一。2014 年 1～11 月，对外劳务合作派出各类劳务人员 49.8 万人，同比增加 6.3 万人，增长 14.5%。其中劳务合作项下派出 25.7 万人，11 月末在外各类劳务人员 100.5 万人，同比增加 9 万人①。

（五）参与多双边经济技术合作和接受国际援助

1. 指导思想转变

三中全会后，通过解放思想、拨乱反正，中国对"自力更生为主、争取外援为辅"方针有了更全面的认识。并充分意识到，为了加速现代化建设，在坚持独立自主、自力更生的基础上，应该利用一切可以利用的国际条件，通过各种渠道，包括联合国多边渠道，积极开展对外经济合作和技术交流，在对外开放政策指引下，中国与联合国多边经济技术合作进入一个新的阶段。

---

① 《2014 年商务工作年终综述》，商务部新闻办公室 2015 年 1 月 15 日发布。

2. 发展历程

中国从 1979 年开始接受联合国发展系统多边援助，1981 年开始接受发达国家双边援助，迄今大致经历了三个发展十年，即 1979—1989 年的快速增长十年，1990—1999 年的平稳发展十年，2000 年至今的逐步减少十年。截至 2007 年底，由商务部归口管理的多双边发展援助累计金额约 66 亿美元，分别来自联合国儿童基金会、人口基金、开发计划署及欧盟、德国、英国、日本、加拿大、澳大利亚等 20 个国际组织和双边国家政府，实施项目近 2 000 个，涉及扶贫、农业、水利、交通、文教、卫生、体改、能源、环保和妇女儿童等三十多个领域，主要发挥了窗口、引进、示范和社会四个方面的效应。

3. 与世界银行合作

中国是世界银行创始国之一。1980 年 5 月 15 日，中国在世界银行和所属国际开发协会及国际金融公司的合法席位得到恢复。世界银行的重要事项由会员国投票决定，投票权大小与会员国认购的股本成正比。2010 年 4 月 25 日银行发展委员会春季会议通过了发达国家向发展中国家转移投票权的改革方案，这次改革使中国在世界银行的投票权从 2.77％提高到 4.42％，成为仅次于美国和日本的第三大股东国。

中国改革开放的 30 年，也是与世界银行合作的 30 年，合作过程经历了三个阶段：第一，20 世纪 80 年代的初始阶段，这一阶段的合作重点是利用世界银行贷款资金支持基础设施等重点项目建设；第二，20 世纪 90 年代的稳步发展阶段，这一阶段的合作重点逐渐从接受贷款转变为以政策调研和制度创新为核心内容的知识合作；第三，新世纪后进入合作伙伴阶段，合作重点主要是用于帮助中国实施区域均衡发展以及建设资源节约型和环境友好型社会。2006 年 5 月世界银行执董会讨论通过《2006—2010 财年中国国别伙伴战略》，制定了对华援助重点的"五大支柱"，为与中国进一步合作提供了政策指导：（1）促进中国融入世界经济； （2）减少贫困、不平等和社会排斥现象；（3）应对资源短缺和环境挑战；（4）为持续高效增长融资；（5）改善公共部门和市场制度。目前正在执行的《2011—2016 年财年中国国别伙伴战略》与中国"十二五"规划内容保持一致。截至 2010 年 6 月 30 日，世界银行和国际开发协会共向中国承诺贷款总额约 478 亿美元，支持建设了 326 个项目，这些项目贷款遍及内地除西藏之外的省市、自治区，主要集中在交通（30.38％）、农业（23.61％）、城建和环境（15.57％）、能源（15.35％）、工业（6.35％）、教育（3.88％）、卫生（2.05％）等领域。此外，世界银行还累计向中国提供了约 5 亿美元的技术援助贷款和赠款，主要涉及财税、会计、养老金、经济法、金融等领域的改革，为建立和完善社会主义市场经济体制做出了积极贡献。2008年5月，汶川特大地震发生后，世界银行还向提供了一系列紧急援助，包括150万美元技术援助赠款、7.1亿美元灾后恢复重建紧急贷款，并及时提供了灾后恢复重建政策建议。

通过与世界银行的合作，首先，中国学会了更多国际经济运行中的通行规则，吸收了国际上先进的发展理念、知识、经验和技术，促进了经济体制改革和高素质的人才队伍建设，加快了融入国际经济舞台的步伐，如通过贷款引进的竞争性招标机制、工程师监理制度、业主负责制已成为中国重大工程项目的标准做法，引进的供水、污水收费制度已在全国推行，为水资源的可持续发展提供了基础，通过贷款项目率先试点的区域卫生资源规划、医疗扶贫基金等为卫生体制改革与发展提供了宝贵的借鉴经验。其次，通过接受世界银行援助，弥补了中国经济建设和社会发展所需的资金，促进了扶贫事业发展，加快了重点行业建设，推动了区域协调发展。最后，世界银行是传播先进发展理念和经验的重要窗口，其所倡导的"以人为中心发展"、"全面发展框架"以及"具有包容性和可持续发展"理念，对中国经济与社会协调发展具有重要的借鉴意义，在推动中国制度创新、技术创新等方面发挥了明显作用。

在与世界银行合作的同时，中国在其中的地位和作用也在发生变化，目前已形成了互相促进、互利共赢、互为伙伴的共同发展模式。首先，通过与世界银行的合作扩大了中国参与国际发展合作的渠道，扩大了中国的国际影响力。其次，通过世界银行向发展中国家传播中国成功的发展经验，为这些国家摆脱贫困提供有效途径。2004年，中国与世界银行联合举办全球扶贫大会（上海），推动了国际社会对全球扶贫理念和实践的再认识，并推动了国际社会为减贫而行动的共识。2008年起，中国与世界银行每年都合作举办"中非共享发展经验高级研讨会"，不仅阐释了中国在发展过程中面临的挑战，也宣传中国特色发展道路的经验。再次，借助世界银行平台加强南南合作。2007年12月，中国首次宣布向国际开发协会捐款3000万美元，标志着中国从单纯的借款国转变为世界发展资金的捐助国，中国与世界银行的合作迈上新的里程碑，这一行动受到国际社会的普遍好评。最后，发挥最大发展中国家成员国作用，推动世界银行内部治理结构更加公正。金融危机后，中国积极参与世行投票权改革方案的讨论和磋商，大力倡导和支持提高新兴市场和发展中国家的发言权和代表性。2010年，世界银行率先落实了G20匹兹堡峰会共识，使发达国家向新兴市场和发展中国家转移了3.13%的投票权。

进入 21 世纪后，中国经济发展加快，在世界经济中所占的份额越来越大，在国际政治中地位不断上升，在维护世界和平与安全方面正在发挥着越来越重要的作用。中国在继续利用国际发展援助平台开展多双边合作，促进提高能源和环境、贸易和金融、人力资源开发、法律完善等水平的同时，将通过参与国际多双边合作承担起更多的国际社会责任，使发展援助向发展合作新台阶迈进[①]。

第三节　当代中国对外经济合作

一、新常态下的中国对外经济合作事业

（一）简要回顾

党的十七大提出，中国要继续拓展对外开放的广度和深度，提高开放型经济水平，要"完善内外联动、互利共赢、安全高效的开放型经济体系，形成经济全球化条件下参与国际经济合作和竞争新优势"。"十二五"期间，中国在加快构建开放型经济新体制、积极培育国际经济合作竞争新优势方面，积极参与了大量国际经贸规则制定，不断完善外商投资环境和健全投资合作保障机制，在加快服务贸易发展的同时有序推进服务业开放，走出去步伐加快，增强了中国企业全球价值链整合能力与国际化经营能力，继续建好境外经贸合作区，多边和区域经济合作取得很多新成果，积极参与了全球经济治理，为构建和谐世界经济做出了巨大贡献。

（二）什么是新常态

2014 年 5 月，习近平在河南考察时指出，中国发展仍处于重要战略机遇期，我们要增强信心，从当前中国经济发展的阶段性特征出发，适应新常态，保持战略上的平常心态。随后，在与党外人士的座谈会上，习近平再次提出，"正确认识中国经济发展的阶段性特征，进一步增强信心，适应新常态，共同推动经济持续健康发展。"在 11 月召开的亚太经合组织工商领导人峰会上，习近平系统阐述了新常态。12 月 5 日，中央政治局会议公报中对新常态的表述是："中国进入经济发展新常态，经济韧性好、潜力足、回旋空间大"，要"主动适应经济发展新常态，保持经济运行在合理区间"。新一代中央领导描述的中国经济新常态特点是：第一，经济从高速增长转为中高速增长；第二，

---

① 谢世清："中国与世界银行合作 30 周年述评"，《宏观经济研究》2011 年第 2 期；"中国与世界银行集团合作概况"，财政部网站 2010 年 9 月 7 日。

经济结构不断优化升级，第三产业消费需求逐步成为主体，城乡区域差距逐步缩小，居民收入占比上升，发展成果惠及更广大民众；第三，从要素驱动、投资驱动转向创新驱动。

（三）新常态下的中国对外经济合作

回顾改革开放35年历史可以看出，一部改革开放的历史就是亿万中国人民在党带领下共同建设中国特色社会主义的伟大创业史。在新的历史关口，继续深化对外开放，争取早日实现中华民族伟大复兴梦想的必由之路仍然要坚定不移地创新对外经济合作事业。党的十八大强调，面对经济全球化挑战，中国要进一步提高对外开放水平，坚持实施"走出去"战略，积极开拓国际市场。习近平指出，"中国改革经过三十多年，已进入深水区，可以说，容易的、皆大欢喜的改革已经完成了，好吃的肉都吃掉了，剩下的都是难啃的硬骨头"，但新常态将给中国带来新的发展机遇。在对外经济合作方面，这个新机遇就是"从要素驱动、投资驱动转向创新驱动"。创新驱动包括：第一，建立以合作共赢为核心的新型国际关系，积极参与全球治理，推动重构全球经贸规则体系；第二，在与世界各国的经济合作中，主动提出新主张、新倡议和新行动方案，不断增强中国履行大国责任的能力；第三，优化对外经贸关系布局，创造性发挥互补优势，确立与新兴经济体双边合作的重点，发展互补型产业链合作，培育共同发展基础；第四，坚持经贸互动，进一步加强与发展中国家的互利合作，在加快"硬实力"（贸易、产业、投资）走出去的同时加快"软实力"（文化、金融、服务）走出去的步伐。

二、面对 WTO 困境的对外经济合作[①]

（一）WTO 面临的困境

WTO 建立的初衷是为推动一个全新的国际贸易秩序而努力，建立后在推动经济全球化和贸易自由化中取得过一些成功，但自多哈回合遭创加上金融危机影响，在推动经济全球化和贸易自由化方面的谈判和协调功能不断出现裂痕，宗旨与现实背离，似乎"陷入了极度困境"（WTO 总干事拉米，2006）。导致 WTO 面临困境的原因来自两个方面：第一，金融危机使实体经济遭受冲击，为避免危机深化，各国政府在运用财政金融政策的同时，纷纷重启贸易保护政策，为保护国内市场和就业，新贸易保护主义形式和手段趋

---

① 参见章昌裕："面对 WTO 困境中的中国国际经济合作思路"，《国际经济合作》2013 年第 12 期。

向多样化；第二，WTO 在推动多边体制的同时确立了 RTA 的主导地位。从 20 世纪 90 年代开始，美欧等发达经济体就已将 RTA 作为重要区域布局手段并引领着区域经济一体化走向。进入 21 世纪后，新贸易保护主义下的多边体制困难重重，越来越多的国家认识到以 RTA 为基础构建 FTA 不仅具有时间短、见效快，易于操作、程序实施简单等特点，而且还具有增加和平力量，降低政治冲突成本的作用。FTA 对缔约国具有较强的约束力，能够较快地解决多边体制难以解决的诸如投资、竞争、环境和劳工标准等多重自由化问题，促使缔约方更直接有效地促进贸易与经济合作发展。通过 FTA 构建更为有利的 RTA 是成为通向经济乃至政治合作的有效途径，一个以 FTA 为主体的国际贸易新格局正在形成，并成为各国对外经济政策的重要组成部分[①]。

（二）国际贸易新格局及其特征

（1）在以 FTA 为主体的国际贸易新格局中，首先，以美欧为主体的经济大国成为主要推动者；其次，当 FTA 成为新的推进经济全球化和自由贸易工具时，谈判内容超出了 WTO 范围且质量得到提升；最后，通过缔结 FTA 不仅确保贸易伙伴之间和平相处，还可以提升区域安全水平，使其成为实现区域安全和整体对外的战略手段。在推进 FTA 过程中政治作用经常大于经济作用，一些国家热衷 FTA 在很大程度上出于政治和安全方面的考量。

（2）TPP 和 TTIP 构建凸显出国际贸易新格局特征。TPP 原本是发达小国间的 FTA（最初由新加坡、新西兰、智利和文莱发起），但其内容涵盖广泛，被认为是一个面向 21 世纪的综合性高水平贸易自由化 FTA。2009 年 11 月，美国加入 TPP 谈判，并将其标准界定为亚洲经济一体化标准。美国政府认为，将 FTA 作为广义的对外政策工具有利于加强海外市场和政治改革（Griswold，2003）。2013 年 G8 峰会期间，美国总统奥巴马、欧洲理事会主席范龙佩、欧盟委员会主席巴罗佐发表联合声明，宣布美国和欧盟将开启 TTIP 谈判。较之 TPP，TTIP 的特征是：第一，规格更高，为建成一个更加一体化的跨大西洋市场，美欧将在除传统贸易规制外的更多新领域（如转基因生物、纳米技术、生物制药、3D 打印、电动汽车等）中消除差别，规范和塑造全球标准；第二，开放程度更高，除双方在其他贸易协定中已开放的领域，还将开放诸如交通等新领域；第三，提供更多的贸易和海关便利，进一步提高透明度；第四，谈判领域更为广泛，不仅涉及能为彼此带来最大潜在利益的范围，还将为与贸易有关的社会和环境可持续发展共同努力。

---

① RTA：区域贸易协定（Regional Trade Agreement）。FTA：自由贸易区（Free Trade Area）。

美欧在推动贸易自由化名下，通过 TPP 和 TTIP①，构建出一个涵盖太平洋和大西洋且有利于发达自由经济体的全球贸易和投资规则，打造了一个以高度自由化为堡垒的市场准入屏障，不仅使包括中国在内的广大发展中国家在新规则制定上话语权缺失，而且影响全球经济健康发展。目前，TPP 和 TTIP 在很大程度上已超出经济范畴，成为美国在经济、政治和军事上达到控制全球战略意图的一部分。

（三）面对 WTO 困境的中国对外经济合作

1. 国际贸易新格局对中国的挑战

首先，被孤立和边缘化，美国倡导的 TPP 和 TTIP 均采取"中国除外"（anyone but china）战略，中国在国际贸易新规则制定中再次丧失话语权而被孤立和边缘化。其次，主要贸易伙伴几乎被"一网打尽"，TPP 目前的 12 个成员国将东盟、日本和美国联系在一起，TTIP 成员地区是中国最大的两个出口市场。由美欧主持制定"立足于下一代"的新贸易规制完成后，世界主要贸易地区"门槛"将全面提高，不仅中国对美出口面临欧盟竞争压力，对欧盟出口同样面临美国竞争压力。再次，尽管中国一直积极从事 FTA 构建，但仍存在数量少、地域范围窄的缺陷，美欧在以 TPP 和 TTIP 覆盖太平洋和大西洋的同时，还在积极推进 BIT、TISA、PSA 等②，构建内容的广度和深度远超过中国与 FTA 伙伴的谈判内容，中国 FTA 建设难度将进一步加大。最后，面临两难选择，未来中国如果采取不参与态度，会被孤立于新规则之外。如果积极参与，国内改革进程尚存在一定难度，短时间内将难以适应。

2. 面对 WTO 困境的中国对外经济合作

首先，在国际贸易中，自由与保护的对立竞争从未停止过，WTO 规则缺陷导致的上述困境，不仅完全符合国际经济合作"4C"规律，而且说明一轮新的国际协调与合作的开始。在这轮新的协调与合作中，唯有通过国际经济合作才能化解矛盾，开拓国际经济贸易新局面。其次，面对新常态，中国需要认真思考和全面清理目前的市场规范和行业技术标准，站在下一个 10 年，甚至 20 年、30 年角度来重新制定与国际接轨甚至具超前性标准。再次，在相互依存的全方位国际经济合作中，政治互信是合作的基本点和前提，中国应

---

① TPP：跨太平洋战略性经济合作协定（Trans-Pacific Strategic Economic Partnership Agreement）。TTIP：跨大西洋贸易投资伙伴协议（Transatlantic Trade and Investment Partnership）。

② BIT：双边投资协定（Bilateral Investment Treaties）。TISA：服务贸易协定（Agreement on trade in services）。PSA：诸（多）边服务业协议（Plurilateral Services Agreement）。

从自身国情和条件出发，在加强政治互信（political trust）前提下，通过参与全方位对外经济合作，发挥与各国优势互补的最大可能性。最后，通过对外经济合作途径主动参与国际规则制定。

三、"一带一路"对外经济合作战略

（一）"一带一路"概念的提出

一带一路（one belt and one road）指丝绸之路经济带和21世纪海上丝绸之路。从历史角度看，2100多年前，汉武帝欲联合大月氏共击匈奴，张骞应募任使者于建元三年出陇西，经匈奴西行至大宛，又经康居抵达大月氏，再至大夏，开辟从中国通往西域的丝绸之路。600多年前，明成祖命三宝太监郑和从太仓刘家港起锚（今江苏太仓市浏河镇）率领200多艘海船、2.7万多人远航西太平洋和印度洋拜访了30多个国家和地区，沟通了明朝和南洋诸国（今东南亚）、西亚、南亚等地的联系。古代中国的这两次行动，开创了中国与世界各国通过海陆两条路线开展商贸经济往来的先河，史称陆上丝绸之路与海上丝绸之路。

将"一带一路"作为国家对外经济合作战略提出的是以习近平为首的新一代党和国家领导。2014年5月，习近平在亚信峰会上做主旨发言时说：中国将同各国一道，加快推进"丝绸之路经济带"和"21世纪海上丝绸之路"建设。2014年11月在加强互联互通伙伴关系对话会上，习近平提出共同建设丝绸之路经济带和21世纪海上丝绸之路与互联互通相融相近、相辅相成，如果将"一带一路"比喻为亚洲腾飞的两只翅膀，那么互联互通就是两只翅膀的血脉经络；在《联通引领发展伙伴聚焦合作》讲话中，习近平指出：第一，以亚洲国家为重点方向，率先实现亚洲互联互通，中国愿通过互联互通为亚洲邻国提供更多公共产品，欢迎大家搭乘中国发展的列车；第二，以经济走廊为依托，建立亚洲互联互通的基本框架，"一带一路"兼顾各国需求，统筹陆海两大方向，涵盖面宽，包容性强，辐射作用大；第三，以交通基础设施为突破，实现亚洲互联互通的早期收获，优先部署中国同邻国的铁路、公路项目；第四，以建设融资平台为抓手，打破亚洲互联互通的瓶颈。"一带一路"是中国与沿线国家在平等的文化认同框架下开展合作，是国家的战略性决策，体现的是和平、交流、理解、包容、合作、共赢的精神。

（二）"一带一路"战略的线路

"一带一路"沿线大多是新兴经济体和发展中国家，总人口约44亿，经济总量约21万亿美元，分别约占全球的63%和29%。从地理路线看，第一，构建中蒙俄经济带，通过中国环渤海和东北地区与俄罗斯、蒙古等国家的交通和能源通道，向东连接日本和韩国，向西通过俄罗斯连接欧洲。第二，构建新亚欧大陆桥经济带，通过亚欧大陆桥向西连接哈萨克及中亚、西亚、中东欧等国家。第三，构建中国—南亚—西亚经济带，通过云南、广西连接巴基斯坦、印度、缅甸、泰国、老挝、柬埔寨、马来西亚、越南、新加坡等国家，通过亚欧陆桥南线连接巴基斯坦、阿富汗、伊朗、土耳其等国家。第四，构建海上战略堡垒，分别由环渤海、长三角、海峡西岸、珠三角、北部湾等地区的港口、滨海地带和岛屿连接太平洋、印度洋等沿岸国家或地区。从对外经济合作角度看，短期内主要以道路、能源管线、电信、港口等基础设施共建实现互联互通，促进贸易和投资便利化程度提高；中期可以在条件成熟国家和地区共建自由贸易区，打造中国—东盟自贸区升级版，与中亚国家、非洲东海岸和拉美地区环太平洋国家在新合作机制下共商自贸区建设；如果进展顺利，"一带一路"战略在远期内将建成覆盖中亚、南亚、西亚、欧洲、非洲、拉美国家的自由贸易区群，覆盖全球 100 多个国家。中国社科院亚太与全球战略研究院联合社会科学文献出版社发布的《亚太蓝皮书：亚太地区发展报告（2015）》认为，伴随中国和平崛起进程，作为一个大国，单纯强调外交为经济服务显然已经不适应发展的需要，构建能够体现"亲诚惠容"理念的经济外交是一项必然要求，"一带一路"战略以多元开放特征推进区域合作进程，不仅为亚洲提供了一种新型的区域经济合作选择，而且有可能成为最终推动全球贸易投资自由化的一条新途径。

（三）"一带一路"战略的意义

第一，"一带一路"作为中国高层推动的国家战略，对现代化建设和屹立于世界领导地位具有深远的战略意义，这一战略构建不仅打造了中国对外开放升级版和构建了对外经济合作新平台，而且契合沿线国家的共同需求，为沿线国家优势互补、开放发展开启了新的机遇之窗。第二，作为世纪大战略，一带一路创新了多边合作新路径，通过这一路径，将上海合作组织、欧亚经济联盟、中国—东盟（10＋1）、中日韩自贸区等国际合作整合升级，不仅为中国发挥地缘政治优势，推进多边跨境贸易与交流合作建立了重要平台，而且构筑了国土安全发展屏障，摆脱了以美国为首的不平等国际贸易谈判，在更大范围的资源和市场中寻求合作，建立了以中国为主导的洲际开发合作框架，有利于摆脱大国依附和被动挨打的地缘政治局面。第三，以"一带一路"影响 APEC 促进亚太地区建立自由贸易区（free trade area of the Asia-Pacific，简称 FTAAP）建设，缩小 TPP 在亚洲的影响，在 2014 年通过的《亚太自贸区互联互通蓝图》中，设立了 2025 年实现亚太地区"无缝联通"目标，在制度互联互通、贸易便利化、监管改革、交通物流便利化等方面与 TPP 并驾齐驱。第四，虽然中国对外开放已取得举世瞩目的成就，但受地理区位、资源禀赋、发展基础等因素影响，对外开放总体呈现东快西慢、海强陆弱格局。"一带一路"将构筑新一轮对外开放的"一体两翼"，在提升向东开放水平的同时加快向西开放步伐，助推内陆沿边地区由对外开放的边缘迈向前沿。第五，作为制造业大国，中国能够向世界提供更多的技术和设备，作为全球主要外汇储备国，中国不仅有实力投资海外，而且能够携手各国共同应对金融风险，"一带一路"为外贸出口和海外投资提供了更多渠道和更大平台。

（四）"一带一路"已迈出的步伐

在交通合作方面，2014 年 8 月，泰国军政府通过了两条连接中国和泰国的铁路项目，建成后可以连通老挝与中国的铁路，与一直筹划多年的泛亚铁路中线不谋而合。建设将从 2015 年开始，预计 2021 年竣工，项目总成本约为 7414 亿泰铢（约合人民币 1430 亿元）。2014 年 11 月，李克强在会见巴基斯坦总理谢里夫时提出，中巴经济走廊是一条包括公路、铁路、油气管道、通信光缆等在内的贸易走廊，是新丝绸之路经济带和 21 世纪海上丝绸之路战略的一条连接线，巴基斯坦的瓜达尔港是这条连接线上的关键"节点"。2013 年 11 月，中国—中东欧国家领导人会晤后宣布，力争在两年内建成一个符合欧盟标准、适合各方需求的连接贝尔格莱德和布达佩斯的现代化快速匈塞铁路。此外，还将开通①"渝新欧"国际运输班列（重庆出发，经西安、兰州、乌鲁木齐，向西过北疆铁路到达阿拉山口后进入哈萨克斯坦，再经俄罗斯、白俄罗斯、波兰，至德国的杜伊斯堡，全长 11179 公里，途经 6 个国家）；②"郑新欧"国际运输班列（始于郑州，经阿拉山口出境，途经哈萨克斯、俄罗斯、白俄罗斯和波兰后到达德国汉堡，全程 10214 公里，途经 5 个国家，2014 年 9 月 1 日已开通）；③蓉欧快铁运输班列（成都青白江集装箱中心站出发，经阿拉山口出境，途经哈萨克斯坦、俄罗斯、白俄罗斯后直达波兰第三大城市罗兹奥莱霍夫站，全长 9826 公里，2013 年 4 月 26 日已开通，每周五发车）。

在产业合作方面，2014 年 10 月，陕西省政府与俄罗斯直接投资基金（俄罗斯国家主权基金）、俄中投资基金（中俄跨国主权财富基金）、俄罗斯斯科尔科沃创新中心（俄罗斯国家科技园）在俄罗斯莫斯科共同签署了《关于合作开发建设中俄丝绸之路高科技产业园的合作备忘录》，建设陕西西咸"中俄丝绸之路高科技产业园"。2013 年，占地 5 平方公里，投资约 20 亿元的中哈

（连云港）物流合作基地开始建设。

在金融合作方面，2014 年 10 月在中国倡议下，孟加拉国、文莱、柬埔寨、印度、哈萨克斯坦、科威特、老挝、马来西亚、蒙古国、缅甸、尼泊尔、阿曼、巴基斯坦、菲律宾、卡塔尔、新加坡、斯里兰卡、泰国、乌兹别克斯坦、越南和中国财长和授权代表在北京正式签署《筹建亚投行备忘录》，共同决定成立亚洲基础设施投资银行（简称亚投行），亚投行法定资本 1 000 亿美元，初始认缴资本目标 500 亿美元左右，实缴资本为认缴资本的 20％，亚投行的建立标志着亚洲区域新多边开发机构筹建工作进入新阶段。11 月，习近平宣布出资 400 亿美元设立丝路基金，该基金完全开放，欢迎亚洲域内外投资者积极参与。同时，在未来 5 年，中国将为周边国家提供 2 万个互联互通领域培训名额。

在国际贸易合作方面，2010 年 11 月温家宝访问俄罗斯期间，就与俄罗斯、哈萨克斯坦联合签署了两项海关便捷通关协议，为中国物资、商品西出和战略物资西进奠定了基础。

本章小结

自新中国成立开始的对外经济合作，在不同的历史时期，受国际政治经济和国内不同指导思想影响，所取重点与采用的方式区别较大。十一届三中全会以后，由单纯对外提供援助，发展为"有进有出、有给有取"多种形式的互利合作，国际经济合作事业开始发展起来。邓小平同志南方谈话后，进一步解放了人们的思想，中国改革开放和经济建设步伐大大加快，国际经济合作事业得到迅速发展。加入世界贸易组织，标志着中国对外开放和国际经济合作事业进入了一个新的阶段。党的十八大指出，面对经济全球化挑战，中国要进一步提高对外开放水平，坚持实施"走出去"战略，积极开拓国际市场，从要素驱动、投资驱动转向创新驱动。十八大后，"一带一路"国家战略推出，这一战略对中国现代化建设和屹立于世界领导地位具有深远的战略意义，打造了中国对外开放升级版，构建了对外经济合作新平台。

关键名词或概念

1. 中国与第三世界国家开展经济技术合作四项原则
2. 中国参加国际工程承包和劳务合作八字方针
3. "走出去"战略
4. 互利共赢的开放战略

5. "一带一路"战略

拓展阅读

《中国的对外援助（2014）》白皮书（节选）

前　言

中国是世界上最大的发展中国家。在发展进程中，中国坚持把中国人民的利益同各国人民的共同利益结合起来，在南南合作框架下向其他发展中国家提供力所能及的援助，支持和帮助发展中国家特别是最不发达国家减少贫困、改善民生。中国以积极的姿态参与国际发展合作，发挥出建设性作用。

中国提供对外援助，坚持不附带任何政治条件，不干涉受援国内政，充分尊重受援国自主选择发展道路和模式的权利。相互尊重、平等相待、重信守诺、互利共赢是中国对外援助的基本原则。

一、稳步发展对外援助事业

2010年至2012年，中国对外援助规模持续增长。其中，成套项目建设和物资援助是主要援助方式，技术合作和人力资源开发合作增长显著。亚洲和非洲是中国对外援助的主要地区。为促进实现千年发展目标，中国对外援助资金更多地投向低收入发展中国家。

援助资金：2010年至2012年，中国对外援助金额为893.4亿元人民币。对外援助资金包括无偿援助、无息贷款和优惠贷款三种方式。三年中，中国对外提供无偿援助323.2亿元人民币，占对外援助总额的36.2%；对外提供无息贷款72.6亿元人民币，占对外援助总额的8.1%；对外提供优惠贷款497.6亿元人民币，占对外援助总额的55.7%。

二、推动民生改善

支持其他发展中国家减少贫困和改善民生，是中国对外援助的主要内容。中国重点支持其他发展中国家促进农业发展，提高教育水平，改善医疗服务，建设社会公益设施，并在其他国家遭遇重大灾害时及时提供人道主义援助。

（一）促进农业发展

2010年至2012年，中国对外援建49个农业项目，派遣1000多名农业技术专家，并提供大量农业机械、良种、化肥等农用物资。

（二）提高教育水平

2010年至2012年，为帮助其他发展中国家提升教育水平，支持其教育均衡、公平发展，中国通过援建维修校舍、提供教学设备、培养师资力量、增加来华留学政府奖学金名额、支持职业技术教育发展等，不断加大教育援助力度。

中国援助了 80 余个教育设施项目，包括援建或维修中小学校、大学院校、图书馆等，有效改善了受援国的教学环境。

中国举办了 30 多期院校高级管理人员培训班、高等教育管理培训班、职业教育管理培训班、中小学校长和教师研修班、现代远程教育研修班等，为发展中国家培训千余名教育官员、校长和教职人员。

（三）改善医疗卫生条件

2010 年至 2012 年，通过援建医院、提供药品和医疗设备、派遣医疗队、培训医疗人员、与发展中国家共同开展疾病防治交流合作等形式，中国支持受援国进一步改善医疗卫生条件，提高疾病防控水平，加强公共卫生能力建设。

中国援建约 80 个医疗设施项目，其中包括综合性医院、流动医院、保健中心、专科诊疗中心、中医中心等，有效缓解受援国医疗卫生设施不足的问题。同时，中国向受援国提供约 120 批医疗设备和药品物资，包括多普勒彩超仪、CT 扫描仪、全自动生化仪、母婴监护仪、重要手术器械、重症监护检测仪、核磁共振仪等高端医疗设备，以及防治疟疾、霍乱等疾病的药品。

中国对外派遣 55 支援外医疗队，累计 3600 名医护人员，在受援国近 120 个医疗点开展工作，培训当地医护人员数万人，一定程度上缓解了受援国医疗服务供需矛盾。

（四）建设公益设施

2010 年至 2012 年，中国积极援建城市和农村公共福利设施、民用保障性住宅以及社会活动场馆，提供相关设备及物资，并开展运营管理技术合作。

中国在发展中国家实施打井供水项目 29 个，共打水井 600 余眼。为发展中国家援建民用住宅、经济保障性住房等民生项目 80 个，总建筑面积近 60 万平方米。

（五）开展人道主义援助

中国积极响应国际社会呼吁，及时提供紧急救灾物资或现汇援助，并根据需要派遣救援队和医疗队，帮助受灾国减轻灾害影响，尽快重建家园。三年中，中国政府针对海地地震、柬埔寨特大洪灾、缅甸地震、巴基斯坦洪灾、古巴飓风、利比亚战乱、叙利亚动荡等自然灾害和人道主义灾难，提供了近 50 批紧急救灾物资，包括帐篷、毛毯、紧急照明设备、发电机、燃油、食品、药品及净水设备等，价值约 12 亿元人民币。此外，提供现汇援助约 3 亿元人民币。2011 年，中国政府先后三次向埃塞俄比亚、肯尼亚、吉布提、索马里等非洲之角国家提供紧急粮食援助，总额达 4.4 亿元人民币。2012 年，中国政府向乍得、马里、尼日尔等非洲萨赫勒地区国家提供了价值总计 7000 万元人民币的粮食援助。

三、促进经济社会发展

中国积极帮助其他发展中国家建设基础设施，加强能力建设和贸易发展，加大对环境保护领域的援助投入，帮助受援国实现经济社会发展。

（一）改善基础设施

2010 年至 2012 年，中国对外援建了 156 个经济基础设施项目。中国发挥在技术、设备材料和人力资源等方面优势，在确保工程质量的同时，有效降低了项目投资成本。援建了 70 余个交通运输项目，包括公路、桥梁、机场、港口等 20 余个能源项目，包括水电站、热电站、输变电和配电网、地热钻井工程等 60 余个信息化项目，包括光缆电信传输网、电子政务网以及广播电视调频发射台等。

（二）加强能力建设

中国坚持"授人以渔"的援助理念，通过人力资源开发合作、技术合作、志愿者服务等方式，与其他发展中国家分享发展经验和实用技术，帮助发展中国家培养人才，增强自主发展的造血功能。

2010 年至 2012 年，中国共举办 1579 期官员研修班，邀请其他发展中国家政府部门近 4 万名官员来华研修，为发展中国家培训技术人员近万名，向 50 多个国家派遣 2000 多名各类专家。

（三）促进贸易发展

中国积极响应世界贸易组织"促贸援助"倡议，通过加强基础设施建设、提高生产能力、给予零关税待遇、支持参与多边贸易体制、培训经贸人才等，促进其他发展中国家的贸易发展。三年中，中国援建与贸易有关的大中型基础设施项目约 90 个，有效改善了受援国贸易运输条件，扩大了与其他地区的互联互通。援建了一批与贸易相关的生产性项目，在一定程度上提高受援国相关产业的生产能力，满足市场需求，优化进出口商品结构。2005 年，首度对非洲 25 个最不发达国家 190 个税目的商品实施零关税，之后不断扩大零关税待遇受惠面，连续五年成为最不发达国家第一大出口市场，吸收最不发达国家约 23% 的产品出口。

中国是世界贸易组织"促贸援助"倡议工作组机制的积极参与者。2008 年至 2010 年，中国每年向世界贸易组织"促贸援助"项目捐款 20 万美元，

2011 年后提升至每年 40 万美元，为最不发达国家举办加入世界贸易组织的相关研讨会，资助最不发达国家人员参加世界贸易组织重要会议和到世界贸易组织秘书处实习。

（四）加强环境保护

中国在清洁能源、环境保护、防涝抗旱、水资源利用、森林可持续发展、水土保持、气象信息服务等领域，积极开展与其他发展中国家的合作。三年中，中国为 58 个发展中国家援建了太阳能路灯、太阳能发电等可再生能源利用项目 64 个。

四、区域合作机制下的对外援助

中国注重在区域合作层面加强与受援国的集体磋商，利用中非合作论坛、中国—东盟领导人会议等区域合作机制和平台，多次宣布一揽子援助举措，积极回应各地区的发展需要。

五、参与国际交流合作

随着参与国际发展事务能力的增强，中国在力所能及的前提下，积极支持多边发展机构的援助工作，以更加开放的姿态开展经验交流，探讨务实合作。

结束语

当前，国际金融危机的影响仍未消退，发展中国家特别是最不发达国家消除贫困与实现发展的任务依然艰巨。国际社会应动员更多的发展资源，加强南北合作，支持南南合作，推动发展中国家经济社会发展，以最终在全球范围内消除贫困。

中国正在全面建设小康社会，致力于实现国家富强、民族振兴、人民幸福的中国梦。中国将顺应和平、发展、合作、共赢的时代潮流，坚持正确的义利观，尊重和支持发展中国家探索符合本国国情的发展道路，积极推动南南合作，切实帮助其他发展中国家促进经济社会发展。

今后，中国将继续增加对外援助投入，进一步优化援助结构，突出重点领域，创新援助方式，提高资金使用效率，有效帮助受援国改善民生，增强自主发展能力。中国愿与国际社会一道，共享机遇，共迎挑战，推动实现持久和平、共同繁荣的世界梦，为人类发展事业做出更大贡献。

（中华人民共和国国务院新闻办公室，商务部对外援助司 2014 年 12 月 5 日发布。）

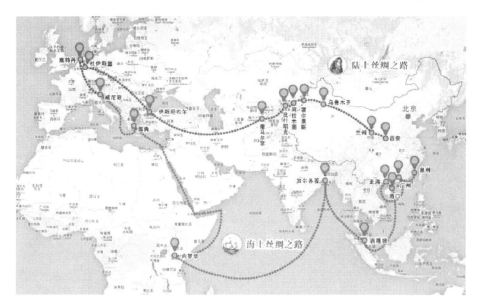

"一带一路"示意图

简答题

1. 十一届三中全会制定的对外经济合作战略指导思想包括哪些内容?
2. 中国加入世界贸易组织后国际经济合作事业是如何发展的?
3. 党的十八大制定的对外开放与经济合作战略指导思想是什么?
4. 新的历史条件下,中国如何进一步开展对外经济合作?
5. 什么是"一带一路"?
6. "一带一路"对外经济合作战略构想包括哪些内容?